経営読書記録

表

楠木 建
経営学者

日本経済新聞出版

はじめに

地下鉄で吊革にぶら下がり、目の前の席に座っている一列を見ると、全員がスマートフォンを見ている。スマートフォンがないころだったら、何人かは本を読んでいただろう。

僕の両側に立っている2人の男性はというと、どちらも僕と同じぐらいの年格好のスーツ姿。右側の男性はスマートフォンでパズルゲームをしている。左側はハンナ・アーレント『エルサレムのアイヒマン――悪の陳腐さについての報告』を読んでいる。あれっ、と思った。僕が読んだのと表紙が違っている。タイトルも『イェルサレムのアイヒマン』から『エルサレムのアイヒマン』に変わっている。新版が出ていることを知り、早速スマートフォンで検索。すると、ベッティーナ・シュタングネト『エルサレム〈以前の〉アイヒマン』というナイスな本が出ているのを発見。両方とも迷わず発注した。

『エルサレムのアイヒマン』とスマホゲーム――傍目には同じような初老男性だが、人生の豊かさという点で、この差は大きいように思う。ま、このときはたまたまそうだっただけで、もしかしたら右は家でアーレントの『全体主義の起源』を読み、左はゲームに熱中しているのかもしれない。

なぜ本を読まないのか。答えは単純、読書よりも楽しいことがいっぱいあるからだ。裏を返すと、僕がのべつ本を読んでいるのは、読書よりも楽しいことが（僕にとっては）他にあまりないからだ。

どうせ楽しいことをやるなら自分の生活と人生を豊かにしてくれるものの方がイイ。ほとんどの人にとって、読書はパズルゲームよりも意味があるはずだ。しかし、読書という行為は事後性が強い。いろいろな本を読んでいくうちに、ようやく読書に固有の価値が分かる。いよいよ読書が楽しくなる。そうこうしているうちに、読書が習慣になる。問題はいかに事後性を乗り越えるかにある。

「積ん読」という行為（正確に言えば非行為）がある。買って手元に置いてあるのになかなか読めない。なぜか。あつさり言ってその本を「読みたくない」からだ。僕の本棚にも馳星周『黄金旅程』が長いこと置きっぱなしになっていた。大スキな競走馬、ステイゴールドをモデルにした小説――これは読まなくては、と入手した。にもかかわらず、1年ほど積ん読状態にあった。新幹線で長い時間移動しなければならないとき、車中で読む本が見当たらなかった。慌てて本棚に残っていた『黄金旅程』を鞄に突っ込んで家を出た。題材が題材なのでもちろん面白かった。それでも、私小説は別にして（西村賢太の私小説が大好物）、小説というジャンルにはどうも興味が湧かない。

　とくに教育的指導をしたわけではないが、娘と僕は非活動的で読書好きな室内生活者であるという点で共通している。彼女は僕と違って小説をよく読む。ジャンルの好みの違いはあるものの、部屋の中でじっと本を読んでいるのが幸せというのは僕とよく似ている。

　娘が子供のころ、夏の休暇はしばしばビーチリゾートに行った。朝食を取ると、娘と僕は夕方までプールサイドで本を読む。驚くべきは彼女の読書持久力だ。僕は1時間に1回は読書を中断して3分ほどプールに入ったりするのだが、娘は読み始めたら日が暮れて本が読めなくなるまでぶっ続けで長編小説にトリップする。読む速度も滅法速いのだが、彼女の持久力にはついていけない。

　一緒に本屋に行くことがあれば、彼女が読みたいという本はだいたい買ってあげていた。それでも限度というものがある。お小遣いにも限りがある。彼女に積ん読はなかった。本を買って帰宅すると、いつも即座に読み始めた。読みたくて仕方がない本しか買わない（買えない）からだ。

　本を読まなければいけないと思っているのだけれど、なかなか読書習慣が身につかない――これは最初のところでつまずいている。「読まなければいけない」という時点でもうダメ。そう思っているうちは読書の事後性は克服できない。無理して読むよりも、まずは読書の楽しみを体に分からせるのが先決だ。

　おすすめは「1時間・1万円作戦」だ。休みの日や仕事の帰りに時間をつくって、大きな書店に行く。最低1時間はうろうろしてみる。あらかじめ予算は1万円と決めておく。で、漠然と興味があるジャンルを中心に、その書店にある本を片っ端から眺める。

大切なことは一つだけ。「これは話題の本だから読んでおいた方がよさそうだ」とか「役に立つだろう」「これは勉強になるのでは」「読んでおかなくては」という本には絶対に手を出してはいけない。「武器としての読書」とかいうのがいちばんよくない。読書と別に目的があって、その手段として本を読む——面白くないに決まっている。読書の事後性を乗り越えるためには、まずは読むこと自体が目的になっていなければならない。

選ぶべきは「今すぐにどうしても読みたい本」だけ。書店であれば本を手に取って中身をチェックできる。最初の数ページをざっと読むだけでＯＫ。「今すぐに」と「どうしても読みたい」の2つの基準でピンとこなければ絶対に買ってはいけない。スルーして、すぐ次の本に行く。

こうして1時間も書棚を渉猟していれば、「今すぐにどうしても読みたい本」が5冊ぐらいは見つかるだろう。1冊もなかったという人はそもそも読書に向いていない。本なんか読まずに、仲間との対話、スポーツ、旅行など、別の意義ある活動で人生を豊かにした方がイイ。

1万円あれば5冊は単行本が買える（文庫や新書だともっと買える）。迷わず全部買う。で、帰宅する。家に着いたら、すぐに買った本を読み始める。「今すぐにどうしても読みたい本」なのだから、読まずにはいられないはずだ。我慢できなければ、途中で喫茶店に寄って読んでもイイ（僕は西村賢太の新作が出るとよくこれをやった。この愉悦が味わえなくなったのが実に寂しい）。5冊読み終えるころには、読書のリズムができてくる。

脳内でリズムが減衰しないうちに、また本屋に行く。で、同じことをする。くれぐれも「今すぐにどうしても読みたい本」だけを選ぶ。このルーティンを5回ぐらい繰り返せば、読書の楽しみが自然と体に沁み込み、読書が習慣化する。いったん読書ＯＳがインストールされてしまえば、次から次へと読みたい本が出てくるはずだ。

本との出合いの場として最良なのは、今も昔も書評だ。

僕の最初の書評集『室内生活　スローで過剰な読書論』を上梓してから4年近くが経過した。本書は、それ以降の4年間で書いた書評のほぼすべてを収録してある。書き溜めていた書評の分量があまりに多く、「表」と「裏」の2冊に分けての刊行となった。わがままを聞き入れてくださった日本経済新聞出版の永野裕章氏に感謝している。表バージョンの本書は、書籍解説と雑誌の書評欄の連載、新聞・雑誌・オンラインメディアに書いた書評を集めた。個人で運営しているブログに書いた書評を中心に収録した裏バージョンも併せてお読みいただけるとありがたい。

僕が書評を書く動機は、自分がその本から得た価値を他者と共有することにある。僕にとっての優れた書評の基準はただ一つ、「書評を読んだ人がその本を読みたくなるか」だ。本書が読者にとって「今すぐにどうしても読みたい本」と出合うきっかけとなることを願っている。

令和五年秋　室内にて

楠木　建

経営読書記録　表　目次

はじめに　3

第1章　書籍解説　15

「考える」を考え直す――アダム・グラント『ＴＨＩＮＫ ＡＧＡＩＮ』解説　16
「投資家に使われる経営」から「投資家を使う経営」へ――中神康議『投資される経営　売買される経営』解説　28
「長期」の本質――中神康議『三位一体の経営』解説　52
プロダクトづくりの極意――トニー・ファデル『ＢＵＩＬＤ』解説　70
誠意ある給料――デイヴィッド・バックマスター『給料：あなたの価値はまだ上がる』解説　82
これが競争戦略だ！――白井健太郎『クックマートの競争戦略』解説　88
究極のリーダー――ベンジャミン・フランクリン『フランクリン自伝』解説　110
国語、算数、高峰秀子――斎藤明美『高峰秀子の流儀』解説　120
桁違いのＶＵＣＡを生き抜いた企業家群像劇――城山三郎『創意に生きる』解説　125
「当たり前の経営」の神髄――ドン・ビン『ファーウェイ　強さの秘密』序文　129
モノづくりこそコトづくり――川内イオ『ウルトラニッチ　小さな発見から始まるモノづくりのヒント』解説　130

第2章　様々な書評　135

「起業家」というより「冒険家」——ウォルター・アイザックソン『イーロン・マスク』　136

「全員善人」の泥沼劇——小保方晴子『あの日』、須田桃子『捏造の科学者　ＳＴＡＰ細胞事件』、小保方晴子『小保方晴子日記』　140

直観の輪郭——内田和成『右脳思考』、松永光弘『「アタマのやわらかさ」の原理。』、小林秀雄『直観を磨くもの』　142

著者との対談——内田和成『右脳思考』　145

「高峰精神」を今に伝える——谷川俊太郎『散文』、高峰秀子『わたしの渡世日記』、斎藤明美『高峰秀子の捨てられない荷物』　154

表現者・生活者・殺人者——末井昭『結婚』、池波正太郎『日曜日の万年筆』、トニー・パーカー『殺人者たちの午後』　156

これがリーダーだ！——中竹竜二『鈍足だったら、速く走るな』、加藤仁『宿澤広朗　運を支配した男』、宿澤広朗『ＴＥＳＴ ＭＡＴＣＨ』　159

自分本位の人——トマス・レナード『ｓｅｌｆｉｓｈ』、岡本太郎『今日の芸術』、岡本太郎『日本の伝統』　161

嫌われてこそのリーダー——鹿島茂『本当は偉大だった嫌われ者リーダー論』、原口虎雄『幕末の薩摩』、オリバー・ストーン『オリバー・ストーン・オン・プーチン』　164

さまざまな養女——斎藤明美『高峰秀子の流儀』、岡本敏子『岡本太郎に乾杯』、小田貴月『高倉健、その愛。』　166

仕事の本質——中山兼治『馬券偽造師』、酒井あゆみ『セックスエリート』、和田英『富岡日記』　168

プロの仕事に頭が下がる——読売新聞水戸支局取材班『死刑のための殺人』、長谷川博一『殺人者はいかに誕生したか』、瀬戸晴海『マトリ』　172

暗い・重い・救いがない——清張地獄の愉悦——みうらじゅん『清張地獄八景』、松本清張『或る「小倉日記」伝』、松本清

張『人間水域』 175
スローメディアの愉しみ――カル・ニューポート『デジタル・ミニマリスト』、シェーン・バウアー『アメリカン・プリズン』、ゲイ・タリーズ『有名と無名』 177
並び立つ巨人――小林信彦『植木等と藤山寛美』、小松政夫『昭和と師弟愛』、佐藤利明『植木等ショー!』 180
のめり込む人々――笹山敬輔『興行師列伝』、アダム・レボー『バーナード・マドフ事件』、小松貴『昆虫学者はやめられない』 183
失敗に学ぶ――畑村洋太郎『回復力』、新渡戸稲造『逆境を越えてゆく者へ』、塙宣之『言い訳』 185
大当たりの3冊――常井健一『無敗の男』、東浩紀『ゲンロン戦記』、斎藤明美『高峰秀子との二十年』 190
著者との対談――東浩紀『ゲンロン戦記』 194
プロの言葉の力――落合博満『采配』『戦士の休息』、為末大『ウィニング・アローン』 207
2・26の多面読書――高橋正衛『二・二六事件』、磯部浅一『獄中手記』、澤地久枝『妻たちの二・二六事件』 209
頭と体――二宮敦人『世にも美しき数学者たちの日常』、ジェシー・フィンク『AC／DC評伝』、小野一光『全告白 後妻業の女』 212
現在・過去・未来――山口周『ビジネスの未来』、伊藤昌哉『哲学のない政治家が、国を亡ぼす。』、古川緑波『苦笑風呂』 214
著者との対談――山口周『ビジネスの未来』 217
金融裏街道――高橋篤史『凋落』、比嘉満広『兜町の風雲児』、児玉博『堕ちたバンカー』 231
ギアが一速に入るとき――東海林さだお『ショージ君の青春記』、テリー伊藤『オレとテレビと片腕少女』、菊池寛『半自叙伝・無名作家の日記』 234
芸術家の不幸――佐藤秀明『三島由紀夫　悲劇への欲動』、三島由紀夫『文化防衛論』、三島由紀夫『告白　三島由紀夫未公開インタビュー』 237
ポピュリズムの怪物――伊藤昌哉『自民党戦国史（上・下）』、石井妙子『女帝　小池百合子』、石井妙子『おそめ』 239
清張再読――松本清張『松本清張傑作短編コレクション』（宮部みゆき編集）、松本清張『或る「小倉日記」伝』（傑作短編集1）、

松本清張『駅路』（傑作短編集６）　242

この人を見よ！――テリー伊藤『老後論』、テリー伊藤『バカの正体』、本橋信宏『出禁の男　テリー伊藤伝』　244

3つの日記――西村賢太『一私小説書きの日乗』シリーズ、山本一生『恋と伯爵と大正デモクラシー　有馬頼寧日記１９１９』、ゲイ・タリーズ『覗くモーテル観察日記』　246

異形のリーダー――山之内幸夫『悲しきヒットマン』、溝口敦『喰うか喰われるか　私の山口組体験』、溝口敦『山口組三国志　織田絆誠という男』　249

人生、たまたま――松尾スズキ『大人失格』、松尾スズキ『人生の謎について』、松尾スズキ『東京の夫婦』　251

指導者の資質――落合博満『勝負の方程式』、佐藤千登勢『フランクリン・ローズヴェルト』、小川格『日本の近代建築ベスト50』　254

玄人の神髄――小林信彦・萩本欽一『ふたりの笑タイム』、高平哲郎『喜劇役者の時代』、三木のり平『のり平のパーッといきましょう』　256

ハードロックのモンスター――ポール・スタンレー『ポール・スタンレー自伝』、ロブ・ハルフォード『ロブ・ハルフォード回想録』、ジェシー・フィンク『ＡＣ／ＤＣ評伝　モンスターバンドを築いた兄弟たち』　259

天才の実像――高瀬正仁『岡潔　数学の詩人』、大下英治『ショーケン　天才と狂気』、メイソン・カリー『天才たちの日課』　262

罪と罰――村野薫『日本の大量殺人総覧』、堀川恵子『永山則夫　封印された鑑定記録』、堀川恵子『死刑の基準　「永山裁判」が遺したもの』　264

アスリートのロジックに学ぶ――落合博満『コーチング　言葉と信念の魔術』、鳥谷敬『明日、野球やめます』、為末大『生き抜くチカラ』　267

イノベーターの光と影――戸部田誠『芸能界誕生』、軍司貞則『ナベプロ帝国の興亡』、井原高忠『元祖テレビ屋大奮戦！』　270

第3章 さらに様々な書評

273

利己と利他の合一――北康利『思い邪なし』、みうらじゅん『「ない仕事」の作り方』、みうらじゅん『マイ仏教』 274

好きこそものの上手なれ――ピョートル・グジバチ『ＰＬＡＹ ＷＯＲＫ』、リーナス・トーバルズ『それがぼくには楽しかったから』、高野秀行・清水克行『世界の辺境とハードボイルド室町時代』 275

言語化能力総動員――平野啓一郎『「カッコいい」とは何か』、九鬼周造『「いき」の構造』、辻静雄『料理に「究極」なし』 277

健さんでデトックス――野地秩嘉『高倉健ラストインタヴューズ』、谷充代『「高倉健」という生き方』、森功『高倉健 七つの顔を隠し続けた男』 279

骨太のビジネス書3冊――藤原和博『１００万人に1人の存在になる方法』、佐藤可士和『佐藤可士和の打ち合わせ』、上阪徹『サイバーエージェント 突き抜けたリーダーが育つしくみ』 281

緊張と弛緩――山本直子『週末は、Ｎｉｋｓｅｎ。』、金原龍一『31年ぶりにムショを出た』、宮下志朗『モンテーニュ 人生を旅するための7章』 283

これが私の生きる道――世界文化社編『これが私の生きる道!』、高峰秀子・斎藤明美『高峰秀子 おしゃれの流儀』、鮎川誠『シーナの夢』 284

過去から見えてくるもの――杉浦泰『20社のV字回復でわかる「危機の乗り越え方」図鑑』、三浦展『東京高級住宅地探訪』、八代亜紀『素顔』 286

目利きによる3冊――今枝昌宏『デジタル戦略の教科書』、松田雄馬『人工知能に未来を託せますか?』、中川淳一郎『恥ずかしい人たち』 287

著者との対談――松田雄馬『人工知能に未来を託せますか?』 289

背筋が伸びる仕事論――落合博満『決断=実行』 305

経営学者の群像劇――小川進『世界標準研究を発信した日本人経営学者たち』306
多様性の厳しさ――清水克行『室町は今日もハードボイルド』308
逆説的人間洞察の書――石神賢介『57歳で婚活したらすごかった』309
暴走するリアリズム――石神賢介『婚活したらすごかった』311
天才の素顔――近田春夫『筒美京平　大ヒットメーカーの秘密』313
名経営者に共通するもの――名和高司『稲盛と永守』314
独立自尊の戦略ストーリー――新谷学『獲る・守る・稼ぐ』316
問題発見のスタイル――松永光弘『ささるアイディア。』317
服飾文化の記憶――日本服飾文化振興財団編『ジャパン　ファッションクロニクル　インサイトガイド　１９４５―２０２１』318
「古き良き時代」は存在しない――ヨハン・ノルベリ『ＯＰＥＮ』320
イノベーションは行動変容にあり――内田和成編著『イノベーションの競争戦略』321
暴力的才能を乗りこなす――反田恭平『終止符のない人生』322
スローに生きる――福田萌子『「なりたい自分」になるシンプルなルール』324
大きな問いに大きく答える――オデッド・ガロー『格差の起源――なぜ人類は繁栄し、不平等が生まれたのか』325
世俗に生きる人のための禅語――金嶽宗信『励ます禅語』326
「志経営」の原理原則――鈴木祐介『なんのために経営するのか』328
お金を通して人間を語る――大江英樹『お金の賢い減らし方』329
分断の根源的理由に迫る――金成隆一『ルポ　トランプ王国』『ルポ　トランプ王国２』330
比較への執着――ペーテル・エールディ『ランキング』334
それでも社会は進歩する――伊藤正直『戦後文学のみた〈高度成長〉』335

「クラス」があった時代に生きた快男児——与那原恵『赤星鉄馬　消えた富豪』　336
「野生過少」の終身雇用——清水洋『野生化するイノベーション』　337
イヤよイヤよもスキのうち——エティエンヌ・ド・ラ・ボエシ『自発的隷従論』、エーリッヒ・フロム『自由からの逃走』　344
ＷＨＥＮとＨＯＷ——ダニエル・ピンク『Ｗｈｅｎ　完璧なタイミングを科学する』、メイソン・カリー『天才たちの日課』　345
巧妙な光明——濱口秀司『ＳＨＩＦＴ：イノベーションの作法』　347
原理原則の人——高峰秀子『私のごひいき』、高峰秀子・斎藤明美『高峰秀子　おしゃれの流儀』　348
怪物同士の激突——大木毅『独ソ戦』、サイモン・セバーグ『スターリン　赤い皇帝と廷臣たち』　349
手と心への逆シフト——デイヴィッド・グッドハート『頭　手　心　偏った能力主義への挑戦と必要不可欠な仕事の未来』　351
破滅への加速——西村賢太の10作　352
障害者に依存する——松田文登・松田崇弥『異彩を、放て。』　358
手ごたえのある仕事——清武英利『どんがら　トヨタエンジニアの反骨』　360
捨てられなかった本①——ほぼ日刊イトイ新聞『岩田さん』　362
捨てられなかった本②——石井光太郎『会社という迷宮』　367
捨てられなかった本③——深澤直人『ふつう』　370
2度目のディープインパクト——井原高忠『元祖テレビ屋大奮戦！』　372

初出一覧　380

第1章

書籍解説

経営読書記録　表

「考える」を考え直す——アダム・グラント『THINK AGAIN』解説

「考える」という行為について考え直す——ここに本書『THINK AGAIN』の主題がある。

明確でブレないビジョンを掲げ、人々を率いる。困難に直面しても、自分の信念に忠実に乗り越えていく。リーダーにはこうした「強さ」が不可欠だと考えられている。自分の考えを変えたり、信念を引っ込めるのは「弱さ」の表れとされる。

アダム・グラントはこの暗黙の前提に疑問を投げかけ、再考を迫る。知識とそれを使いこなす知性が重要であることは言うまでもない。知識を学び、知性を駆使すれば、複雑な問題をより効率的に解くことができる。しかし、それ以上に重要な能力があると著者は言う。考えることよりも考え直すこと、強さよりも柔軟性にこそ思考能力の本質がある。著者はアマゾンの創業者、ジェフ・ベゾスの言葉を引用している。「多くの正しい判断ができる人は、よく聞き、よく自分の考えを変える人だ」「自分の考えを頻繁に改めなければ、間違うことも多くなる」

知識をリセットし、考え直す力とは何か。なぜ考え直すことが大切なのか。思考の柔軟性を獲得し、維持するにはどうしたらよいのか。とりわけ他者の見解をどのような態度で受け止め、どのようにコミュニケーションをとればよいのか。本書は、心理学の研究成果からこうした問題に対する答えを導き出す。

思考能力と柔軟性のトレードオフ

考えることよりも考え直す方が難しい。心理学はその理由を2つの認知的バイアスで説明する。ひとつは自分が予期するものを見ようとする「確証バイアス」、もうひとつは自分が見たいものだけを見る「望ましさバイアス」だ。誰もが楽をしたい。物理的な労苦や手間を厭うだけでなく、思考においても面倒なことはしたくない。従来の自分の考えを保持することは、考え直すよりもずっと楽だ。自分の考えを疑うのは不快であり、確信は安心と安定をもたらす。大半の人間は「認知的倹約家」だ。再考すべきかもしれないと思うこと自体を節約しようとする。思考能力があるからといって、思考の柔軟性があるとは限らない。ある研究によれば、知能指数が高い人ほどより早くパターンを認識できるため、既成概念にとらわれやすい。頭の回転が速い人ほど、信念を改めるのが難しくなる。つまり、思考力と柔軟性は別物であるだけでなく、ある種のトレードオフの関係にある。

この点で思考は身体とは異なる。体を使う人ほど身体の柔軟性は高いのが普通だ。習慣的にトレーニングやストレッチをすれば身体の柔軟性は維持できる。しかし厄介なことに、頭を使っている人ほど思考の柔軟性は低下する恐れがある。人間の思考は身体よりもずっと早く柔軟性を失う。知性ある人は、自分の獲得した知識や概念を大切にする。物事に対してはっきりとした見解を持ち、自己の信念を形成する。信念は仕事や生活の手段を超えて自我の一部となる。

自分にとってどうでもいいことであれば、異なる見解に対してオープンな姿勢を持てる。ところが、自分の信念が問われるとなると、かたくなに門戸を閉ざしてしまう。心理学の言う「トータリアン・エゴ」（全体主義的エゴ）だ。自分の信念を脅かすような知識や情報は無意識のうちに門前払いとなる。既存の考えを新たな視点から見つめ直すことはいよいよ難しくなる。

多くの場合人間は３つの思考モード——職業のメタファーで「牧師」「検察官」「政治家」——を使い分けている。牧師モードでは、人は自分の信念を形成し、それを確固たるものにしようと説教する。検察官モードでは、他者の思考や主張の矛盾を指摘し、間違いを明らかにするための論拠を並べる。政治家モードでは、自分の考えに対する他者の支持を獲得しようとキャンペーンを行う。この３つのモードを行き来している限り、考え直すという行為は生まれない。自分の信念を貫き、他者の過ちを指摘し、多くの是認を獲得するのに没頭していると、自分の見解が間違っているかもしれないと思わなくなる。いずれの思考モードにも、考え直すという行為は含まれない。

「牧師」「検察官」「政治家」に代わり、著者は「科学者」の思考モードの重要性を強調する。これにしても職業的メタファーで、何も全員が科学者になれと言っているのではない。

> 科学者、というのは単に専門的職業を指しているのではない。私がここで意味するのは科学者の思考枠組み、つまり、説教も不正探しも政治活動も行わない、全く異なった思考モードを持つということだ。真実を追求する時、私たちは科学者の思考モードに入る。仮説を検証するために実験を行い、新しい知識を発見する。（中略）仮説というのは、研究室の中だけではなく、われわれの生活の身近なところにも多くある。試行錯誤し、そこから得た知識に基づいて、人は日々の些細な決断を下すことができる。

身につまされる本

本書を読み進めていくうちに、僕も「考え直す」ことについて考え直す必要性を痛感した。翻って自分には思考の柔軟性があるのか。仕事や生活において重要な問題を再考しているのか。自分の信念に固執し、トータリアン・エゴに陥ってはいないか。自問自答してみると、どうも怪しい。

僕は自然科学者ではない。それでも経営学の競争戦略という分野で「考える」ことを仕事にしている。自分の頭で考え、自分なりの考えをさまざまなチャネル（大学院での講義や講演、セミナー、企業経営に対する助言、論文、本など）で提供している。本書にある思考モードの職業のメタファーで言えば、表面的には「科学者」に近い。俯瞰的に事実を眺め、異なる観察対象の共通点や差異を注意深く検討しながら、できるだけ明晰な論理で考えを構成し、それを広く人々に提示する――こうしたことを仕事の中で心がけてきたつもりだ。

ところが、われとわが身を振り返ってみると、仕事において牧師・検察官・政治家、この3つの思考モードの間を行ったり来たりしている。考え直すという行為が疎かになっていることに気づかされた。

話はちょっとややこしくなるが、自分の思考の対象（僕の場合は企業の競争戦略やその基盤にある経営のあり方）については、（自然科学者ほどではないけれども）科学者モードで構える。そうでないと、仕事にならない。多くの人が理解し納得できる論理がなければ、受け手に届かないからだ。

ただし、自分自身の見解や主張についてはどうか。自分なりに考えて、その時点で心底そうだと思えることしか書かない――このことを僕はひとつのルールとして仕事をしてきた。そもそも自分が確信できない考えを発信しても、読者に受け入れられるわけがない。大げさに言えば、確固たる信念を持つということが僕の仕事の大前提となる。僕の仕事における一連の思考は自分の信念を形成していくプロセスだ。しかし、こうした姿勢は牧師モードに他ならない。

対象について思考するとき、僕は意識的に検察官のモードに入る。そもそも知的活動の基点と起点にはクリティーク（批評）がある。僕の職業では、クリティークこそが日々の思考の基本動作になる。この人はこういう事実に基づいてこういうことを言っているけれど、本当にそうだろうか――ある見解や主張を批判的視点から検討し、評価する。そこから自分の思考が生まれ、展開していく。若いころから、読むもの・聞くもの・見るものを常に批判的に受け止めるという職業訓練を受けてきた。検察官モードでなければ思考が進まないという体質になっている。科学者の思考モードは検察官のそれと背中合わせの関係にある。

自分の考えを自分で納得するだけでなく、考えを発信する先にいる相手に伝わらなければ仕事にならない。相手に考えを理解してもらい、受け入れられれば嬉しい。それは仕事の達成に他ならない。しかし、こうした姿勢は政治家の思考モードに傾いていく。無意識のうちに、思考の受け手の是認を獲得しようとする行動をとりがちだ。

科学者モードで思考しているはずの自分の中に、牧師と検察官と政治家が入れ代わり立ち代わり現れている。トレーニングを重ねて思考能力を鍛えれば鍛えるほど、考え直すという行為から遠ざかっていく。思考能力と柔軟性のトレードオフに直面しているのは僕自身だ。

しかも、これはそう簡単には解決がつかないジレンマだ。批評的視点がなければ考えられないし、同意や支持を得られなければ仕事にならない。そもそも信念がなければ、他者に対してものを言うことができない。信念も批評的視点も持たず、他者の同意にも無関心であれば、トータリアン・エゴからは解放される。しかし、これは何も考えないということに等しい。思考がないところに再考はない。

起点にあるもの

だとすれば、グラントさん、僕はいったいどうしたらよいのでしょうか——思わず著者に聞きたくなる。先を読むとちゃんと「次の話」が用意されている。

著者は言う。人はすべての状況において固定観念を捨てる必要はない。場合によっては、牧師のように信念を説き、検察官のように主張し、政治家のように多くの人の賛同を得ることには意味がある。しかし、それでも自分の信念を疑い、さまざまな観点から物事を見つめて考え直すことには恩恵がある。その恩恵を享受するためには、再考という行為を点でとらえるのではなく、一連のループの中に位置づけて考えることが重要になる。

著者は「過信サイクル」と「再考サイクル」を対比する。過信サイクルの起点には「自尊心」がある。牧師モードにある人は、真実がすでに見つかったと思い込み、それを誇らしく思う。自尊心が「確信」を生み、疑いを消し去る。確信のバトンは検察官へと渡される。自分の確信（だけ）を基準に、他者の見解の正否を判断する。こうなると、「確証バイアス」「望ましさバイアス」が入り込んでくる。ますます自分の見解に疑いを持たなくなる。これがその人を「是認」へと誘導する。是認の獲得に気を取られるあまり、代替的な真実は背後に追いやられる。他者による是認や称賛は成功として知覚される。元に戻って自尊心が強化される、というサイクルだ。自己の無能さや知的欠損を認めなくなり、再考の機会を見失う。現状に満足し、自分の信念を試さなくなる。

これに対して、再考サイクルを駆動するのは「謙虚さ」だ。無知や欠点を自覚することによって「懐疑」への道が開かれる。懐疑の心からは「好奇心」が生まれる。好奇心に基づいて知的探索をするうちに新しい「発見」と出合う。この経験を繰り返す中で、「学ぶべきことはまだたくさんある」という自覚が促され、謙虚さが維持される。

過信サイクルと再考サイクルは対照的だが、同時に紙一重でもある。例えば、先述した僕の思考様式で言えば、僕の中の検事は一面では懐疑という行為を担っている。クリティークは思考のエンジンとなる。「どういうことか」「なぜなのか」という問題意識を次々と生み出すからだ。この部分だけを切り取れば、再考サイクルの「懐疑→好奇心」のバトンパスとそれほど変わらない。

しかし、他者への批評的な目線が自分自身の思考に向かうとは限らない。このことは、循環的な思考サイクル全体の中に位置づけるとよく分かる。ようするに、順番の問題なのである。懐疑の前に知的謙虚さがあるかどうか。ここにポイントがある。懐疑が謙虚さによってもたらされているのか、それとも自尊心に基づく確信によってもたらされているのか。ちょっとした差異が結果的に大きな違いになる。謙虚さが先にないと、再考サイクルは崩れ、過信サイクルへと変質してしまう。

知的柔軟性というのは、単に偏見のない心でものごとを見ることではない。偏見を持たないようにすることこそが大切になる。つまりは意志の問題だ。「なぜ自分の見解が正しいのか」ではなく「なぜ自分の見解が間違っている（かもしれない）のか」を意識する。これが再考サイクルの起点にある「謙虚さ」だ。

本書の中にある歴代のアメリカ大統領の評価の規定因についての分析結果が面白い。歴史学者や政治学者による大統領のランキングを考察した結果、任期、戦争、スキャンダルなどの要因をコントロールした後に、大統領の偉大さを説明する変数はひとつの人格特性だけだったという。それは野心や説得力、魅力、ユーモア、落ち着き、知性、親しみやすさ、策略性のいずれでもなかった。寛容さこそが大統領の偉大さを一貫して説明していた。偉大な大統領は、国内外の政策のほかにも広範な分野に関する書物を読み、知識を深めることに熱心だった。新しいアイデアに喜んで耳を傾け、古い見解を改めようとした。

余談になるが、その典型をフランクリン・ローズヴェルト（1882－1945）に見ることができる（関心がある読者は佐藤千登勢『フランクリン・ローズヴェルト』〈中公新書〉を一読されたい）。ローズヴェルトは、弁護士を経て1910年に上院議員選に出馬する。真っ赤なオープンカーを乗り回して、派手な選挙運動を行った。人に名前を覚えてもらうことだけが目的だった。彼に特段の政策はなかった。

1921年、不幸なことにローズヴェルトはポリオに罹患する。腰から下が不随になる可能性があったが、不屈の意志で克服した。症状が重くなった理由は、最初の医師の判断の間違いにあった。このことが彼の専門家への不信をもたらした。多くの側近にさまざまな角度から助言をさせ、その中から最善なものを選ぶというスタイルが確立した。

落選や闘病などの逆境を経て、ローズヴェルトは人間的な成長を果たした。以前はがむしゃらに活動的だったが、物事をゆっくり考えるようになった。落ち着いた寛容さをもって、人の話をよく聞いた。「足でバランスはとれないが心でバランスをとることを学んだ」のである。後年、妻のエレノアはこう言った。「ポリオにならなくても大統領になっていたでしょう。でもまったく違うタイプの大統領になっていたと思います」

「恐れなければならないのは、恐怖心そのものだけ」という名言で知られるローズヴェルトは、ニューディール政策で並外れた指導力を発揮した。彼は決して経済理論の専門家ではなかった。ブレーントラストというアドバイザー組織を設置し、自分の考えにとらわれず、政策課題について科学的知見に基づいた政策を立案させた。すべての見解が出そろった後で最終決定を下し、抜群の説明能力で国民に訴えた。アイデアを行動に変える「スイッチボード」――それが大統領としての彼自身の役割定義だった。ローズヴェルトの指導力の核心は、謙虚さに裏打ちされた知的柔軟性にあった。

謙虚さが大切――言われてみれば、当たり前の結論だ。多くの論者がこれまでも知的謙虚の重要性を指摘してきた。しかし、一見して当たり前の背後にある論理の頑健性と明晰さにこそ本書の魅力がある。組織心理学の研究の蓄積を幅広く参照し、概念を明確に規定し、因果関係をモデル化し、その上で結論を導く。ストイックさを信条とする研究者ならではの深い議論がある。だから「謙虚さが大切」と言うだけでなく、なぜ、どういう意味で謙虚さが重要なのか、なぜ謙虚であることが難しいのか、謙虚さを保持するにはどうしたらいいのか、理解が腹落ちする。

分ければ分かる

著者の議論の進め方は、科学的思考の王道を行く。すなわち、「分ければ分かる」という論理演繹だ。普通の人にはひとつの塊にしか見えないことが、論理をもって俯瞰すれば、異なるいくつかの構成概念により分けられる。分けて考えれば、違った景色が見えてくる。理解の解像度が高まり、洞察が深まる。

本書の中盤に出てくるコンフリクト（人間関係で起こる対立）をめぐる議論はその典型だ。著者は組織心理学の研究成果に基づいて、2種類の対立を区別している。「リレーションシップ・コンフリクト」と「タスク・コンフリクト」だ。前者が敵意や嫌悪に基づく感情的な対立であるのに対して、後者は異なる意見がぶつかり合う理性的な対立を意味する。

この2つのコンフリクトは生産性に対して異なる影響を与える。リレーションシップ・コンフリクトは生産性を損ねるが、タスク・コンフリクトはむしろ生産性を促進する。さらに時間軸で分けて調査すると、生産性の低いグループでは、初期の段階ではタスク・コンフリクトが低く、中盤になると若干上がり、終盤ではまた低下する（逆V字型）。これに対して、生産性の高いグループのタスク・コンフリクトは逆の動きをするのが面白い。プロジェクトが始まってすぐの時点では強いタスク・コンフリクトが生じる。時間とともに低下するが、最後にはまた大きくなる（V字型）。

これが何を意味するのか。リレーションシップ・コンフリクトは再考を妨げる。対立が感情的になると、メンバーは自分の見解に執着し、他者の見解に心を閉ざす。つまり、過信サイクルの温床になる。一方のタスク・コンフリクトは再考サイクルを促進する。多様な意見の対立があるほど、個々人の謙虚さが保たれる。リレーションシップ・コンフリクトが低い水準にあれば、人間関係を損ねることなくそれぞれが見解を率直にぶつけ合う。新しいアイデアが生まれ、よりよい判断と選択が行われる――。

本書の「分ければ分かる」というアプローチの真骨頂は、「確信」と「謙虚さ」のトレードオフをどう乗り越えるかという議論に見ることができる。先述したように、これは僕にとっても身につまされる問題だ。

確信はやがて傲慢さに変容し、思考の柔軟性のカギとなる謙虚さが失われる。ところが、謙虚過ぎると自己肯定感が低くなり、思考における確信を得られなくなる。そこで、確信と謙虚さのバランスが問題となる。こうしたトレードオフに直面した時、多くの人が確信と謙虚さの最適な均衡点を探そうとする。しかし、この両者は実はシーソーのような単純なトレードオフの関係にはない。

著者は確信を「自分自身に対する確信」と「自分のやり方に対する確信」に分けるべきだと言う。自己信頼に基づく確信は、自分の「やり方」を確信している度合いとは異なる。謙虚さとは確信を抑制することではない。自分自身に対しても自分のやり方に対しても確信がない状態は不安でしかない。身がすくんでしまい、アクションに踏み出せなくなる。逆に、両方に対して強い確信を持つと独りよがりの思い込みに陥る。理性的な判断ができず、過信サイクルが回りだす。自分自身に十分な能力があるという自信を持ちながら、目標を達成するための正しい手段については常に自問する謙虚さを持つ。ここに確信と謙虚さの真のバランスがある。

信念と価値観を区別する

本書の中で僕にとっていちばんインパクトがあったのは、「自分の意見や考えを自分のアイデンティティから分離する」という主張だ。人は自分の信念や信条に基づいて自分を定義しがちだ。しかし考えてみれば、その時々の信念はその人にとって永続的な価値観ではない。信念と価値観は似て非なるものだ。

自分は誰なのか、アイデンティティを問う時、あなたの信念ではなく、価値観に基づいて自分を定義すべきだ。価値観は、人生の中核となる原理である。それは優良さや寛大さかもしれないし、自由や平等、または安心感や誠実さかもしれない。そのような価値観を基盤にしてアイデンティティを築きあげれば、あなたは柔軟な心を保ち、それらの価値観や視野を広げるための最善な方法を喜んで受け入れることができるはずだ。

あなたが必要とするのは、人の健康を守ることに重きを置く医者であり、生徒が学べるように喜んで手助けする教師であり、安全と正義を重んじる警察だ。それらの人たちが、己の信念や考え方でなく、価値観によって自分自身を定義するならば、新しい証拠を踏まえて、それまでのやり方を改める柔軟さを備えることができる。

優れたアイデアは、人の気分をよくし、その気にさせる。著者のこの考えに触れて、視界が晴れたようなイイ気分になった。アタマがほぐれて、気持ちが楽になった。これまでの長い仕事生活を振り返ってみれば、僕の考えや主張はそれなりに変わってきたことに気づく。しかし、仕事を支える価値観は変わらない。考えを変えるたびに、むしろ価値観は明確になっている。過信サイクルに傾きがちな自分も、信念と価値観の区別を意識することによって、思考の柔軟性を高めていけるのではないか——著者に背中を押された気がした。

本書が触れているスティーブ・ジョブズのエピソードが興味深い。アップルが時価総額世界一の会社になった原動力は、言うまでもなく主力製品のｉＰｈｏｎｅの大成功にあった。類いまれな才能を持つジョブズの確信と明確なビジョンがｉＰｈｏｎｅに結実したように思える。しかし、実際のところ彼は携帯電話への参入をかたくなに否定していた。

２００４年、アップルのあるチームは携帯電話を開発するという提案をジョブズに持ち込んだ。ジョブズはチームを罵倒した。「なんのために、そんなばかげたことをするんだ？　冗談もほどほどにしろ」——そもそもジョブズは携帯電話業界に不信感を抱いていた。通信キャリアが課す制限の中で製品をデザインするのは彼にとって堪えがたいことだった。通話が途切れたり、ソフトウェアがクラッシュしたりすると、いら立ちのあまり自分の携帯電話を叩きつけて粉々にしたこともあったという。「絶対に携帯電話は作らない」と何度も公言していた。

アップルのチームは、自分たちの提案をアイデンティティから分離する戦略でジョブズを粘り強く説得した。ｉＰｏｄが電話になっても、アップルのアイデンティティは変わらない。「既存の製品に電話機能を加えるだけですよ」と、アップルはコンピュータの会社であり続けることを約束した。ついにジョブズはチームの提案を受け入れた。このような経緯が、２００７年の製品発表会でのジョブズの「今度のｉＰｈｏｎｅのキラーアプリは電話です」というプレゼンテーションの背景にあった。〝Ｔｈｉｎｋ Ｄｉｆｆｅｒｅｎｔ〟というアップルの不変の価値観にこだわったからこそ、ＴＨＩＮＫ ＡＧＡＩＮが可能になったのである。

著者は言う。「つまるところ、私たちが学ぶのは、自分の信念を肯定するためではない。学びの目的は、信念を進化させることなのだ」。信念を変えるといっても、すべてが変わるわけではない。ある時点で何から何まで考えが変わるという革命（revolution）ではない。それまで何ら信念を持たない人にしか革命は起こらない。考え直すという行為は、信念の進化（evolution）をもたらす。ジョブズの例が物語るように、拠り所となるアイデンティティがあれば、新しい考えを受け入れやすくなる。裏を返せば、思考の柔軟性を高めようとするならば、それだけ強固なアイデンティティを確立していなければならない。再考サイクルが起動するかどうかは、結局のところその人の価値観にかかっている。

ようするに、最後は教養がものを言うということだ。「教養＝博識」と勘違いしている人がいる。教養とは、いろいろなことを知っていて知識の量が人よりもあるといったことではない。思考と経験を積み重ねる中で、自分自身の価値基準を獲得する。自らの価値基準に従って判断し、選択し、行動する。教養とはその人が拠って立つ基盤となる。もっと言えば、その人をその人たらしめているもの、それが教養だ。

その時点での信念を自分のアイデンティティと切り離す。自らの価値観に自信を持ちながら、謙虚に他者の見解を受け入れ、信念を進化させる。考え直すことは常にその人の価値基準を問う。逆に言えば、考え直すことはその人にとって価値基準を錬成する手段となる。本書は上質の教養書と言ってよい。

アダム・グラントの本を監訳するのは、『GIVE&TAKE』『ORIGINALS』に続いて本書で3冊目になる。明確に概念を規定し、広範な研究成果に基づいた頑健な議論をする。その一方で、さまざまなエピソードで論理を分かりやすく例示し、読者の理解を助ける。しかも、事例の記述にはところどころに意外性（ハーバード大学の心理学の実験で特異な反応を示した学生が、後に全米を震撼させた連続爆弾犯「ユナボマー」だった、などなど）が仕込まれている。まとまった分量がある本にもかかわらず読者を飽きさせない。アカデミックな知見を総動員しつつも、言われてみれば当たり前の（しかし言われなければ気づかない）結論に帰着する。大きく一周回って戻ってきたときに、知っているつもりで見過ごしていた本質が明らかになる――こうした本書の美点は前2作からそのまま引き継がれている。

本書では著者自らが前作までの論点のいくつかをその後考え直し、見解を変えたことを率直に告白している。それでも、本を書くスタイルについては考え直さないでいてくれたようだ。監訳者として、読者と共に喜びたい。

「投資家に使われる経営」から「投資家を使う経営」へ――中神康議『投資される経営 売買される経営』解説

会社評価の３つの場

仕事と趣味は異なります。趣味であればひたすら自分を向いて自分のためにやればよいのですが、仕事は自分以外の誰かの役に立って初めて仕事になります。仕事に限って言えば、自己評価には一切の意味がないというのが僕の持論です。仕事は成果がすべて。「お客」の評価を経たものだけが「成果」なのです。「経営」という仕事はその最たるものでしょう。自分の会社をどんなに良い会社だと思い、どんなに愛していたとしても、市場で評価されなければ意味がありません。

オリンピックの１００メートル走であれば、記録や順位を見れば成果は一目瞭然です。ところが、経営の成果は話が若干複雑になります。陸上競技のように客観的に成果が測定しにくいということもあるのですが、それ以上に、評価を決める市場やそこでの評価の基準がひとつではないからです。

会社は大別して３つの、それぞれに性格が異なる市場での評価にさらされています。

１つ目の評価の場は資本市場です。本書が議論の対象にしている上場企業で言えば、日々株式が売られたり買われたりしている株式市場です。ここでの「お客」、すなわち評価主体は投資家（株主）です。資本市場での評価は、ごく単純化して言えば株価に集約されます。株価が高い、時価総額が大きな会社が「良い会社」ということになります。

本書のテーマからして、「成果は市場が評価する」と言うと、読者の皆さんはごく自然に資本市場を思い浮かべるでしょう。新聞などのメディアでも、「市場を向いた経営」とか「市場に評価される施策」というときの「市場」

図1　競争市場・資本市場・労働市場の位置関係

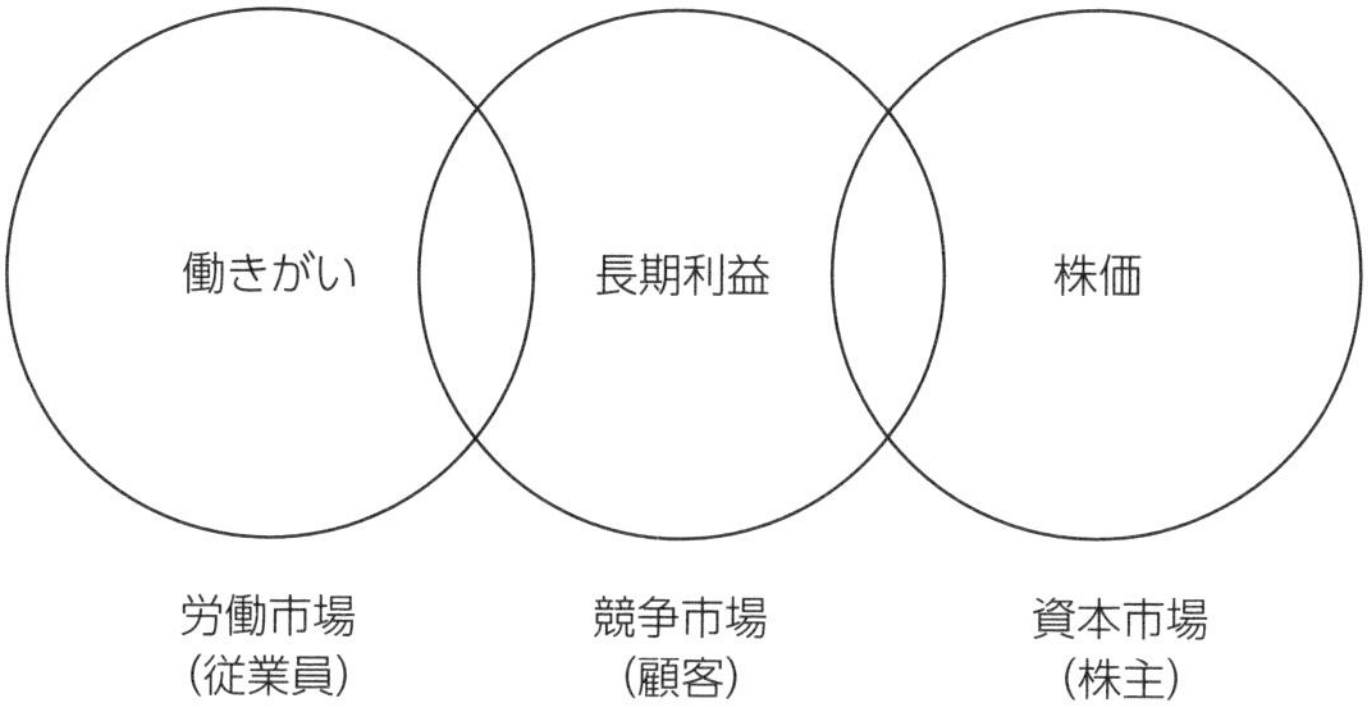

は、資本市場を意味するのが普通です。

しかし、資本市場は企業を評価する場のひとつにすぎません。当たり前の話ではありますが、競争市場もまた重要な評価の場です。競争市場の評価主体は顧客です。特定の業界で、お客さんがいて、相互に競争しているプレイヤーがしのぎを削っている。その製品やサービスを買ったり買わなかったりしているさまざまな顧客の評価の集積で競争市場での「良い会社」「強い会社」が決まります。

ここでの評価尺度はあっさり言えば利益です。本書にあるように“Profit is opinion”なので厳密に言えば話はそう単純ではないのですが、その辺はさておいて、ここで言う利益とは「競争の中で顧客に対して独自の価値を提供し、それに対してコストを上回るお金を払ってもらった結果として生じるもの」を意味しています。このように考えれば、利益こそが顧客満足の最も正直な指標であり、顧客の評価を集約していると言えます。競争市場の評価で言えば、「良い会社」とは利益（率）が大きな会社です。

良い会社を評価する場としてもう一つの市場があります。それは労働市場です。言うまでもなく、その会社で働いている人々も重要なステークホルダーであり、会社の評価主体です。労働市場が評価する「良い会社」の尺度には、古典的なもので言えば離職率（の低さ）がありますし、「人気企業ランキング」といった世間での認知や「働きがい」といった定性的なものまで多種多様な切り口があります。

以上の３つの評価の場の位置関係を図式的に示したのが図１です。ご覧のように、競争市場を中心に３つが横に並んでいます。なぜ３つの輪が全部重なるところがないのかというと、これが僕個人の企業評価の視点を反映しているからです。

「良い会社」の理想像

僕は競争戦略という分野で仕事をしています。競争の中で企業が競争優位を構築し、長期利益を実現する論理を考える、というのが僕の仕事です。競争戦略のゴールは長期利益ですから、３つの市場のうちの競争市場に注目するというのが僕の視点です。競争市場が図の中心にある所以です。

もっと言うと、経営者は原則的には競争市場における長期利益だけを考えていればよいというのが僕の考えです。なぜか。長期利益さえ出ていれば、他の２つの市場での評価なり成果もごく自然に高まると考えるからです。もちろん株価が高いに越したことはありません。ただし、なぜ投資家がその企業を評価し、株価が上がるのかと言うと、「その会社が儲けているから」、これが最も強いロジックだと思います。雇用をつくって守る。従業員により高い給料やボーナスを払う。こうしたことは労働市場での評価基準として大切ですが、これにしても会社が商売できっちりと稼いでいるからこそ可能になることです。

「長期利益」と長期に傍点をつけているのにはわけがあります。短期的に儲けるのはそう難しいことではありません。例えば、従業員をリストラすることによって人件費を下げ、目先の利益を計上しようと思えば、すぐにできます。しかし、それは本当の意味での経営手腕とは何の関係もないことです。経営のゴールはあくまでも長期継続的な利益を稼ぐことにあります。

最近取り沙汰されることが多いＲＯＥ（自己資本利益率）、本書でも経営者の手腕を評価するためのひとつの「代理指標」として触れられていますが、これをどう見るか。資本市場での評価主体が注目しがちな「自社株買い」とか「レバレッジ」という類いの話は、だいたいが分母にあるEに注目しています。

しかし、競争戦略の視点からすれば、この手の「分母操作」は短期的な戦術としてはアリだとしても、長期的な戦略にはなり得ません。本当の意味での経営手腕を評価しようとすれば、分子のR、すなわち稼ぐ力の方が分母よりもよっぽど大切です。喩えて言えばウイスキー。ウイスキーそのものが上質であれば、水で割っても、ロックで飲んでも、ハイボールにしても、もちろんそのままストレートで飲んでも美味しいわけで、水や氷や炭酸水などの「割りもの」は二次的な意味しか持ちません。配当性向を増やすといっても、配当は利益処分の一形態です。儲けていなければ配当もできません。

先の「従業員を泣かせてコストを下げて儲ける」という例にあるように、短期もしくは静学的に考えれば、先述した3つの市場それぞれの評価や成果には相互にトレードオフの関係があります。とりわけ右側にある資本市場と左側にある労働市場の間には、かっての「総資本対総労働」と言う言葉にあるように、社会的にも強いコンフリクトがあります。

典型例は、労働分配と株主への配当の間のトレードオフです。従業員に報いるためにボーナスを増やせば、その分利益も減る。利益が減れば配当の原資も小さくなる。逆に、がんがんリストラしたり業務をアウトソーシングすれば、短期的にコスト（人件費）が下がる。会社としては増益となります。これは株価にとってポジティブに作用しますから、株主としては歓迎すべきことです。ところが、従業員にとっては迷惑な話以外の何物でもありません。ようするに、投資家が歓迎することは従業員にとっては厄介であることが多いし、逆もまた真なりということです。

社員が自社株を保有しているという場合、その人は社員と株主という2つの帽子を同時にかぶっているわけで、ある種のジレンマに置かれています。ただし、経営者や経営幹部を別にして、一般従業員であれば、株主よりも社員の帽子を優先して考えるのが普通でしょう。「労使」関係は話し合えば何とかなるにしても、「労資」関係の対立はるかに根深い。図1で資本市場と労働市場の間に直接的に重なり合う部分を設けていないのは、こうした成り行きです。

「会社は誰のものか」という議論があります。「資本主義である以上、株主のものだ」とか「いや、価値をつくっているのは現場であり、従業員こそが会社の主権者だ」とか、はたまた「そもそも会社は顧客第一主義であるべきだ」とか、議論は尽きないのですが、これにしても3つの市場の間にトレードオフの関係があるということを前提にしています。株主と経営者と従業員は常に何らかの果実を取り合う競合関係にある、だからガバナンスを考えるうえでまず優先順位をはっきりしておかなければならない、はたして会社は誰のものなのか――という話になるわけです。

トレードオフがある以上、良い会社とは何か、何が良い会社の基準なのか、会社は誰のものか、といった一連の問いに対する「正解」は、答えるのが誰かによって変わってきます。巨人ファンに「ジャイアンツとタイガース、どっちがいい球団？」と聞けば「そりゃ、ジャイアンツだよ！」と言うに決まっている。僕は長く神奈川県民だったので、ベイスターズがいちばんいい球団だと思っています。これと同じような話で、「（資本）市場関係者」に聞けば、「会社は株主のもので、株主の利益が優先されるべきで、株価が高い会社が良い会社」という答えが返ってくるのは当然です。トレードオフがあるので、「会社は誰のものか」という問いにはすぐに誰もが納得する答えはありません。

しかし、ここで見た3つの市場の関係は短期的にはトレードオフでも、長期的にはそうでもありません。むしろ3者の間に好循環を生み出す「トレードオン」になり得ます。即座に解決できる特効薬はなくても、「時間が薬」ということです。この問題に限らず、長い目で見れば、人の世の対立問題は時間軸を長くとることによって解決できることが少なくありません。だからこそ、経営は長期利益をゴールとする必要があるのです。

競争の中で長期的に儲けを獲得して維持するためには、従業員のコミットメントが不可欠になります。「ヒト・

図2　3つの市場の重なり合う部分を増やす

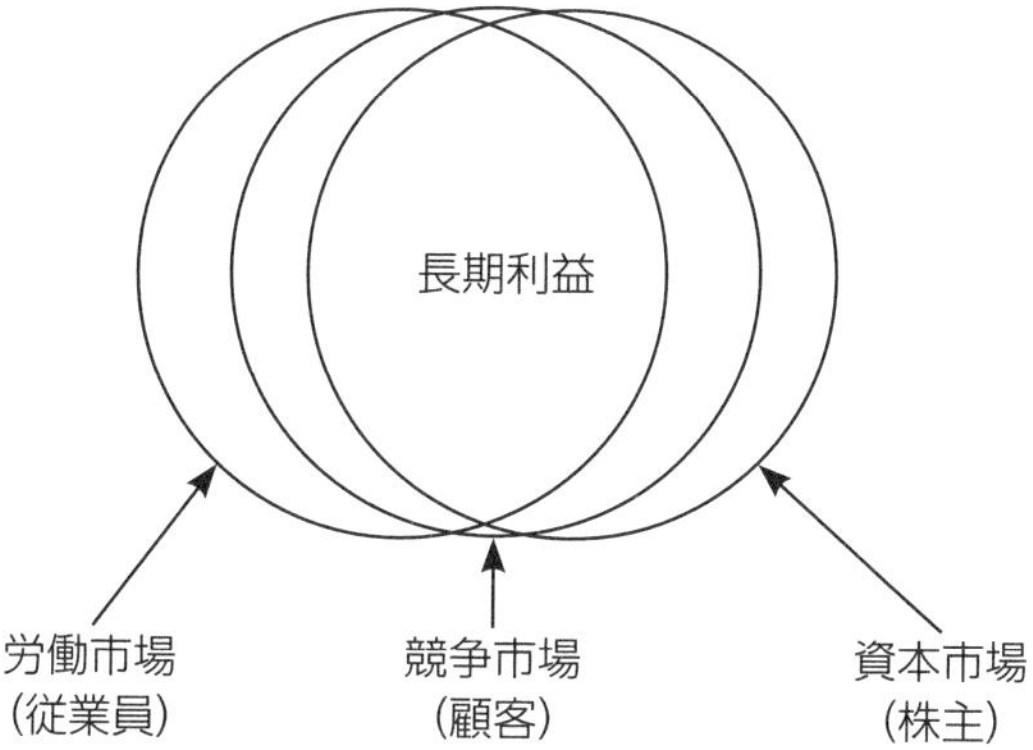

モノ・カネ」と言いますが、この順番には意味があります。ヒトこそが多くの企業にとって長期的な競争優位の源泉として最も大切な経営資源となります。長期的に儲けていれば、先述したように、経営は従業員に報いることができます。ようするに、経営と従業員の間に好循環が生まれます。

投資家にしても煎じ詰めれば経済的なリターンを得ることを目的としているわけです。短期的には経営者と投資家の間にコンフリクトがあったとしても、長期利益こそが企業価値増大の本道にして王道ですから、経営が長期利益を実現してくれるに越したことはありません。著者が本書の冒頭で強調しているように、結局のところ「会社が良くなれば株価も上がる」のです。

経営が達成する長期利益をドライバーとして、もともとトレードオフにある3つの市場を近づける。完全に重なり合うことはないにせよ、なるべく重なり合う部分を増やしていく（図2）。短期的なトレードオフを長期的なトレードオンに転換する。その結果として、3つが好循環する。これが本当の意味での「良い会社」の姿です。そして、ここにこそ資本市場と労働市場との間に位置する経営者の腕の見せ所があるというのが僕の見解です。

以上の「良い会社」についての僕の見立てを前提として、この本の価値と僕なりに学んだことをお話ししたいと思います。

「経営者目線」の意義

本書の第1の意義は問題設定そのものにあります。すなわち、競争市場に身を置く経営者と資本市場に生息する投資家との関係のあるべき姿について、投資家ではなく経営者の立場に立って考察する。ここに本書のユニークな価値があると思います。

昨近はコーポレート・ガバナンスにまつわる議論が花盛りです。いずれも経営者と投資家のあるべき関係について論じています。そこでは「経営の透明性を確保しろ」とか「社外取締役を置け」とか「委員会設置会社に移行しろ」とか「ＲＯＥを明確な経営目標に組み込め」とか「積極的な株主還元策を打ち出せ」というように、株主からの「注文」が前面に出てきます。つまり、こうした議論はすべて投資家目線に立っているということです。

投資家目線の議論が日本で盛り上がる背景には、それなりの理由があります。先に述べた3つの評価の場の間にある（短期的に見たときの）テンションの強弱は日本と欧米では相当に異なります。

もちろん、一口に「日本企業」「欧米企業」と言っても、その中には大きなバリエーションがあります。極めて「欧米的」な日本企業もあれば、日本企業以上に「日本企業的」な欧米企業もあります。日本でもアメリカでもヨーロッパでも、その国や地域の内部での企業間の差異の方が、平均値的な日本対欧米の差異よりもずっと大きいはずです。普段から個別企業を観察対象としている僕の個人的な好みで言えば、「日本企業と欧米企業の違い」という論点はあまり好きではないのですが、この際それは横に置いて、あえてざっくりとした話をすれば、経営者と投資家と従業員、この3者の位置関係で、俗に言う「日本企業と欧米企業の違い」を特徴づけることができます。これを図式的に示したのが図3です。

図3　「日本企業と欧米企業の違い」を図式的に示すと

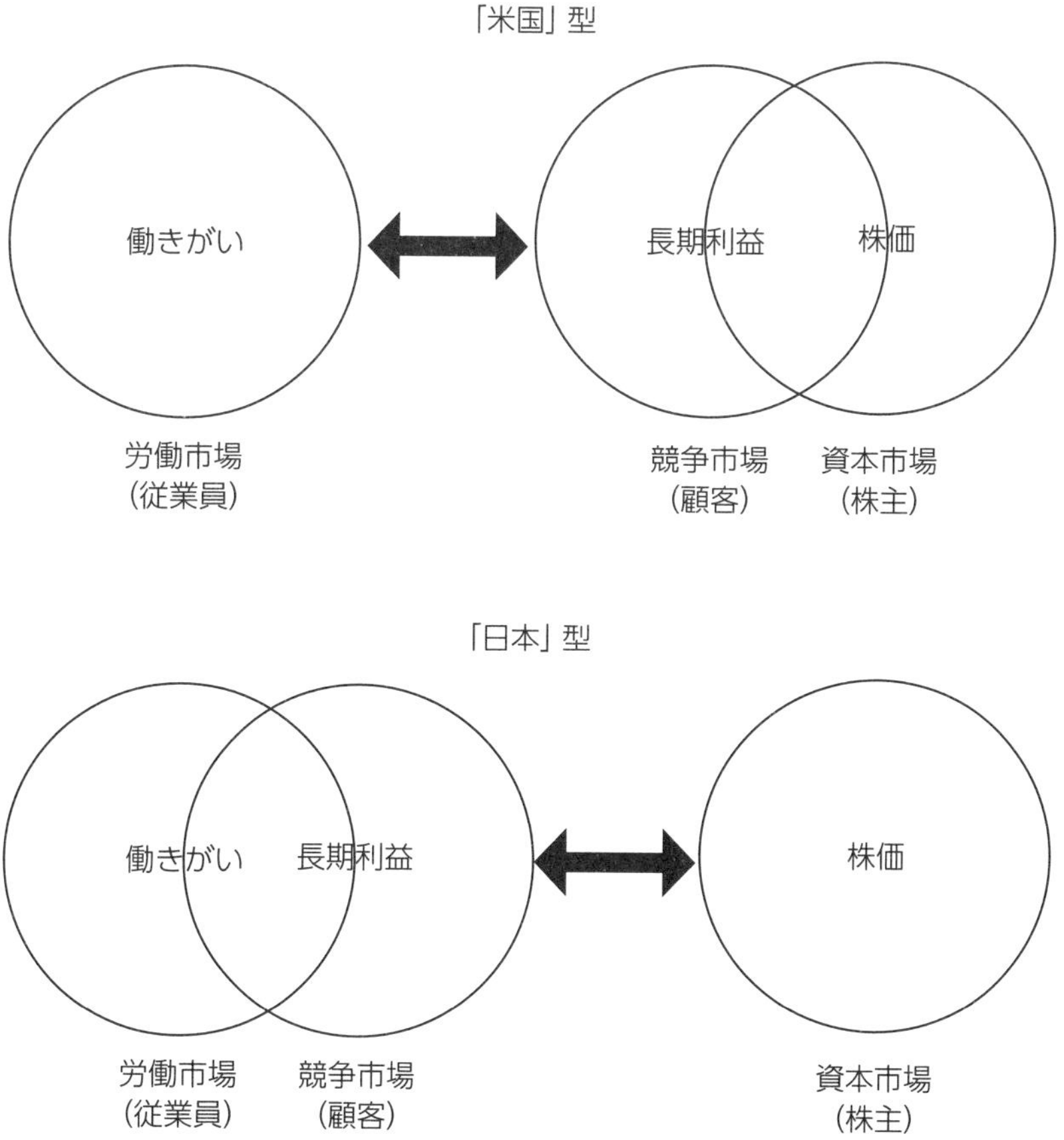

欧米、とりわけアメリカの上場企業では、経営者と投資家との距離が近く、その分経営は従業員から離れています。つまり、自然と投資家の利益を慮って経営者が行動するという土壌というか初期状態が醸成されているわけです。この傾向は1980年代以降、より顕著になりました。一方の日本の企業では、良く言えば「人を大切にする経営」、悪く言えば「人を切れないので身動きがとれない」という言葉に代表されるように、そもそも経営者と従業員の距離が近く、その分、投資家の思考や嗜好や志向からの乖離が大きくなって

います。

これはどちらが良いという話ではありません。日本がアメリカ企業と比べて一方的に「遅れている」という話でもありません。どちらも前にお話しした僕の考える「良い会社」の理想からずれています。裏を返せば、本当に「良い会社」というのは、口で言うのは簡単でも、それだけ実現するのは難しいということでもあります。いずれにせよ、どちらにも問題があるけれども、問題のありようが異なるということです。

周知のようにアメリカでは、とりわけリーマンショック以降、資本市場の論理に偏り過ぎた経営に対する社会的な批判が強まり、「人と企業の新しい関係のあり方」とか「サステナビリティ」というテーマが人々の注目を集めています。日本はこの逆で、経営が労働市場の論理に傾いているということは、資本市場の側から見ると、内向きの論理に甘えた「緩い経営」に見えます。資本市場の論理に基づいた、より強い規律が経営に求められるというわけで、このところの株主目線での「コーポレート・ガバナンスの強化を!」という話が盛り上がるという成り行きです。

話は少し逸れますが、このように議論の前提というか初期状態が異なるため、同じ「コーポレート・ガバナンス」を論じるにしても、日米では結果的に主張の方向が逆向きになるということがよくあります。例えば、日本でもこのところ強調されている社外取締役の役割についての論調です。

日本では、「放っておくと経営は資本の論理から離れていくから、社外取締役が経営を監視して、投資家の利益を向くようにしなければならない」というように、投資家目線に立った経営指標（例えばＲＯＥ）の改善や投資家への利益還元策（自社株買いや配当）の強化に向けてアクセルを踏むという役割が社外取締役に期待されています。ところがアメリカでは、「放っておくと経営が株主の方を向き過ぎてショートターミズムに陥り、長期的な経営の健全性を損なうから、もう少し従業員や社会を向いた施策を取り入れるべきだ」というように、同じ社外取締役について、ブレーキの役割を求める議論が少なくありません。まるで逆向きになっている。この辺が面白いところです。

話を戻します。とりわけ日本では投資家と経営者はノリやソリが合わない関係にある。だからこそ両者の建設的な対話が必要であり、「投資家と経営者はもっと学び合える」という本書のメッセージが出てくるわけです。ところが、同じことを言うにしても、従来の投資家目線に立った議論は、実効性の点で限界があるように思います。

なぜかというと、先述した「良い会社」の理想像へと会社をドライブしていく原動力は、あくまでも経営者の側にあるからです。投資家も「物言う」ことはできますが、基本的には受け身の立場です。サーブ権はつねに経営者が握っている。株主はそれを受ける側、もっと言えばコートの外にいるコーチ（大株主）かその他大勢の観客（小株主）にすぎません。

まずはサーブをする選手の立場に立って考える。こっちの方が成果を出す近道に決まっています。ところが、これまでの類書は（それなりの事情があるにせよ）間接的な立場にある投資家目線に立っていました。僕に言わせれば隔靴掻痒の感があります。その点、ストレートに経営者目線で議論を展開し、靴を脱いでかゆいところを直接ガリガリ掻いてくれるのが本書です。

ただし、経営者の目線に立っているからといって、本書の主張は経営者におもねるような甘いものではありません。むしろ、経営者目線だからこそ、経営者にとって厳しい内容になっています。本書のタイトルは『投資される経営、売買される経営』です。『投資する株主、売買する株主』ではありません。著者は株主に「売り買いするな、投資をしろ」と言っているのではない。経営者に向かって「売り買いされる会社になるな、投資される会社になれ」と言っているのです。短期的で情緒的な「売り買い」の対象となるか、それとも本当の意味での「投資」の対象になるか、どっちに転ぶかはサーブ権を持つ経営者にかかっています。

投資家の生態と本性

自然科学は別にして、人と人の世の中のことである限り、本当に意味があることほど「言われてみれば当たり前」であることが多いものです。この「言われてみれば」というところがポイントです。当たり前ではあるけれども、言われてみるまで多くの人が気づかない、漠然と気づいていても掘り下げて考えない、見て見ぬふりをしている。こういうことに対して正面から向き合って「言われてみれば当たり前」の死角を衝く。で、改めて気づかされる。景色が晴れるような思いがする。もっと言えば、目から鱗が落ちる。優れた論考や考察の本質的な価値はそこにあります。

この本はまさにそういう意味で大切なことを教えてくれています。本書の内容でとりわけ僕にとって「目から鱗」だったのは、投資家という生き物の本性を、彼らがなぜそのような本性を持つに至るのかというメカニズムも含めて、簡潔かつ鮮明に浮き彫りにしているところです。ここに本書の２つ目の大きな意義があると思います。

経営者と投資家の建設的な関係を構築するためには、両者の間で対話があることが大前提です。経営者と投資家の対話に限りません。国家間の外交でも商売の取引でも、それぞれに相手が何を考えて、どういう価値判断の基準を持って、どういう基本原理で動いているか、あっさり言えば、「生き物としての本性」を相互に理解していることが建設的な対話の不可欠の条件です。

経営者が投資家という生き物の生態を理解していないことには話が始まらない。ところが、これまでは投資家の本性について根本的な誤解があったように思います。実は僕もその一人です。本書を読んで、遅ればせながら自分の誤解に気づかされました。

投資家とはどういう生き物かについて、僕も含めて多くの人が持っている一般的なイメージは「不労所得」という言葉に集約されるのではないでしょうか。すなわち、「自分で汗をかかずにうまいことやって手っ取り早く稼ごうとする人々」というイメージです。

個人的な経験談になりますが、面白い場面に遭遇したことがあります。ずいぶん昔の話になりますが、ジムでトレーニングしたあと、サウナに入っていたときのことです。僕がサウナ室に入ると、先客がいました。一人は以前から知り合いの経営者で、もう一人は当時世の中に名を馳せていた投資家でした。お二人とも大変に羽振りがよく、僕が入ったときにはお互いの豪勢な別荘についての話題で話をしていたようです。ところが、経営者氏が突然えらい剣幕で投資家氏に説教を始めたのです。「俺は実業の世界で毎日走り回って汗かいて稼いだ金で別荘を建てたのに、お前は何だ。人の金を右から左へと動かすだけで儲けている虚業じゃないか。お前なんかサウナでしか汗をかいたことがない男だ！」これを聞いて僕は思わず噴き出してしまいました。「サウナでしか汗をかいたことがない男、うまいこと言うねえ……」と言ったら、経営者氏からは「お前もだ！　ま、お前の場合はあまり稼いでないけど……」と叱られてしまいました。

ことほど左様に、投資家には、良く言えば「自らのアタマの良さと目利きの力を頼りに最小の努力で最大のリターンを稼ぎ出す」というクールで賢いイメージ、悪く言えば「手段を選ばずに短期的な金儲けに邁進する」という強欲なイメージがあります。いずれにせよ、投資というのは儲かる仕事であり、アタマがイイとか勘がイイとかの特別な能力のある人が楽して高収入を得ている商売のように映ります。

ところが、著者の中神さんに言わせれば、実態はむしろ逆でありまして、投資、とりわけ本書が議論の対象にしている上場企業株への投資業というのはむしろ本来的に極めて付加価値の薄い仕事だというのです。

本書に、投資や運用の業界でリターンやコストを「ベーシス・ポイント」という単位で示すという話があります。「運用報酬は10ベーシス」というように使います。いかにも専門的というかプロっぽく聞こえますが、１ベーシスは実のところたったの０・０１％のこと。ベーシスという単位が出てくるところに投資業の付加価値の低さが象徴されています。「運用報酬は０・１％」と言ってしまうとあまりの低さに悲しくなるので、だからわざわざベーシスと言い換えているのかもしれません。投資業の悲哀すら感じさせます。

なぜ投資は付加価値が小さいのか。その理由は、言われてみればいたって当然にして当たり前です。株式市場は究極のオープンマーケットです。参入も退出もプレイヤーの自由。個々の株の価格は常にひとつの数字で明示されている。誰もがその情報をリアルタイムで知ることができます。つまり、誰もが買えるものを、誰もが同じ価格で取引する。中神さんは投資家を「一物一価のナショナルブランド製品だけを扱っている卸売業者のようなもの」と喝破します。メーカーではなく卸売業者というところがポイントです。メーカーであればいろいろと工夫をすることによって、製品の価値を上げることができます。しかし、投資家は製品である株の価値に直接的に働きかけることはできません。

卸売業であっても、普通の商品の卸売業者であれば大量仕入れで交渉力を高めるなど、自分の意思と行動で取引を有利に持っていくことができます。しかし、上場株式投資ではそれもできません。仕入れの局面では何の交渉力も持たず、仕入れたものに何の加工もできず、売り先を選ぶこともできない。徹底的に手足が縛られている。

投資ファンドのような機関投資家を念頭に置いて考えてみましょう。これだけ手足を縛られた状態で何ができるか。論理的に言って、すぐにできることは量と空間と時間、この３つの軸で取引を拡張するしかありません。

一取引の付加価値が小さい以上、儲けの絶対額を大きくするためには大量のお金を投じることが条件になります。ファンドが運用額の規模を競ったり、レバレッジをかけたりするのもそのためです。２つ目の空間というのは、取引をする株を特定少数の会社に限定せず、多種多様な株のポートフォリオを組むということです。３つ目の時間とは、取引頻度を意味しています。１回の勝負あたりの付加価値が薄い以上、リターンの総額を大きくするためには、売ったり買ったりを頻繁に繰り返したくなるのが人情です。

中神さんはつくづくうまいことを言います。世の中のありとあらゆる事業はざっくり言って「買ってから勝負が始まる事業」と「買った瞬間に勝負がついてしまう事業」に大別できる。投資という営みは後者の典型だというのです。

　これが何を意味するか。結婚に喩えると分かりやすいでしょう。普通に考えて、結婚をする人のゴールは幸せな結婚生活を送ることにあります。幸せな結婚生活を実現するためには、誰と結婚するかももちろん大切ですが、結婚時点で幸不幸が決まるわけではない。常識で考えれば、その結婚相手にどのように構え、どのように接し、どのように一緒に暮らしていくのか、日々の生活での小さな工夫や努力の積み重ねの方が、結婚時点での相手のスペックよりもよほど重要な変数になるでしょう。どんなにいいと思った相手であっても、日々の生活をないがしろにしていたら、間違いなく結婚生活は破綻します。逆に、成り行きで結婚して最初はあまりピンと来なかったとしても、その人と暮らしていく中で相手が最高の伴侶になっていくかもしれない。結婚相手は生身の人間です。結婚時点のスペックはあくまでもその時点でのものであって、結婚生活を重ねていく中で良い方向にも悪い方向にも変わっていきます。ようするに、結婚は「買ってから勝負が始まる事業」の最たるものです。

　この喩え話のポイントは、そもそも結婚の意思決定をする人が、少なくともその時点の意図としては相手との結婚生活が一定期間長く続くことを前提としているということにあります。結果的にすぐに離婚してしまうにしても、はじめから離婚を前提に結婚するということは普通はありません（ごくまれに特殊な意図を持った結婚ではあるかもしれませんが）。

　ところが、投資家にとっての結婚は「買った瞬間に勝負がついてしまう事業」なのです。相手の選択がその時点でほとんどすべてを決めてしまうという条件下で結婚相手を物色するようなものです。彼らはそもそも、制度的には結婚していても、一緒に住むわけではありません。端から別居で、日常的には別々のところで生活している。コミュニケーションもごくたまにしかない。二人で力を合わせて幸せな家庭を築こうと思っても、一緒に暮らしてないのだから話にならない。同床異夢どころか異居異床異夢なのです。

　しかし、その一方で投資家には自由度があります。離婚、重婚、なんでもあり。相手がイヤになれば即座に離婚。

それどころか、はじめから「エグジット」という離婚をよくよく考えた挙句に結婚相手を選んでいるのです。しかも、同時に何人とも結婚できます。お金がいっぱいあってその気になれば、豪華なハーレム（多数の銘柄で構成された投資ポートフォリオ）をつくることもできます。

　このような投資家の「結婚」では、相手との結婚生活の内実は空疎としか言いようがありません。そもそも投資家の興味は結婚生活の中身にはありません。日常生活で夫婦で力を合わせてやることもできることもほとんどない。あっさり言って、投資の意思決定を一度してしまえば、その後はいたって暇なのです。暇だから、次々に結婚相手を物色し、結婚離婚を繰り返す。ハーレムに誰を残し、誰を新しく入れて、誰を追い出すか、ハーレムのメンバーの構成と入れ替えに多大な関心を注ぐ。ようするに、量と種類と頻度をひたすら増やすという成り行きです。

　投資家というと、欲深く、自己中心的で、ひたすらスケールを追求し、その半面で短期の変動に神経質で、手っ取り早く儲けたがるせっかちな人種を思い浮かべます。ところが、そういう性格の人ばかりでは必ずしもないのです（ま、そういう人が投資家になるということも多々あるとは思いますが）。

　むしろ因果関係は逆で、投資という仕事の性格というか宿命が、世間一般のイメージにあるような投資家の本性なり行動様式を事後的に形成しているというわけです。投資家というと「レバレッジ」が大スキで、一人で好き勝手に大きなお金を回したがる人種に聞こえますが、これにしても少人数でレバレッジを利かせて大きなお金を動かさないとまるで儲からない宿命だからこそです。

　本書の冒頭に、そもそも彼らは会社のことを「銘柄」と呼び、場合によっては株式コード番号でまるで無機物のように呼ぶという話があります。このエピソードに象徴されているように、投資家は会社の中身、経営の実態には実際のところあまり関心がない。決算説明会で出てくる投資家からの質問は短期の業績に集中します。

　僕も自分の仕事の中で、投資業をしている人々や資本市場で仕事をしている「市場関係者」とやりとりすることが少なくありません。前にお話ししたように、僕は競争戦略の分野で仕事をしています。はじめのうちは、そういう人たちはさまざまな会社の経営についてさぞかしいろいろなことを知っているだろう、きっと勉強になるだろうと、大いに期待して会ったり話したりしていました。ところが、残念なことに彼らから経営についての興味深い洞察を得るということはほとんどありません。それどころか、投資家や市場関係者は驚くほど個別の企業の経営や戦略の中身を知らないのです。

とても頭の良い人たちがその優秀な頭脳を駆使して朝から晩まで情報収集と分析に明け暮れているのに、なぜこういうことになるのだろうとつくづく不思議だったのですが、この本を読んでようやくにして腑に落ちました。元も子もない話ではありますが、彼らは個別の経営の中身にそもそも関心を持っていないのです。関心がなければ、洞察がないのも至極当たり前です。

自分で経営をしていない僕ですらそう思うのですから、本当の経営者だったらなおさら投資家とノリやソリが合わないと感じるでしょう。投資家に背を向けてしまい、ともすれば図3のように両者の関係に溝ができてしまうのも自然な成り行きです。ここから悪循環が始まります。経営者が投資家に背を向ける。コミュニケーションをとるにしても、やたらと防御的になる。すると投資家もますます疑心暗鬼になり、持ち前の臆病さや短期志向へと傾いていく。その結果、「売買される経営」になる。経営者はますます投資家が疎ましくなり……、という負のループです。

「ターゲット株主」は長期投資家

「投資家は経営というものが分かっていない」「もっと長期的な視点で投資してもらいたい」と嘆く経営者は多いのですが、それは蛇に「クネクネするな！」と言うようなものです。蛇はクネクネするものです。それは蛇の本性です。クネクネするなと言っても仕方ありません。足がない（経営の当事者ではない）以上、前に進むためにはクネクネするしかありません。

しかし、だからといって経営者が投資家との建設的な相互作用を諦めてしまっては元も子もありません。新聞などで、「市場がこれを嫌い……」とか「市場が歓迎した結果……」というように、「市場」というやたらとフワフワした表現をよく目にしますが、統一的な意思を持った「市場」はそもそも存在しません。それは種々雑多な投資家の集まりにすぎません。そこにはいろいろな考え方の人種が交錯しています。つまり、蛇は蛇でも、ものすごくクネクネしている蛇もいれば、ゆっくりとしかクネクネしない種類の蛇もいるということです。

本書の第3の価値は、投資家という生き物を、その基本的な投資に対するスタンス——投資哲学と言ってもよい——に基づいて分類し、その中でも「投資される経営」が向くべき長期投資家の思考と行動を明らかにしたところにあります。

投資家の声を聞く、対話するといっても、すべての株主と向き合う必要はありません。クネクネのピッチが速い蛇は、文字通り「売り買い」を飯のタネとしています。この種の蛇と向き合ってしまえば、「売り買いされる経営」になるのは必定です。

あまりクネクネしない蛇、すなわち長期投資家こそが資本市場側の真のカウンターパート、経営が正面から向き合うべき相手だということを本書は教えてくれます。長期投資家も生物学的分類で言えば、蛇であることには変わりはありません。だから多少はクネクネする。ただし、次項で改めて述べるように、この蛇の「多少のクネクネ」は、まったくクネクネしない経営者（生き物としての種が違う）を補完し、「投資される経営」をサポートしてくれるという意味で、良いクネクネなのです。

本当の顧客は誰か。この問いは、僕の専門の競争戦略では、戦略づくりの一丁目一番地として決定的に重要な意味を持っています。『ストーリーとしての競争戦略』（東洋経済新報社）という本で詳しく議論しているので、気が向いた方は読んでいただきたいのですが、戦略ストーリーの起点は「コンセプト」を定義することです。それは「（本当のところ）誰に何を売るか」「誰がなぜ・どのように喜ぶのか」という問いに対する答えです。その事業の本質的な顧客価値を凝縮して表現した言葉、それがコンセプトです。コンセプトをつくる。ここに経営者の最大の腕の見せ所があります。コンセプトは「商売の基《もと》」です。このところが決まらなければ、戦略構想は一歩も先に進めません。マーケティングの世界でも、ターゲット顧客の選定がまず大切になるということは昔から繰り返し強調されています。

一方の資本市場ではどうでしょうか。不思議なことに、「ターゲット株主」という話はあまり聞きません。投資の世界では、「市場の声」とか「市場の反応」というように、これまで投資家をのっぺりとした一様な存在と見なす傾向があります。ＩＲにしても最大公約数的で無味乾燥、誰に向かって発信しているのか、焦点がぼやけたものが多い。

「経営者は株主を選べないから……」という愚痴をこぼす経営者がしばしばいます。その通りです。その気があれば誰もが上場企業の株を買えますから、確かに株主は選べません。しかし、それでも、こちらが向き合おうとする株主はいくらでも選べます。これは競争戦略やマーケティングとまったく同じロジックです。商品やサービスも、一度市場化してしまえば、実際にそれを買う人という意味での顧客は選べません。しかし、ターゲット顧客を定め、彼らのニーズや行動様式、価値判断の基準を理解し、すべてがターゲット顧客へと向かうように打ち手をつなげていくことによって、初めて戦略は一貫したストーリーになるわけです。

これと同じことで、自社のターゲット株主を長期投資家に明確に定め、彼らに焦点を合わせたＩＲを行う。ところが、株主や投資家を全方位的に相手にしてしまうと、クネクネする短期投資家が目立ってしまい（本書が指摘するように、日本の株式市場には売買回転率が先進国としてはかなり高いという特徴があります。つまり、頭数で言うと短期投資家が多い）、株主は「対話」というより「対応」とか「対策」とか「防衛」の対象になってしまいます。

人間でもそうですが、すべての人に好かれようと思えば、誰からも愛されません。誰かから熱烈に愛されている人は、往々にして別の誰かから嫌われているものです。ターゲット株主を長期投資家に定めるということは、ターゲット外の株主に好かれなくてもかまわないと割り切ることでもあります。もっと言うと、あえてこちらから嫌われにかかる。そこまで踏み込んだ構えをとるべきでしょう。いずれにせよ、八方美人は禁物です。「ターゲット株主」という考え方がこれからますます重要になってくると思います。

長期投資家の使い方

経営者と投資家は気質が異なる生き物です。生理的に話が合わないところが多々あります。しかし、これを違った角度から見れば、両者が相当に違うからこそ補完的な関係を構築できるということでもあります。

経営者はやたらに忙しい。自分の会社で手一杯で、外のことに目を向ける余裕や時間は限られています。自分の業界のことは分かっていても、他のさまざまな業界やそこにいる多種多様な企業のことまで目が向きません。その点、やや語弊がある言い方になりますが、先述したように投資というのは本質的に「暇な仕事」です。これが経営にとっての投資家の美点です。中神さんが言うように、長期投資家は「長期調査家」でもあります。「暇」だからいろいろなことを調べている。業界内外のことを知っている。経営者にとっては視野を拡張してくれる格好の情報源になります。

本書で紹介されているアインファーマシーズの事例はその典型です。従来の調剤薬局業では、立地獲得が競争の焦点でした。しかし、顧客の待ち時間の短縮といったサービス・オペレーションの改善には力が入っていなかった。むしろここに将来の差別化の可能性がありました。経営者と投資家（この事例では、中神さん本人）との対話の中で、製造業の現場改善手法が薬局にも使えるのではないかという発想が生まれ、それを導入することによって無駄な作業が減り、生産性が大幅に向上した。これは従業員にとっても働きやすい職場になるということを意味します。離職率が低下し、採用コストも抑えられる。人手不足が深刻になる中で、優秀な人材を獲得しやすくなりました。この事例は、経営者と異なる視点や視野を持った投資家との対話が、資本市場での評価以前に、競争市場や労働市場での評価につながる成果をもたらすという好例です。

ターゲット株主としての長期投資家は、機嫌をとったり敵対したりする相手ではなく、経営にとって「使える」ものですし、最大限「使うべき」ものです。とりわけ、本書が言う意味でのエンゲージメント投資家は「使用価値」が高い。もちろん、実際にはケースバイケースで、経営者はエンゲージメント投資家の力量や自社とのフィットをよくよく考えて付き合う相手を決めるべきではありますが、ノリやソリが合うエンゲージメント投資家と建設的な関係が構築できれば、大きなベネフィットを期待できます。彼らとしっかりと向き合い、対話を重ねれば、経営者が日々の経営の中で見落としてしまいがちな課題や打ち手が浮かび上がってきます。その結果として、経営成果の本丸である競争市場での競争力が強化されます。

しかも、コンサルタントを雇うのと違って、使用料はタダ。それどころか、彼らは自分たちで虎の子の資金を投資してくれるのです。コンサルティング会社であればプロジェクトが終わればそれでおしまいですが、エンゲージメント投資家は実際にその会社の業績が向上しなければ大いに困る立場にある人々です。経営に対する強いコミットメントを期待できます。

とはいうものの、長期投資家は経営にとってはあくまでも道具。使い方が肝心です。最も相互の補完関係が発揮できるところにフォーカスして使わなければなりません。経営のすべてについて投資家の意見を取り入れてしまうと、かえって経営の主体性の喪失という本末転倒の事態になりかねません。

この点、本書が主張している「みさきの公理」は、経営にとっての長期投資家の使い方を考えるうえで実に有用な視点を提供しています。なぜかと言うと、この「公理」が経営者と投資家のあるべき相互補完関係を浮き彫りにしてくれるからです。ここに僕が考える本書の4つ目の本質的な価値があります。

4章で詳述されているように、$V=(b \times p)^m$、これがみさきの公理であり、長期投資家が考える企業価値の中身を表しています。ベースとなるのはｂ（事業）とｐ（ヒト）の掛け算。それにｍ（マネジメント）がべき乗でかかっています。

このうちのｂはその企業が構築している持続的な競争優位に注目しています。長期利益を実現するには強みが競争の中で持続しなくてはなりません。ところが、競争優位は獲得するよりも持続・維持する方がよっぽど難しい。ですから、競争優位が「模倣障壁」を持っているか、これがｂを大きく左右するカギになります。ようするに、みさきの公理にあるｂは戦略そのものだということです。この辺の議論は僕の本業のど真ん中なのでいろいろと言いたいこともあるのですが、話し出すときりがないのでここではやめておきます。ヒトの要素であるｐ、これは僕の理解ではその会社の戦略を生み出す土壌であり、同時に戦略を実行し前へ進めていく駆動力をとらえていると考えられます。いずれにせよ、（ｂ×ｐ）が競争力の基盤だということです。

一方のｍ、みさきの公理では「マネジメント」のｍとされているのですが、マネジメントはとても広い意味合いを持つ言葉です。僕に言わせれば（ｂ×ｐ）もまたマネジメントで、むしろこちらの方が経営者に求められるマネジメントの本丸のように思います。これに対して小文字のｍは、本書が強調しているように、経営のさまざまな側面の中でも、主として経営の技法や技能を指しています。例えば、本書で紹介している事業ポートフォリオ管理、事業投資や撤退の基準、キャッシュコンバージョンサイクル、最適資本構成などなどに関わる手法、こうしたものがｍを構成しています。このような理解に基づいて、僕は（ｂ×ｐ）をまとめて大文字のＭとし、みさきの公理を$V=M^m$と勝手に読み替えています。

「実際に経営をしているわけでもない株主に何ができるのか」という経営者にありがちな意見は、Ｍとｍを混同しています。確かにＭについて株主は無力です。著者の中神さんも、株主は個別企業のｂやｐを組み替えたり大幅に変更することはできない、株主は経営の固有性にはなから弱い宿命にある、と率直に認めています。裏を返せば、Ｍこそが経営者の腕の見せ所だということです。肝心のＭがなければ、いくらｍをのっけても話は始まりません。

大文字のＭと小文字のｍ、このように対比すると、そこに経営者と投資家の補完関係と役割分担が見えてきます。

Ｍ（＝ｂ×ｐ）は深層にある競争力です。ＡＩのディープ・ラーニングにかぶせて言えば、「ディープ」な競争力です。これに対して、ｍは競争力の表層で効いてくるファクターで、悪く言えば競争力の「お化粧」です。ｍはべき乗に効いてくるので確かにインパクトが大きいのですが、それが表層のコスメティックなので（とりわけ経営者にとってはそう映る）、あまりワクワクしない。どちらかというと小手先の話に聞こえます。Ｍの強化でアタマがいっぱいな経営者はなかなかｍに注意が向かないのが普通です。

ときどきびっくりするような美人がいますが、面白いことに、（僕の限られた観察では）そういう人ほどお化粧に興味がない。逆に、お化粧に多大な関心と知識を持っていて、メーキャップで「盛る」のが上手な人がいます。たまたまその人があまりお化粧をしていないところを見かけると、まったく別人でびっくりします。

ファッションもこれと似た面があります。常日頃体を鍛えていてスタイルがよくシェイプもばっちりという人ほど、着る服に無頓着という傾向があるように思います。「ノームコア」とか言いますが、白シャツとデニムにスニーカーといった、ごく普通の格好をしている人が多い。そもそも「台」が優れているので何を着てもそれなりにかっこいいということもあるでしょうが、そういう人は注意を表層の服ではなく深層の身体に向けているので、凝ったファッションに興味がないのだと思います。体格が貧弱だったり体型に自信がない人ほど、ファッションに走るのかもしれません。

これと同じような話で、Ｍとｍの間にはある種のトレードオフがあると言ってもよいと思います。競争力の中核にあるＭに全身全霊で取り組む。これは経営者としてある意味で正しい姿勢なのですが、そういう人ほどｍがどうしても手薄になる。一方の投資家は、ｍについては知識も知恵も発達しているけれども、Ｍにまでは手が出せない。ここに最大の相互補完性があるわけで、経営者にとっての投資家の使い道はｍにあるということをみさきの公理は物語っています。

ここでの話は、図４のように、みさきの公理をＭとｍに分解したそれぞれに対応する２軸で会社を４タイプに分

図4　「みさきの公理」のマトリクス分類

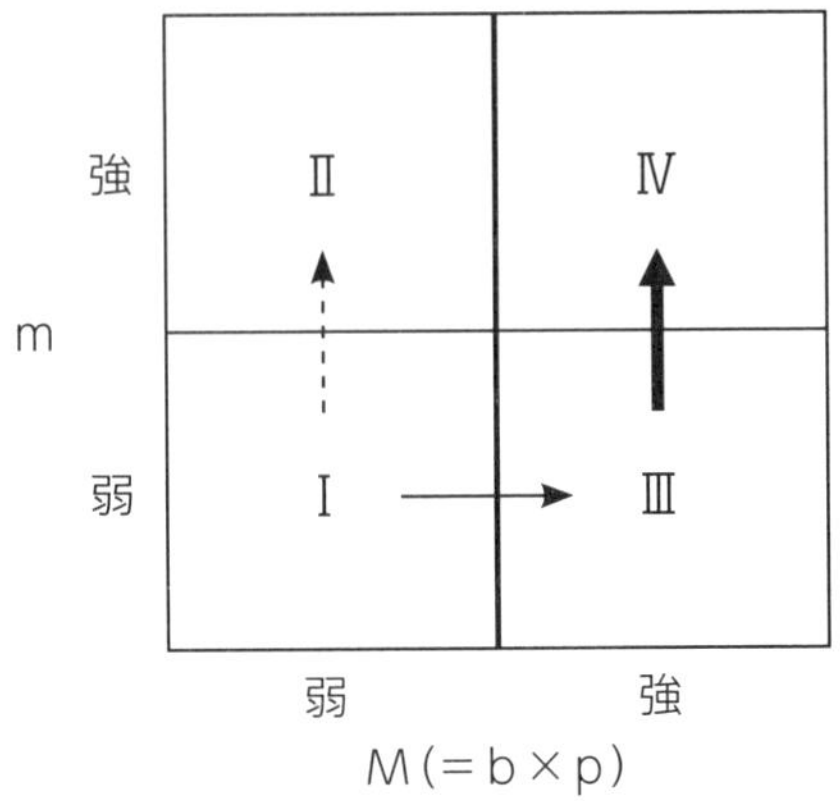

類すると分かりやすいでしょう。単純に競争力がなく、業績もパッとしないのがタイプⅠです。MもmもI強化する必要がありますが、物事には順番があります。この位置にいる経営者は、手っ取り早く業績を改善しようとしていきなりmの強化の方向に走りがちなのですが（図4の点線の矢印）、それでは業績向上はあまり期待できません。ゼロに何を乗じてもゼロです。こういう会社は、mに優先してMの強化に取り組み、まずはタイプⅢに移動することが先決です（実線の矢印）。それはすなわち、競争優位に向けた戦略ストーリーを構築し、その上に人々のマインドをしっかりと乗せるという仕事です。タイプⅠの会社の経営者には、この本を読む前に、できましたら僕の本を読んでいただきたいと思います。

タイプⅢの会社の経営者、これこそが本書のターゲット読者です。せっかく競争力の基盤はあるのにmの弱さがたたって潜在的な業績を発揮できずにいる。しかも、タイプⅢであるということは、経営者がこれまでMにばかり目が向き、mを軽視してきた可能性が高い。長期投資家との対話もおざなりになっているフシがあります。実にもったいない話です。言い換えれば、それだけ伸びしろがあるということです。このタイプの経営者こそ、mについての知見で本領を発揮する長期投資家を積極的に使うべきです。

タイプⅣの会社はみさきの公理通りに高い企業価値を誇っている

企業です。こうした企業は好業績を持続していることもあって、すでに投資家との良好な関係を構築していることが多いでしょう。一方の長期投資家、とりわけグロース投資よりもバリュー投資の構えをとるエンゲージメント投資家にとっては、このタイプの会社はすでに高水準の株価を維持しているでしょうから、対話の相手としてはかえって魅力的ではないかもしれません。

いずれにせよ、前にお話ししたような投資家と距離を置きがちだった従来の日本企業には、タイプⅢの会社がたくさんあると推測できます。本書が現在の日本の企業経営にとって多大な意義を持つ所以です。

長めの解説もそろそろ終わりにします。最後に再び強調したいのは、すでにお話しした通り、サーブ権はあくまでも経営側が握っているということです。まずは投資家に向けて経営としての意思と意志を表明する。このことが経営者に求められます。

ところが、上場企業のホームページのＩＲのセクションや有価証券報告書を見ると、紋切り型の無味乾燥な文章や数字の羅列に終始していることが多い。とくに有価証券報告書は、よくまあここまでつまらない話ができるものだと、逆に感心させられるものがほとんどです。株式市場のルールに「有価証券報告書は極力つまらなく書かなければいけない」という条項があるのではないかと思わされるほどです。

長期投資家の基本動作のひとつに「有報チェック」があります。本書から引用すれば、「有価証券報告書の全ページを全メンバーで読み込み、行間ににじみ出ている会社の姿勢を理解するとともに……」という作業なのですが、これは意味があるにしても、それ自体はさぞかしつまらない作業なのではと推察します。

とくにタイプⅢの経営者にお願いしたいのですが、まずはこの辺から手をつけていただきたいと思います。経営者が自らの肉声で投資家に語りかける。その会社を代表する経営者である以上、有報、ホームページ、ＩＲミーティング、決算説明会、株主総会、ありとあらゆるチャネルを使って、投資家に対して情熱溢れる大演説をしていただきたい。経営者自らが「うちの会社はこうやって稼いでいくんだ！」と、自社の戦略ストーリーを迫力と熱意を持ってストレートに投資家に表明する、これが「サーブを打つ」ということです。経営者のサーブからゲームが始まるのです。

ここでつらつらと書いたような価値と意義を持つ本書が、日本の経営者にフルスイングのサーブを促し、経営者と（あまりクネクネしない）投資家との建設的な対話が始まるきっかけになることを願っています。

「長期」の本質——中神康議『三位一体の経営』解説

本書の著者の中神康議さんは、私の見るところ、日本最良の投資家です。「最高の」ではありません。投資成績の高低で言えば、新興上場企業へのグロース投資で一発当てて、中神さんのファンドよりも高い成績を上げた投資家は大勢いるでしょう。

ただし、です。「一発当てた」投資家に、「もう一発お願いします」「この調子で二発目もヨロシク！」と言っても、再現性はありません。どうやっても「運」と「能力」を区別して考えることはできないのが投資の世界です。運が良くなければ「一発当てる」ことはできません。

彼の運が良いかどうかはよく分かりませんが、少なくともその投資哲学において、中神さんは最良の投資家の一人だというのが私の見解です。本書は、中神さんが「働く株主」としての実践のなかでつかみとった知見を凝縮して読者に伝えています。

議論の焦点は、経営者と投資家の関係のあるべき姿です。「口うるさい厄介者」として投資家を遠ざける。投資家との対話の門戸を閉ざし、ひたすら防御的な姿勢をとる。こうした経営者が少なくありません。気持ちは分からないでもないのですが、会社はもちろん、経営者自身にとっても実にもったいないことです。中神さんのような長期厳選投資家と経営者は相互補完関係にあります。彼らを味方に引き入れる。投資家に使われるのではなく、使いこなす。投資家ならではの思考と技術を経営に取り込めば、経営のパフォーマンスが向上します。そうなれば投資家も結果的に利益を獲得でき、従業員も豊かになる。これが著者の提唱する「みなが豊かになる三位一体の経営」です。

矛盾を矛盾なく解決する

議論のフォーカスが利いていながら、普遍にして不変の本質を抉り出す——これが優れた本の特徴です。私が本書から読み取ったのは「長期」の本質的な意味合いです。

「会社はゴーイング・コンサーン。長期的視点に立って経営しなければならない」——経営者であれば誰もが口ではそう言います。それにしても、「長期」とは本当のところ何を意味しているのでしょうか。「短期」とは何が違うのか。「四半期は短期で、5年以上が長期」というような物理的な時間の長さではありません。四半期単位で目先のことに明け暮れていては、それを10年（40四半期）続けても「短期の経営」の繰り返しです。

トレードオフをトレードオンに昇華させる。これが本書の議論と考察から浮かび上がってくる「長期」の本質です。短期的にはあからさまに矛盾していることであっても、長期的な時間軸の中に位置づければ矛盾が解ける。それどころか好循環のダイナミズムが生まれる。長期視点に立った経営の本領は「矛盾を矛盾なく解決する」ことにあります。

本書の議論の中核にある、経営者、従業員、投資家という3つのステークホルダーの関係で説明しましょう。図5にあるように、この三者の利害は短期的には鼎立関係、すなわち「三者対立」の関係にあります。三者間の関係のどれをとっても、そこには一方の利益が他方の利益を損なうというトレードオフがあります。経営者と従業員の関係について言えば、賃金を増やせばその分収益が減ります。経営者は収益の数字での評価にさらされています。良い数字を出したいと思えば、賃金水準を抑えたくなる。これに対して、従業員はもっと給料を上げろと反発する。

図5　三者対立（トレードオフ）

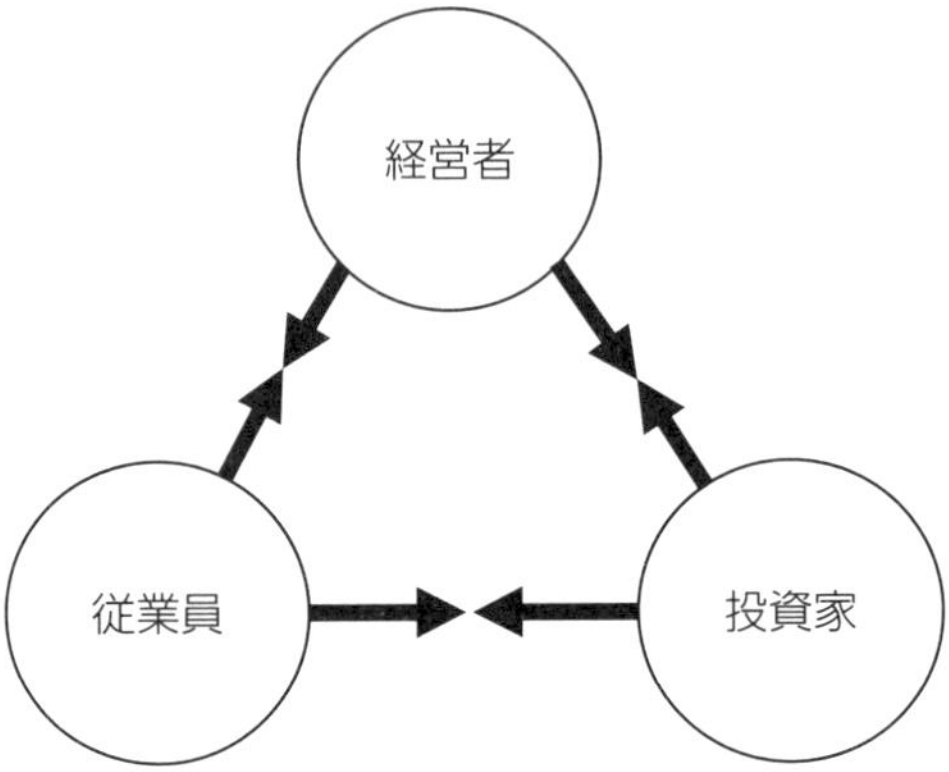

すなわち対立関係です。

経営者と株主である投資家との関係についてもあからさまなトレードオフがあります。配当は利益処分の一形態ですから、株主への配当を増やせば、将来の商売の軍資金は減ります。配当以外にも、株主は自分たちの利益を追求してさまざまなプレッシャーをかけてきます。アクティビスト（物言う株主）と経営者の関係がその典型です。やれ自社株を買え、レバレッジをかけろ、収益力のない事業を整理しろ、言うことを聞かなければ株を買い増して取締役を送り込み実力行使に出るぞ——経営者にしてみれば、会社の将来を考えない「短期的視点」に立った要求を突きつけてきます。経営者が投資家に対して防御的な姿勢を固め、経営の自由度を確保しようとするのは自然な成り行きです。

従業員と投資家との関係は言うまでもありません。投資家にとっての人件費は収益を圧迫するコストとして映ります。従業員のリストラは手っ取り早く収益を改善する手立てです。投資家は「リストラ大歓迎」となるのですが、従業員にとっては迷惑千万な話です。

「二人三脚」から「三位一体」へ

一口に「日本企業」と言っても実際に個別企業のレベルに下りれば経営の中身に大きなバリエーションがあります。また、時代とともに経営のあり方は変容しています。「日本的経営」と言うと終身雇用や年功序列、新卒一括採用といった特徴が想起されます。現在ではこうした雇用慣行はすでに過去のものとなりつつありますが、戦前の昔まで遡れば、終身雇用や年功序列を採っている企業は例外的でした。１００年も続かないものを「文化」とは言いません。「日本的経営」は日本の文化に根差しているわけではありません。俗に言う「日本的経営」というのは、日本の一部の大企業が高度成長期の経営環境に適合した結果にすぎないというのが本当のところだと思います。

以上のような認識を持つ私にしてみれば、「日本企業」とか「日本的経営」という言葉をなるべく使いたくないのですが、昭和の高度成長期の日本の上場大企業の平均値的傾向としては確かに「日本的経営」というものがありました。これを3つのステークホルダーの関係の視点からとらえると、中神さんの言う「二人三脚」となります（図6）。経営者と従業員の間には「労使一体」の互恵的な関係が多元的に生まれ、両者の対立は解消されます。残る投資家はどうだったかと言うと、メインバンク制度や株式の持ち合いといった「日本的経営」の時代に固有のガバナンス構造があったため、上場企業であっても株主の影響力は低い水準に抑えられていました（図で投資家から出る矢印を細い線にしてあるのはこの意味です）。投資家はいわば「外野」に置かれていたわけですが、高度経済成長の中で業績は右肩上がりで、放っておいても株価は上昇基調にありました。外野にいてもさほどの痛痒を感じませんでした。このことが経営者と従業員の二人三脚をますます強固なものにしたと言えます。

経営者と従業員の二人三脚に立脚した「日本的経営」は、高度成長を前提とすればベリーベストの選択でした。しかし、時代が移り、環境が変化すれば有効性を喪失するのは当たり前の話です。終身雇用を保証しつつ、会社にいればいるだけ待遇が良くなるというような「超論理的仕組み」が成立するのは、強烈な経済成長の追い風という特殊条件があるときだけです。高度成長が終わったのはすでに遠い過去の話。成熟期に入って久しい日本にあって、もはや「日本的経営」に無理があるのは誰の目にも明らかです。

日本でも労働の流動性は高まり、転職は当たり前になりました。経営者と従業員の一蓮托生の運命共同体は機能

図6　二人三脚（高度成長期の「日本的経営」）

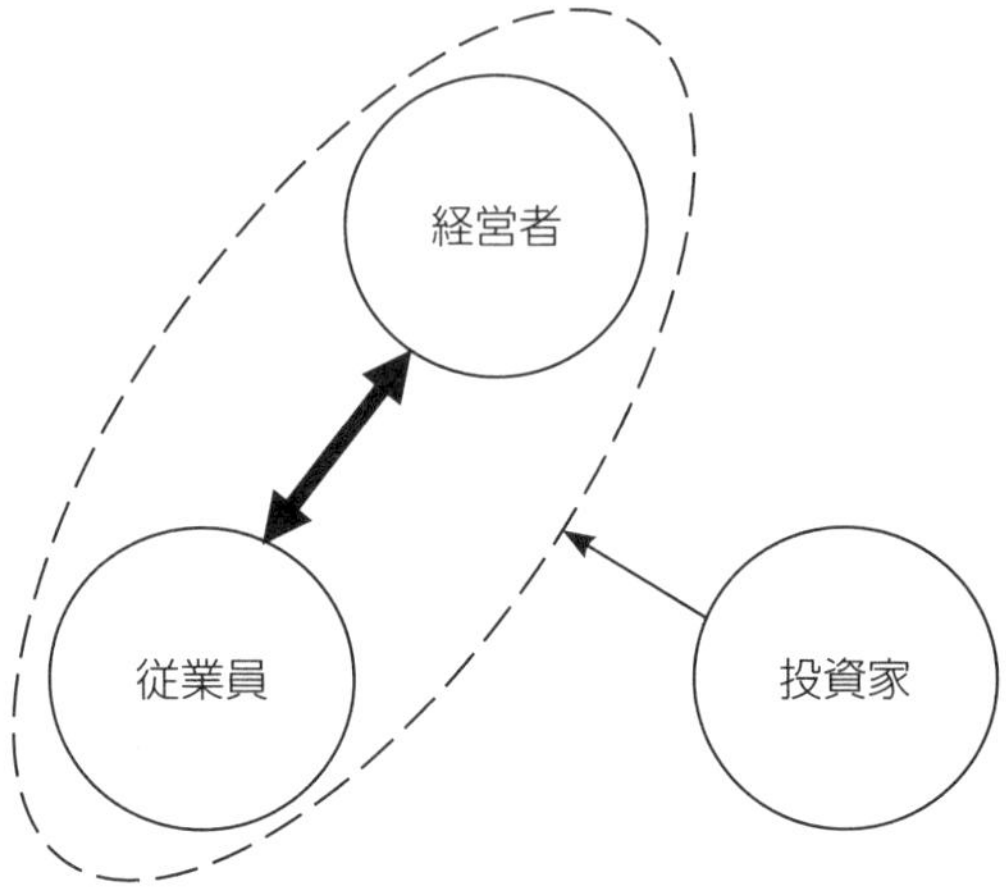

しなくなっています。事実として、著者が指摘しているように、日本の企業では営業利益率を確保するために労働分配率を抑えるという傾向が見られます。ようするに、二人三脚はもはや機能しなくなり、原始的な三者対立の構図に回帰しつつあるというのが日本の現実です。

昭和の「日本的経営」と対照的な位置にあるのが、図7にある金融資本主義的な三者関係、俗に言う「アメリカ的経営」の図式です（もちろんアメリカの企業経営も実際は千差万別なので、この図式に当てはまらない企業も数多くあります。ですから、あくまでもカギ括弧つきの「アメリカ的経営」という話です）。ここでは、経営者と株主の間に利害の一致があります。「資本市場を向いた経営」の必要性がこのところ日本でも強調されていますが、経営者が資本市場を「向き過ぎる」ところに金融資本主義的経営の特徴があります。

現実の商売の成果をすっ飛ばして、手っ取り早く株価を上げるような打ち手を繰り出す。例えば、目先の四半期業績の数字を良くするために、従業員をリストラする。高値を承知で耳目を引くような派手なM＆Aに打って出る。多くの株主はこうした動きをその時点では歓迎します。なぜならば、株主は「いつ株を売ってもよい」という自由度を持っているからです。将来の企業価値を

図7　金融資本主義（「アメリカ的経営」）

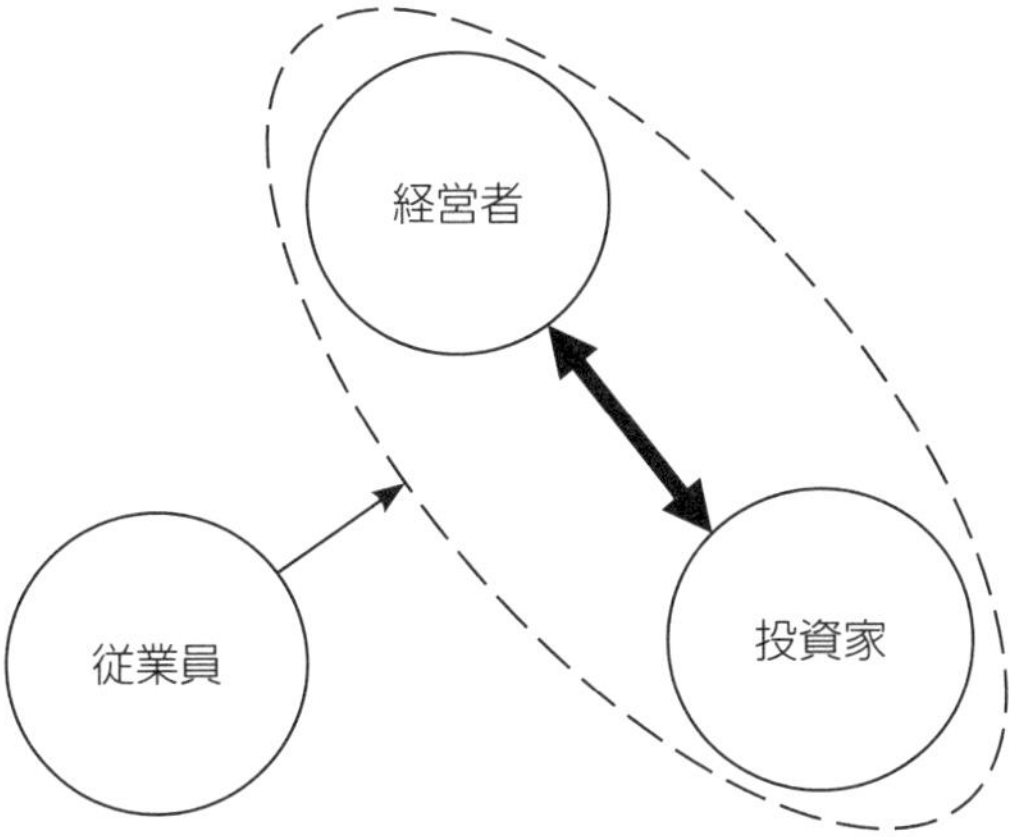

毀損しかねない打ち手であっても、それが現実のものとなる前に株を売り払ってしまえば自らの懐は痛みません。

一方の経営者には、本来はそうした自由度はありません。「調子が悪くなったら辞めればいい」では経営は務まりません。しかし、金融資本主義的な構造の下では、経営者の報酬も世間的な名声も株価にリンクしています。目先の株価が上がってくれればそれでいい、5年先は知らないよ——こうしたモラル欠如が顕在化するリスクがあります。

いかんせん資本主義の世の中です。経営者と株主が結託してしまうと、従業員は置いてけぼりになります。従業員の長期的利益を確保する手立ては、政府による上からの規制頼みになります。しかし、政治ができることには限界があります。時の政権がそもそも投資家寄りであれば政治は頼りになりません。かくして、豊かになるのは投資家と経営者ばかり、犠牲になるのは従業員——失業率は高まり、苛烈な格差社会になるという成り行きです。

話を日本に戻します。経営者と従業員の二人三脚はとっくに機能しなくなりました。加えて資本市場のグローバル化の中で、日本でも上場企業の経営者は投資家に正面から向き合わなければならなくなりました。ぼんやりしているとアクティビストのいい

図8　三位一体（トレードオン）

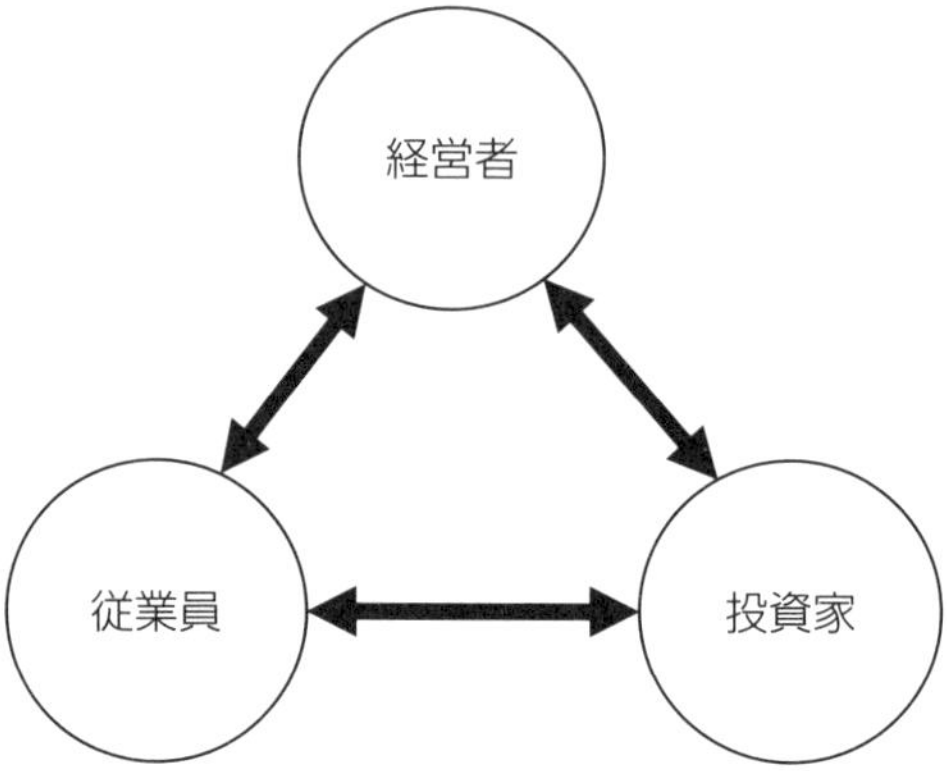

ようにされてしまいます。つまりは、日本でも経営者と株主の関係が「普通の資本主義」のそれになってきたわけです。

だからといってひたすら投資家の方を向き、図7のような「アメリカ的経営」に１８０度転換しろという話ではありません。リーマンショック以来、当のアメリカでも（少なくとも世論のレベルでは）揺り戻しがかかっているぐらいですから、これはこれで大きな問題があるのは明らかです。それどころか、そもそも日本の企業経営が本来持っていた美点を破壊してしまいます。

だとすれば、どうしたらいいか。この問いに対する本書の回答が「二人三脚」に代わる「三位一体」（図8）です。経営者が稼ぐ力がある商売をつくり上げ、そこに向けて従業員が力を合わせて仕事をすれば、稼ぐ力はますます強まります。経営者は自らの職責を果たし、従業員の給料も増えます。結果として株価も上がるので、投資家も果実を手にできます。さらには、従業員が株の一部を保有していれば、株主としての利益も享受することができます。図5にある三者対立のトレードオフは解消され、皆が豊かになるトレードオンの関係に変容します。考えてみれば当たり前の話です。「三位一体」は何も新しい経営モデルではありません。今も昔も変わらない経営の王道に回帰すべき、というのが本書のメッセージです。

「障壁」と「複利の経営」

しかし、です。「言うは易し」でありまして、三位一体の経営は一朝一夕には実現できません。この理想的なトレードオンに到達するにはいくつものステップを乗り越えていく必要があります。

本書は経営を4つのタイプに分類しています。単純に売上や利益の大きさにこだわる「額の経営」や売上高利益率を追求する「率の経営」では、すぐに三者対立のトレードオフに陥ります。株主からのプレッシャーを受けてその時点での利益率を上げようとすれば、従業員の賃金水準を抑えたくなります。将来の商売のための思い切った投資もやりにくい。「あちらを立てれば、こちらが立たず」という窮屈な状況に追い込まれます。

投下資本という「元手」に対してどれだけ効率よく利益やキャッシュフローを生み出しているのかを基準とした「利回りの経営」でもまだ不十分です。三位一体を実現するためには、そこで生まれた果実を元手に足し合わせて再投資する「複利の経営」が不可欠です。「複利の経営」に至って、はじめて経営に時間軸が入ってきます。しかも、「再投資」や「複利」の定義からして、その時間軸は長ければ長いほどよい。その理由を著者は次のように説明しています。

> 生まれたアウトプットを元手に足し合わせて再投資していくと、時間が経てば経つほど、おおもとの投下資本が指数関数的に殖えていくからです（アインシュタインやバフェットの教え通りです）。「利回りの経営」のように、単年のアウトプットの大きさを喜ぶのではなく、そのアウトプットを再投資に回すことで追加的なリターンを得ていく。これを高い水準で長期間持続させることによって、投下資本そのものが増殖していくことを狙う。
> これが「複利の経営」であり、経営を選びに選んで長期投資し続けた厳選投資家や、従業員持ち株会・役員持ち株会でコツコツと自社株を買い続けた人々が、最も安定的に、しかも大きく報われる経営の姿です。

「複利の経営」に向けてイニシアティブを握っているのは、従業員でも株主でもなく、一にも二にも経営者です（この意味合いを込めて、図では三角形の頂点に経営者を置いています）。裏を返せば、経営者が長期視点で「複利の経営」を実現すれば、短期的にはトレードオフにしか見えないステークホルダーの関係はごく自然にトレードオンに転化します。ここに「長期」の本質があり、長期視点の経営の本領があります。

「複利の経営」を実現しようとする経営者にとって、一義的に必要となるのはそこに至る道筋――僕の言葉で言えば、持続的な競争優位に向けてさまざまな打ち手をつなげていく「戦略ストーリー」――です。「長期ビジョン」という言葉を口にする経営者は多いのですが、そこに至る首尾一貫した戦略ストーリーを語ることができる人は稀です。「で、ビジョンを実現する戦略は？」となると、ごく短期的な施策の箇条書き的な羅列に終始する経営者が少なくありません。

長期持続的な競争優位を構築するためには、3章で議論されている「事業経済性」があるだけでは十分ではありません。どの企業も願わくは経済性がある事業立地で商売をしたいと考えます。魅力的な事業には参入企業が増え、競争は次第に熾烈になるのが道理です。したがって、資本コストを大きく上回るような超過利潤を長期間維持するためには、競合が攻めてきても跳ね返せるだけの「障壁」（4章）が必要になります。煎じ詰めれば、いかに障壁を築き上げるかが戦略の焦点となります。一見して事業経済性が乏しいような立地でも、障壁があれば「複利の経営」に持ち込むことは十分に可能です。

ただし、強固な障壁をつくるのは容易ではありません。容易にできることならそもそも障壁にならないからです。5章で詳細に議論されているように、業界の常識からして「呆れるほどのコストをかける」「腰を抜かすほどのリスクを取る」必要があります。いずれにせよ、腰を据えて何かに突っ込まなければ障壁は築けません。一方で利用可能な経営資源は限られています。だとしたら「どこに突っ込むのか」「なぜそこに突っ込むのか」が問題の核心になります。

この問いに答えるのが、その経営者に独自の「事業仮説」です。その究極の例の一つとして、中神さんは宅配便という事業カテゴリーを創造したヤマト運輸の小倉昌男氏の独創的な事業仮説に注目しています。この部分はとりわけじっくり読むに値します。中神さんも感嘆しているように、痺れるような事業仮説が構想されています。「これぞ戦略ストーリー！」と唸らされます。

戦略ストーリーの神髄

複雑な問題に直面したとき、凡百の経営者は物事の要因を箇条書き的に列挙して解を得ようとします。しかし、小倉氏に代表される優れた経営者は、要因間の因果関係についての論理にまで踏み込み、全体が全体として作動するメカニズムを解明しようとします。ようするに「大局観」です。

本書では触れられていませんが、小倉氏の戦略構想で僕が最も面白いと思うのは、宅急便の出発点でカギとなった「サービスが先、利益が後」という意思決定です。サービスと利益は表面的にはトレードオフの関係にあります。ですから、普通の経営者であれば、両者の「バランス」をとろうとします。しかし、それは愚策です。両方を追求すれば「二兎を追うもの一兎をも得ず」。小倉氏は優先順位をはっきりさせます。

ここから先がいよいよ真骨頂です。小倉氏の戦略の神髄は、トレードオフを単純な「選択と集中」で終わらせないところにあります。サービスを取って利益を捨てるわけではないのです。両方を達成できた方がいいに決まっている。ここで戦略ストーリーの出番となります。まずはダントツのサービスに集中する。サービスがダントツであれば、荷物の受け手の満足を高めることができる。満足した受け手は宅急便という新しい荷物のやり取りの手段の価値に気づく。やがて送り手としてもヤマトを選択するようになります。ここまでバトンがつながれて初めて6章で描かれている「ネットワークの事業経済性」が動き出すわけです。

小倉氏のような「戦略芸術家」の凄みは個別の意思決定ではなく、やることとの順序、シークエンスに表れます。AとBとCが箇条書きにならない。箇条書きして「これを全部やれ」じゃなくて、「まずはここに集中する」という指示が出てくる。AがあってこそBがあり、BができてCが出てくる。AとBの間にロジックがあり、BとCの間にもロジックがある。これは「優先順位をつけなさい」という話とは似て非なるものです。

結局、なんで儲かるかと言うと、他の人が知らないことを知っている、ほかの会社ができないこと・しないことをするということです。オリックスの経営を長くお務めになった宮内義彦さんと話をしているときのことです。「僕から見ると、オリックスってなんで儲かるのか分かりにくい会社ですよね」と言ったら、「お前みたいなヤツにすぐ分からないから儲かるんじゃないか」と言われました。まったくその通りです。

優れた経営者について、「ほかの人とは違った景色が見えている」ということをよく言います。小倉昌男氏はその典型です。これは、その人の独自のフィルターを通したときに、客観的には同じことであっても、それが「違って見えている」。古い話ですが、川上哲治氏は「ボールが止まって見える」と言いました。しかし、本当にボールが止まっているのではありません。ようするに、「違って」（differently）という副詞であって、本当に「違った」（different）ものを見ているのではない。

ここでフィルターに相当するのがその人が持っている事業仮説なり戦略ストーリーです。その人にしか手に入れられないような「特別の秘密情報」というものはない。そういうのを持ってくるのはだいたい詐欺師です。なぜほかの人が知らないことを知っているのか、見えないものが見えているのかというと、自分の戦略ストーリー上に位置づけることで、見ている対象が独自の意味を持ち始めるからです。

サービスの質と利益は短期的にはトレードオフです。しかし、そこに時間軸を組み込み、背後のメカニズムをつかめば、トレードオフが違って見えてきます。戦略は箇条書きのアクションリストではありません。戦略の優劣は個別の打ち手そのもので決まるわけではありません。打ち手が明確な論理でつながり、そのストーリーの中で表面的な二律背反が解け、好循環が生まれ、両方が実現される。「サービスが先、利益が後」というトレードオフをはっきりさせることが、結果的にトレードオンを生み出すという逆説です。これにしても、トレードオフをトレードオンに転化することに「長期」の本質があるということを物語っています。

「長期」の時間は物理的な時間ではありません。論理的な時間です。「長期的に考えろ」と言うと、「じゃあ、5年先を考えよう」「いや、10年先を考える方が長期だ」とかいう話になりがちです。そうではなくて、仮に物理的な時間で計測すれば1年先のことだとしても、「こういうことが先行して起きて、こういうことができるようになる」「次にこういう道が開けるので、ああなってこうなって……」という論理があることが大切なのです。事業仮説はゴールから逆算してつなげていくものです。本は最初から順にページをめくって読みますが、戦略ストーリーは逆にエンディングから読まなければ分かりません。論理とは「XがYをもたらす」という因果関係についての信念です。因果関係である以上、論理は時間を背負っています。そこには必ず時間軸がある。「短期の戦略」というのはあり得ません。戦略は定義からして「長期」になります。

戦略の構想と実行は、中神さんが言うように、人間の性《さが》との戦いという面があります。「呆れるほどのコスト」や「腰を抜かすほどのリスク」は誰にとっても恐ろしい。思いっきりコストをかけ、リスクを取ったからといって、障壁が確実に手に入るという保証はありません。どんなに秀逸な戦略ストーリーであっても、事前においてはあくまでも仮説にすぎません。実際に成功するかはやってみるまで分かりません。

だとしたら、経営者にとっての事前の拠り所は何か。優れた戦略ストーリーにつきものの恐怖を克服するうえで、何に頼ればいいのか。「論理的な確信」しかない、というのが僕の結論です。

本書は哲学者の三木清の言葉を引用しています。「仮説的に考えるということは論理的に考えるということと単純に同じではない。仮説はある意味で論理よりも根源的であり、論理はむしろそこから出てくる。仮説は自己自身から論理を作り出す力さえ持っている」

まことにその通りで、小倉氏にしても宅配便の戦略ストーリーの発端にあったのは、論理を超えた事業観、もっと言えば直観だったに違いありません。しかし、直観だけでは恐怖には勝てません。その成否は事後的にしか分からないにせよ、小倉氏が「呆れるほどのコスト」「腰を抜かすほどのリスク」に突っ込めたのは、彼の事業仮説が論理的に筋が通っていたからです。論理的な確信こそが経営者の勇気の源泉です。

経営者と従業員のトレードオン

独自の戦略ストーリーづくりが経営者の一義的な役目となるのは、それが三位一体の経営における経営者と従業員、経営者と投資家の関係構築の基盤を提供するからです。

繰り返し強調しますが、三位一体の経営の出発点は経営者にあります。経営者に確固とした戦略ストーリーがなければ、いくら従業員が奮闘し、投資家がわいのわいの言っても、企業のエンジンは動きません。ところが、本書が指摘しているように、画期的な戦略ストーリーほど周囲は反対します。誰もついてこなければ戦略は実行できません。ここでも、人々を説得し、惹きつけ、巻き込むのは戦略ストーリーを構成している論理の力です。考えや立場や好みは人それぞれです。どんなに情熱を込めて語っても、そこに論理がないと伝わらないし、分かり合えません。経営者の論理的な確信が社内の人々に共有されて初めて戦略は実行に至ります。

小倉昌男氏は論理の力を縦横無尽に使いこなした人でした。戦略を構想するだけでなく、その実行に向けて戦略ストーリーの上に人々の力を結集するのが抜群に上手い。小倉氏の事業仮説に込められた論理を納得し、「ちょっとその話、乗ってみようじゃないの……」という気持ちになった人々がストーリーを前に前にと動かしていったのです。歴代のヤマト運輸の経営者が小倉氏を振り返った『ヤマト正伝　小倉昌男が遺したもの』（日経ビジネス編）を読むと、この辺のいきさつがよく分かります。

経営者の戦略ストーリーがそれに関わる人々の心に火をつけて初めて、商売が回り出します。好循環の中で雇用が生まれ、従業員の仕事の対価である給与も高水準で支払うことができるようになります。そうなるとますます従業員も仕事にコミットし、日々の商売がより強く太いものになっていきます。

本書の具体的かつ実践可能な提案の一つに、役員や従業員の保有株数の引き上げがあります。経営者と従業員の二人三脚を標榜している（いた）わりには、日本では内部者持ち分比率は他国と比べても低い水準にあります。「従業員持株会が自社の発行済み株式の10％程度は保有しているような構造を作りこんではどうでしょう」という中神さんの提案に全面的に賛成です。

高度成長期のときほどではないにせよ、少なくともアメリカや中国と比べて、日本の企業の共同体的性格や従業員のコミットメントは依然として強いはずです。従業員が広く浅く自社株式を持てば、従業員のマインドも自然と長期志向となり、経営と従業員のトレードオンの関係はますます深まります。何よりも、「はじめに」で紹介されているエピソードにあるように、「複利の経営」が従業員に報いる手立てとして、長期的な株価の上昇や配当による資産形成は最もインパクトが大きいものです。上場企業である以上、この株式会社に固有のメカニズムを使わない手はありません。

「微分」か「積分」か

「ブランディング」が大好きな人がいます。何かと言うと「ブランディングが大切だ」という話になる。もちろん、どんな企業にとってもブランドは非常に大切なものです。それでも、僕は「ブランディング」という考え方に対しては懐疑的です。「ブランディングをするぞ！」という色気が、かえって商売をゆがめたり弱めたりすることがあるように思います。

ブランドというのは、あっさり言えば「信用」です。昭和を代表する大女優だった高峰秀子さん、私が最も尊敬する人物ですが、彼女は「信用」と「人気」は違うと言っています。女優は、人気を求めて、人気を大切にする。

なぜかと言うと、女優は文字通り人気商売だからです。しかし、人気というのは一時的なもので、本当に大切なのは「信用」である。彼女は、映画に出るときにも、本を書くときにも、仕事生活の根底で常に「信用」ということを考えている。「あいつが出ている映画なら大丈夫だ」と人に思ってもらう。これが「信用」です。最後に残るものは信用しかない。需要がないと仕事にはならないわけですが、その需要は決して「人気」であってはいけない、と高峰さんは説いています。

ブランディングはしばしば「人気」を狙おうとします。ＫＰＩも設定できるし、バジェットも組め、効果測定もできます。一見コントロールできそうに思いがちですが、本当のお客さんの心というのはコントロールできない。コントロールできないものを無理やりコントロールしようとする。ここに多くの間違いの原因があります。

「信用」はすぐには手に入りません。それでも、「お客さんを絶対に満足させる」という日々の行動はコントロールできます。それが次第に積み重なって、いつの間にか信用が生まれる。「人気」が微分値であるのに対して、「信用」は積分値です。毎日の商売の積み重ねで段々と信用ができて、振り返ったときにその総体がブランドになっているというのが理想です。「ブランディング」よりも受動態で「ブランデッド」と言うのが、正しいブランドの理解だと思います。独自の価値提供に自信がない会社ほど、ブランディングというお化粧で勝負しようとする。ベースがしっかりしていないところにお化粧をしても、たかが知れている。お化粧は夜になれば剥がれてしまうものです。

ブランドは強力な資産です。商売が著しく楽になる。黙っていてもお客さんが選んでくれますし、より高いお金も払ってくれる。まことにありがたい話です。ところが、ブランドは「何で強いのか。ブランドがあるからだ」「何でブランドがあるのか。強いからだ」という類いのトートロジー（同義語反復）に陥りがちです。結局のところ、商売そのものを強くするしかない。強力な商売が強力なブランドを結果的にもたらすわけで、何もブランドがあるから強いのではありません。この因果関係の理解が大切です。

トヨタもアップルも、そもそも強い商品やサービス、オペレーションに独自の価値があったからこそ、今日のブランドになったわけで、その逆ではありません。ブランドというのは、それまでの日々の商売の蓄積から結果的に発生する「ご褒美」みたいなものだと割り切った方がよい。「ご褒美」を先取りしようとして手練手管を連発しても、顧客にはいずれ見破られます。一時的に「バズらせる」ことはできても、それは決して長続きはしません。振り返ったときに、いつの間にか「ブランデッド」になっていた、というのが本当のところです。

経営者と投資家のトレードオン

経営者の描く戦略ストーリーが稼ぐ力に結実し業績が向上すれば、自然に資本市場での評価は高まり、株を買う投資家は増えていきます。結果的に企業価値は増大し、投資家も大きなリターンを手にすることができます。ただし、こうした経営者と投資家のトレードオンの関係は長期的なプロセスを経た上での結果でしかありません。

事後性が高く、長期でしか正体がつかめないという意味で、企業価値はブランドに似ています。中神さんは「経営が変わると会社の本質的な価値が上がり、いつの間にか株価も上がっていきます」と言います。ここでもポイントは「いつの間にか」というところです。しかも、ブランドと違って株価は日々変動する客観的な数字です。「複利の経営」が生む企業価値は本来は積分値なのですが、ブランドよりもさらに目先の微分値を極大化したくなるのが人情です。かくして、経営者はブランディングならぬ「バリューイング」（?）に明け暮れることになります。これでは本末転倒です。

経営者と投資家の互恵的な関係の本丸は、企業価値の向上という結果ではなく、そこに至るプロセスにあります。三位一体の経営の起点にして基点である戦略ストーリーの強化、ここにおいて、経営者と投資家の「薩長同盟」は最も力を発揮します。

もっとも、投資家であれば誰でも互恵的な関係になるわけではありません。投資家が企業を選別するように、経営者も付き合う相手を選ばなければなりません。三位一体というコンセプトからして短期で売買を繰り返す投資家では意味がありません。現在の資本市場でメジャーな存在である長期分散投資家もまた意味を成しません。マーケット全体を相手にするインデックス・ファンドに代表される長期分散投資は、投資としては大いに合理的です。しかし、この種の投資家は個別の企業経営の優劣に関心を持ちません。そもそも、個別企業について評価や判断をしないということに長期分散投資の価値があるからです。ターゲットはごく一部の「長期厳選投資家」に絞られます。

長期厳選投資家に対してオープンに構え、彼らと対話を重ね、彼らの思考と技術を経営に取り込めば、経営者が事業観を錬成し、戦略ストーリーを研磨するのに大いに役立ちます。長期厳選投資家が経営者にとって「使える」のは、長期継続的な企業価値の向上という最終目的を共有する一方で、思考様式において彼らが経営者と相互補完的な関係にあるからです。

第1の相互補完性が「岡目八目」です。経営者は日々その業界の「けもの道」を走っています。走っている人でないと見えないものがあります。自動車の運転で考えると分かりやすいでしょう。ちょっとした障害物があっても、すぐにそれを認識し、ハンドルを切るなどしてすばやく反応し、適切な行動をとれます。走っているがゆえに、きちんと見ることができるのです。

しかし、その一方で限界もあります。走っている人ほど、視野が狭くなり、視界が固定するという問題です。走りながら考えている人は、どうしても視界が狭くなります。ひとたび自分の視界の中に入るものはその細部までばっちり見えるのですが、見える範囲は限られてきます。厳しくなる競争の中で、経営者はますます速く走ることを強いられています。高速道路を走っている状態を想像してみてください。運転中によそ見をしていると危険です。速く走れば走るほど、どうしても視点が固定してきます。

視点を転換し、視界を広げるためには何よりも抽象化が必要です。「業界けもの道」に精通している経営者は自分の業界や会社、事業については誰よりもよく知っているはずです。しかし、その業界や事業の文脈にどっぷりつかっているため、抽象化思考はどうしても手薄になります。

その点、長期厳選投資家は、自ら経営こそしていませんが、あらゆる業界のあらゆる企業と事業を、自分のキャリアと生活をかけて日々真剣に精査しています。なぜならば、それが彼らの「けもの道」だからです。第3章に出てくる「what business are you in と what kind of business are you in の違い」のエピソードにあるように、個別具体的な経営の抽象化と論理化は長期厳選投資家の生命線です。彼らの岡目八目能力を活かさない手はありません。経営者と投資家、それぞれの「けもの道」が交差するところに戦略ストーリーを強化するためのアイデアが生まれるわけです。

第2に、上述した「攻め」の経営だけでなく、このところ重要視されるようになったアクティビズムからの「守り」にとっても長期厳選投資家の思考と技術は役に立ちます。アクティビストは広範な企業を精査し、つけ入るスキのある会社を研究しています。著者が懸念しているように、日本の株式市場はアクティビストにとって垂涎ものと言ってもよい状況にあります。「リスクを取らず自己保身に走っている」と経営陣を指弾するアクティビストの常套手段からすれば、利益水準もリスクテイクの程度も低い日本の上場企業は「突っ込みどころ満載」なのです。

アクティビストに対抗する王道は、高い超過利潤を出し、それを複利で回すことによって、外からイチャモンをつけてくる余地をなくすことですが、それ以前に投資家という生き物の心理と論理を理解しておくことが大切です。その点、長期投資家は頼りになる存在です。同じ投資家として、アクティビストのマインドを知悉しているからです。男同士でどうやったら女性にモテるかを延々と論じているよりも、女性からのアドバイスに耳を傾けた方が話が早い。それと同じことです。

第3に、最も重要なこととして、厳選投資家はその仕事からして長期視点から逃れられないという宿命にあります。彼らの拠って立つ論理は「複利」です。時間軸は長ければ長いほど手にするリターンも大きくなります。自己規律や倫理観で長期の構えをとっているのではありません。長期厳選投資家は自らの利害からして長期で物事を考えざるを得ない人々なのです。ここに経営者との重要な補完関係があります。

上場企業の経営者は、四半期ごとの業績開示を始めさまざまな「短期への誘惑」に取り囲まれています。目の前にある短期は見えるけれども、長期はなかなか見えません。足元の数字で頭がいっぱいで、次の四半期決算説明会、次の株主総会をうまく乗り切ることにしか頭が回らない。短期へとなびいていくのは人間の本性です。だからこそ、短期志向を長期へと押し戻し、長期的視点を堅持する意識が経営者には求められます。しかし、一人の人間の意識づけにはおのずと限界があります。だからこそ、長期視点を持たざるを得ない立場にある厳選投資家との対話が大切になるのです。

日本を代表する経営コンサルタントの大前研一さんから教わった名言に「人間が変わる方法は、時間配分を変える、住む場所を変える、付き合う人を変える、この３つしかない。最も意味がないのが『決意を新たにすること』だ」というのがあります。まずは、付き合う人を変える。いまこそ経営者は長期厳選投資家と胸襟を開いた関係構築を始めるべきです。方法はいくらでもありますが、付き合いは深く長い方がいい。厳選投資家を厳選した上で、アドバイザリーボードに入れるとか、社外取締役として招くのがベストです。

著者が強調しているように、「経済のエンジンは企業。企業のエンジンは経営」というシンプルな原理原則に立ち戻って考えることが大切です。この国の将来は経営者にかかっています。「三位一体でみなが豊かになる」――この古くて新しい経営モデルを目指し、実現する経営者が一人でも多く出てくることを願っています。

プロダクトづくりの極意――トニー・ファデル『ＢＵＩＬＤ』解説

人々の生活を変える破壊的なプロダクトをつくるとはどういうことか――アップル社でｉＰｏｄやｉＰｈｏｎｅの開発チームを率いた著者がものづくりとマネジメントの極意を伝授する。タイトルはストレートに『ＢＵＩＬ

D』（つくる）。ありがちな武勇伝的自伝――成功者がその軌跡を振り返る――ではない。そこに本書の魅力がある。少数の大成功の陰には、数多くの失敗がある。著者が言うように「一夜にして成功を収めるには20年かかる」。著者は長いキャリアの中で経験した失敗についても、本書の中であけすけに開陳している。実際に、成功よりも失敗の経験から引き出された教訓の方に本書のユニークな価値がある。

顧客の「なぜ」に答える

コンピュータ関連のいくつかのスタートアップを経て、著者は１９９１年にゼネラルマジック社に参画する。今ではこの会社の名前すら知らない読者が多いだろう。当時のゼネラルマジックはシリコンバレーの中でも最もミステリアスな技術者集団として注目されていた。革新的で先駆的なパーソナルコミュニケーション＆エンターテインメントデバイス（後のｉＰｈｏｎｅのようなもの）を開発するも、あえなく失敗。スタートアップに懲りた著者は、大企業のフィリップスに入社し、ＣＴＯのポストを得る。外出先で使える携帯ＰＣを開発し市場化するが、これもさっぱり売れない。

失敗を重ねた著者はキャリアを通じて決定的に重要となる原理原則を獲得する。ゼネラルマジックのプロダクトはなぜ売れなかったのか。確かに素晴らしいテクノロジーを盛り込んではいた。しかし、現実を生きる人々の問題を解決しなかった。ゼネラルマジックは社内の天才を唸らせるものは何かということばかり考えていた。プロダクトは顧客の「なぜ」に答えるものでなくてはならない。なぜ顧客がそれに注目する必要があるのか。なぜ買う必要があるのか。なぜ使う必要があるのか。なぜ使い続ける必要があるのか。なぜ後継品に買い替える必要があるのか――こうした問いに対して、それまで聞いたことがないような、しかし聞いた途端に「なるほど」と思うような回答を与えるものでなければならない。

１９９９年、音楽コンテンツに注目した著者は、当時この分野で勢いがあったリアルネットワークス社に「デジタルジュークボックス」を提案する。単なる「ＭＰ３プレイヤー」ではない。１０００枚のＣＤを自宅のホームシアターで楽しめるというアイデアで、「１０００曲をポケットに」というコンセプトで登場した後のｉＰｏｄに通じるものがあった。しかし、リアルネットワークスは事前の期待とはかけ離れた世界だった。わずか6週間で退社し、自分の会社（フューズ・システムズ）を立ち上げる。ところが、翌年にドットコムバブルが崩壊。資金調達は困難を極める。

ここでアップルから声がかかる。これがすべての始まりだった。当時のアップルは崩壊の瀬戸際にあった。主力事業のＰＣ（マッキントッシュ）のシェアはわずか2%と低迷していた。時価総額は40億ドル。王者マイクロソフトの時価総額は２５００億だった。はじめはアップルに対するコンサルティングでフューズの従業員の給料稼ぎができればいいという程度の考えだった。ところが、「顧客にとってどうしても必要で、世界を変える力があるプロダクト以外は存在すべきではない」というスティーブ・ジョブズの理念に痺れた著者は、２００１年にアップルに入社する。初代ｉＰｏｄが発売されたのはその10カ月後だった。

最高のアイデアはビタミン剤ではなく鎮痛剤でなくてはならない。ビタミン剤は不可欠ではない。ひっきりなしに続く日常的な不快な体験を除去する——ここにプロダクトの価値がある。人生はささやかな、それでいてとんでもない不便に満ち溢れている。しかし、世の中の人々はそれに慣れている。だから誰も問題の存在自体に気づいていない。

ジョブズは人が気に留めていないことに意識を向ける天才だった。素人であり続けろ。プロダクトを新たな目で見直せ——「１０００曲をポケットに」を標榜するｉＰｏｄの成功は、それまでウォークマンに親しみ、デジタルミュージックを体験したことがない「普通の人々」の日常的な問題を解決したことにあった。

プロダクトの正体

「見えないもの」を「見えるもの」にする。ここにプロダクトの正体がある。プロダクトはつくって売っておしまいではない。ユーザーがそれを手に入れる前に始まり、手に入れた後もずっと続くカスタマージャーニーのすべてをプロダクトに落とし込む。ブランドを初めて知った時から返品するか捨てるか中身をリセットして友人に売るまでの一連のプロセスを丸ごと相手にする。プロダクト、マーケティング、サポートすべてをつなげ、一貫性と必然性のあるプロセスをスムーズに通過していく感覚を顧客に与える。ものづくりとは顧客の経験を総体として設計することにある――これまでも繰り返し言われてきたことだ。しかし、著者の実経験に基づく考察と洞察は、それが本当のところ何であって何ではないかを鮮明に教えてくれる。

プロダクトは破壊的なものでなければならない。しかし一度にすべてを破壊しようとするのは禁物だ。なぜか。いかにプロダクトが破壊的で非連続なものであっても、顧客の経験は常に連続しているからだ。こちらの都合で顧客の頭と心をリセットすることはできない。急がば回れ。一発勝負ではなく、カスタマージャーニーに寄り添って、バージョン１、２、３……と重ねていく中で、じっくりと顧客に経験を蓄積してもらうことが肝要となる。

著者がアマゾン創業者のジェフ・ベゾスから「ファイアフォン」のアイデアを聞いたときの話が面白い。ベゾスいわく、ファイアフォンは恐ろしく破壊的なデバイスになる。すべての商品が３Ｄで見え、どんなメディアもスキャンできて商品をアマゾンで買うことができる――スマホでのネットショッピングを変えるのに何も新しいデバイスは必要ない。最高のアプリをつくればいいだけ、というのが著者の反応だった。ファイアフォンは確かに新機能満載だったが満足に動いたものはひとつもなかった。「グーグルグラス」もいちどきにあまりにも多くを変えようとしたがゆえに消費者が理解できなかった。

著者が大切にしている問いかけに「君が解決しようとしている問題を、これを使わずに解決するにはどうしたらいい？」がある。モノづくりに夢中になるとモノしか見えなくなる。世の中にもっとシンプルで簡単なソリューションがあることを見落としてしまう。

アップルは初代ｉＰｏｄとともにｉＴｕｎｅｓをオープンしなかった。ターゲットとしていた普通の顧客はＣＤをリッピングして聴いていたからだ。多くのことを拙速に変えると、ユーザーがカスタマージャーニーの入り口を見失ってしまう。まずはＣＤからＭＰ３の音源にジャンプしてもらう必要がある。バランスよく着地できなければ次のジャンプはない。

本書の白眉は第３部にあるサーモスタットの事例だ。２０１０年にアップルを退社した著者はネスト社を創業する。きっかけは著者自身の体験にあった。どこに旅行に行っても部屋のサーモスタットの性能や使い勝手が悪い。いつも暑すぎるか寒すぎる。しかもエネルギーが無駄になっている。誰かが何とかすべきだ——この問題の発見がネストの最初のプロダクト「ラーニング・サーモスタット」として結実する。

ネストのビジョンはスマートホームのプラットフォームを構築することにあった。このアイデアは新奇なものではなかった。ゼネラルマジックも１９９０年代にスマートホーム構想を掲げていた。ネストの試みが画期的だったのは、包括的な家庭用機器を盛り込んだプラットフォームを売るのではなく、まずはサーモスタットに集中したことにあった。サーモスタットを突破口にして、その先にそれとつながるプロダクトを次々に展開することによって、結果的にスマートホームのプラットフォームとなるという戦略だ。

ネストのサーモスタットは節電という基本価値をユーザーに明確に理解させると同時に、シンプルで美しく使いやすいものでなければならなかった。しかも、普通の人はわざわざサーモスタットなど買いに行かない。ホームセンターで売ってはいたが、顧客が自分で設置できないようにあえて複雑に作られていた。自宅のサーモスタットが故障したら設置業者に電話をして付け替えてもらうのが普通だった。従来のサーモスタット・メーカーは顧客接点にあるエアコン設置業者を囲い込んでいた。ハネウェルのサーモスタットを売れば設置業者に報奨金が入る。これが参入障壁になっていた。

既存のエアコン設置業者に入り込むのは不可能だったので、ネストのサーモスタットは顧客が自らの意思で購入し、自分で簡単に設置できるものでなければならなかった。サーモスタットを買う習慣がないエンドユーザーに買ってもらわなければならない。そもそもどの店にも「サーモスタットコーナー」などというものはない。そこで著者はベスト・バイのような小売店と交渉して「スマートホームコーナー」をつくり、そこにネストのサーモスタットを置くという手を打った。

まったく新しいコンセプトだっただけに、ネストはまずカスタマージャーニーの起点——サーモスタットのパッケージング——に集中した。製品名、キャッチフレーズ、機能、優先順位をすべて製品の入った箱に印字した。表面積には物理的制約がある。微調整を繰り返し、顧客に理解してもらいたいポイントを絞り込む必要がある。これがプロダクトのコンセプトにさらに磨きをかけた。パッケージはネストのマーケティング戦略の詰まった小宇宙になった。

プロトタイプは正常に作動した。しかし、モニターを使ってテストしてみると設置に1時間かかることが分かった。これでは長過ぎる。２４９ドルするサーモスタットだ。箱を開け、説明を読み、壁に設置し、最初に暖房のスイッチを入れるまでのすべてが自然で気持ちよく楽しい経験でなくてはならない。最初にネガティブな経験を与えてしまうと、カスタマージャーニーがそこで止まってしまう。

ここからが著者の真骨頂だ。なぜ時間がかかるのかを調べると、設置作業そのものではなく、顧客が工具を探すのに手間取っていることが分かった。ドライバーはマイナスかプラスか。どこにしまってあるのか。キッチンの棚を空けて次にガレージに行って工具箱を開けて……これに30分を要していた。工具さえそろえば20－30分で設置できる。

そこで著者はパッケージに小さなドライバーを1本追加することを決める。おしゃれでかわいいデザインで、交換可能なヘッドが４種類ついている。設置作業に役立つだけではない。ネストのサーモスタットのデザインは美しいものだったが、日常の生活の中でサーモスタットの存在を意識する人はあまりいない。ドライバーを気に入ってもらえれば、キッチンの引き出しを開けるたびに、ネストの小さなドライバーが顧客の目に入る。子供のミニカーの電池を替えるたびにドライバーを手に取る。ドライバーは購買後の顧客との関係をつくるツールになる。ドライバーのコストは１・５ドル。原価はその分増える。しかし、それは製造原価ではない。カスタマージャーニーを創造するマーケティング投資だというのが著者の考えだった。１本のドライバーというテクノロジーも何もないありふれた付属物――そこに破壊的イノベーションの神髄を見る。

マネジメントの王道

アップルのｉＰｏｄやｉＰｈｏｎｅ、ネストのサーモスタットはいずれも破壊的なイノベーションをもたらし、人々の生活を変えた偉大なプロダクトだった。しかし、著者が自分自身でこれらのプロダクトをつくったわけではない。本書の中で強調しているように、著者の一義的な役割はプロダクトを開発する部門なりチームを統率するマネジメントにあった。

シリコンバレーでは再発明と破壊がすべてであるとされる。それは一面では正しいのだが、組織とマネジメントの本質は変わらない。結局のところ生身の人間の集団がやることだからだ。本書が伝授するマネジメントについてのアドバイスは、いずれも古典的なものだ。やろうとしていることは破壊的であっても、それを実行する組織とマネジメントはオーセンティック（正統的）――このコントラストが面白い。マネジメントには古今東西不変の原理原則があるということを再確認した。

マネジャーとプレイヤーの仕事ははっきりと異なる。マネジャーになったら、それまでのプレイヤーとしての仕事の成果は関係ない。自分でやるのではなく、部下に仕事をさせ、部下を成長させるのがマネジャーの仕事だ。マネジメントは才能ではない、と著者は断言する。仕事の経験の中で修業を重ねるしかない。個性は二の次。誠実さがものを言う。

目標設定、採用、評価、会議、進捗確認、もめごとの解決……ようするに「何か困っていることない？」と聞いてまわるのがマネジャーだ。一にも二にも部下とのコミュニケーションが大切になる。このときもＷＨＹを伝えることが肝心だ。ＷＨＡＴやＨＯＷを指示する前に、なぜその仕事に意味があるのかを部下が理解していなければならない。

部下が活躍して自分の存在が霞んでしまうようになる。これこそがマネジャーとしての成功だ。決してプレイヤーの部下と競争してはならない。部下と張り合うマネジャーはマイクロマネジメントに走る。これが組織をダメにする。

よく知られているように、スティーブ・ジョブズはアップルの絶対権力者として君臨し、独裁者として振る舞った。チームが開発しているプロダクトのクオリティにとことんこだわった。ジョブズが宝石商のごとくルーペを取り出し、ディスプレイ上の一つひとつのピクセルにまで目を光らせ、ユーザーインターフェイスのグラフィクスがきちんと描かれているか確認する姿を著者は目撃している。ハードウエアからパッケージに書かれた文言の一字一句に至るまで、同じレベルの注意力で目を光らせた。それでも、プロダクトに直接手は出さなかった。部下が文句なしに最高のプロダクトをつくっているかに意識を集中し、成果を確実なものにする。プロセスではなく結果にコミットする。成果をどうやって生み出すかは部下の仕事だ。任せることができなければマネジャーではない。

グーグルの実像

２０１４年に著者は革新的なサーモスタットで成功したネストをグーグルに売却する。おそらくこれが著者のキャリアを通じて最大の失敗だろう。著者はこの失敗の成り行きを微に入り細をうがって具体的に記述している。当事者でなければ書けない迫真のディテールに重みがある。

　グーグルと言えばシリコンバレーの象徴にしてイノベーションの総本山のような印象がある。そこには創造性に溢れ、機敏で柔軟でオープンで自由闊達な経営があるかのように見える。しかし、著者の見たグーグルは正反対だった。社内のルールと手続きに縛られた硬直的な組織。内向きで場当たり的な意思決定。検索・広告事業から生まれる莫大な収益ゆえの弛緩した管理体制。何よりも、異質なものを受け入れようとしない排他的体質。ネストの買収後の統合は遅々として進まず、グーグルの中でのネストの位置づけは二転三転。結局、著者はグーグルを離れるのだが、実態は放り出されたのに近い。

　ネストの創業当初からグーグルはネストに関心を寄せていた。早くも２０１２年には買収の意向を表明している。ネスト側がこれを断ると、出資を申し出る。ネストにはスタートアップの活気があった。サーモスタットはよく売れていた。先述したように、ネストはサーモスタットを皮切りにスマートホームのプラットフォーム構築を目指して、次々に関連機器を市場化しようとしていた。この戦略の実行には莫大な資金が必要になる。ここに至って著者はグーグルへの売却を決断する。買収金額は32億ドル。スマートホーム事業に5年間でさらに40億ドルを投資する約束をグーグルから取りつけた。資金だけではない。グーグルには最高の人材や技術、強力な販路もある。誰が見ても最高の結婚だった。

　しかし、「地獄への道は善意でできている」。すぐに著者は大きな困難に直面する。グーグルの文化はスタートアップのネストのそれとまるで違っていた。グーグルの社員の間には、宿敵のアップル出身者である著者への複雑な感情もあった。著者にしても「グーグルの新入社員がかぶるプロペラ付きの野球帽などかぶる気など毛頭なかった」。文化の衝突がそこここで発生し、頼りにしていたグーグルのリソースが使えない。グーグルストアでネスト製品を売ろうとすると、「無理です、少なくとも1年かかります」。それまで使っていたＡＷＳ（アマゾン・ウェブ・サービス）を解約しグーグルクラウドに乗り換えようとすると、「無理です、かえって費用が高くなります」。

財務状況に直接的なダメージも生じた。検索や動画による広告事業で高収益を続けてきたグーグルは異様に高コスト体質で、重い間接費がネストにのしかかってきた。買収前に25万ドルだったネストの社員一人当たり支出は47万５０００ドルに跳ね上がった。グーグルの管理会計上、真新しいオフィスビルや豪華な会議室のコストはもちろん、社員にふんだんに供与される無料のバスや食事やスナックの経費も負担しなければならなかったからだ。ＰＣをグーグルのネットワークに接続する費用は、驚くべきことに一人当たり1万ドル（PCの費用を含まず）だった。

買収から1年後、著者はグーグル創業者のラリー・ペイジのオフィスに呼ばれる。ペイジは「エキサイティングな全社戦略」を打ち明ける。アルファベットという持ち株会社の下にグーグルの事業をぶら下げるというプランだった。ネストはグーグル事業の一部ではなく、「その他の挑戦」カテゴリーに位置づけられた。つまりは、上場企業としてウォール街のアナリストに説明しやすい経営体制への移行だ。

グーグルのリソースへのアクセスは完全に断たれた。グーグルの優秀な社員はネストのプロダクトに興味を持つことはあっても、創業以来のミッションに関心はなかった。状況が厳しくなったらとどまるつもりはさらさらない。

「きみたちはグーグルの一部ではない」とテクノロジーチームは手のひらを返した。

アルファベット体制が発表されて24時間後には、設備管理を担当するグーグル・ファシリティーから数百万ドルの本社ビルの請求書が届いた。ついに一人当たりの費用は2・5倍にまでなった。アルファベットへの上納金を軽減してもらおうと交渉しても、「財務会計基準でこうせざるを得ない、上場企業だから仕方がない」というそっけない回答がくるだけだった。

アルファベットはハードウエアでも収益事業があることを投資家に示したかった。当時、スマートフォンやクロームブックなどのグーグルのハードウエア事業はことごとく赤字だった。アルファベットの経営会議は「売上目標を達成していない」とネストの収益化の前倒しを要求してきた。著者に言わせれば、売上目標はグーグルのでっちあげだった。そもそもグーグルストアでの販売で30－50％の売上増を見込んでいたのに、それは実現していなかった。さらに悪いことに、グーグルと一緒になったことで、一部の顧客はネストから離れていった。グーグルのプライバシーポリシーに懸念を抱いたからだ。ネストが顧客に対してグーグルから独立していることを表明すればするほど、グループ内でのネストの評判は悪化した。

交渉が行き詰まると、「戦略事業ではなくなった」「コストがかかり過ぎる」という理由でアルファベットはネスト事業をあっさりと売りに出した。事ここに至って、著者は退社を決断する。その後、アルファベットはネストの売却を取りやめ、「グーグル・ネスト」として完全にグーグルの中に取り込まれた。アマゾンがネストの買収に興味を示したので、アルファベットの経営陣がその価値を再認識したのではないか、というのが著者の推測だ。

この解説を書いている現在、グーグルは依然としてネスト事業を展開している。著者が開発をリードしたサーモスタットや一酸化炭素検知器「ネスト・プロテクト」だけでなく、防犯モニターカメラやドアロック、警報システム、それらをコントロールする「グーグル・ネスト・ハブ」など幅広いプロダクトがラインナップされている。しかし、数多くのプロダクトやサービスを手がける巨大企業の中にあって、グーグル・ネストは周辺的な事業にとどまっているように見える。

著者があのときにネストを売却せず、独立した企業として資金や人材を集め、サーモスタットを橋頭堡としてスマートホームのプラットフォームを目指したロードマップを推し進めていったらどうなっていただろうか。もちろん鳴かず飛ばずに終わってしまった可能性もあるが、現在のグーグル・ネストとは相当に異なった企業になっていたのは間違いないだろう。

経営における「分母問題」

本書が描くグーグルとの統合の蹉跌は、言うまでもなく著者の視点に立ったものだ。グーグル（アルファベット）にも言い分はあるだろう。グーグルの立場に立てば、このような成り行きになるのは自然だ。「合理的」と言ってもよい。

シリコンバレー発のビッグテック、メガプラットフォーマー、情報技術の聖地……グーグルを形容する言葉は華々しい。しかし、今となってはグーグルも「普通の巨大企業」だ。できることとできないことがある。グーグルの実像についての著者の率直な述懐は、確立した巨大企業の宿命的な限界――経営における分母問題――を浮き彫りにしている。

グーグルはとてつもなく大きな広告事業を収益基盤としている。規模が大きいだけでなく、広告業は収益性もずば抜けて高い。これが経営判断の「分母」となる。ネスト事業のような新しい投資分野は「分子」に相当する。分母の大きさが分子についての意思決定基準に大きな影響を与える――これが僕の言う分母問題だ。

グーグルのような巨大企業は、あらゆる戦略的意思決定において分母の大きさと豊かさから逃れられない。人間がやる以上、事業機会の評価や投資の意思決定の基準はどこまで行っても相対的なものだ。広告事業から上がってくるカネはあり余るほどある。「カネ持ち喧嘩せず」ならぬ「カネ持ち投資する」で、有望そうな事業を持つスタートアップを高値でバンバン買収する。ところが、超絶規模の分母の上に置いてみると、まるで面白くない。取るに足らないハナクソみたいな商売に見える。しかも（今のところは）たいして儲からない。だからヤル気にならない。

「ユーチューブを除けば、これまでのグーグルの大型買収の大半はおよそ成功とはいえない。買収からほどなくして僕が気づいたように、グーグルは魅力的な獲物が見つかるとすぐに目移りする。ネストに何十億ドルもの大枚をはたいたことなど関係ない。ネストを飲み込んでしまうとすぐにまた空腹になり、次の食事を探し始めた。腹のなかにうまく収まっているか確認する時間も興味もなかった。ネストはすでに前日のディナーに過ぎなかった」――著者は嘆くのだが、これはグーグルに悪気があってのことではない。構造的問題だ。その分母の大きさゆえに、巨大企業はよほどのことでないと「腹のなかにうまく収まっているか確認する」気になれない。ビッグテックというのはそもそも「そういうもの」なのだ。

大きな分母を抱える企業にしてみれば、とにかく分子が大きくないと話にならない。しかし、そんなビッグ・イベントはそうそうない。グーグルやメタにとっての広告事業、アップルにとってのスマートフォン事業に匹敵するような規模の商売はまずない。ある分野で支配的な地位を確立した巨大企業の多くが、唸るほどキャッシュを持っているにもかかわらず、なかなか事業構成を変えられないままズルズル行き、そのうちに頭打ちになり成熟へと向かっていく――そのひとつの要因は経営の分母問題に端を発するメカニズムにある。ものづくりのマネジメントという主題を超えて、本書は企業という生き物の本性についても興味深い洞察を含んでいる。

本書もまた著者のプロダクトのひとつであるだけに、さすがによくできている。「なぜ読者がこの本を必要とするのか」に対する答えがはっきりしているだけでなく、読み手の立場に立った構成が秀逸だ。単純に時間軸に沿った回想ではなく、テーマごとに章を立てたアドバイス集になっている。辞典を引くように、興味ある章から読んでもよい。すべてを読み終わった後も、そのときの読者の問題意識に関連する部分をすぐに読み返せるようになっている。

どの章をとっても著者のメッセージは深い。読者はその都度新しい気づきや学びを見つけるだろう。読者の「ジャーニー」の伴侶として繰り返し読む価値がある一冊だ。

誠意ある給料――デイヴィッド・バックマスター『給料：あなたの価値はまだ上がる』解説

遅ればせながら日本でも重要視されてきた「賃上げ」はもちろん、「働き方改革」「人的資本経営」「ジョブ型雇用」といったキーワードが示す昨今の経営課題は結局のところ給料の問題に行き着く。企業は従業員の給料をどのように決定すべきなのか。従業員は自らの給料を増やすためにどうすればいいのか。本書は雇う側と雇われる側、双方の視点からあるべき給料の姿を突き詰める。翻訳版の出版は、日本の読者にとっても時宜を得ている。

著者は大企業の人事部で長く実務に従事してきた「給料のプロ」。スターバックスやヤム・ブランズ（ケンタッキーフライドチキンやピザハットを運営する外食企業）、ナイキといった典型的なアメリカ大企業での給与決定に関与してきた。いずれも多くの従業員を雇用する労働集約的な業界だ。著者が給料の問題を議論するときに念頭に置いているのは、投資銀行やコンサルティング会社で仕事をする高収入のエリートや旬の技術分野で卓越したスキルを持つシリコンバレーの花形エンジニアではない。普通の仕事をしている普通の労働者だ。

モノを取引する市場と労働市場は異なる。生身の労働者を雇用し、給料を支払うのは、農作物市場でブルーベリーを買うようにはいかない。給料は一人の人間への投資だ。公平で透明性のある基準で決定され、働く人が人間らしい生活を営み、自分のキャリアを追求できる「誠意ある給料」でなくてはならないというのが著者の結論だ。

未開の地、日本

平均的な日本の企業は著者の言う「誠意ある給料」からほど遠い状況にある。給料について言えば、日本の企業社会は「未開の地」と言ってもよい。

終身雇用を前提とした働き方、新卒一括採用、年功序列、社歴を基準にした報酬システムや昇進システムが「日本的経営」の特徴だとされてきた。それは日本の文化であって、農耕民族としての日本人の特性である——こういうことを言う人がいまだにいる。私見では、愚論の極みだ。

今も昔もアメリカは世界最大の経済大国だ。１００年前の日本でも人々は「アメリカに学べ」と言っていた。ところが、その中身が面白い。日本と違ってアメリカでは、会社がまるで巨大な家族のように経営されている。だから人々はずっと同じ会社で長く仕事をしようと思っている。その結果、技術や技能が一つの組織の中に蓄積されていく。それが自動車産業のフォードに代表される大企業組織となり、ものづくり大国であるアメリカの基盤にある——現在とほとんど逆の意味で「アメリカに学べ」と言っていた。事実、戦前における日本の労働市場の流動性は当時のアメリカよりも高かった。

100年も続かないものは一国の文化とは言えない。明治維新から戦前に至るまで日本の労働市場が流動的だったのは、企業が当時の環境に適応した結果だ。俗に言う「日本的経営」が定着していた戦後から高度経済成長期にかけての四半世紀にしても、終身雇用と年功序列が当時の経営環境にフィットしていたというだけだ。

そもそも終身雇用と年功序列は組み合わせとして非常に不自然だ。いったん就職したらその人の雇用を定年まで保証し、かつ社歴を重ねるとともに昇進し給料が上がる——論理的には破綻している。スーパー右肩上がりの状況においてのみ、終身雇用と年功序列という組み合わせは機能する。とりわけ超論理的なのは年功序列だ。「なぜ僕は課長になれないんですか？」「あと5年足りないからね」「どうしてこの人が部長なんですか？」「彼は勤続25年だから」——あらゆる論理を超越している。

ただし、終身雇用と年功序列のコンビには、経営コストの大きな部分を占める評価コストを極限まで削減できるという、ウルトラC級の強みがあった。

「あなたにはこういう仕事をしてもらいたいので、こういう成果を上げてください。ついては、こういう報酬とポストをあなたに用意します」——これが普通の雇用の形だ。これを実践するためには、一人ひとりがどのように仕事をしたいか、何が得意で何が不得意なのかを経営側がよく聞き出して理解し、その人が担う仕事を特定し、給料を決めなければならない。もし「その評価じゃ納得できません」となったら、「いや、こういう根拠であなたをこういうふうに評価したんだ」と説明責任が求められる。果てしなく手数がかかる。

これらを全部引っくるめて評価コストと呼ぶとすれば、年功序列は評価コストを一気に大きく削減する。しかも、非常に客観的で透明性が高い。「君、入社何年？」「8年目です」——これだけでお互いに納得できるのであれば、これほど効率的な仕組みはない。20世紀の日本発の最大級の経営イノベーションと言ってもいい。

言うまでもないが、成熟期に入って久しい今日にあって、年功序列に基づく給与システムは完全に有効性を喪失している。それどころか、組織全体に及ぼす悪影響がはなはだ大きい。にもかかわらず、「これが日本の文化だから」などという蒙昧がいまだに残っている。「メンバーシップ雇用」というのは、過去一時的に有効性を発揮した雇用慣行を無理やり一般化したものだとしか思えない。

会社は社会組織ではない。成果を追求する仕事の組織だ。仕事（＝ジョブ）の組織である以上、ジョブ型雇用以外の雇用システムは本来あり得ないはずだ。そこで行われるのは、「仕事をする側」と「雇う側」の価値交換にほかならない。つまり、お互いに選び合い、お互いに折り合ったところで取引が発生する。昨今の人的資本経営やジョブ型雇用への関心は、日本がようやく「普通の給与システム」へ向けて動き出したことを示している。

行き過ぎたアメリカ

ただし、である。ジョブ型雇用が完全に定着し、日本と比べて労働市場が流動的なアメリカはどうか。給料に問題がないどころか、大いに問題がある。労働市場が局所的に機能し過ぎているゆえに、さまざまなところで歪みが生じ、働く人々が公正な給料を得ることができない状態に陥っている。本書はアメリカにおけるジョブ型雇用の「行き過ぎ」がもたらす問題に光を当てている。

アメリカの企業、とりわけ大企業では人事部の機能が高度に専門化し、著者のような給与チームに所属している専門職が給与水準の決定に深く関わっている。彼らは、競合他社が従業員に払っている給与額とその推移を詳細にわたって把握し、社内のあらゆる仕事について相場に適った給与を提案することに責任を負っている。労働市場が全知全能であるという前提で、市場動向を追うのが彼らの「ジョブ」だ。大企業の給与チームの間には密接な連携があり、著者の言葉で言えば「世界で最も退屈な秘密結社」の様相を呈している。

人々が自由市場の正常で自然な結果として受け入れている現行の給与体系は、ほとんどの労働者にとっては正常でも自然でもない。確かにジョブごとの給与決定という点では労働市場が機能している。しかし、それは企業を超えて特定の職務についての給料の相場が成立するということだ。給与システムの設計に専門化した職能集団の活動がこれに拍車をかける。彼らは同じデータセットを使っている。職務の詳細についての情報があれば、誤差数％未満の精度で現在どのくらいの報酬を得ているかを答えることができる。

ほとんどの企業は市場価格の中央値を給与の目標としている。スターバックスが大幅な賃上げを決めたとすると、他社もこれに合わせなくてはならない。スターバックスの優位性はすぐに消失する。それでも人件費は残る。賃上げしても長期的に持続可能なリターンは得られないと経営者は考える。賃上げ競争に飲み込まれないように、ひたすら防御的な構えをとるという成り行きだ。

会計や税に関わる制度も雇用者が賃上げに消極的になる理由となる。給与を増やすよりも、本社に大きな立体駐車場を立てた方がいい。営業経費の動向を注視している株主も、1回限りの支出であれば目くじらを立てない。しかも、立体駐車場は減価償却可能な支出と見なされる。減価償却費で課税所得が減少する。経営者の立場からすれば、賃金より駐車場に投資する方が「合理的」ということになる。

さらに資本市場からの圧力が賃上げを抑制する。上場企業にとっては、余剰資金で自社株を買い戻したり、配当として株主に還元する方が、人に投資するよりもよほど無難な選択となる。手持ちの資金からして労働者の賃金を上げることは可能だが、株式市場にとっては「とんでもないこと」と見なされてしまう。

「周回遅れ」の利点

高度成長期（だけ）に適合的だった雇用システムを引きずる日本。労働市場や資本市場の行き過ぎが公正な給料を阻害しているアメリカ。いずれにせよ、生身の人間を相手にした給料の難しさを物語っている。

私見では、日本には周回遅れゆえの利点がある。今日のアメリカで起きている問題は、将来の日本でも起こり得ることを暗示している。日本の企業が異常な状態にある給与システムを変える必要に直面しているのは間違いないにせよ、「行き過ぎたアメリカ」の現実を知ることは、アメリカの轍を踏むのを回避するのに役立つだろう。

本書が描くアメリカの現実を知るにつけ、日本の経営にも守るべき美点があることに気づかされる。アメリカの「行き過ぎ」の最たるものが経営者と従業員の給与格差だ。今日のアメリカの経営幹部は株価の上昇に応じて莫大な報酬を得る一方で、損失を被るリスクからはある程度守られている。50年前に一般労働者の30倍だったＣＥＯの給料は、現在では３００倍にまで膨れ上がっている。明らかに行き過ぎだ。１９８４年にピーター・ドラッカーは適切な比率は20倍程度だと主張している。現在でも日本の上場企業はこの水準にあるところが多い。

この背景には、アメリカの人々が経営幹部を「宇宙の支配者」として神格化する傾向があると著者は言う。経営幹部は半神半人の「つくる人」であり、その他大勢は「受け取る人」だという図式だ。不動産業で億万長者になったトランプ前大統領を未だに一部の人が称賛し支持するのは、こうしたアメリカ人の意識が一因となっているのかもしれない。いずれにせよ、分断社会のアメリカでは経営者と従業員が共生するという考え方がすっかり失われている。しかし、日本はまだそうなっていない。今後ともそうなるべきでないのは明らかだ。

給料をめぐる問題は結局のところ企業が掲げる「報酬哲学」に帰結する、と著者は言う。報酬哲学とは誰がいくらの給料を受け取るのかについてのルールのみならず、その企業の給料に対する基本認識——なにゆえ給料を払うのか——を明らかにするものだ。それはまた、競合他社の給与決定にどう対応するかを公に示すものでもある。報酬哲学は一時的な経営環境や状況の変化にかかわらず、すべての給与決定を導く北極星の役割を担う。

給料に関して周回遅れの日本にいま必要なのは、あわてて小手先の指標や手法に手を出すよりも、まずは個々の企業が自らの拠って立つ報酬哲学を打ち立てることだ。過去の因習を断ち切り、その哲学に忠実に報酬システムをゼロベースで組み立てていくことが何よりも大切だ。そうでないと、給料が一貫した論理を持たないピースのつぎはぎになり、日本とアメリカの悪いところ取りのようなシステムになりかねない。

資本市場からのプレッシャーがアメリカほど強くなく、しかも過剰な報酬が経営幹部の既得権益になっていない日本にあって、経営者がステークホルダーに対して報酬哲学を示すのは相対的に容易なはずだ。しかも、人手不足はこれからも長く続く。働く人々を惹きつけるのは目先の給料ではない。その企業に固有の報酬哲学に対する共感こそが優れた人材を獲得する競争力になることを忘れてはならない。

従来の給与や所得に関する議論のほとんどは、マクロレベルでの制度設計や政策を問題にしていた。しかし、本書が訴えかける対象は、政治家や行政部門の政策決定者ではない。ミクロで見たときの経済主体である個人——給料を払う経営者と受け取る従業員——の思考と行動に一貫して焦点を当てている。だから議論に迫力がある。

世の中は個の集積でできている。個が変わらなければ社会は変わらない。賃上げを実現するのは政府や経団連ではない。経営者の決断と、それを促す従業員の行動がなければ給料は上がらない。経営者はもちろん、すべての働く人々に本書を読んでもらいたい。

これが競争戦略だ！——白井健太郎『クックマートの競争戦略』解説

競争戦略の勝利条件

まずはっきりさせておくべきは、経営が持つべき目標です。目標が間違っていれば、あらゆる戦略は無用の長物です。結局のところ、経営は何を極大化するべきなのか。答えは長期利益です。長期利益は経営の優劣を示す最上の尺度です。「カネ儲けがすべてだ！」という話ではありません。従業員や顧客、株主、社会、すべてのステークホルダーに対して企業は貢献しなくてはなりません。逆説的に聞こえるかもしれませんが、だからこそ長期利益の追求が何よりも大切なのです。

企業活動に対価を支払ってくれるのは顧客です。結局のところ、すべては顧客のためです。ただし、です。極大化すべき「目標」が長期利益だということは、企業の「目的」――最近の言葉で言えば「パーパス」――が顧客に対する価値提供であることと何ら矛盾しません。真っ当な競争があれば、長期利益は顧客満足の最もシンプルかつ正直な物差しとなります。その企業がなくなったら、どれだけ困り悲しむ人がいるか――この総量がその企業の提供する独自価値であり、それは確実に利益に反映されます。長期利益と顧客価値はコインの両面のようなものです。まったく儲かっていないのに顧客満足を標榜する経営は欺瞞です。

長期利益を稼いでいれば、投資家が評価し株価も上がる。株主に支払う配当も利益処分の一形態です。儲けが出ていなければ分配できません。経営者が儲かる商売をつくれば、雇用を生み出し、守ることができます。いよいよ日本でも賃上げが重視されるようになりました。労働分配を増やすためにはまず稼げる商売をつくることが先決です。

刹那的な儲けであれば話は違ってきます。客を騙して儲ける、従業員を泣かせて儲けることも可能です。しかし、それでは持ちません。持続的な利益の実現はすべてのステークホルダーをつなぐ経営の基本線となります。

何よりも、長期利益は社会のためになります。企業による社会貢献の王道は法人所得税の支払いです。社会的目的のために使うことができる原資を創出する。そこに企業の社会貢献の本筋があります。あとはすべてオマケです。

「みなさま、私は今こそ、よほどしっかりした考え方で、真の経済再武装を計らなければならない時機だと考えるのであります。経済再武装――それは利益を尊重するということです。……今日、企業の儲けの半分は、税金として国家の大きな収入源となり、このお金で道路が造られたり、福祉施設ができたり、また減税も可能になり、直接に間接に全国民がその恩恵を受けているのであります。……逆に、企業が赤字となれば、これは単にその商店や会社の損失にとどまらず、社会に対して一つの大きな罪を犯したのだという厳しい自覚をもってしかるべきだと思うのであります」――松下幸之助さんが１９６５年６月の『電波新聞』に出した意見広告の文章です。タイトルは一言、「儲ける」でした。柳井正さんが２００７年に打ち出したファーストリテイリングの方針はやはり一言、「儲ける」でした。まことに正しい方針です。長期利益の追求は不変にして普遍の原理原則です。

ローカル食品スーパー「クックマート」を運営するデライトの経営が優れている理由もまたここにあります。創業以来増収を重ね、売上３００億円超の規模にまで成長しています。一店舗の売り場面積は平均３００坪と小さいのですが、一店舗当たり27億円の平均年商を上げています。これは一般的な食品スーパーの倍近くの数字です。12店舗の来店客数は年間１０００万人超。生鮮食品にフォーカスして商品のクオリティを高め、リーズナブルな価格で着実にファンを増やし、来店頻度と買い上げ点数を伸ばすことによって、この売上を達成しています。

本書では明示されていませんが、業界平均以上の利益を持続しているはずです。従業員の給与水準も業界の中では高い水準にあるでしょう。顧客に対して独自の価値を提供できているのはもちろん、儲かる商売を通じてあらゆるステークホルダーに価値をもたらす――デライトは経営の王道を行く会社です。

長期利益の源泉

経営の勝利条件が長期利益だとすれば、長期利益がどこから生まれるのかが一義的な問題となります。一時的に儲けるのは簡単でも、競争の中で利益を持続するのは実に難しい。単に競争優位を獲得するにとどまらず、どうやってそれを持続的なものにしていけるのか。これまでも多くの戦略論が、持続的な競争優位の源泉はどこにあるのかという問いに答えようとしてきました。

競争優位にはいくつかの異なるレベルがあり、持続性が低いものから高いものへと階層をなしています。レベル１は単純に外部環境の追い風が利益を生んでいるという状態です。例えば「急激な円安が利益を押し上げている」「コロナ騒動の巣ごもり需要で売上が増えた」――こうしたケースでは利益の源泉が外部の一時的な環境要因に依存しています。追い風が止まれば元の状態に逆戻りしてしまいます。アマゾンをはじめとするＥＣの企業はコロナ騒動で大幅に業績を伸長させました。しかし、２０２２年の後半からコロナ騒動が沈静化すると、アメリカのＥＣ

の取引規模はコロナ以前の水準に戻っています。利益の源泉がこのレベルにあれば、定義からして持続的な競争優位は期待できません。

景気の追い風のうち最大のものは、今も昔も人口増による市場拡大です。デライトが運営する食品スーパーのような消費財の小売業にとっては特にそうです。しかし、現在の日本ではこの種の追い風は期待できません。むしろクックマートが商圏とする日本のローカル市場は今後とも長期的な人口減の逆風に直面しています。レベル１の論理ではデライトの長期利益は説明できません。

レベル２は、業界の競争構造が利益をもたらしているという状態です。世の中には利益が出やすい構造にある業界もあれば、もともと出にくい構造に置かれている業界もあります。これからフリーハンドでゼロから事業を始めるという人にとっては、業界の競争構造を理解することは重要な意味を持っています。利益が出やすい業界を注意深く選び、利益が出にくいような構造にある業界への参入を避ける。この戦略的選択によって利益を増大させることができます。

業界の利益ポテンシャルに影響を与える要因の分析枠組みとして、競争戦略論の始祖であるマイケル・ポーター教授が開発した「ファイブ・フォース・モデル」があります。前提はシンプルです。どんな業界でも、その業界の利益を奪おうとする圧力（フォース）がかかっています。これらの圧力が大きければその業界の潜在的な利益機会は小さくなり、逆に圧力が小さいほど潜在的な利益機会が大きくなります。

圧力には５つの種類があります。第１が「業界内部の対抗度」です。その業界にすでに参入している既存企業の間の競争の激しさを意味しています。第２の圧力「新規参入の脅威」は潜在的な競合を問題にしています。参入障壁が低い業界であれば、参入を阻止するために価格を低く設定する、といったことが必要になります。結果としてその業界の利益機会は小さくなります。第３が「代替品の脅威」です。その業界が満たしているニーズが別の業界によって取って代わられてしまう程度です。第４と第５の圧力、「供給業者の交渉力」と「買い手の交渉力」は、業界と供給業者、買い手との間の利益の綱引きに注目します。供給業者や買い手の日々の取引における交渉力が強いほど儲かりにくい業界になります。

このフレームワークを適用すれば、なぜ製薬業界（特に新薬を開発して製造販売する業界）の利益率が高いのかがよく分かります。新薬の開発は多大のコストと時間を要します。参入障壁は高く、業界内で競争する企業の数は限られます。いったん新薬の開発に成功して特許を取得してしまえば、正面からの競争に悩まされることもありません。対抗度は低くなります。潜在的な代替品としては、東洋医学や健康食品、健康な体をつくるためのスポーツジムなどのサービスがありますが、いざ病気になってしまえば薬を飲まざるを得ません。供給業者は一般的な化学品メーカーです。彼らの商品はコモディティーです。買い手である患者が抱えるニーズはいたってシリアスです。不要不急どころか重要至急なので、いちいち価格交渉している場合ではありません。

デライトが身を置く食品スーパー業界は製薬業界と真逆です。ファイブ・フォースの観点から見て、儲からない要因がそろいまくっています。著者のお父さまがデライトを創業したのは１９９５年。そう昔のことではありません。長い歴史がある業界にあって「超」のつく後発です。参入障壁が低い業界であることはデライトが身をもって証明しています。

食品スーパーはデライトの創業当時からすでに過当競争状態にあり、市場は飽和していました。対抗度は極めて高い。ＥＣはもちろん、ドラッグストアやコンビニエンスストアなどの他業界とも顧客を取り合う関係にあり、代替サービスの脅威もますます高まっています。典型的な買い手市場で、顧客の交渉力は強い。収益にとってポジティブな要因は供給業者の交渉力がそれほどでもないことぐらいで、クックマートの長期利益は業界の競争構造でも説明できないことは明らかです。

戦略の本質

レベル１とレベル２の利益の源泉はその企業をとりまく外部要因にあります。レベル３からいよいよ競争戦略の出番となります。戦略とは何か。競争戦略の本質は「競合他社との違いをつくること」にあります。違いがあるから選ばれる。競争の中で業界平均水準以上の利益を上げることができるとしたら、それは他社との何らかの「違い」があるからです。

ここで強調したいのは、違いには違いがある――他社との違いを考えるときに、２つの異なったタイプに区別して考える――ということです。すなわち、「程度の違い」と「種類の違い」です。程度の違いには、その違いを指し示す尺度なり物差しがあります。２人の人間の違いで言えば、身長や年齢、足の速さ、視力などの違いがこのグループに入ります。ＡさんはＢさんよりも背が高く足が速い、というように英語の比較級での「ベター」として認識される違いです。

これに対して、男か女かというのは種類の違いです。種類の違いには、それを指し示す連続的な尺度がありません。「私はこの人よりも30％男性である」ということは普通はない。ベターかどうかではなく、ディファレントとして認識される違いです。

なぜこの区別が重要なのか。その理由は、顧客から見てディファレントな存在になることが戦略の一義的な意義だからです。何かの物差しの上でベターであったとしても、それは必ずしも戦略があるということを意味しません。他社とは異なった（ディファレントな）ポジションをとる。これが戦略です。

なぜ「ベター」は戦略になり得ないか。その理由は、比較級で違いをつくろうとするとイタチごっこに陥ってしまうからです。ベターなことは誰にとってもベターです。他社も遅かれ早かれ、多かれ少なかれ、その物差しの上でベターになろうと努力するはずです。一時的にベターであっても、すぐに追いつかれてしまいます。つまり、違いの賞味期限が短い。刹那的な利益は獲得できても、長期的な競争優位にはなり得ません。

レベル3の競争優位は業界の中で競争する個別企業の戦略にあります。戦略とは活動（activity）の選択、つまり「何をやり、何をやらないか」を決めるということです。独自のポジショニングを構築するためには、「何をやるか」よりも、「何をやらないか」がずっと大切です。

なぜか。戦略を支えているのはトレードオフ――あちらを立てればこちらが立たず――の論理だからです。男であるということは女ではないということです。男であり、同時に女でもあるということはできません。投入できる資源には限りがあります。同時にすべてのことをベターにしようとすれば、資源が分散します。トレードオフがある以上、戦略の要諦はフォーカスにあります。裏を返せば、「何をやらないか」をはっきりさせれば、単に「他社よりも高品質」というような程度問題の違いと比べて、顧客に対して他社との違いをはっきりと示すことができます。

業界の中で独自のポジションを確立することができれば、顧客から見て「種類が違う」ということになり、他社との正面からの殴り合いをせずに済みます。この意味で競争戦略は本質的には「無競争の戦略」と言ってもよいでしょう。

本書で著者は以下のような自己認識を語っています。

> 自分の人生を振り返ると、受験勉強、資格試験、運動会、マラソン大会、部活動でのレギュラー争いなど、枠組みが決められた中での「勝負事」がことごとくダメでした。「どっちが強いか、どっちが速いか」という「真っ向勝負」の競争になると、とたんに「どうぞどうぞ」と先を譲ってしまう。あまり争いを好まない性格。全く「体育会系」ではない。それよりも「いかにして競争しないか」「別ジャンル・新ジャンルになるか」を考える方が好きでした。

そんな私が、めちゃくちゃ競争が激しい食品スーパー業界に身を置くことになりました。食品販売の世界は、ローカルスーパー、大手スーパーに加え、コンビニ、ドラッグ、ネット販売など、ありとあらゆるプレーヤーが参入して、あたかも「どつきあい」「バトルロワイアル」の様相を呈しています。争いが嫌いな私は「うわぁ、競争するのはイヤだなぁ」と思ってしまいました。

著者のものの考え方や体質、気性はそもそも競争戦略の思考様式にフィットしていたと言えます。ただひたすらに「競争的な人」には戦略的な意思決定はできません。

僕がスキな話にホンダが４輪車事業に参入する際の本田宗一郎さんのエピソードがあります。長い間２輪車専業だったホンダがいよいよ４輪車に進出しようとしたとき、トヨタや日産は日本では大企業としての地位を確立していました。４輪車を開発するにあたって、ホンダのエンジニアは「こうやったらトヨタに対抗できるのではないか」「こうしたら日産に勝てるのではないか」と侃々諤々の議論を戦わせていました。それを横で聞いていた本田宗一郎さんは最後に一言、「それ、トヨタにやってもらえばいいじゃねえか」――戦略の本質を見事に衝いた言葉です。

トレードオフの選択

クックマートの競争戦略の基盤にはいくつもの「やらないこと」の選択があります。競合他社は「顧客囲い込み」の施策として独自のポイントカードを導入していますが、クックマートにはありません。ポイントカードを作ると、システム費や対応する人員などのオペレーションコストが発生します。そんな煩雑なことをするよりも、シンプルに値段に反映させ、店自体の魅力で来店してもらう方が筋が通っている。そもそも「囲い込み」は供給側の視点です。囲い込まれて嬉しい顧客はいません。クレジットカードや電子マネーは普通に使えるのですから、ポイントを貯めたい顧客にはそちらを使ってもらえばいい。

クックマートはネットスーパー事業を手がけていません。これもまたネットとリアルのトレードオフを見据えた意思決定です。ネットスーパーはＩＴ企業の方がうまくできる。「餅は餅屋」で自分たちが得意なリアル店舗に集中する。ネットスーパーに気を取られて、リアル店舗の魅力を損なったら本末転倒。ネットスーパーは確かに便利だけれども、顧客はアマゾンや楽天のサービスを利用すればいい。

深夜営業もしない。全店20時閉店です。ローカルな商圏では夜中に買い物に行く人は多くない。食品スーパーの売りは生鮮食品なので、鮮度が大事。時間を決めて毎日売り切っていった方がいい。しかも、従業員にとっても働きやすい職場になります。そもそも、コンビニが乱立している時代です。深夜の緊急の買い物はコンビニに行けばいい。タバコの販売もやめる。保管場所に鍵をかけるなど、タバコはオペレーションが意外と面倒です。スペースに限りがある中で、食品の販売を優先する。タバコもコンビニに行けば買えます。グルメ向きのマニアックな商品も置かない。そういうものを買いたいときは、デパ地下や成城石井に行けばいいわけです。

このようにクックマートは何をやり、何をやらないかについてのトレードオフをはっきりとさせています。その基点には「楽しむ、楽しませる」というクックマートの戦略コンセプトがあります。社員が仕事を楽しむ。それが顧客を楽しませることになる。顧客が楽しめば、社員にとってもさらに仕事が楽しくなる――好循環が組み込まれているところがポイントです。この好循環から店舗の活気が生まれます。

活気とは「人が多い」「密度が高い」「自然」ということだと著者は言います。競合他社と比べてクックマートは店舗スタッフの数が多い。人手をかけて独特の活気がある売場をつくる。本部の計画ではなく、現場で生まれる偶発性を取り込み、臨機応変な軌道修正をする。ローカルな顧客のニーズに合った独自商品をつくる。従業員と顧客との間に人間的かつ自然な関係をつくる。驚きや楽しさがある店舗づくりが来店顧客数を増やし、来店頻度と客単価を上げています。

「ポイントカードがない」「ネットスーパーをやらずリアル店舗に集中する」「深夜営業をしない」といったトレードオフの選択は、いずれも「楽しむ、楽しませる」のサイクルで売り場の活気を追求するコンセプトから出てきた意思決定です。その究極を「チラシによる販促をしない」という他社との違いに見ることができます。

チラシにはその都度コストがかかります。チラシを止めればそのコストが節約できる。クックマートの武器は店頭の活気にあるので、チラシに依存する必要はない――ここでも明確なトレードオフの選択があります。しかし、これにはさらに奥があります。チラシはコストがかかるだけでなく、クックマートの生命線である従業員の自発的な創意工夫による活気を阻害する面があるというのです。

著者の考えはこうです。スーパーのチラシは販促手段のみならず、現場の従業員に向けての指示書・計画書の役割を担っている。「何を、どこで、いくらで売るか」について本部が事前に計画し、それに従って現場が実行する。本部が主で現場は従という分業があり、それをつなぐのが日々のチラシだというわけです。

チラシに掲載された商品と価格は、本部による指令です。もし、現場でその商品や価格では売れないと考えても、チラシとして出してしまっている以上、従わなければならない。現場の仕事は維持管理だけになります。商売の本来の楽しさである仕入れや値付けの自由がすべて奪われてしまう。それでは創意工夫のしようがない。現場の方が顧客ニーズについて正しい情報を持っており、的確な判断ができるはずなのに、指示書に従わなくてはならない。現場では「売りたくないものを売らなくてはならない」という葛藤が生じます。

自分が本当に良いと思った商品は全力で売ることができる。自信を持ってお客さんにオススメすることができる。しかし、「売れ！」と強制されたものは売る気になれない。売れなかった場合でも、現場の従業員が自分の考えと判断で発注した商品であれば、気づきや反省が生まれます。それが次の発注精度を高め、商売人としての成長を促します。ところが、本部がチラシで主導してしまうと、肝心の学習機会が喪失されます。現場は「本部が悪い」という他責に傾きます。こうなってしまうと、従業員主導の活気ある売り場で集客する戦略をとるクックマートにとっては致命的なダメージとなります。

チラシによる販促が「楽しむ、楽しませる」というコンセプトと折り合いがつかない理由について、著者は実に深い洞察を述べています。

> チラシというのはある種の「麻薬」で、長年打ち続けた会社がピタッと辞めると、急に売上が下がります。それは、「販促効果がなくなったからだ」と解釈されがちですが、実は、「指示命令がなくなって現場が混乱しているから」ということの方が大きいのではないでしょうか？
>
> 長年、チラシによる「指示・命令」に慣れた組織が急に「自分で気づき、考えろ」と言われてもすぐにはできません。会社の仕組みが「チラシありき」になっているからです。チラシがなくても店が機能するためには、そのための仕組みや組織文化と「気づき、考える人々」が必要なわけです。しかし、それは一朝一夕に作れるものではありません。よって、チラシは止めたくても止められないのです。

組織能力

クックマートの戦略は「気づき、考える人々」によって支えられています。現場に大きく依存した経営と言っていいでしょう。あらゆる戦略は実行するためにあります。実行されない戦略は机上の空論です。クックマートの戦略が秀逸なのは、戦略的ポジショニングが独自であるのみならず、それを実行する能力の構築にも目配りが利いていることにあります。

現場に大きな裁量のあるクックマートには、生鮮食品とローカル需要を熟知し、現場で気づき、考え、判断できる多種多様な人材がいます。彼らが自由闊達に動くことによって、売場や商品にダイナミズムが生まれ、本部だけでは企画できないような面白い売り場と人気商品が生まれています。しかも、ひとつの成功例がすばやく他の店舗にも横展開される。本部からの上意下達では、こうした売り場や商品はつくれませんし、定着しません。

競争戦略論では、さまざまな経営資源の中で、「組織特殊性」の条件を満たすものを一般の経営資源と区別して能力（capability）と呼んでいます。組織特殊性とは、平たく言えば「他者が簡単にはまねできず（まねしようと思っても大きなコストがかかる）、市場でも容易には買えない」ということです。自発的な創意工夫、商品構成や値付けについての自発的な判断、そうした能力を持つ人々で構成される現場のチームは、著者が言うように一朝一夕に手に入るものではありません。まさしく組織の能力です。模倣が難しい組織能力がクックマートの競争優位の中核にあることは間違いありません。

ただし、です。著者の経営を「ボトムアップ型」と理解するのは間違っています。クックマートの組織能力は自然発生的に湧き上がってきたわけではありません。経営者が戦略的な意思を持って練り上げてきたものです。ようするに、能力構築も含めてすべては経営者次第だということです。「現場力」の美名の裏で、実態は現場丸投げ――これではただの経営不全、戦略不在です。クックマートの経営はその手の「似非ボトムアップ経営」とは一線を画しています。

クックマートの組織能力の構築において経営者である著者が果たしている役割として、少なくとも次の3点が指摘できます。第1にターゲット社員の定義です。能力は人に体化されています。戦略がターゲット顧客の絞り込みを必要とするように、能力構築においてはターゲット社員をはっきりとさせることが不可欠です。

クックマートのターゲット社員は「マイルドヤンキー」――従来のヤンキーのような攻撃的な不良ではなく、地元志向が強く、同年代の友人や家族との仲間意識をベースとした生活をする層――です。

マイルドヤンキーの何がいいかというと、無理をしていない、自然体なところ。ある意味健全。人間らしい。生まれた場所で育ち、そこに満足し、そこから出ない。即ち、満たされている。ゆえにルサンチマン（怨念）がない。挨拶が元気。笑顔が素敵。めっちゃいい人が多い。

都会では「マインドフルネス」が流行っているそうですが、マイルドヤンキーの生活は言ってみれば「毎日がマインドフルネス」。瞬間瞬間に生きているわけですから、ある意味、自然体で図らずして「悟りの境地」です。「マインドフルネス？　なにそれ？　うまいの？」という世界。瞑想する必要もなく元気。都会人が意識的に「マインドフルネス」をしないと元気になれないということは、それだけ都会が人間にとって「過酷な場所」「不自然な場所」ということなのかもしれません。

彼らは地元に住み、地元に根差す人々です。ターゲット顧客であるローカルな生活者の思考と指向と嗜好を自然と理解できる。「地元の普通の人々」たちが楽しく、納得感を持って仕事ができる組織をつくれば、ターゲット顧客に対する価値創造が可能になります。「人材獲得」「人材育成」というと、そもそもモチベーションが強く、上昇志向があり、スキル習得に熱心な層を重視しがちです。『日本経済新聞』やニューズピックスで利いた風な口をたたいている連中がその典型です（僕もその一人なのですが）。しかし、クックマートはそうした人々は相手にしません。ようするに、競争市場だけではなく、労働市場でもはっきりとしたトレードオフを選択し、独自のポジションをとっているということです。これはあくまでも経営者の戦略的な意思決定です。ボトムアップでやっているうちに気づいてみたらそうなっていた、ではありません。

第2に、マネジメントのためのユニークな仕組みの設計です。著者はこれを「仕事を通じて人生を楽しめるプラットフォーム」と表現しています。5章で詳しく論じられているように、その構成要素には、「シンプルでざっくりした」人事制度、定期的なリアルイベント、「ユルい」部活動、社長による対話型の研修、社内SNSによるカジュアルな情報共有などさまざまなものがあります。どれをとっても、「楽しむ、楽しませる」という戦略コンセプトをブレイクダウンする中で経営者自らが作っていったものです。

考えてみると、マイルドヤンキー（＝ローカルで生活する普通の人々）のマネジメントは、クックマートのみならず、日本全体にとっても重要な示唆を含んでいます。なぜなら、日本全体で見ると、そういう人の方が圧倒的に多いからです。世間で語られている人事制度やキャリア開発は「東京のエリート」視点に偏っています。『日本経済新聞』やニューズピックスで喧伝されているようなキャリアモデルやキャリアプランに興味がない人もたくさんいる。労働市場で厚い層を形成しているのは、むしろそうした人々です。著者はこう言っています。

> 仕事がつまらなくなるのは「目的」が喪失し、「全体像」が見渡せず、「自分が何をやっているのかわからない」「やっていることに意味を見いだせない」状態に陥るからではないか？　このマインドセットのまま、「お金」や「休み」や「福利厚生」を手厚くしても、みんな幸せになれるのか？
>
> いわゆる「働き方改革」をいくらやったところで、そもそも仕事自体がつまらなく、仕事についての「モノの見方」がネガティブだと、永遠に「仕事、ダリィ」ということになるのではないか？　だから、私は「働き方改革」もいいけれど、同時に、職場が「仕事を通じて人生を楽しめるプラットフォーム」であること、加えて、それ以前の「モノの見方改革」（なぜ、働くのか？　自分にとっての幸福とは何か？　根本的な自己認識＝「自分なりの基準」を持つこと）が重要ではないか？　と思っているのです。

第3に、これが最も重要なことですが、上述した組織能力は、戦略ポジショニングがなければあり得なかったということです。トレードオフを明確に選択し、「何をやらないか」がはっきりしている。だからこそ、やることについては能力を継続的に深めていけるという成り行きです。人間の注意や努力には限りがあります。「何でもできる」を目指してしまうと、「何もできない」ということになる。

ようするに、戦略がはっきりしているから、能力構築に本腰を入れて取り組めるわけです。戦略が先、能力は後。この順番が大切です。裏を返せば、デライトの組織能力が優れているからといって、全国チェーンの大手スーパーや一般的な食品スーパーが、上述したような能力構築の仕組みを「ベストプラクティス」として導入したら、戦略とのミスマッチをきたし、指揮命令系統が崩壊し、かえってパフォーマンスは低下するでしょう。組織能力が真似できないのではなく、その前提となっている戦略が真似できないのです。繰り返しますが、現場任せのボトムアップでは能力構築はままなりません。組織能力はあくまでも経営者が自らの責任において設計し、開発するものです。

持続的競争優位の正体

考えてみればある戦略がもたらす競争優位が長期にわたって持続するというのは不思議なことです。情報や知識の移転が簡単でなかった時代はいざ知らず、これだけ情報技術が発達した今日では、国や地域や企業を超えたヒト、モノ、カネ、情報の流動性は飛躍的に増大しています。

ある企業が高いパフォーマンスを達成していれば、ごく自然に他社の関心を集めます。好業績の背後にどのような戦略があるのか、誰しも興味を持って注目します。利益ポテンシャルに富んだ市場セグメントや好業績をもたらす戦略ポジションはすぐに世の中に知れ渡るところとなります。コンサルティング会社はさまざまな企業の成功要因を分析し、ありとあらゆる知識を提供してくれます。

ようするに経営資源の企業を超えた流動性、移転可能性は一貫して増大傾向にある。論理的に言って、こうしたトレンドは企業間の差異を小さくする方向にはたらきます。ある企業が一時的に成功したとしても、その戦略はいずれ模倣されてしまい、その結果、競争優位を長期的に持続するのはますます困難になるはずです。

しかし、現実はそうなっていません。強い企業はかなりの長期にわたって強い。四方八方から戦略を注視され、模倣の脅威にさらされながらも、10年、15年と競争優位を持続しています。これはなぜか――僕はこの問題についてずっと強い関心を持ち、持続的な競争優位の正体について思考をめぐらせてきました。そのうちに、これまで明示的もしくは暗黙のうちに想定されていたものとは異なる、従来見過ごされていた論理があるのではないかと考えるようになりました。それが「ストーリーとしての競争戦略」――個別のディシジョンやアクションではなく、それらが一貫した因果論理でつながっているストーリーの総体にこそ競争優位の源泉がある――という視点です。

競争優位を持ち、高い業績を上げている企業A社があるとします。A社の競合企業B社はA社になんとか追いつこうとしています。B社はA社の成功の背後にある戦略に関心を寄せ、その強みを手に入れるためにA社の戦略を模倣しようとします。

なぜA社の競争優位が持続するのか。従来の競争戦略論は「模倣障壁」の論理に依拠してきました。つまり、B社はA社の戦略を模倣しようとするのだけれども、そこにいくつかの障壁があるので、完全には真似しきれない。だからA社の競争優位が持続するという論理です。

A社にとっての競争優位の防御（B社にとっての模倣障壁）にはさまざまな種類があります。A社が先行者優位に基づいて参入障壁を固めているため、B社がその業界に参入すること自体ができない。これは業界の競争構造に注目したレベル2の模倣障壁です。

異なるポジショニングの間にはトレードオフがあるので、B社がA社の戦略を模倣するのはそう簡単ではない。これはレベル3の模倣障壁（ポーター先生の競争戦略論で言う「移動障壁」）です。

しかし、もしA社の業績が長期にわたって好調であれば、いずれは競争相手もトレードオフを乗り越えてリポジショニング（戦略ポジションの変更）に乗り出してくる。しかし、です。もしＡ社の戦略ストーリーの中に、Ｂ社から見てあきらかに「非合理」な要素が含まれていたらどうでしょうか。Ｂ社はＡ社の戦略を部分的には模倣するにしても、一見して非合理な要素については手を出さないはずです。その結果としてＡ社の戦略は独自性を維持することになります。

ここでの持続的な競争優位の論理は、模倣障壁ではありません。そもそも競合他社が真似しようという意図を持たないという「動機の不在」にあります。模倣するどころか、他社は合理的な意図を持って模倣を忌避する――これが戦略ポジションのトレードオフ（レベル３）の一枚上を行くレベル４の競争優位です。レベル４にある戦略は、競争優位の持続性という点で移動障壁という防御の論理よりもさらに強力です。僕は今のところこれが究極の競争優位の正体であると考えています。

賢者の死角を突く

クックマートの競争優位はレベル４にあります。業界が非合理だと考えていることをやり、それを戦略ストーリー全体の文脈の中で合理性に転化する――ここにクックマートの競争戦略の妙味があります。

大手スーパーが追求する合理性は「チェーンストア」という考え方に集約されます。大量に作り、大量に仕入れ、大量に売ることによって、スケールメリットを出す。商品構成とオペレーションを標準化し、効率を追求する。そのためには本部主導の計画と、それを実行するための集権的な運営組織がカギになります。日本中でチェーン展開する大手スーパーよりも規模が小さく、ローカルな市場を相手にする食品スーパーもまたチェーンストアの合理性を追求してきました。大手スーパーを手本として、規模の拡大による効率化を眼目とした経営をしています。

チェーンストアは確かに合理的で、だからこそスーパーに限らず多くの小売業が採用しています。ただし、この種の合理性には重要な前提があります。商品が標準化・規格化できる「工業製品」でなければならないということです。

業界の素人だった著者はそもそもこの前提に懐疑的でした。食品スーパーが主力商品とする生鮮食品はそもそも大量生産・大量販売可能な工業製品ではない。文字通りのナマモノだ――言われてみれば当たり前の話です。しかし、従来の食品スーパーは業界で信じられていた合理性を追求するあまり、この当たり前の事実から目を背けていました。著者はこう言っています。

> 本来、地域の食を扱う市場（いちば）というのはローカルなもので、合理性だけでは対応できないのが当然の世界でした。しかし、ある時期から、極端なチェーンストア化が進み、大手スーパーを手本として徹底した合理化・規格化を目指すようなあり方が「正解」と見なされてきたように思います。

著者は食品スーパーの本質として次の3点を指摘しています。第1に、売上構成比の過半数が生鮮食品というナマモノであること。大量生産が困難なのに加えて、品質や規格にバラツキがあり、鮮度劣化が早く、適切な保存・加工・調理技術が必要となります。第2に、生鮮食品の需要は必然的にローカルな特殊性を持つこと。本書にあるように、クックマートが展開する東三河（愛知県東部）と浜松（静岡県西部）エリアは、車で30分の距離と浜名湖を挟んで隣接していますが、大きく食文化や習慣が異なっています。消費者の食生活はその地域の文化や伝統と結びついています。「うまいから食う」というよりも、「今までも食ってきたからこれからも食う」という、理屈ではない要素が需要の基盤にあります。第3に、それを扱う従業員や買い手である消費者もまたナマモノであること。「生鮮」「ローカル」「人間」という3重のナマモノが複雑に絡み合って、独特な世界を形成している。それを著者は「魔境」と表現しています。大手スーパーを小さくしたのが食品スーパーなのではなく、まったく性質の違う商売としたところに著者の慧眼があります。「魔境」の持つ複雑性を受け入れ、複雑なまま扱う――この決断がクックマートの戦略の原点にあります。

　複雑な魔境を本部主導の計画や標準化されたオペレーションで扱うのは無理があります。なるべく人手をかけず、標準化された効率的な売場からは、ナマモノに固有の楽しさや活気は生まれません。顧客接点にある現場が気づき、考え、それを即座に商品や売り場に反映するのが不可欠です。しかし、チェーンストアは効率的なオペレーションを追求するがゆえに、本部の計画や指示から逸脱する現場での気づきや創意工夫、その根底にある従業員の個性やモチベーションは、オペレーションを狂わせるノイズと見なされます。

合理化を突き詰める大手スーパーの総菜コーナーを見ていると、「工場で作ったものを、ただ並べている」ことがよくあります。そういう商品は不思議なほど魅力がない。いわば「スーパーのコンビニ化」。ナマモノたる生鮮食品に対して合理化・規格化の思想で対峙すると、出てくるものはある種の工業製品としての「死んだ規格品」になってしまいます。せっかくの生鮮食品という生きた素材が、規格化される中で死ぬのです。

適切に「魔境」を扱ったときに生まれる「ピチピチの食べ物」。その「勢い」「鮮度」「輝き」は実に不思議なもので、魔法がかかったように売り場と商品に現れます。カットフルーツ、お刺身、ローストビーフ、お弁当……手間暇かけた「手作り」の違いは一目瞭然。クックマートにはそうした商品があふれています。見ればわかる、食べればわかる。それが信頼を生み、リピーターにつながっていきます。

つまり、生鮮においては複雑なものを複雑なまま取り扱う、ある種、「手間暇かける」というプロセスが欠かせないわけです。それを無視してむやみに規格化・合理化すると、魔法が解けて、無機質な売場と商品になる。それを賢い消費者は「感じる」ことができる。「安いけど、何かヘンだぞ」と。

クックマートがやっていることはことごとく大手スーパーの逆を行くものですが、これは俗に言う「逆張り」ではありません。他社が合理性を追求する中で見過ごしてきた裏側に注目する戦略であり、「裏張り」と言った方がいい。業界に定着している合理性の裏をかく。競合他社から見ればクックマートは大いに非合理なことをやっているわけですが、魔境の商売をしているクックマートからすれば、ごく自然で合理的なことをしています。

複雑なものを複雑なまま扱うというクックマートの戦略がローカル市場の顧客にとって魅力的な商品構成と競争力のある売り場として結実し、それが売上と利益をもたらしていることは事実です。競合他社も気づいているはずです。しかし、彼らがクックマートの戦略を丸ごと模倣してくる可能性は低い。なぜならば、彼らの目には依然としてクックマートがやっていることがどうしようもなく非合理に映るからです。

クックマートの戦略が依拠しているトレードオフは、「あちらを立てればこちらが立たず」というニュートラルな二律背反ではありません。クックマートがやっている「あちら」は（他社からすれば）明らかに非合理なのです。そもそも「あちらを立て」ようとする動機がない。それだけ「強いトレードオフ」になっているということです。真似できないのではなく、真似したいと思わない。真似してくれと言っても、他社はイヤだと言うでしょう。つまりは、競争優位が自然に持続するのです。

デライトのこれから

最後に、デライトとクックマートのこれからを考えてみましょう。ローカル市場を相手に生鮮を中心とする食品スーパー業に特化するというデライトのポジションからして、デライトの成長余力には限界があります。現在の商圏を維持しながら、売上をある程度伸ばすことはできるでしょうし、周辺地域に徐々に商売を拡張することも可能かもしれません。一定の伸びしろは残されていますが、現行の戦略からして飛躍的な成長は期待できません。

すでに強調したように、一貫した独自の戦略があるということは、やらないこと・できないことがはっきりとしているということです。あらゆる可能性を追求できるのは、明確な戦略がない企業だけです。安易な成長の追求は戦略の一貫性を破壊します。デライトは既存の食品スーパー事業の外には出られないし、また出るべきでもありません。成長を追求せずに現在の商圏とその周辺にとどまり、魔境の商売をさらに深掘りしていくというのも、それはそれで筋が通っています。

しかし、それではあまりにもったいない。日本各地にローカルな食品スーパーがあります。その中には、大手スーパーをモデルにした規模と標準化による効率追求の呪縛にとらわれて、本来の魔境の商売の魅力を発揮できずにいるプレイヤーがたくさんいます。魔境でこそ生き生きと活躍できるマイルドヤンキー的な働き手も日本中にいます。何よりも、面白さや驚きがない売り場で毎日食品を買っている消費者が日本のあちらこちらにいるのです。「楽しむ、楽しませる」をコンセプトに「ローカルメリット」を追求する食品スーパーはあらゆる地方で通用するコンセプトのはずです。これまでとは異なる地域で、そこでのローカル顧客をターゲットに、デライトのやり方を横展開することは十分に可能です。

本書にあるように、デライトは２０２２年に投資ファンドのマーキュリアインベストメントとの資本業務提携を発表しています。さらなる成長の実現が目的ですが、その戦略の具体的な中身については本書では触れられていません。食品スーパーは完全に成熟しきっている市場ですから、新しい地域にクックマートをゼロから新規出店し、既存の食品スーパーと競合しながらホームグラウンドと同じような商売をつくっていくのは無理があります。

事業立地や経営に対する基本姿勢の点でフィットする既存のローカル食品スーパーを厳選し、ファンドと組んで買収もしくは資本参加する方が筋が良い。そこにデライトのやり方を移植し、儲かる商売へと転換させることができれば、デライト全体として長期利益を確保しつつトップラインを上げていくことができます。規模の成長を追求する買収ではなく、結果として成長が実現されるというストーリーです。ニデック（日本電産）が、技術は良いものを持っているけれども経営に難があるモーターメーカーを買収し、そこにニデック流の経営を移植することによって収益を回復させ、成長したのと似たパターンです。

資本参加しなくても、マネジメント・コントラクトという形でデライトから経営人材を派遣し、クックマートの戦略を注入することによって事業を伸ばし、その対価としてフィーを得るというやり方も考えられます。これはデライトが開拓してきたスーパーの「第３の道」の日本全体への拡張を意図した、ある種のコンサルティング業となります。ホテルやウエディング、レストランを展開するＰＤＳ（プラン・ドゥ・シー）という会社があります。ＰＤＳは明確なポジショニングと強力な組織能力を持っています。直営のホテルや店舗以外にも、さまざまな同業他社とマネジメント・コントラクトを結んでいます。中核を担う人材を派遣し、ＰＤＳ流のサービスを導入し、業績を伸ばすことで対価を得るという事業でも成功しています。同様のことがデライトにもできるかもしれません。

いずれにせよ、新しい地域に進出するにしてもクックマートで培った戦略ストーリーを崩すことなく横展開できるかどうかがこれからの成長のカギになります。加えて、これまでとは異なるローカル商圏での商売は、必ず新しい発見や知見をもたらします。これまでの戦略をさらに進化させるきっかけにもなるでしょう。

競争戦略の分野で仕事をしている僕にとって、デライトは実に面白い会社であり、クックマートは興味深い事業です。なぜかと言えば、デライトの拠りどころはこれまでもこれからも戦略にしかないからです。食品スーパーを取り巻く経営環境がますます厳しくなっていくのは間違いありません。人口減少とともに縮小する市場、無数の競合企業、大手スーパーの脅威、ＥＣの台頭……業界のどこを見てもいい話はひとつもありません。それでも、独自の戦略ストーリー（だけ）を頼りに長期利益を実現している。これこそ戦略の醍醐味です。

本書が伝えるクックマートの戦略は、「賢者の死角を突く」という競争戦略の神髄を見せてくれます。そこに僕は痺れます。傍から見ているだけの僕にとって面白かろうが痺れようが、そんなことは実際に経営をしている著者にとってはどうでもいいことなのですが、僕はデライト／クックマートのこれからを注視しています。

究極のリーダー――ベンジャミン・フランクリン『フランクリン自伝』解説

教養というと仕事の具体的な局面では役立たないフワフワしたものであるかのように思っている人が多い。大間違いだ。スキルやノウハウといった個別具体的な知識は確かに有用だが、教養にははるかに汎用性がある。どんな状況で、何に直面しても、教養を持つ人であれば、自分の内在的な価値基準に則して決断できる。大局観と言ってもよい。教養ほど実践的で実用的なものはない。

教養を獲得するための王道は何と言っても読書だ。ただし、「実用的なビジネス書」のほとんどは大局観の形成に役立たない。有用な情報や知識を得ることはできても、読み手の価値基準にまでは影響を及ぼさない。読むべきは古典だ。長い歴史の中で多くの人に読み継がれてきた超一流の書物だけが古典として残る。古典は間違いなく教養の錬成にとって有用だ。

アメリカ合衆国建国の父として讃えられるベンジャミン・フランクリン（１７０６－１７９０）。彼が遺した自伝は、古典中の古典だ。アメリカはもとより、世界中で読み継がれてきた。

私見では、フランクリンのリーダーとしての特質は次の3点に集約される。第1に、ジェネラリストであること。リーダーに「担当」はない。定義からしてリーダーは担当者とは異なる。特定の専門分野に閉じこもらず、成すべき目的を実現するためには何でもやる。自分の前の仕事丸ごとを相手にする。今日では「ジェネラリスト」というと専門能力がない凡庸な役職者のように聞こえるが、それは誤解だ。そもそも「ジェネラル」とは総覧者を意味する。ようするに「総大将」。フランクリンは言葉の正確な意味でのジェネラリストだった。

第2に、プラグマティスト（実利主義者）であること。耳障りがいいばかりでその実空疎なかけ声に終始する似非リーダーが少なくない。目的の実現にコミットするのがリーダーの仕事だ。そのためには言うだけでなく実行しなければならない。しかも、一人でできることは限られている。自らの構想に多くの人を巻き込んで、目的の実現に向けて動かしていかなければならない。そのためには合理的でなければならない。あっさり言えば、みんなにとって得になることをやるということだ。合理的でないと、立場や利害を超えて人々が乗ってこない。実行するためには構想や指示や行動が現実的かつ具体的でなければならない。フランクリンはどんな仕事をするときも常に合理的で実利的だった。

第3に、社会共通価値を追求したこと。フランクリンは生涯を通じて実利を求めた人だった。しかし、スケールが大きい。彼が追求した利得は彼だけのものではなかった。自分の周囲にあるコミュニティーの人々、ひいては社会全体にとって得になることを常に考えていた。だからといって、自分の利得を劣後させ、自己犠牲の精神を発揮したわけでは決してない。自分の利得になることが社会全体にとっても利益になればなおよい。さらに重要なこととして、社会にとって大きなスケールで得になることをした方が、自分にとっての利得も大きくなる――表面的には矛盾するかのように見える利他と利己が無理なく統合されている。ここにリーダーとしてのフランクリンの思考と行動の最大の特徴がある。

究極のジェネラリスト

日本では、稲妻が電気であることを証明した偉大な科学者としてフランクリンは知られている。雷が鳴る嵐の中で凧を揚げ、凧糸の末端につけたライデン瓶（ガラス瓶と水を使い電気を貯める装置）で電気を取り出す命がけの実験が評価され、フランクリンはロンドン王立協会の会員に選出されている。

この科学史に残る偉業にしても、フランクリンにとっては自分の仕事のごく一部にすぎなかった。現にこの伝記の中でも、この「フィラデルフィア実験」のエピソードは最後の方でごくあっさりとしか触れられていない。

フランクリンは究極のジェネラリストだった。実業家にして著述家。政治家にして外交官。物理学者にして気象学者。どんな分野にも専門家がいる現代の基準からすれば、フランクリンの仕事の幅は異様に広く、その成果は驚くべき多方面にわたる。しかも、次から次へと「転職」したわけではない。同時並行的に異なる分野で活動し、多種多様な業績を遺している。

驚異的なオールラウンダーが生まれた背景には、彼の出自と発展途上にあった当時のアメリカの社会構造がある。イギリスからニューイングランドに新天地を求めて移住してきた父ジョサイアには、17人の子供がいた。大勢の子供を養うだけで精一杯。ジョサイアは知的な人物だったが、高等教育を子供たちに与える余裕はなかった。10歳で教育を終えたフランクリンは早くから社会に出た。

知識欲旺盛なフランクリンは読書が大好きだった。子供のころから父の蔵書にあったプルタルコスの『英雄伝』やデフォーの『企業論』、マザーの『善行論』などの書物を読破していた。文章を書くことにも目覚め、独学で文章修行もしている。本好きが高じて印刷工になる。

当時のアメリカは発展途上にあり、イギリスと比べて遅れた国だった。フランクリンが勤めていた印刷所では活字不足が頻繁に発生した。しかし、産業が未発達で分業による専門化が進んでいなかった当時のアメリカには活字鋳造業者はいなかった。そこでフランクリンは自分で鋳型を考案し、間に合わせの活字を造らなければならなかった。ほかにも、彫り物や印刷用のインクづくりから倉庫番まで、ありとあらゆる仕事を自分でやる「なんでも屋」としてキャリアを形成していった。

若き日のフランクリンは印刷業者として独立し身を立てることを志した。しかし彼には何もなかった。資金や設備や技能はもちろん、人材や顧客を獲得するためのネットワークもすべてゼロから自分の手と力でつくっていかなければならなかった。印刷工場を経営するようになると、すぐに新聞を発行している。メディアだけでなくそれに載せるコンテンツも自らつくる。記事が面白いと評判になり、フランクリンの新聞は多くの購読者を獲得し、発行部数は伸びた。これが印刷業にも良い影響を与え、好循環を生んだ。

フランクリンが取り組んださまざまな仕事は、いずれも彼の中にあるただ一つの動機から生まれている。それは無尽蔵の探求心だ。フランクリンにとって活動の幅を広げるのはごく自然なことだった。誰から頼まれたわけでもない。名誉栄達を求めたわけでもない。自らの内発的な探求心に忠実に行動した。自分が興味を持つ問題の解明に取り組んだ結果として多種多様な仕事をすることになった。フィラデルフィア実験もその一つだった。

フランクリンの中ではすべての活動が分断なく連続していた。すべての成果が同じ一人の人物の探求心によってもたらされている。本人にしてみれば、どんな仕事をするときでもいつも同じことを同じようにしているという感覚だっただろう。

フィラデルフィア・アカデミー（後のペンシルベニア大学）の創設にその好例を見ることができる。源流ははるか昔、印刷所を開業する以前に彼が組織した「ジャントー」というクラブにある。真理を探究したいという情熱にかられたフランクリンは、倫理や政治、自然科学に関してメンバーが書いた論文を発表し合い、議論する場をつくった。

ジャントーの活動は長く続いた。そのうちにフランクリンの頭にあるアイデアが生まれる。論文を書くためには何冊もの本を参照する必要がある。各人の蔵書をジャントーの会合部屋に集めておけば、全員がすべての本を持っているのと同じことになる。つまり、クラブのための図書館だ。

この経験から、より大きな公共図書館をつくろうという目標が生まれた。この目標はアメリカで最初の会員制図書館として結実し、これがフランクリンにとっての最初の公共事業となった。図書館は人々の知的活動の拠点となり、この延長上にペンシルベニア大学が生まれている。つまり、フランクリンによる大学創設は、功成りを名を遂げた富豪の慈善事業ではなかった。彼の知的探求心に基づく活動の自然な流れがだんだんと大きくなった結果として大学が生まれている。

このように、フランクリンの成し遂げた成果はバラバラに生まれたのではなく、すべてがつながっている。ここにジェネラリストの究極の姿を見る。

プラグマティズムの人

何もないところから身を立て、苦労を重ねながら実業家として成功したフランクリン。彼の信念は「信用第一」。信用を獲得するためには、勤勉で誠実で正直でなければならない。フランクリンは生涯にわたってこの価値観を貫いた。

彼の勤勉で誠実な生き方は観念的な倫理や道徳によるものではなかった。それが結局のところ自分の利益になるからだ。どんな仕事でも勤勉に働く姿を見て、周囲の人々はフランクリンを信用するようになった。「私はなにも、自分の勤勉さを自慢したいわけではない。これを読んだ自分の子孫に、勤勉さがどれだけの利益をもたらすか知ってもらいたいだけだ」――フランクリンの思考と行動は徹底してプラグマティズム（実利主義）に基づいていた。

フランクリンは聖人君主ではなかった。若き日にイギリスに渡って印刷工をしていたころは、稼いだお金を芝居や遊びに使ってしまい、その日暮らしも経験している。自分が世俗的な人間であることを隠さなかった。この伝記を書いた動機にしても、冒頭で「過去の回想をつづることで、自分の虚栄心を満たしたいとも思っている」と書き記している（「紙に書くだけなら若者を嫌々付き合わせなくてすむ。読むか読まないかはめいめいが自由に決めればいい」とここでもプラグマティズムを発揮しているのが面白い）。

フランクリンのプラグマティズムは宗教と教会に対する姿勢によく表れている。彼は神の存在と宗教の意義を信じていた。しかし日曜日の教会の集会に出るのは若いころから止めていた。彼にとって日曜日は「勉強をする日」であり、その方が有益だと考えたからだ。長老教会派の会員として育てられてきたが、教義にある「神の永遠の意志」「永遠の定罪」といった抽象的な概念がどうしても理解できない。さまざまな宗派の中には人々を分裂させ、不和をもたらすような教義が含まれていることにも疑念を持っていた。

たまには長老教会の礼拝に顔を出すこともあった。しかし、牧師が道徳の原理を説くよりも、長老会派の優位を主張する神学論争に明け暮れるのに辟易し、「なにひとつ得るもののない時間だった」と振り返っている。そうは言っても、「どんな宗派であっても多少は人の役に立つと考えていた」ので、宗教を否定せず、他人の信仰については口を出すこともない。どの宗派かに関係なく、寄付を続けた。フランクリンにとっては人々の善行を促し、善良な市民へと導くという「利得」こそが大切だったのである。

彼が23歳のころに打ち立てた有名な「13の徳目」に、プラグマティストの真骨頂を見ることができる。「道徳的に完璧な人間」になることを決意したフランクリンは13の徳目を自らに課した。「いい人間であれ」と漠然と思っているだけでは、いつまでたっても実現できない。13の徳目は宗教的な戒律ではなく、あくまでも実践のための計画だった。

「節制」「規律」「倹約」「勤勉」……、一見してありふれた言葉が並んでいる。興味深いのは徳目の中身よりも、彼がそれらを選び制定した過程だ。フランクリンにとって、「13の徳目」は漠然とした目標や精神的なかけ声ではなく、あくまでも現実生活の中で道徳性を身につけるための計画だった。計画は実行しなければ意味がない。日常生活の中で実行しやすくするために、徳目の数を多くして、その分各項目の意味を狭い範囲に限定し、シンプルな戒律としている。

徳目は困難であると同時に、現実的なものでなければ意味がない。例えば、7番目の徳目「誠実」には「嘘をついて人を傷つけないこと」という戒律が添えられている。「嘘をつかないこと」ではないのがポイントだ。利害にまみれた日常の中で、仕方なく嘘をつくこともある。それよりも、人を傷つけるという損失をなくす方が大切だというのがフランクリンの考え方だった。

さらに面白いのは、13の徳目を修得するために彼が採用した方法だ。一度に全部やろうとすると注意が分散して、どれも実行できない。まずは一つの徳目に集中し、それを習慣化できてから次の徳目に移るという方法で、一つずつ順番に取り組んでいる。

その順番もよくよく考えられている。第1の徳目を「節制」にしたのは、それがすべての徳目の実践にとって基盤になるからだ。節制を身につければ後の徳目の修得がより楽になる。道徳的な生活の中で知識も得たいと思っていたフランクリンは第2と第3に「沈黙」と「規律」を持ってくる。これで仕事の計画や勉強に充てる時間が増える。第4の「決断」を習慣にできれば、その後は確固たる意志を持って徳目を修得できる。第5の「倹約」と第6の「勤勉」を守れば、早く借金から解放される（借り入れた事業資金の返済は当時のフランクリンにとって重要なテーマだった）。衣食足りて礼節を知る。財務的に自立できれば「誠実」（第7）と「正義」（第8）も実行しやすくなるだろう――明快な論理でつながったストーリーになっている。

フランクリンは「道徳的に完璧な人間になるという当初の目的は達成できなかった」と自伝の中で告白している。自分が性格的に規律を守れないことは分かっていた。それでも「懸命に努力したおかげで、人として多少は成長したし、多少の幸せをつかむこともできた」――フランクリン一流の現実主義と実利主義が色濃く出ているエピソードだ。

社会共通価値の追求

プラグマティズムの人、フランクリンはそれが実利をもたらすのかを基準としてあらゆる判断を下した。これと一見矛盾するようだが、彼の後半生は自分の商売ではなく公共事業に捧げられている。ペンシルベニア大学の創設はその典型だ。それに先行して、25歳の時にはすでにアメリカ初の公共図書館を設立している。先述したように、これは彼が知的研鑽を積む議論の場としてつくったクラブの図書室を母体にしている。

フランクリンがクラブやその図書室をつくった動機は私的利益に基づいている。知識欲が強く、真理の探究を最上の愉しみとする彼にとって、クラブや図書室は自分の欲求を実現するためのものだった。図書室にメンバーが蔵書を持ち寄れば自分が持っているわずかな蔵書よりも多くの知識に触れることができる。しかし、それは自分以外のメンバーにとっても同じことだ。私欲といえば私欲だが、それが真っ当な欲望であれば必ず他者にとっても利得になる。フランクリンは幼少時からこの人間社会のポジティブな原理原則を本能的に理解していた。

図書室を発展させた公共図書館の設立についても同じ成り行きだった。フランクリンが生涯をかけて追求した実利は自分を向いた損得勘定にとどまらなかった。コミュニティーや社会全体の利得の極大化を志向するものだった。フランクリンの欲は自分の利得だけでは満たされなかったのだ。それだけ欲が深かったと言ってもよい。

フランクリンがつくった公共図書館はその後アメリカに数多く生まれた会員制図書館の原型となった。「図書館ができたことで、人々は知的な会話ができるようになった。平凡な商人や農民が、いまや他国の紳士たちに劣らないほどの教養を身につけている。すべての植民地の住民が、自分たちの権利を守るために戦えたのも、図書館があったおかげではないかと私は思っている」――自分の実利的動機から始まった活動が社会全体のスケールで実現して、ようやくフランクリンの大欲は満たされることになる。

１７４２年にフランクリンは「ペンシルベニア式ストーブ」を発明している。新しい空気を取り入れることによって暖まるという開放式のストーブで、従来のものより暖房効率がよく、燃料も節約できた。彼はストーブの宣伝のために「新発明のペンシルベニア式ストーブについて」と題したパンフレットを発行した。パンフレットは知事の目にも留まり、フランクリンに専売特許権を与えようとした。しかし、フランクリンはその申し出を断っている。自分も他者の発明から多大な恩恵を受けているのだから、自分の発明についても、人の役に立てることを喜ぶべきだ、というのが彼の主張だった。「やがて私のストーブは、ペンシルベニアだけでなく近隣の植民地にも広まっていった。いまでも多くの家庭が、薪を節約できるこのストーブを使っている」――これがフランクリンにとって最も嬉しいことであり、彼にとっての最大の「実利」だったのだ。

フランクリンのプラグマティズムはいくつもの大成果として結実した。しかし、彼の実利を求める姿勢は一攫千金の大勝負とは一線を画していた。その手の「大勝負」は実際のところごく小さな私欲を動機としているものだ。

先の図書館の例にあるように、ほとんどの場合きっかけは日常生活の中にあるちょっとした問題解決にあった。「人間の幸福というものは、ごくまれにやってくる素晴らしい幸運からでなく、日々の生活の中にあるささやかな利益から生まれるものだ」――これがフランクリンの信念だった。

当時のフィラデルフィアの道路は舗装されていなかった。雨が降ると、重い馬車の車輪で地面がぐちゃぐちゃになる。空気が乾燥すると、土ぼこりが舞って大変なことになる。これを不便に思ったフランクリンは道路を舗装すべきだという主張を文章にまとめて発表し、問題解決に注力した。その甲斐あって、やがて道路の一部が石で舗装され、靴を汚すことなく通りを歩けるようになった。

しかし、道路の一部は未舗装だったので、馬車が通るたびに舗装の上に泥が積もっていった。そこでフランクリンは道路の掃除をしてくれる人を探した。勤勉ではあるが生活に困っている男が見つかった。事情を話し、掃除を依頼すると、「この地域の各家庭が毎月6ペンスずつ払ってくれるなら、喜んでお引き受けします」という答えだった。フランクリンはわずかな金額でどれだけの利益が得られるかを近隣の住民に告知する活動を展開した。靴に泥がつかないから家をきれいにしておけるとか、道路を歩くのが楽になるから客足が増えるとか、風が強い日でも商品がほこりまみれにならないから商売のためになるなどと、例によって細かい具体的な利得を記したパンフレットを印刷し、各家庭に配った。どれだけの家がこの考えに同意したかを調べると、一軒残らず賛成だということが分かった。掃除夫による週に2回の道路掃除が始まった。フィラデルフィアの人々は道路がきれいになったことを喜んだ。「いっそのこと全部の道路を舗装した方がよい。そのためなら喜んで税金を払う」という世論が形成され、フランクリンの道路舗装の主張は実現に至った。

今日の言葉で言えば「社会共通価値」、これこそがフランクリンが追い求めた成果だった。富や権力の集中に背を向けたフランクリンの生き方はアメリカの人々から絶大な支持を受けた。しかし、ここで注目すべきは、社会の利益のために自分の利益を犠牲にしているわけではないということだ。社会に共通した価値ということだけでなく、自分の利益が社会全体の利益と共通している。フランクリンの目的設定は常にこの意味での共通価値を向いていた。

フランクリンの思考様式は、後世の日本に現れた渋沢栄一――日本近代資本主義の父――のそれと驚くほど共通している。渋沢の持論であった「論語と算盤」をある種のバランス論と勘違いしている人が少なくない。つまり、資本主義なり商売の利益追求（算盤）はしばしば暴走してしまう。したがって、人間道徳（論語）でブレーキをかけなければいけない。渋沢は今日のＥＳＧやＳＤＧｓを先取りしていた――渋沢の主義主張をこのように理解している人は、おそらく『論語と算盤』をまともに読んでいないと思う。

道徳的な商売が長期的にはいちばん儲かる――これが渋沢の結論だった。頭の中が算盤だけの人は実は欲がない。本当に大きな欲を持つ商売人は必然的に「論語と算盤」になる。フランクリンと渋沢はともに大欲の持ち主だった。世の中全体を相手にしながらも、現実的合理主義で実利を見据え、自ら実行することによって社会共通価値の創造を果たした。

フランクリンや渋沢は現代のＥＳＧやＳＤＧｓを先取りしていたのか。そうではない。企業が社会的存在であることは今も昔も変わらない。人間の本性やそれによって構成される社会の本質もまたフランクリンの時代から変わらない。変わらないことにこそ本質がある。世の中の不変にして普遍の本質をつかむ人は、国や時代がどうであれ、同じ結論に到達するというだけの話だ。

リーダーの一義的な資質は人間社会についての洞察力にある。人間と社会の本質を見極め、その本性を善用する。そこに古今東西のリーダーの本領がある。大きな仕事を成し遂げるリーダーとはどのような人か――本書『フランクリン自伝』は、この永遠の問いに対するほとんど完璧な回答を与えている。

国語、算数、高峰秀子——斎藤明美『高峰秀子の流儀』解説

高峰秀子。女優。１９２４年生まれ。5歳でデビューし、天才子役として活躍。戦前は売れっ子アイドルとして数多くの映画に主演。戦後はありとあらゆる役の本質を掴んで演じきる実力派へと脱皮し、全盛期の日本映画界の頂点に立った。２０１４年の『キネマ旬報』の「オールタイム・ベスト日本映画女優」で第1位、２０００年に同誌が発表した「20世紀の映画スター」でも読者選出の女優部門第1位。ようするに日本映画界最高にして最大の名女優。当時が映画全盛期だったことを考えると、高峰以上の映画女優はもう二度と現れないと言ってよい。

木下恵介監督の『二十四の瞳』、成瀬巳喜男監督の『浮雲』など歴史に残る名作を連発し、55歳で女優業から退いた。その後86歳で死去するまで随筆で活躍し、名文家として名をはせた。

高峰秀子の文章に初めて接したのは高校生のとき。現代国語の教科書で「黒」というエッセイを読んだのが最初だった。そのときはたいして印象に残らなかった。それでも覚えているのは、この短い文章の中に「白も黒も、のっぴきならない色である」という一文があり、これで僕は「のっぴきならない」という言葉を知ったからだ。辞書を引いて意味を知り、この言葉を選び使うセンスがカッコいいと思った。

その後、30歳前後で遅ればせながら代表作の『わたしの渡世日記』と出合った。のっぴきならない衝撃を受けた。最も影響を受けた本を一冊挙げろという無茶な質問をされたら、『わたしの渡世日記』と即答する。

他にも「運命の一冊」と言える本はいくつかある。テレビの創成期に活躍したプロデューサー、井原高忠『元祖テレビ屋大奮戦！』を大学生のころに読み、強い影響を受けた。仕事を始めたころに読んだ小林信彦『日本の喜劇人』から受けた影響は、その後の仕事生活の広い範囲に及ぶ。

高峰秀子の著作から受けた影響は、僕にとって「強い」「広い」というより、ひたすら「深い」のである。まさにディープインパクト。仕事や生活のあらゆる局面で、半ば無意識のうちに、「高峰秀子ならどう考えるだろう、

どうするだろう」と自問自答するのが習慣化している。高峰秀子の影響は僕の価値基準の奥底にまで及んでいる。

幸いにして、高峰秀子の著書は24冊もある。しかし、24冊しかない。もう本人に書いてもらうことはできない。その死まで長い間にわたって近くにいた著者の存在はいよいよ貴重である。著者は『高峰秀子の捨てられない荷物』『女優にあるまじき高峰秀子』など、高峰秀子の哲学と精神を今に伝える本を数多く書いている。いずれも素晴らしい内容だが、最初に読むべき本として本書『高峰秀子の流儀』を推す。

高峰秀子の同時代人に時代小説作家の池波正太郎がいる。分野は違うが、二人には共通の美点がある。自分の足で立ち、自分の手を動かし、自分の腕を頼りに独力で名を成した。何よりも両者とも自らの日常生活のあり方にすみずみまで自覚的だった。両者の随筆にも共通点がある。いずれも練り上げられた生活ルーティンの美と妙を堪能できる。僕もそうなのだが、高峰秀子の作品が好きな人には池波正太郎の随筆も好んで読む人が多いような気がする。

ただし、この二人の文章にははっきりとした違いがある。池波正太郎は説明的である。自らの生活様式とその背後にある哲学を開陳するだけでなく、「そういうことはするもんじゃない」とか「なぜかというと……」と教え諭してくれる。一方の高峰は言いっぱなし。日常生活での経験に基づいた思考や嗜好についてのサラッとした記述があるのみ（その典型が僕が初めて読んだ「黒」）。あとは推して知るべしというスタンスだ。

高峰秀子の目撃者にして観察者であった著者は、時空間を共にした人でなければ知り得ない数多くの高峰のエピソードを通して、その根底にある価値観を言語化し、読者が学ぶべき人生の原理原則を引き出してくれる。これが実にありがたい。

20年にわたって道元禅師に師事した孤雲懐奘は、道元が折にふれ弟子たちに説いた言葉や、道元との問答を『正法眼蔵随聞記』にまとめた。これが後の人々が道元の人となりや思想を理解するための基礎となった。著者は高峰秀子にとっての懐奘であり、本書は『正法眼蔵随聞記』のようなものだ。高峰哲学の入門書にして解説書である。

軽佻浮薄、冷酷無残な映画界。周囲を怜悧に観察し、独力で考え、判断し、行動する。高峰はこの基本動作をひたすらに繰り返し、素手で自らの価値観を練り上げていく。本書が描く映画から退いた高峰は、いよいよ独自の原理原則を研ぎ澄まし、それに忠実な日常を重ねていく。動じない。求めない。期待しない。振り返らない。迷わない。甘えない。変わらない。こだわらない――。究極の自律と自立。高峰秀子が長い時間をかけて練り上げた原理原則が明らかになる。

　ギリシャ人のジャーナリスト、タキ・テオドラコプロス（通称タキ）の『ハイ・ライフ』という随筆集の中に「スタイルとは何か」という名文がある。第一次世界大戦の直前に、ある晩餐会があった。その席でさるフランスの貴婦人が気分が悪くなり、もうこのまま死ぬのではないかという予感がした。そこで彼女はウェイターを呼んで囁いた。「急いでデザートを持ってきてちょうだい」。スタイルとはこういうものだ、とタキは言う。

　死ぬ前にデザートが食べたかったからではもちろんない。自分がここで死んでしまうと、晩餐会が台無しになる。そこで食事の進行を急がせる。これぞスタイル。「誰も知らない。が、見ればそれと分かるのがスタイルだ」「とらえどころのない抽象的な資質で、持っている人は持っているし、持っていない人は持っていない」「見せかけの反対で、人格が知らず知らずのうちににじみ出たもの」とタキは喝破する。

　高峰秀子こそ日本最高のスタイリストにして最高度の知性と教養の持ち主である。さらに重要なこととして、その知性が日常の生活と行動の隅々にまできっちりと行き渡っている。自らの手の内にある哲学によって細部まで完成された生活。潔く生きるとはどういうことかを身をもって教えてくれる。

　高峰秀子が生涯をかけて創り上げた生活哲学は、「善く生きるとはどういうことか」という問いに対するほとんど完全な回答を提示している。しかもそれは誰のためでもない。ひたすらに自分のため。利他と利己が完全に溶け合った「生活芸術」。仕事者としても生活者としても、僕にとってこれ以上の手本はない。

　高峰は不幸を背負って生きた人だった。量的に不幸な人は大勢いるが、彼女の不幸は質が違う。物心ついて以来ずっとスターだった高峰は、小学校教育すらまともに受けていない。嫌で嫌で仕方がなかった女優業を続けざるを得なかった。一族郎党十数人を5歳の時からただ一人で養わなければならなかったからだ。4歳で母を結核で亡くした高峰は義母に引き取られる。これがまことにすさまじい人で、高峰を徹底的に「金銭製造機」として扱った。近づく者をことごとく排除し、行動のすべてを監視し、ひたすらカネを搾り取る。

司馬遼太郎が高峰秀子を評して「どのような教育を受けたらこのような人間ができるのか」と感嘆したそうだが、本書を読むと彼女を教育したのは彼女自身であることが改めてよく分かる。想像を絶する不幸な境遇を逆手にとって大女優に上り詰めた高峰秀子。女優として50年にわたり第一級の仕事を続けただけではない。小学校の教育も受けておらず、算数の小数点も計算できなかった高峰は、最高度の教養を身につけ、一流の随筆家として成功した。セルフメイドの生活哲学者。天才的な人間というより、「人間の天才」。それが高峰秀子という人だった。その最高傑作は『二十四の瞳』でも『浮雲』でもない。高峰秀子という存在そのものであり、その人生だった。夫であり脚本家の松山善三との二人三脚の生活の総体だった。一挙手一投足、言葉の一つひとつが身に染みる。

本書にはシビれるエピソードが満載だ。著者が初めて高峰秀子本人に会ったときの話がイイ。雑誌記者として数多くの著名人にインタビューをしてきた著者は知っている。取材現場に一人で来る女優はいない。取り巻きや連れの多さが女優のステイタスだからだ。ところが、高峰秀子は一人で来る。で、ニカッと笑って「こんにちは。高峰です」と一言。これにシビれる。

仕事でいちばん大切なものは信用。当たり前に聞こえる。しかし、高峰秀子の教えは深い。信用とは何であって何ではないのか。「信用」と「人気」の違いについての話がイイ。普通の女優は人気を求める。人気を大切にする。文字通りの人気商売だからだ。しかし、一時的な人気と信用は似て非なるもの。高峰秀子は映画にしても執筆にしても、仕事生活の根底に一貫して信用というものを据えていた。「私の映画人生の一番底にあるものは、〝信用〟ということですね。その役者が出ている映画を観る時、観客が『アイツが出る映画なら大丈夫だ』という気持ちになってくれる。それが一つの信用でしょ」「私が今こうして生きていられるのも、そうやって私の映画を観てくれた人達や、私が書いたものを読んでくれる人達のお陰ですよ。信用してるから、私の本も読んでくれるんだし、人間、生まれて死ぬまで、とにかく大事なものは信用です」

　需要あっての仕事。人気は確かに需要のひとつの側面ではある。人気があるときは何でもできる。人気はオールマイティのように見える。しかし、本当にものを言うのは、長い時間をかけて積み重ねた信用の方だ。すぐに役立つものほどすぐに役立たなくなる。人気は自分でコントロールできない。一方の信用は、時間はかかるけれども、自分の手でつくっていくことができる。自分でコントロールできないものに依存するのは間違いなく間違っている――。どんな仕事にも当てはまる原理原則だ。信用と人気の違いを知っているかどうかでその人の仕事の質と成果は大きく変わってくる。万人にとっての高峰哲学の実用性をよく示す一節だ。

　しかし、である。その特異な資質と経験と経歴からして、高峰秀子という人間にはまったく再現性がない。井原高忠の本を読んだ若いころの僕は、この人のようになりたい、こういうふうに仕事をしたいと祈念した。しかし、高峰秀子のようになりたいとは思えない。具体的なレベルで、彼女と同じ生き方をできる人はまずいない。彼女の自己抑制と自己規律は尋常でない。自分に厳しく、人にも厳しい。自分に甘い僕としては、せいぜい他人にも甘く生きるしかない。それでも、仕事や生活のときどきに、「高峰秀子ならどう考えるだろう、どうするだろう」と自問自答する。それでだいたい間違いない。

　高峰秀子という存在には国民的な教養としての価値がある。凡百の「教養書」を表面的になぞるくらいなら、この偉人についてよく知る方がよっぽど人生に役立つ。国語、算数、高峰秀子。僕が文部科学大臣なら、日本の義務教育に「高峰秀子」という教科を新設する。教科書として使うのはもちろん本書、『高峰秀子の流儀』だ。

桁違いのＶＵＣＡを生き抜いた企業家群像劇
――城山三郎『創意に生きる』解説

城山三郎（当時の著者名は本名の杉浦英一）の処女作。20代の若き日の著者が慶応年間から昭和初期までの中京地域に現れた企業家の歴史を丹念に辿る。

当時のアメリカでの企業家史研究に基づいて、著者は経済人を、⑴創意の人、⑵模倣者、⑶現状維持者、⑷怠惰者の４タイプに分類している。いつの時代も経済のエンジンを担うのは「創意の人」だ。彼らが起点となり、その成功を「模倣者」が追随し、競争が生まれることによって経済発展が生まれる。

明治維新後の近代化する日本にあって、武士階級の多くは「現状維持者」だった。本書の冒頭で紹介される慶応年間の「紅葉屋切り込み事件」は象徴的だ。藩財政の窮乏に苦しむ尊王攘夷派の藩士１５０人が金鉄組という徒党を結成、「物価騰貴は洋物輸入から起こる」とばかりに輸入商の紅葉屋に廃業要請をする。紅葉屋は表面的には要請を受け入れ、金鉄組に５００両を握らせて手持ちのストックを売り尽くすまでの営業継続の猶予を願う。その日の閉店後、紅葉屋は直ちに「洋物の商いが差し止められる」と宣伝して回った。洋物を求める客が殺到する。その後も紅葉屋は廃業予告を逆用しながらも、こっそり横浜から仕入れ洋物を売り続けた。盛況を極める紅葉屋に激怒した金鉄組は店に切り込み、商品を破壊する。ところが紅葉屋はすぐに横浜に急行して仕入れて営業を再開。この事件によって紅葉屋の名前は広く知られ、遠方からも取引の申し込みが相次いだ。現状維持者のあがきがかえって新興商人の繁盛を助けることとなった。明治10年代には「武家の商売」の大半は破綻の憂き目を見た。

一時の商機をとらえて成功しても、不況になると「怠惰者」は脆い。明治期に大銀行となった北浜銀行の名古屋支店長中西万蔵は名古屋で１台しかなかった自動車を乗り回し、十円札をろうそく代わりに燃やすという派手で享楽的な人物だった。広小路に「八層閣」という高層ビルを建て、名古屋の芸者のほとんどを動員して豪華な竣工披露宴をとり行った。直後に第一次世界大戦勃発直後の経済混乱が押し寄せる。旧支店から引っ越しが済まないうちに北浜銀行はあっけなく破綻した。

明治14年に始まる松方財政のデフレ政策は政府と密接な関係にあった政商の保護に傾いた。官営工場の払い下げは政商たちに大財閥を築かせる契機となった。ところが、保守的で慎重な名古屋の財界人は中央政界と距離を置いていた。名古屋の企業家には中央の財閥のような貪欲さがなく、この時期に飛躍の機会を逸することとなった。

しかしそうした中にも果敢にリスクを取る企業家が登場する。本書の主要な登場人物の一人である奥田正香はその代表格だ。奥田は相手が首相でも頭を下げなかった。「とりあえず頭を下げておけば済む」という姑息な根性を軽蔑した。はっきりした価値基準の持ち主で、相手や状況にかかわらず、自分の信念に従って行動し、実力だけで人間を評価した。封建的土壌にあって珍しい近代人だった。

奥田正香は明治28年に明治銀行を設立すると、すぐに日本車輌製造株式会社を創業している。当時、鉄道敷設計画が全国で進んでいた。名古屋が木材集積地であることに注目した奥田は鉄道車両の製造を思いつき、広大な工場を建設する。すぐに他社も参入するが、投資に次ぐ投資で競合企業を蹴散らす。日露戦争後の鉄道拡張で日本車輌は空前の大好況となった。それ以外にも名古屋電力、東邦瓦斯、三重紡績といった中京経済の主要企業を傘下に持ち、「奥田のイキがかからぬ会社は名古屋では成り立たない」とまで言われるようになった。

奥田をドンとして、それに続く若い世代からは独自の志を立てた創意の人が次々に出てきた。その筆頭が後のトヨタの祖業を興した豊田佐吉だ。浜松で木製人力織機の開発に成功し、名古屋に移ってきたのが明治29年。三井物産の資本を受けて合資会社井桁商会を創業する。

ところが、技術に没頭する佐吉は営業を優先する三井物産と衝突する。研究開発のための十分な時間と資金が認められない。佐吉はやむなく井桁商会を飛び出して豊田商会を興す。その後、豊田商会は豊田式織機株式会社へと発展し、明治41年の幅広鉄製織機は好景気を受けて大ヒットとなる。しかし、紡績業界が反動不況になると経営陣と再び衝突。ついに明治43年、常務であった佐吉は突然解任される。

傷心の佐吉はアメリカ大陸横断の旅に出た。先進国のアメリカの織機は彼のものと比べて回転数は低く、振動が激しく、故障も多かった。これで自信を取り戻した佐吉は在米中にアメリカで特許を申請している。

２度の挫折を経て再起した佐吉の豊田式自動織機は世界を席巻する。昭和に入ると、世界最高の技術を誇っていたイギリスのプラット社が特許権譲渡を申し込むまでになる。特許権使用料は１００万円。名実ともに世界最高の評価を勝ち得た。

佐吉の死後、後を継いだ喜一郎はこの１００万円を元手に国産自動車の試作に乗り出す。当時の日本には自動車国産化の機運があり、名古屋でも名古屋商工会議所を中心に大隈鉄工、愛知時計、日本車輌、岡本自転車がドイツ製自動車を手本に分担試作に乗り出した。これに対して、喜一郎は独力で自動車試作を進め、ついに10年に純国産車第1号を完成させた。今日のトヨタ自動車の原点である。

豊田佐吉は現在も語り継がれる起業家だが、彼だけではない。その後歴史の中に埋もれた同時代の創意の人を本書は数多く取り上げている。例えば鈴木政吉。三味線職人の政吉は自然と音楽が好きになり、愛知師範学校の音楽教師に唱歌を習っていた。そこで三味線に似ている洋楽器、ヴァイオリンに遭遇する。見様見真似で作った政吉のヴァイオリンは名古屋のハイカラの間で評判になる。自分のヴァイオリンの出来はどの程度のものか。政吉は上野音楽学校の外国人教師を訪ねて試奏してもらうと、「タイヘン、ケッコウデアリマス」。

自信を得た政吉は、林という資本家から資金を調達し、量産に踏み切る。しかし突然林から、「林ヴァイオリン」に社名を変更しろ、いやなら貸金を返済しろ、と迫られる。ものづくり一筋の政吉は豊田佐吉と同じような苦境に陥った。政吉は社名変更を突っぱね、工場を閉鎖、職工全部を解雇し資金を返済する。ところが、解雇した職工が政吉の下に集結する。「賃金はいらないから生産を始めよう」——ほどなく量産が軌道に乗り、鈴木ヴァイオリンはロンドンの日英博覧会で絶賛を浴びる。鈴木ヴァイオリンは発展を遂げ、第一次世界大戦が終わるころには欧米で知られるブランドになった。

佐吉がアメリカに、政吉がイギリスに渡ったのと同時期に、岡本松造はイギリスのコベントリーにいた。明治の先進的な若者の目を惹いたのは自転車だった。自転車の部品製造で起業した松造はやがて自転車本体の製造に乗り出す。しかし、十分な工作機械がなく、形だけはできても耐久性がない。10年間苦闘した挙句、世界第一の自転車生産拠点コベントリーを訪れる。英語はまるで分からない。車体製作の技術を知りたい一念で、勝手に工場の中に入ってひたすら車体製作の現場を見つめた。コベントリー滞在50日で松造はすっかり技術とノウハウを見極め、自転車国産に向けて確固たる自信を得た。

ものづくりだけではない。明治の名古屋では、「美濃万」という洋服商がモダンボーイたちのたまり場になっていた。常連の一人が青木鎌太郎。洋服を着こなして自転車を乗り回す開明的な若者だった。神戸でドイツ人が経営している商館に入り、貿易実務を習得した鎌太郎は、28歳のとき愛知時計の創業者に見込まれて支配人になる。貿易の才覚をいかんなく発揮し、愛知時計の中興の祖となった。

本格的な評伝と比べれば一人ひとりについての記述はあっさりしている。もともと『中部経済新聞』の連載記事だったこともあって、構成はまとまりを欠く。しかし、本書の醍醐味は多種多様な創意の人々が織りなす群像劇にある。自己の情熱と才能だけを恃みに頭角を現し、また失意のうちに挫折する起業家たちの姿を通じて、明治大正期の日本のダイナミズムを鮮烈に描くことに成功している。

ＶＵＣＡ――Volatility（変動性）・Uncertainty（不確実性）・Complexity（複雑性）・Ambiguity（曖昧性）――の時代だという。それはそうなのだが、今に始まった話ではない。いつの時代も人々は「今こそ激動期！」と言ってきた。メディアで「今こそ平常期！」という言説があったためしはない。経済と商売に限って言えば、いつでもどこでも「激動期」というのが本当のところだ。

本書を読んでつくづく思う。明治維新から昭和初期の企業家が経験した変化や不確実性、複雑性、曖昧性は今日の比ではなかった。明治維新はもちろん、世界大戦や日露戦争、それに伴って押し寄せる好不況の波の中でのＶＵ

ＣＡは現在のそれとは桁が違う。企業家は極端なＶＵＣＡにどのように対応し、どう乗り越えていったのか――若き日の城山三郎が今に伝える創意の列伝は今日の経営者に勇気と洞察を与えてくれる。

「当たり前の経営」の神髄

――ドン・ビン『ファーウェイ　強さの秘密』序文

本書が中国で発売されたちょうどそのころからファーウェイには強い逆風が吹き始めた。アメリカ政府はファーウェイをブラックリストに入れ、半導体の供給規制など制裁を強めている。超大国でありながら共産党独裁体制という特殊な性格を持つ中国の、しかも情報通信を本業とするファーウェイは、国際政治の力学の中で創業以来最大の危機にあると言ってよいだろう。

ただし、である。ファーウェイが現在の困難な状況に置かれているのも、同社が中国を代表する企業として世界的な地位を占めるに至ったからこそである。本書はファーウェイの成長と成功の基盤にあった経営哲学とそこから導かれたマネジメントのあり方を詳述している。

中国の成長経済と情報通信技術の急速な進展の追い風を受けてのし上がった会社のように誤解されがちだが、ファーウェイはそうした「ポッと出のラッキーなベンチャー企業」ではない。30年以上の時間をかけて、じっくりと競争力に磨きをかけてきた。その過程ではさまざまな困難や障壁があったが、それをマネジメントの力で一つひとつ克服している。

ファーウェイの経営哲学は極めてシンプル。中国語にすれば「以客戸為中心、以奮闘者為本」というたった12文字の言葉に尽きる。つまりは「顧客第一主義、奮闘者が基礎」。このシンプルな哲学を実際の企業活動の中で実現する――ここに創業経営者の任正非のマネジメントの要諦がある。彼は言う。「砲声が聞こえる第一線の人たちに決断してもらっているのです。戦うかどうかは顧客が決めるもので、どう戦うかは前線が実行していくものです。

前線が後方を指揮するのであって、後方が全線を指揮するのではありません」

この考え方に基づいて、ファーウェイの組織の動き方は隅々まで設計されている。誰もが「顧客第一」という言葉を口にする。しかし、実際に組織を動かすとなると、本社や上層部の権限で現場を「押す」ことになる。しかし、ファーウェイの組織はこれとは逆に顧客に接している現場が「引く」メカニズムを主軸としている。本社が押していると、無用のワークフローが増え、しかもどこがうまくいって、どこがうまくいっていないかが見えない。顧客接点から引っ張るマネジメントであれば、どのロープに力がないかがすぐに分かる。引く力が強い部門や業務に人員や資源を優先的に振り向け、ロープがたるんでいるラインはすぐに切る。これがファーウェイの「第一線が武器を要請する」という考え方であり、「顧客第一」を実践する仕組みとなっている。

誰もが理解できる常識的な言葉でなければ、多くの人々を突き動かす理念にはなり得ない。「顧客第一主義、奮闘者が基礎」もごく当たり前のことに聞こえる。しかし考えてみれば、普通の人が普通の人に対して普通にやるのが商売。当たり前のことを当たり前にやるのが経営の王道だ。そして、これが最も難しいのである。

言葉と実践が乖離し、当たり前のことができなくなってしまっている経営者が多い今の日本にあって、本書が描く「当たり前の経営」は重要な教訓を投げかけている。

モノづくりこそコトづくり——川内イオ『ウルトラニッチ　小さな発見から始まるモノづくりのヒント』解説

「ニッチ」とは、ある分野に絞り込んだ、規模の小さい事業を指します。この本の著者である川内イオさんの造語「ウルトラニッチ」は、絞り込みの度合いをさらに強めた事業を指しています。

私は競争戦略という分野で仕事をしています。競争や戦略の視点で言えば、ニッチとは単に規模の小ささを意味する言葉ではありません。本質は「無競争状態」を獲得し、維持することにあります。

商売というのは規模の大小、分野にかかわらず、「長期利益」が出ないと話になりません。利益至上主義という単純な話ではありません。長期利益は顧客に対する貢献においていちばん正直な〝物差し〟です。儲からない商売は続きません。

長期利益を上げるためには、売上を増やすかコストを減らすか、もしくはその両方か、この３つしかありません。競争があると、いくらコストを下げても、他社がさらに下げてしまえば意味がなくなってしまいます。ケルビムの過去の業態転換は、競争がさまざまな問題を引き起こすことを教えてくれます。今野さんのお父様は、それまで主力としていたハンドメイドのクロモリフレームを、市場の変化に合わせて初心者向けの低価格帯の自転車、輸入自転車などに置き換え、「普通の小売業」に転換しようとしました。それを見ていた今野さんは直観的に「イヤだ」と感じます。この直観の正体は、他社を常に気にかけなければいけないストレス、競争させられるストレスだったのではないでしょうか。結局、今野さんは１％のお客さんのためのハンドメイドフレームに回帰します。独立時計師の菊野さんも同じ考え方です。

この二人の基本姿勢は、イタリアの高級自動車メーカーであり、歴史的なニッチプレイヤーである「フェラーリ」に通じるものがあります。無競争とは、買い手が他の選択肢を考えていないということです。フェラーリを選ぶ人にとっては、選択肢はフェラーリのみ。ＢＭＷにしようか、メルセデスにしようかと考える人は多い。つまり、ＢＭＷとメルセデスは競争しているということです。しかし、フェラーリかメルセデスか、と悩む人はいません。これがニッチの正しい姿です。ニッチを維持するためには、目先の成長を追わないことが何よりも大切です。フェラーリは生産台数を恣意的に抑える戦略を取っています。常に需要が供給を上回っている状況を維持できるか――ここにニッチ企業が成功できるかどうかの分かれ目があります。

無競争による長期利益を獲得するには、単に市場が小さいだけでなく、「高く売れるモノ」であることが重要です。普通の競争の中では、コストを下げるより価格を上げる方が何倍も難しい。多くの企業がコスト競争に走るのは、その方が簡単だからです。ウルトラニッチの本領は、高価格でも売れるものをつくることにあります。

宮薗さんのスプーンは、３３００～８５００円という価格帯で、スプーンとしてはかなり高い。途中で思い切って価格を上げていますが、こうした意思決定がとても大切です。顧客にとって唯一無二の商品なので、需要が落ちません。おやさいクレヨンは、クレヨンとしては破格の２０００円です（僕は２５００円でもいいと思います）。ケルビムのフレームは約20万円で、完成車だと約40万円。ダグラスさんのコーヒーグラインダーは36万円です。菊野さんの時計にいたっては１８００万円――これがウルトラニッチのあるべき姿です。

「無競争」と「高くても売れるモノ」に加えて、本書が紹介するウルトラニッチの起業家は「仕事や商売の本質」も教えてくれています。仕事は「趣味」ではありません。「自分以外の誰かのために役立つ」ことが仕事です。自分を向いた自己満足では商売にはなりません。それはただの趣味です。

動物の義肢装具をつくっている島田さんの仕事は、「動物用の義肢を必要としてくれる患畜・飼い主・獣医師が確実にいる」という確信に支えられています。菊野さんも、最初は完璧な時計を求めていましたが、ある時に、そんなものはないと気づきます。お客さんと相談しながらその人のためにつくりあげた時計を喜んでもらうことが最大の喜びだと言います。森さんは、試行錯誤を経て、人間にとって最も大切なのは幸せであり、笑顔であることに行き着いています。朴さんは就活に物足りなさを感じて目の前で困っている人を救いたいと思い至ります。亀山さんの言葉は示唆的です。マウスピースをつくること自体はそう難しくない。クライアントが希望するマウスピースをつくるのが難しいのです。

自分以外の誰かに喜んでもらうことを一義的な目的にする――これは道徳や倫理の話ではありません。他者に喜んでもらう、他者に貢献することが自分にとってもいちばんうれしいというのは人間の本性です。本性だから無理がない。この本性に忠実であることが、商売が長続きする秘訣です。

これは日本資本主義の父と言われる渋沢栄一の「論語と算盤」にも通じる話です。商売の本質は自分以外の誰かの役に立つことにあるからこそ、渋沢は「道徳的であればあるほど結局いちばん儲かる」という原理原則に到達したのです。

ちっとも儲からない売上１０００億円の会社が1社あるよりは、売上高1億円でも商売の王道を貫いて長期利益を出している会社が１０００社あった方がいい。成熟した日本はその段階に入っています。

昨今、「経済のサービス化」とか「モノづくりよりコトづくり」といった言葉が飛び交っています。本書に登場する10人は「モノづくりこそコトづくり」を地で行っています。モノがコトを創造し、モノがコトの強力なメディアになる――本書はこれからの日本のモノづくりの一つの方向を示しています。

第 2 章

様々な書評

経営読書記録　表

「起業家」というより「冒険家」――ウォルター・アイザックソン『イーロン・マスク』

当代きっての奇矯な人物の実像を描く評伝。評伝としての出来は普通。それでもイーロン・マスクという不思議な人物の面白さ（だけ）で読者を引っ張る。上下巻の長尺を一気に読んだ。

南アフリカで生まれたマスクは父の精神的虐待から逃れるためにアメリカへ渡る。「アメリカはすごいことを可能にする国だ」――当時から「すごいこと」のテーマを「インターネット」「クリーン・エネルギー」「宇宙」の3つに定めていた。

インターネット黎明期の１９９５年に情報サービスのZip2を起業。これを売却して得た資金を元手にオンライン金融サービスのX.com（後のペイパル）の共同設立者になる。当然のように他の創業メンバーと対立。追い出されたマスクは宇宙輸送ロケットのスペースXを起業し、ＣＥＯに就任。２００４年には前年に設立されたテスラ・モーターズに出資する。

誤解されがちだが、マスクはテスラの創業者ではない。彼はエジソンのような発明家ではない。普通の意味での経営者でもない。その本質は起業家ですらない。起業家は実のところリスクを取るタイプではない。ペイパルのピーター・ティールのようなプロの起業家は、成功のためにリスクを最小化しようとする。ところが、マスクはリスクを大きくしようとする。船に自ら火をつけて逃げ道を遮断する。持っているものをオールインして賭け続ける。その中で当たったのがスペースXとテスラだった。

「私は電気自動車を一新した。宇宙船で人を火星に送ろうとしている。そんなことをする人間がごく普通でもあるなどと、本気で思われているのですか」――イーロン・マスクがテレビのインタビューで発した言葉だ。もちろん普通ではない。

父エロール・マスクはジキルとハイドのようなとんでもない人物で、優しく接するかと思うと1時間以上も虐待が続く。いかにお前はダメなやつか、バカだ間抜けだ、と精神的な拷問に等しい説教が何時間も続く。この不幸な経験からマスクは感情をシャットダウンする術を手に入れる。感情遮断弁というべきものを持っている。苦しみが彼の原点で、人生は痛みの連続という前提を持って生きている。だから、ちょっとやそっとでは痛みを感じない。スペースＸで打ち上げにこぎつけても3回連続でロケットが爆発してしまう。２００８年にテスラが倒産しかけたときもとんでもない苦境に陥る。それでもマスクはへっちゃらだ。

他者に対する共感がない。何を言われても文字通りに受け取る。行間は一切読まない。だから、工学、コーディングなど融通が求められないものを好む。生まれつきの完璧主義者の彼にとっては、人生はコンピューターゲームのようなものだ。勝つために必要な計画の策定と複雑な資源配分の意思決定を心から楽しみ、何時間も没頭する。大事なのは勝つこと、しかも大きく勝つことだ。

仕事仲間に嫌われることをまったく気にしない。誰もが無理だと思った成果を上げられればそれでイイ。「チームメンバーに愛してもらうことなど仕事ではない。そんなの百害あって一利なしだ」――父を嫌悪していたにもかかわらず、父親そっくりになっている。父と同じ言葉を使って他者を攻撃する。機嫌がいいときと悪いときがはっきりしている。悪いときは陰険になる。周囲の現実を捻じ曲げてしまう。

ＮＡＳＡのウェブサイトで火星探索計画がないことを知ったマスクは新たなミッションを思い立つ。火星に入植する――これ以上に壮大なミッションはない。火星に行くと想像しただけで元気になる。あらゆることを火星に行くというレンズを通して考える。スペースＸではエンジンやロケットなどの技術検討会に加え「火星開拓検討会」を毎週開いているという。

とにかく発想のスケールがデカい。マスクの考えでは、「本当に画期的な出来事はいくつかしかない」。単細胞生物の誕生、多細胞生物の誕生、動植物の分岐、海から地上への進出、哺乳類の誕生、意識の誕生――これぐらいしかない。次の「画期的な出来事」は複数の惑星に命を広げること。自分のビジョンを天からの負託と周りに思わせることができる能力は桁外れのものがある。

マスクの前にテスラのＣＥＯだったマイケル・マークスは言う。「マスクはくそ野郎だ。ジョブズもそうだった。しかし、二人ともすごい成果を上げている。これほどの業績に対して払わなければならない対価がくそ野郎でなければならないのであれば、それだけの価値はある。しかし自分自身がああなりたいとは思わない」――マスクにとって人類はマクロな概念でしかない。人類のことは考えるけれども、自分の周囲にいる他人のことは考えない。「くそ野郎」としか言いようがない。

人間としてダメな人であることは間違いない。ただし、こういう人が世の中に必要なのもまた事実。彼しかできないようなことがあり、それを成し遂げる才能が確かにある。

その最たるものが前提を覆す視点と能力だ。状況を基本の基本まで検討し、思い込みを否定し、破壊する。たとえば、マスクがスペースXを始めたころのこと。彼は「ばかやろう指数」というのを考案している。すなわち、完成品の価格／材料の比率だ。ロケットを構成する部品はばかやろう指数が高い分野で、50倍になることもざらだった。

そこでマスクはスペースXのロケットづくりを極力外部のサプライヤーに依存せず、できる限り内製化しようとする。上段エンジンのノズルを制御するアクチュエーターは1基12万ドルもした。マスクは５０００ドルでつくることができると考える。実際に洗車機で液体の混合に使われているバルブを改造すればロケットにも使えることが判明し、大幅にコストを下げることに成功した。

抜群に頭がいい。しかもガッツがある。「疑う余地がない要件は物理法則に規定されるものだけ」という信念で事に当たる。こういうところでは余人をもって代えがたい能力を発揮する。

すべてを自分の思い通りにやりたいマスクは、テスラでも社外サプライヤーに頼らず主要部品を内製する垂直統合の方針を早くから打ち出した。これが現在のテスラの量産メーカーとしての成功の基盤になっている。

スティーブ・ジョブズも前提を疑うという意味では似たタイプだった。しかし、ジョブズは製品のコンセプトとデザイン、ソフトウエアさえきっちり押さえられれば良しとした。業界が違うと言えば違うのだが、マスクは生産や材料、巨大な工場まで自分で思い通りにやろうとする。マシンそのものではなく、マシンをつくるマシンをどう作るか。すなわち工場をどう設計するかにテスラはフォーカスした。設計と生産を一体化し、高速フィードバックで日々改善を繰り返す。これが生産地獄の克服を可能にした。その力量はとてつもない。

マスクの正体は冒険家だ。誰もが不可能と思うことにチャレンジする。リスクを欲し、リスクに溺れる。生か死かという状況でないと元気が出ない。衝動的野心に突き動かされて、無理難題に挑戦するプロセスにしか精神の昂揚を感じない。あっさり言って、経営には向いていない。経営者としてはもちろん、起業家としてもまったく参考にならない。

いよいよ電気自動車業界が普通の競争に突入しようとしている今、X（旧ツイッター）などにかまけている場合ではないのではないか——誰もがそう思う。しかし、これこそマスクの本領発揮だ。もはや「普通の企業」となったテスラの経営は、冒険家にとっては退屈なのだろう。

一義的なモチベーションはフロンティアの追求——20世紀前半に「地球上の富の半分を持つ男」「世界でいちばん猛烈な男」と言われたハワード・ヒューズにそっくりだ。ヒューズの「航空」「映画」「飛行機」が、マスクにとっては「宇宙」「インターネット」「グリーンテック」だった。古いタイプのアメリカン資本主義者と言ってよい。

ヒューズは大暴れの挙句に隠遁生活に入った。この際、マスクには最後の最後までこの調子で突っ走ってもらいたい。そこに何があるのかは分からない。本人にも分からないだろう。

「全員善人」の泥沼劇――小保方晴子『あの日』、須田桃子『捏造の科学者　ＳＴＡＰ細胞事件』、小保方晴子『小保方晴子日記』

つまらない本とイヤな本は異なる。つまらない本は読まないに限る。でも、イヤな本は面白い。意見や好みが合わなくても、個性全開の熱い主張は嫌いじゃない。というか、わりとスキ。人と人の世についての理解が深まる。イヤよイヤよもスキのうち。意図的にイヤな本を読む。私的専門用語で言う「特殊読書」だ。

小保方晴子『あの日』。魔がさして（というか、特殊読書家の嗅覚が作動して）数年前のベストセラーを遅ればせながら読んだ。期待に違わぬ、というか期待を大きく超える特殊読書体験を堪能した。

研究者を志した動機から米国への留学、ＳＴＡＰ細胞の論文発表と反響、その後の大騒動、論文撤回を経て博士号の剥奪に至るまでがコテコテの肉声で綴られている。

当然のことながら徹頭徹尾小保方氏の視点で書かれている。夢を追って研究に明け暮れていた世間知らずの若い研究者が想像をはるかに超える論文への反響におののき、欲深い大人にいいように利用され、挙句の果てに詰め腹を切らされる。スポットライトはずっと悲劇の主人公を追いかける。饒舌で淀みなさ過ぎる文章でひたすら憐憫と同情を誘う。実にエグい。

ＳＴＡＰ細胞事件が世間をワンワン言わせていた当時は、ことの成り行きを新聞報道でちらちらと読むだけだった。文脈を知らなくてはと毎日新聞の科学記者によるルポ、『捏造の科学者』を併せて読む。事件の詳細と時間的な流れがまとめられている。

この騒動の面白さは、小保方氏という強烈な主役の存在のみならず、「群像劇」になっていることにある。論文発表後の全国民的賞賛とメディアの報道の過熱。問題発覚後の手のひら返し。渦巻く利害の中での関係者の右往左往。僕の大好物の映画『仁義なき戦い』、最近で言えば北野武監督の『アウトレイジ』を彷彿とさせる。

事件を報道するメディア（東映実録任侠映画で言えば警察側）も実にイヤらしくてイイ。「リケジョの星」とさんざん煽っておきながら、一転して捏造を指弾し、原因究明を迫り、社会正義を声高に叫ぶ。その裏で特ダネを抜くことに汲々とする。その姿は業績と名声に向けて突っ走る取材対象と大差ない。

ついに自殺者が出る。自分たちでさんざん追い込んでいたくせに、「悔しいね。本当に悔しい」と呟いたりする。『捏造の科学者』のこのくだりは新聞記者のイヤらしさ全開で、特殊読書としてひときわ味わい深い。

ただし、である。本件は『アウトレイジ』系のドロドロと大きく異なる点が一つある。「全員悪人」どころか、登場人物が「全員善人」（小保方氏も主観的にはこれに含まれる）。何せ自然法則の探究と解明に身を捧げる科学者なのである。もとより悪人であるはずもない。聡明で誠実で善良な人々が泥仕合を繰り広げる悲劇。人間社会の不思議が浮き彫りになる。

これだけ多くの人や組織が関わる事件。小保方氏だけが悪いわけはない。調子に乗った理研の大人衆もどうかしていたし、中には保身のために立ち回りをした人もいるだろう。

それにしても理解しがたいのは、世界的な研究業績と明晰な頭脳を持った科学者たちが、次から次へと小保方氏にコロリと参ったのはなぜか、ということだ。いくら彼女の研究テーマと中身がセンセーショナルだったにせよ、海千山千のベテラン研究者が、理研でもハーバードでも、瞬く間に小保方氏にのめり込んでいく。

『小保方晴子日記』を読んで謎が氷解した（気がした）。理研退職から『あの日』を執筆するまで、六五〇日の「孤独な闘いの日々」を本人が日記形式で生々しく綴る。これが輪をかけて面白い。現代の奇書と言ってよい。

逃避行に追い込まれ、精神を病み、拒食と過食を繰り返す。眠ることもできず、ただ泣き続ける日々。傍から見ればとんでもない逆境だ。「1分1秒も休まることなく、感情の濁流の中をもがき続けている」「火あぶりと水攻めに交互に処せられているかのよう」「明日が来るなら、もう死んでしまいたい」――。

最初はさすがに読んでいて苦しくなったが、途中ではたと気づいた。「無間地獄」の渦中にあっても、小保方氏は客観的に自分を見つめている。ほぼ毎日、長文の日記を淡々と書いている。わりと元気でしっかりしているのである。修辞に凝った文章は確かに上手い。「詩人は泣きながら詩は書かない」というが、それにしても強靭な精神としか言いようがない。

ようするに小保方氏は桁外れに「強い」のである。強さの底が抜けている。どんな逆境でも希望を捨てず、夢に向かって邁進する「無敵の人」。周囲の善意の人々が圧倒され、一緒に走りたくなるのも当然の成り行きだ。

本書の最後に収録された瀬戸内寂聴氏との対談で、小説家への転身が示唆されている。それが特殊読書になるのか普通読書になるのかは分からないが、小保方氏の小説が出たら、僕は間違いなく読むだろう。

なんてことはない、こうして僕も結局のところ小保方氏にイテコマされているのである。

直観の輪郭——内田和成『右脳思考』、松永光弘『「アタマのやわらかさ」の原理。』、小林秀雄『直観を磨くもの』

経営はアートかサイエンスか。スキルかセンスか。私見では、この古くて新しい問いに対する答えは、クリント・イーストウッドの名言に集約される。「腕のいいバーテンダーの仕事は芸術だが、下手な奴のはそうではない」

真の経営はスキルを超えてセンスの領域に踏み込む。優れた経営者はアーティストだ——ということを書いたり話したりして久しいが、これがどうにも評判が悪い。スキルの強みは「こうやればこうなる」「こうすればうまくいく」という再現性にある。ビジネスではスキル論が優先し、センス論は劣後するという成り行きだ。

内田和成『右脳思考』は、左脳に偏った分析的スキルの限界を指摘し、右脳にこそ生産性と創造性のカギがあると説く。そう言うとすぐに「いや、現代の脳科学では一昔前の左脳・右脳の機能分化はとうに否定されていて……」という「左脳の人」が出てくる。それはこの際どうでもいい。本書で言う「右脳」はあくまでもメタファー。

分析・スキルの対極にある直観・センスの総称である。

著者は業界を代表する経営コンサルタントとして活躍していた。ユニークな戦略で自社を飛躍させた経営者に「どうしてそのような意思決定をしたのか」と尋ねると、「勘です」という答えが返ってくる。優れた経営者は定型的な「ロジカルシンキング」を逸脱した思考回路を有している。

本書は左脳思考を否定するわけではまったくない。左脳と右脳は二者択一の問題ではない。それぞれが独立して動くわけでもない。筋の良い経営思考の実体は右脳と左脳のキャッチボールにある。「右脳と左脳のサンドイッチ構造」という思考のプロセスを解き明かした章が本書のヤマだ。

要するに順番の問題なのである。いきなり左脳——分析やフレームワーク——から始めるのは筋が悪い。第一ステージは課題発見と仮説設定。ここに右脳思考の本領がある。代替案の中から課題を特定し、仮説を検証する第二ステージでは、左脳の分析が主役になる。

ただし、これで終わりではない。実行してこその経営。結論を人に伝え、「腹落ち」までもっていかなければ成果は出ない。第三ステージでは再び右脳が前面に出てくる。

分析力が抜群なのに端から頓珍漢な方向に突っ走る人、プレゼンテーションスキルに長けているのに話がまるで面白くない人がいる。左脳と右脳を使う順番を間違っている。

「経営はアート」と言っても絵画などの純粋な芸術活動とは異なる。つまるところは商売。多くの人々に受け入れられ、顧客や社員を動かさなくてはならない。経営はロジカルなアートであり、優れた戦略はアーティスティックなロジックに基づいていることを本書は改めて教えてくれる。

松永光弘『「アタマのやわらかさ」の原理。』。名だたるクリエイターたちの本を手がけた編集者が右脳的創造のメカニズムを語る。

創造とはゼロから新しい何かを「ひらめく」のではなく「見つける」こと。その内実は視点の転換にある。クリエイターたちは普通に考え、普通に自分の意見を話す。発想を体系化した特別の「メソッド」を使うわけでもない。ただし、彼らは同じものが違って見えている。ものの見方は一つではない。才能の根幹には既存の切り口を懐疑する視点がある。「批判」こそが創造にとって文字通りクリティカルになる。

タイトル通り、著者は創造の原理を豊かな言葉で論じる。しかし、具体的手法にはいちいち立ち入らない。この姿勢が清々しい。創造の本質をかえってよく伝えている。

『直観を磨くもの』。稀代の右脳派論客、小林秀雄が三木清、大岡昇平など12人の同時代人と縦横に語り合った対談集。

湯川秀樹が小林に言う。「わからないことを探求している。いろいろ理窟は言うているが、結局直覚しかない。直覚力の発達した人はいちばんいい出発点をパッとつかむ」。起点は右脳にある。

それにしても小林の言葉のセンスは尋常ではない。「人間の生物学的構造は、言ってみれば、バイオリンという楽器の如く完成されていて、進歩など考えられない。それだからこそ、バイオリニストに、新しい創造という事が可能になるのだ」――言葉の力を駆使して、本質を見抜く直観の何たるかを論じる。左脳派から、天才主義、反知性主義とさんざん批判された小林の面目躍如だ。

思うに直観のセンスとは月光仮面のようなものだ。「どこの誰かは知らないけれど、誰もがみんな知っている」しかし、仮面を剥ぐと寅さんが出てくる。「それを言っちゃあ、おしまいよ」で、藤圭子が聞こえてくる。「どう咲きゃいいのさ、この私」――。

方法論やノウハウに走る前に、それが何かを見極める。見極めれば、それに対する構えは自然に整う。ＷＨＡＴは常にＨＯＷに先行していなければならない。藤圭子的停止状態に陥っている人に読んでもらいたい3冊。直観の輪郭が鮮やかに見えてくる。

［著者との対談］

内田和成『右脳思考』

内田　映画、食べもの、ファッションなど私生活では好き嫌いを隠すことはないのに、仕事になると、好き嫌い、面白い、つまらないという気持ちを抑え込んで、ロジックの正しさや良し悪しを優先させる。これは人間としてどうか、という問題意識から『右脳思考』を執筆しました。

楠木　いくら仕事だといっても、良し悪しだけでやっていくのはそもそも無理がありますね。無理があるどころか、肝心の成果が出ない。例えば、ものすごくプレゼンテーションのスキルはあっても、いっこうに話が面白くない人がいる。英語の読み書きのスキルが異様にあっても、シェイクスピアのような美文は書けない。内田さんのいらっしゃったコンサルティング業界でも、あれだけロジカルでスマートな人々が大勢いても、実際のところ顧客から仕事を取ってくることができる人は限られている。それなのに、なぜ仕事になると、良し悪しやスキルを優先させて、好き嫌いやセンスを軽視するのか。ここは僕も疑問に思うところです。

内田　どうしてだと思いますか。

楠木　僕は「月光仮面が仮面を取ると寅さんが出てくる」という説明をしています。月光仮面のキャッチコピーは「どこの誰かは知らないけれど、誰もがみんな知っている」。つまり、プレゼンテーションやロジカルシンキングの技法をどれほど身につけても、そんなにいいアイデアは出てこない。それにはセンスやカンが必要。そんなことはみんな分かっている。分かっているけれども、「つまるところセンスの問題だよ」と言うと、「それを言っちゃあ、おしまいよ」と、寅さんが出てくるわけです（笑）。どうしてくれるんだ、という話になってしまう。

内田　楠木さんの持論は、経営や経営者はセンスが必要だということでしたね。実は、私もいちばん困るのが、社長さんから「私はリーダーに向いているでしょうか」と質問されたとき。本当のことは絶対に言えません（笑）。

楠木　僕は競争戦略という分野で仕事をしています。自分の考えを書いたり話したりしてお客さまに伝えるというだけの仕事ですが、これにしてもセンス、右脳、カンが重要です。研究者志望の若者から「この仕事（研究や教育）で重要なことは何ですか」と聞かれると、「1に才能、2に才能」と答えるようにしているのですが、すごく嫌な顔をされます（笑）。

我々のように右脳やセンスだという主張をストレートに言うのは、少数派です。この立場にあるのは内田さん、山口周さんと僕も含めてあと数人ぐらい。なぜかというと市場性がないから。少なくとも本の出版に限って言うと、我々は未来永劫、比較劣位にあると思います。だから『右脳思考』が5万部も売れたと聞いて、驚きました。

内田　そうですね。私が書いた3部作『仮説思考』『論点思考』『右脳思考』のうちで、今後とも売れ続けるのは『仮説思考』だろうと思います。これはコンサルティング会社がみんなやっていることを通訳して書いただけなので、私のオリジナルとは言えません。一方、私のオリジナリティ溢れる自信作だと思うものはあまり売れない。例えば、人がどういうときにひらめくかを私なりに因数分解して書いた『スパークする思考』がそうです。楠木先生がご自身の著書の中でベタ褒めしてくれたのですが、そのときにはすでに紙の本の在庫がなくなっていた（笑）。

それで、今回の『右脳思考』も同じかなと思っていたのですが、少し違いました。経営者の方々から非常に好意的なレスポンスがあったのです。中には、ここに共感したといった感想を添えた、直筆のお礼状まで届いたのです。これは極めて稀なことです。それで、私がこれまで経営者を見て考えてきたことは、それなりに当たっていたんだなと思いました。

楠木　そこにははっきりとした理由があると思います。『仮説思考』をきちんと読めば、『右脳思考』や『スパークする思考』と通底するところがあるのですが、タイトルを一見すると、「こうやったらいい」という方法論の性格が強い。みんなとにかく方法モノが大スキなんですね。

反対に、右脳やセンスと言うと、若くて経験のない方ほど「それを言っちゃあ、おしまいよ」が強くなる。実際に経営していれば、右脳が大切、少なくとも思考と行動の起点になることが嫌でも実体験で分かるので、経営者は

「やはりそうだよな」となります。ただし、こういうことは経験がないと分からない。つまり、事後性が強い。

内田　年をとって経験してみないと分からないことは確かにありますね。例えば、私が30代の若かりしころ、コンサルティングの仕事では必需品の『会社四季報』の大判が出ました。大きくてかさばるうえ、値段も高い。こんなものを誰が買うのかと思ったのですが、先輩の堀紘一さんは愛読していました。なぜかと聞くと、「お前も年をとれば分かるよ」と言われました。そして後年、老眼になったときに身に染みて分かりました。これも事後性ですよね。

楠木　まったくそうです。僕は世代論を好まないし、若い人、年をとった人それぞれに良い悪いはあるので行ってこいでチャラなのですが、一通り経験した人は、若者に対して絶対に優位なところがひとつだけあります。それは、おっさんはかつて一人残らず若者だったけれども、おっさん経験のある若者は一人もいない、ということ。だから若者ほど読書が必要なのです。本は事後において書かれています。自分の経験がなくても、一通りの深くて濃い経験をした人の本を読めば、疑似経験を獲得できる。少なくとも、そういうものだろうなと何となくイメージできるようになる。読書は太古の昔から、事後性を克服する最高の手段です。ただし、入り口のところでそそられない。やる気があって、いい仕事しようという意識が高い人ほど、すぐに役立ちそうな気がする再現可能な法則やテンプレート、フレームワークに傾きます。

内田　理解しやすいし、それを当てはめると、自分でもできるのではないかと思ってしまいますよね。学生などから「コンサルティング会社で、どういうフレームワークをよく使うのですか」とよく聞かれます。例えば、ＳＷＯＴ（強み、弱み、機会、脅威）分析は有名なフレームワークですが、私はＢＣＧ（ボストン コンサルティング グループ）にいた25年間で1度も使ったことはありません。それで答えが出てくるなら、コンサルティング会社はなくてもいい。分析結果から何を感じ取れるかが大事で、そこはセンスだと言い切ると、みんながっくりしてしまうんです。

楠木　ＳＷＯＴのいいところは、すぐに強み、弱み、機会、脅威に分ける作業ができること。ただ、こういうのは単なる「担当者の作業」です。戦略構想とは、似て非なるもの。しかし、大きな会社の経営企画部門を見ると、朝から晩までＳＷＯＴ分析をやっている「ＳＷＯＴＴＥＲ」がいる。不思議なのは、みんな賢いので、こんなことやっていても、まともな戦略は出てこないだろうなと、うすうす分かっているんですね。「分かっちゃいるけど、やめられない」―寅さんの次には植木等が出てくる。喩えが古くて、この辺分からない人も多いと思いますが。

内田　分かっているから、俺は正しいけれど、それを使いこなしていい戦略を導き出せない上司が駄目だなと思っているのでしょうね。

楠木　人間は意味がないと分かっていても、やってしまうことがあります。例えば、トータルで勝てないと分かっているけれども、パチンコが好きでやめられない。体に悪いと分かっていても、フライドポテトを食べてしまう。それが好きで仕方がない、というのが植木等系の正統派「分かっちゃいるけど、やめられない」です。

それならまだ理解できるのですが、ＳＷＯＴＴＥＲはＳＷＯＴ分析が好きで好きでたまらないわけでもない。そもそも面白くもなんともない。面白くもないし、結果につながらないと分かっていることを、なぜやるのか。それだけフレームワーク、ある種のスキル、方法論には人を惹きつけるものがある。

内田　それをやっていると、仕事をやった気になるのでしょう。楠木先生もおっしゃったように、ＳＷＯＴ分析は基本的に「作業」であって、仕事ではない。例えば、戦略をつくる材料にしたり、わが社にどんな強みがあるかを考えるツールとしては使えるけれども、それで目的が達成できるわけではない。そこをごちゃ混ぜにして、勘違いしてしまうんです。

楠木　そうですね。内田先生の『論点思考』ではないですが、この手の本を読むときには、法則と論理（ロジック）を分けて考えた方がいいと思いますね。法則というのは、再現可能なサイエンスです。人によって、場所によって、気分によって違いが出ない。人によらない、これがサイエンスの本質です。一方、論理が、２つの構成概念の関係を理解するものだとすれば、論理は必ずしも法則ではない。しかし、論理はそれを使う人による。そこが法則と論理の違いです。

内田　説明はついても、本当の因果関係があるかどうか、分からないこともあります。それこそがビジネスだと、私は思っています。

楠木　『右脳思考』で右脳と左脳のサンドイッチ構造について説明がありましたが、左脳か右脳かに二分する話ではないところが素晴らしいと思いました。考えてみれば当たり前のことですが、論理は常に直観・直感を必要とする。

　２つのコンセプト間の関係を考えるとか、これはなぜかという論理を考えるときには、最初に無限にあるファクターや構成概念から特定の少数を選び出すわけですが、それは直感がないところでは絶対に作動しません。左脳は駆動の起点において右脳を必要とするということですね。私が『右脳思考』で特に好きなのは、この辺の思考のメカニズムを論じた部分です。

内田　例えば、ご存じの方も多いように、ビジネススクールで教えているケースメソッドには、基本的に答えがなく、終わった時にモヤモヤが残ります。どうしたらよかったのか結局分からないし、自分がそういう場に立ったら間違えるかもしれない、と。ですが、そういう疑似体験ができることに意味があるんです。ビジネスはモヤモヤの中で、どうやって決めて行動していくかが大事ですし、正解がないからこそ面白いのだと、個人的に思います。

楠木　「ワクワク・ドキドキ」を新奇性としてイメージする人が多いですよね。どこかに自分がまだ見ぬワクワク・ドキドキがあるのではないか――という話なのですが、それはあまりない。

　それよりも、いつまでたっても飽きないことが本当のワクワク・ドキドキであり、好きなことだと思うのです。その人なりの右脳の持ち味、カン、センスは、一生に１つです。途中でセンスのありようが大きく変わったりすることはまずない。だから、過去にドキドキしたものについて「あのドキドキの本質は何だったか」と自省することが大切だと思うんです。

内田　私はコンサルタント時代、パートナーとして、最初に売り込む提案書や最終的な報告書をチェックするときに、それを見てワクワク・ドキドキするか、ということを唯一最大の基準にしていました。なぜかと言うと、人間は理屈では動かないからです。

そういう話をすると、「リストラや事業撤退のプロジェクトでは、ワクワク・ドキドキできない」と言われます。確かに、単に工数を減らして５００人切ればコストダウンができて、１００億円の黒字になるというのは、算数として正しくても、人間の気持ちとしては面白くありません。ですが、そこでもやりようがあります。単に頭減らしではなく、仕事の質を切り替えて、浮いた１００人により面白い仕事をさせる部分に力点を置けないかというように考えていくと、一見、後ろ向きのプロジェクトでもワクワク・ドキドキにできるというのが、私の経験則です。

それから、仕事の進め方においても、「私はこれがやりたい」「こういう組織にしたい」と言って「この指とまれ」方式で集めて、何かを試みていくと、モチベーションが高くなる可能性があります。これは方法論というよりも、気持ちの問題であって、それ次第でいくらでも知恵が湧いてくると思います。

楠木　ワクワク・ドキドキや好きなことを仕事にするのは難しいと感じるのは、世の中の労働市場がそもそも、エクセルができるか、英語が話せるか、マーケティング業務の経験があるか、それは消費財マーケティングなのかそれとも産業材マーケティングなのか、というように「スキル」という言語や文法で成り立っているからです。仕事の中では誰もがスキルという言語で会話をします。これは、労働市場の成り立ちからして仕方ないのですが、問題は、好き嫌いは労働市場の言語や文法ではなかなか分かり合えないということです。

そういう履歴書に書ける能力とは別に、自分の心の中でしか分からない価値をどれだけ豊かな言葉で綴れるか。それが好きなことと仕事がなかなかつながらない時期を乗り切る縁《よすが》や糧になると僕は信じています。

内田　明らかにセンスがない経営者や中間管理職に対して、どんなアドバイスをされるんですか。

楠木　まず、センスのある人と比べて、自分にはセンスがないことを自覚している人と、自分にセンスがないことが分かっていない人がいます。前者には「センスや右脳、カンは先天的なものではなく、経験の中で練り上げていくものなので、ぜひ意識的に練り上げていきましょう」。後者の方には「諦めが肝心です」（笑）。

内田　喧嘩を売っているように聞こえますが、例えば、絵心や音楽について考えてみれば、すごく真実だと思います。私はどうあがいても音楽や絵のセンスはないから、仕事でも趣味でもそちら側は選びません。選んでも楽しくないし、何もリターンがない。

　仕事においても、自分が何に向いていて、何が向かないのかをもっと考えた方がいいわけです。もし与えられている仕事やポジションと自分のセンスがミスマッチしていると分かったときには、どうしたらいいのか。それを考えるのが、本当に自分のキャリアを考えることだと思います。ただ、そういうキャリア論はあまりありませんが。

楠木　そうですね。ただ、僕が「諦めが肝心だ」と言うのは、実は喧嘩を売っているわけではないんです。僕は頭髪のみならず、わりと仏教的な思考をするタイプですが（笑）、仏教の「諦める」は、ギブアップすることではない。ある物事を何か捨てることで、明らかにするという意味がありますね。

　センスの有り無しの手前に方向性がある。全方位的にセンスがある人など存在しません。だから、自分はどこにセンスがあるかを考え、明らかにするというポジティブな意味で諦めろということです。

内田　今の話を聞いて思い出したのが、銀座のクラブのナンバーワン・ホステスがどう決まるのか。私の主観も入りますが、ほとんどの店で、ナンバーワンは一番美人とは限らない。これは私の仮説に反するのでリサーチをしてみたのです。すると、みんな自分は一番美人ではないことを自覚していて、ペン習字を習って手紙作戦をとったり、『日本経済新聞』を丹念に読んでビジネスの会話力を磨いたり、誕生日など大事な日を覚えて前後に必ず電話を入れたりと、戦略的に動いていました。一番美人ではないがゆえに、どうしたらナンバーワンになれるかを常に考え、努力を継続させてきた結果だったのです。そのように、ある方面のセンスがなくても、別のやり方で補えることがあるかもしれませんね。

経営者と話していると、「私は左脳を使うのが得意で、訓練もしてきたが、どうもひらめいたり、感情を駆使して人を動かしたりするのが今一つだ。どうしたらいいか」と質問されることがあります。

楠木　それは、右脳と左脳が分業可能かという問いに近いですね。だとすれば、その質問への僕の答えは、「分業は不可能」です。つまり、私はロジックが得意だけど、右脳が働かないと言う人は、本当はたいしたロジックの使い手ではない可能性が高い（笑）。

　ようするに「あなたは右脳派、左脳派のどちらのタイプか」というよくある問いは端から的外れだということです。およそあらゆる知的活動は、内田さんのおっしゃるサンドイッチ構造で、第1ステージの右脳のひらめき、第2ステージのロジックでの検証・分析、第3ステージの腹落ちや感情移入、この一連の流れですね。言い換えると、ひらめきがないところに、強力なロジックはない。法則や情報や知識を得ているだけで、ロジックとしてはあまり価値がないかもしれないと思いますね。

内田　なるほど。私がＢＣＧで最初に習ったのが、情報にはインフォメーションとインサイト（洞察）があるということです。インフォメーションは事実をいろいろ教えてくれるけれども、インサイトはそこから、ビジネスのチャンスや人の動かし方など、何かを導き出すこと。それにはある程度の情報が必要ですが、情報だけではほとんど価値がなく、簡単にリプレースされてしまう。それを本当にインサイトにまで高められると、ある種のユニークさになると、最初に叩き込まれました。

　今の楠木さんの話では、どちらかというとインサイトは右脳的、インフォメーションは左脳や第2ステージの話だなと感じました。

楠木　その一方で、インサイトが高まった後に情報が来るというように、順番が変わることもあります。例えば、今日の円ドルレートがいくらというのは情報ですが、これだけ情報の流通コストが安くなると、その手の情報は無限にある。しかも前と比べると、はるかに多くの量が手に入ります。その中で、その情報になぜ注意を払ったのか。

そこには事前にインサイトというか、何らかの関心があるはずです。そこに関心がなければ、そもそも情報に目がいかない。二重の意味で、順番が絡んでくるのです。

内田　確かに、どんな問題意識を持っているかで、ひらめきの度合いや深さ、範囲が違ってきますね。それから、問題意識を持っていると、関連したことを見ると記憶して、自分の中のデータベースに貯える。このままでは、ひらめかないのですが、別のものを見たときに、前回見て貯えていたデータベースとリンクして、新しいことが生まれるのだと思います。だから、好き、得意、興味のある領域に問題意識を持ってデータベース化することをお勧めしたいですね。

先月、私はイスラエルに行ったのですが、そのときに面白いなと思ったことがあります。イスラエルではベンチャー企業がたくさん生まれるのですが、ベンチャー企業を起こして失敗した人と、成功した人が同じ価値だというのです。言い換えると、３回失敗している人の方が、２回ビジネスを起こして成功している人よりも経験値が高いので、次に、いいポジションや大きな仕事を任される。この価値観はすごくいいなと。

日本では、１回失敗したら、セカンドチャンスはありません。それで成功しても、セカンドチャンスで失敗すれば、３度目はないわけです。日本で本当にイノベーションや企業変革をしたいなら、失敗か成功かは別として、チャレンジした星の数が多い人ほど経験値が豊富だという価値観に変えていかないと、なかなか閉塞感は突破できないですよね。

楠木　人と違うこと、人が思いつかないこと、人がやりたいと思わないことをやる。古今東西、商売の原理原則ですね。そこは好き嫌いの世界なのに、無理やり、良し悪し、優劣、合っている・間違っているに強制翻訳しがちなのがよくない。

スキルが「できる・できない」の世界であるのに対して、センスは「あるか・ないか」の世界。しかもセンスは千差万別です。人によって方向性が異なる。そこに良し悪しの物差しは成立しません。世の中のもろもろを何でもかんでも良し悪しへと強制翻訳していく。ここに諸悪の根源があるというのが僕の意見です。その延長線上には、無意味なマウンティングや嫉妬などすごく不健康な成り行きが出てくる。「好みが違うよね」と、気持ちよく放置をする。相手の好き嫌いを尊重するけれども、無理して関心を持たない。そこが重要だと思います。

「高峰精神」を今に伝える――谷川俊太郎『散文』、高峰秀子『わたしの渡世日記』、斎藤明美『高峰秀子の捨てられない荷物』

詩人の散文を好んで読む。何せ詩人、言葉のセンスに優れていて、散文も独特の滋味がある。

谷川俊太郎の散文集を読み返した。タイトルは文字通り『散文』。読書についての指摘が面白い。二宮尊徳の銅像を「薪運びをしながらも、読書に励んだ」と称える。なぜ「本を読みながらも、薪運びに励んだ」ではないのか。本を読むこと自体にさしたる意味はない。そこから何かをつかみ取り、それを実際の生活の中で生かすことにこそ読書の意義がある。読書家ではなく実践家だったことに尊徳の偉さがある――。

まったくその通り。読書は手段の目的化を起こしやすい。月に何冊読んだとか、挙句の果てには速読術だの「フォトリーディング」だの、そういうことを言う人には近づきたくない。

谷川は言う。読み過ぎるよりも、読み足らぬ方がいい。本当に意味のある本など、一生のうちに数冊しかない――その通りだと思う。しかし、一生に数冊しかないからこそ、数多く読まなければ「運命の一冊」との出合いには至らない。

散々読んできた中で、自分にとっての「運命の一冊」は何か。最も影響を受けた本を一冊挙げろと言われたら、迷わず高峰秀子『わたしの渡世日記』を選ぶ。高峰秀子と言ってもピンとこない若い世代の読者もいるかもしれない。念のため説明しておく。

女優。１９２４年生まれ。5歳でデビューし、天才子役として活躍。戦前は売れっ子アイドルとして数多くの映画に主演。戦後はありとあらゆる役の本質を掴んで演じきる実力派として全盛期の日本映画界の頂点に立つ。木下恵介監督の『二十四の瞳』、成瀬巳喜男監督の『浮雲』など歴史に残る名作を連発し、55歳で女優業から退いた。その後86歳で死去するまで随筆で活躍し、名文家として名をはせた。数々の名著がある中で、１９７６年に出版された半生記『わたしの渡世日記』は高峰の代表作だ。

高峰は不幸を背負って生きた人だった。不幸な人は大勢いるが、彼女の不幸は質が違う。物心ついて以来ずっとスターだった高峰は、小学校教育すらまともに受けていない。嫌で仕方がなかった女優業を続けざるを得なかった。一族郎党十数人を5歳の時からただ一人で養わなければならなかったからだ。

4歳で母を結核で亡くした高峰は義母に引き取られる。これがまことにすさまじい人で、高峰を徹底的に「金銭製造機」として扱った。近づく者をことごとく排除し、行動のすべてを監視し、ひたすらカネを搾り取る。

上下巻８００ページの本書は、これ以上ない不幸の中で、誰にも頼らず独力で人生を切り拓いていった軌跡を細やかなエピソードで綴る。波乱万丈の人生はまさに「渡世」としか言いようがない。軽佻浮薄、冷酷無残な映画界。周囲を怜悧に観察し、独力で考え、判断し、行動する。この基本動作を繰り返し、素手で自らの価値観を練り上げていく。一言で言って「哲学書」だ。最上の「教養書」と言ってもよい。

本書は脚本家、松山善三との結婚で終わる。後に養女となった斎藤明美の『高峰秀子の捨てられない荷物』は高峰の後半生の日々を瑞々しく描く。

映画から退いた高峰は、いよいよ独自の原理原則を研ぎ澄まし、それに忠実な日常を重ねていく。動じない。求めない。振り返らない。変わらない。甘えず静かにおおらかに。究極の自律と自立。

高峰の最高傑作は『二十四の瞳』でも『浮雲』でもない。高峰秀子という存在そのものであり、その人生だった。自らの手の内にある哲学によって細部まで完成された生活。潔く生きるとはどういうことかを身をもって教えてくれる。

もちろん、その特異な資質と経験と経歴からして、高峰秀子という人間にはまったく再現性がない。具体的なレベルで、彼女と同じ生き方をできる人はまずいない。高峰の自己抑制と自己規律は尋常でない。自分に厳しく、人にも厳しい。「高峰先生を尊敬しています。私も先生のようになりたい」という若手女優に一言、「ああそうかい、50年かかるよ」――。まことにその通り。自分にとりわけ甘い僕は、せいぜい他人にも甘く生きるしかない。それでも、仕事や生活のときどきに、「高峰秀子ならどう考えるだろう、どうするだろう」と自問自答する。

幸いにして、高峰秀子の著書は24冊もある。斎藤が引き継いだ「高峰精神」を今に伝える仕事も数多い。どれをいつどこで読んでも、襟を正される。毎回、新しい発見がある。高峰から受けた影響は思考と行動の基底にある価値基準に及んでいる。仕事と生活の準拠点。言葉の正確な意味での「師」だ。

表現者・生活者・殺人者――末井昭『結婚』、池波正太郎『日曜日の万年筆』、トニー・パーカー『殺人者たちの午後』

末井昭氏の文章が好きで、処女作『素敵なダイナマイト・スキャンダル』以来ほとんどの著作を読んでいる。遅ればせながら『結婚』を読んだ。ストレートパンチの直撃を受けてアタマがクラクラした。

29年間一緒に暮らした前妻のもとから家出し、写真家と再婚した著者が、葛藤と相克に満ちた2つの結婚生活を振り返る。あまりに正直。異様に率直。ここまで自分をさらけ出せる強さ。読む側も受け止めるのに相当のエネルギーを要した。

誰しも矛盾を抱えて生きている。それにしても著者の場合、その程度が甚だしい。その上、矛盾に真正面から向き合う力がものすごく強い。自分はどうか。それなりに矛盾を抱えているけれども、著者のように直視できない。

そもそも強度の矛盾に耐えられない。無意識のうちに矛盾をなるべく小さくするように生きてきたことに気づかされる。

著者の強さはどこから来るのか。僕の見つけた答えは著者の「表現者」という言葉にある。結婚がテーマの本だが、表現者としての生きざまが、たまたま結婚という文脈で表れただけ。そう考えれば腑に落ちる。考えここに至って、ようやく読後の動揺が治まった。

末井氏は全身丸ごと表現者。編集者としてヒットさせた『写真時代』などの雑誌もすべて自己表現だった。仕事だけではない。自分を他者の前にさらけ出す。結婚を含む生活のすべてが自己表現で、「表現しないと死んじゃう人」なのである。

表現者は自己で完結した世界を生きている。自分発自分行き特急列車に乗っている。だから前妻と「結婚していても、心はいつも一人だった」。編集の現場を離れ、取締役に「出世」するとたんに憂鬱になる。社会と会社に合わせた生活に耐えられない。「僕はお金に負けた人間である。お金のために自分を誤魔化したということだ」。仕事がつまらない分、ギャンブルにのめり込む。

表現者の対語は「生活者」ではないか。社会の中で自分の役割を見つけ、自分以外の誰かの役に立つことを仕事と定める。そこで何とか社会との折り合いをつけ、それを練り上げることに目的と意味を求める。僕は完全にこの生活者タイプだ。

表現者と生活者、どちらが生き方として優れているという話ではない。ただひたすらに違う。両者の溝は深い。僕が本書に圧倒されたのも、表現者の思考と行動がにわかには理解できないからだ。

再婚後も末井氏の矛盾と葛藤は続く。それでも同じ表現者との「嘘のない生活」の中で、徐々に自分が変わっていく。晴れた日に窓際で洗濯物をたたんでいると、ふと「この状態がいつまでも続くといいなあ」と思う。「そういう日常の何でもないことが楽しくなること、それが『しあわせ』ということなのかもしれません」――最後の一節に深く共感する。

しかし、である。それは僕のような生活者が漫然と洗濯物をたたんでいるのとは深みがまるで違うのだろう。自分と対極にある表現者の生身の姿に触れ、思いがけず自分についての理解を深めることができた。

あまりにインパクトが強烈だったので、バランスをとるために池波正太郎を読む。この人こそ生活者の首領にして究極である。『日曜日の万年筆』は淡麗辛口の筆致で衣食住の生活哲学を語る。執筆時の著者は56歳。僕と変わらない。その老成ぶりに驚く。

「ワークライフバランス」などとヘンなことを言う人がいる。仕事と生活は対置されるものではない。仕事は生活の一部。その人の生活が仕事に凝縮して表れる。生活者の了見だ。

池波氏は生活ルーティンに極めて自覚的な人だった。物事に期待せず、自分の仕事の質を磨いていく。頼りは自分の感覚だけ。物をつくるという手順を感覚で体に覚え込ませる。「感能」が鈍磨したら一巻の終わり。だから生活様式を細部まで研ぎ澄ませる。ひたすらルーティンを繰り返す先に「死ぬのは怖いけれど、いつ死んでも思い残すことはない」との境地に至る。本書は「生活者の経典」と言ってよい。

トニー・パーカー『殺人者たちの午後』の原題は*Life After Life*。死刑制度のないイギリスで、殺人により終身刑（ライフ）を受けた後に仮釈放された10人の受刑者。彼らの人生《ライフ》に迫る濃密なインタビューだ。

殺人者たちの年齢、経歴はさまざま。犯した殺人の性質も異なるが、一つの点で共通点を抱えている。当然のことながら、それは殺人という取り返しのつかない過去の闇だ。卓越したインタビュー力と見事な表現力で、殺人者たちの複雑で屈曲した姿を描く。絶望と自暴自棄、後悔を繰り返す中で、徐々に自らが犯した罪と向き合い、やがてかすかな希望にたどり着く。ある者は生活者へ、また別の者は表現者へと転生していく。

表現者と生活者と殺人者。３冊それぞれに人間の深淵を垣間見せてくれる。

これがリーダーだ！――中竹竜二『鈍足だったら、速く走るな』、加藤仁『宿澤広朗　運を支配した男』、宿澤広朗『TEST MATCH』

スポーツについては「やらない・観ない・関心ない」の僕だが、さすがにラグビーワールドカップには興奮した。組織というかチームというか、もっと言うと人間そのものの理想を日本代表に見た。いろいろな国や地域から集まった選手がチームとしての成果（だけ）にコミットする。ここに日本代表チームに見る理想がある。

しかも、この理想は実在している。考えてみればこれは凄いことだ。ほとんどの場合、理想は人々の頭の中にしかない（だからこその理「想」）。ところが、この理想は現実に目の前で動いている。日本代表の活躍は、日本社会と日本人の価値観に大きな影響を与えたと言っても過言ではない。

古い友人に中竹竜二氏がいる。日本ラグビーフットボール協会のコーチングディレクターとして、日本ラグビーの躍進に重要な貢献をした一人だ。現在はビジネスのコーチングやリーダー育成でも特異な能力を発揮している。

彼の著書『鈍足だったら、速く走るな』を読み返す。32歳の若さで早大ラグビー部の監督に就任。前任の清宮監督のような選手としての実績はない。「日本一オーラのない監督」と呼ばれながらも、五郎丸選手など多くの優れた人材を育成し、大学選手権2連覇へと導いた。

選手時代の中竹氏は鈍足だったが、タックルが得意でフランカーを務めていた。このポジションで直線的にダッシュする状況はほとんどない。動き出しやゲームの流れの読みの方がよほど大切になる。そこで中竹氏は「試合時間の80分間、絶対に全力で走らない」を自分に課す。全力で走ったところで、遅いことには変わりない。その分、ボールのある場所に早く入る。余力を持って動き回り、運動量で勝負する。

まずは一人ひとりが自分自身を「言葉」で定義する。不得意分野は切り捨て、得意なことに磨きをかける。それがその人に固有のスタイルとなる。本書には、中竹流コーチングのエッセンスが詰まっている。

元ラグビー選手には中竹氏のようにビジネス界でも活躍する人が少なくない。その究極が宿澤広朗氏だ。現役時代は天才ラガー。三井住友銀行に勤めながら日本代表の監督としてスコットランドとのテストマッチで奇跡的勝利をもぎ取る。

バンカーとしても八面六臂の活躍を見せた。司令塔を務めた市場営業部で利益の3分の1を計上し、バブル崩壊後の不良債権処理の原資を稼ぎ出す。専務取締役になり、さらに将来を嘱望されたが、登山中に心筋梗塞で急逝する。享年56。

加藤仁『宿澤広朗 運を支配した男』は、仕事とラグビーの両面から、この稀有なリーダーの思考と行動を追う。明確な方針を示し短期間で人々をまとめ上げ、目的に向かって動かす。即答と断定。守りと攻めの切り替え。リーダーとしての判断力が尋常でない。

白眉は9・11同時多発テロ時の対応だ。報道を受けて部下が銀行に駆けつけると宿澤氏は「遅ぇよ」と一言。部下は一瞬ひやりとしたが、宿澤氏がにっと笑ったので安心した。オフィスにも不思議な落ち着きがあった。このときすでに彼は指揮官としての仕事を終えていたのである。

言葉数は少ない。指示は3つだけ。第一に、ドル資金繰りを徹底的に行う。第二に、顧客企業のためにできる限りのことをする。そして第三に、商機を逸しない。仕事の流れを見届けた宿澤氏は、2時間ほどで引き揚げたという。このくだりには心底痺れた。

指示が素早く、内容が明確。とりわけ優先順位づけが絶妙だった。部下は振り返って「この順位を間違えると中途半端な対応になってしまう。我々は混乱することなく業務をこなせたし、誤解を恐れずに言えば儲けもしました」。

「リーダーシップが求められるのはチャンスとピンチのとき。それ以外のときはそれほど必要ありません。ここぞというときに、いかに明確なリーダーシップを発揮できるか」――これほどリーダーシップの本質を深く鋭く抉り取る言葉を他に知らない。

宿澤氏は著書として『ＴＥＳＴ ＭＡＴＣＨ』を遺している。日本代表監督時代を振り返った「戦記」だ。リーダーの仕事の核心は戦略の決定にある。それは勝つ確率をできる限り増大させるものでなくてはならない。宿澤監督の戦略の神髄は「絞り込み」にあった。

１９９１年のワールドカップの地域予選。３戦中２勝しなければ本選に進めない。韓国に勝つのは絶対条件として、残る西サモアとトンガのどちらかに勝たなければいけない。この局面で、西サモアに勝つことは早々に諦め、トンガ戦に持てるすべてを集中する。これが本選出場への「最短距離」という判断だった。

本書の冒頭に「この本を21世紀のラガーマン達に捧ぐ」という言葉がある。ラグビー宗主国の８カ国と互角に渡り合う。その目標に向けて日本ラグビーの基盤づくりに奔走した宿澤氏。没後13年を経て、その遺言は実現した。天国で「遅えよ」と言いつつも、にっと笑ったに違いない。

自分本位の人 ――トマス・レナード『ｓｅｌｆｉｓｈ』、岡本太郎『今日の芸術』、岡本太郎『日本の伝統』

書店に行くとだいたい「自己啓発書」の棚がある。安定的な需要があるらしく、次々に新刊が出てくるが、玉石混交が甚だしい。松下幸之助『道をひらく』などの玉もあるが、箸にも棒にもかからない石の方がずっと多い。

ということで、このジャンルは滅多に読まないのだが、トマス・レナード『ｓｅｌｆｉｓｈ』は久々の玉だった。翻訳が出たのはごく最近だが、原書の出版は前世紀。著者も２００３年に亡くなっている。

著者の主張の核心は「自己中心」と「自分本位」の違いにある。両者は似て非なるもの。前者はひたすら自分の利害を優先し、自分に都合よく考える。一方の自分本位はそういうことではない。無理をしない。ゆとりを持つ。未来に期待しない。自分の価値基準に忠実に、自分の価値追求に貪欲になる。つまり、「いま・ここ」で自分に対して自然に生きる。「内発的」と言ってもよい。

自己啓発書は「このように生きなさい」という訓示を垂れるのだが、それを積み重ねていくと「そんな奴、実際にいるのかよ……」というスーパーマンに帰結することが多い。その点、リアリティがあるのが本書の美点だ。「自分本位な人」というのは身の回りに確かにいる。僕の友人のN氏はまさにそういう人だ。一挙手一投足が自分本位。決して人目を気にしない。一切ストレスがなさそうでいつもニコニコしている。N氏は経営者としてとても良い仕事をしている。結局のところ、自分本位がいちばん利他になるのである。

実際に会ったことがない人まで範囲を広げると、僕の知る最強のｓｅｌｆｉｓｈは何と言っても岡本太郎。「他人が笑おうが笑うまいが、自分の歌を歌えばいいんだよ」――自分の歌だけを歌い続けた岡本太郎はその人自身が最高にして最大の芸術作品だった。「明日の神話」「太陽の塔」に代表される作品もいいが、文章がとりわけ素晴らしい。言葉が猛烈に強い。それでいて妙に論理的。

数ある名著の中で繰り返し読むのが『今日の芸術』。１９５４年の発刊以来、芸術評論としては最も広く読まれた本の一つだろう。

一冊丸ごと名言集の趣があるが、最初に読んだときにいちばんグッときたのがこの一節。「『おたがい』にとか『みんなでやろう』とは、言わないことにしなければなりません。『誰かが』ではなく、『自分が』であり、また『今はだめだけれども、いつかきっとそうなる』という一見誠実そうなのも、ごまかしです。この瞬間に徹底する。『自分が、現在、すでにそうである』と言わなければならないのです。現在ないものは永遠にないというのが私の哲学です。逆に言えば、将来あるものならば必ず現在ある」――この心意気にシビれる。「いま・ここ」にある「自分」を生きる。自分本位の真骨頂だ。

「ツラをみればわかる」、裏をかえせば「その人の本質は必ずツラに表れる」。このことを岡本太郎に学んだ。『日本の伝統』に強烈なくだりがある。同時代人の竹山道雄（『ビルマの竪琴』で一世を風靡した小説家にして評論家）の名著『古都遍歴』の一節を岡本は引用する。

「ある日、斑鳩の里からバスに乗って、そのバスの終点でおりた。その町は、せまい清潔な通りに白い壁の簡素な家が並び、落ち着いた様式で統一されていた。むかしの封建時代には日本にも都市美というものがあったにちがいなかった。ところが、この町の汽車の駅前に出たときに、私は茫然として立ち止まった。すべての商店が前面にあくどく塗ったブリキ版を高く立てて、高層建築にみせかけていた。チンドン屋がこちらが恥ずかしくなるような道化た姿をして、頭が痛くなるような音ではやし立てていた。パチンコ屋があった。この一郭はまさに狂気の沙汰だった」

これを岡本は痛切に批判する。「ところでグロテスクなことは、この学者先生はやはりその見下げ果てた現代のバスに乗り、電車の吊革にぶら下がって美しい統一の中をおし歩いているという事実です。ご自身を鏡に映してごらんなさい。おそらく、失礼ながらあまりパッとしない背広姿でしょう。文章で他を罵倒するほど、颯爽としてはいないんじゃないか。むしろ惨憺たる戦後の駅前風景にこそ、したしくあてはまる風体ではないかと思うのです」

この文章から受けたインパクトは今でもはっきりと覚えている。何よりもその人の存在自体が言葉に先行して颯爽としていなければならない。颯爽としたツラで、颯爽とした声で、颯爽とした動作でいなくてはならない。颯爽としていないやつがどんなに颯爽としたことを口にしても、それは嘘だ――。

すべてはその人の存在のありように表れ、そのありようはどの切り口から見ても一貫していなければならない。もう少し軽い言葉を使えば「スタイル」。どんな人と接していても、意識的・無意識的にその人のスタイルを見る。これまでの経験で言えば、ツラに裏切られたことはついぞない。

嫌われてこそのリーダー――鹿島茂『本当は偉大だった嫌われ者リーダー論』、原口虎雄『幕末の薩摩』、オリバー・ストーン『オリバー・ストーン・オン・プーチン』

競争戦略論という分野で仕事をしている。戦略とは決断（の連鎖）であり、決断とは選択である。リーダーの一義的な役割は決断の継続にある。

ポイントは２つ。第１に、決断が選択である以上、複数の選択肢がなければならない。「○○せざるを得ない」という言葉を軽々に使う人はリーダーの要件を欠いている。これは単に「追い込まれている」のであり、もはや戦略ではない。

第２に、真の戦略的意思決定は「良いこと」と「悪いこと」の間の選択ではない。決断は常に「良いこと」と「良いこと」、もしくは「悪いこと」と「悪いこと」のどちらを選ぶのかという問題である。ここに決断の難しさがある。良いことと悪いことであれば、前者を選べばいいに決まっている。そんな仕事は誰でもできる。そもそも「決断」は必要ない。

無能なリーダーは「一理ある」というフレーズを連発する。しかし、考えてみれば世の中に「一理もないこと」など存在しない。錯綜するさまざまな「理」のどれを捨てるか。これが決断の正体だ。それは定義からして「苦渋の決断」になる。

鹿島茂『本当は偉大だった嫌われ者リーダー論』は、政治リーダーの決断に注目する。近現代の５人のリーダーを取り上げているが、劈頭のド・ゴールの章が抜群に面白い。

第二次世界大戦でナチスドイツに支配されると、ひとりロンドンに渡り革命政府を宣言、徹底抗戦を呼びかける。戦後処理でもチャーチルやルーズベルトを相手にした交渉で粘り粘り、自らをフランス政府代表と認めさせ、ついには植民地軍を統率して「戦勝国」の将軍としてパリに凱旋――ここまでの「救国の英雄」としてのド・ゴール像は日本でもよく知られている。

しかし、この人の凄みはその十数年後の晩年に下した一大決断にある。植民地アルジェリアの独立の承認である。日本が「もはや戦争しかない」という戦略喪失状態で開戦に踏み切ったのは、最後通牒で突きつけられた満州からの撤退をどうしても飲めないからだった。すでに満州には巨額の投資をしており、多数の日本人が満蒙開拓団として生活し、関東軍という軍隊まで持っていた。満州放棄という選択は内戦になりかねなかった。

著者の洞察は鋭い。当時のフランスの状況はこれに似ていた。アジアの植民地からの撤退はそう難しくない。事実、ベトナムからの完全撤退は国民から歓迎された。しかし、アルジェリアには１００万人近いフランス人（コロン）が入植し、経済的にも不可分の関係にあった。

１９５４年にアルジェリア戦争が勃発し、事態はいよいよ混迷を深める。こうなったら植民地に顔が利くド・ゴールしかいない。全権委任を条件にギリギリのタイミングで首相を引き受けたド・ゴールは、アルジェリアの総督府で入植者の大群衆を前に演説する。「君たちの言いたいことはよーく分かった」――人々は「フランスのアルジェリア」路線を信じた。

しかし、内心では民族自治路線を決意していたド・ゴールは完全独立へと一気に舵を切る。戒厳令並みの強権で古い反乱軍を鎮圧し、１３０年間のアルジェリア支配に終止符を打った。フランス国民の怒りはすさまじかったが、この決断がアフリカの民族自治の潮流を生み、泥沼の植民地問題を回避することになった。これぞ決断中の決断。「その成否は歴史しか評価できない」という覚悟がある。ド・ゴールは「決断王者」の観がある。

日本史上でド・ゴールに匹敵するリーダーは誰か。薩摩藩家老、調所広郷を第一に挙げたい。天保期に「貧乏日本一」だった薩摩藩。明治維新をリードする富強藩へと生まれ変わった。『幕末の薩摩』は、この起死回生の改革を主導した調所の波乱万丈の生涯を描く。

当然のことながら調所を敵視する人も多かった。最後はお家騒動で自死に追い込まれる。しかし、調所の財政再建がなければ、その後の西郷や大久保の活躍もあり得なかった。悪循環を断ち、好循環を生み出す。構造改革のリーダーシップの最高のモデルがここにある。いまこそ読まれるべき傑作だ。

　現役の「嫌われ者リーダー」と言えば何と言ってもプーチンだろう。『オリバー・ストーン・オン・プーチン』を読むと、この人の（かつての）力量を改めて思い知らされる。国益と主権の徹底追求。明晰で率直な主張。慎重な楽観。超現実主義。修羅場経験。そして何よりも決断と実績。好き嫌いは別にして、現役政治指導者として格の違いを見せつける。

　現代アメリカきってのリベラル派であるストーンへの切り返しが冴えに冴えている。「このままだとアメリカは破滅する」と嘆くストーンに対して、「破滅するかもしれない国と実際に破滅した国はまったく違う。私は現実に破滅した国を任された。アメリカは破滅していない。そういう国のかじ取りは誰でもできる」――ありとあらゆる修羅場を胆力と決断で乗り切ってきた人の言葉であることは間違いない。

　その後、プーチンはウクライナ侵攻という愚挙に出た。ストーンとの対話を読んだときには、この人はある種の政治的天才ではないかと思わされたが、実際のところプーチンもタダの独裁者でしかなかった。天才は滅多にいない。さらに確かなこととして、一時的に天才を発揮しても持続しない。

　独裁者が全能感を持つと、とんでもない間違いを犯す。チェックアンドバランスが利かない強権国家は結局のところダメになる。この不変の真理をプーチンは身をもって示している。

さまざまな養女――斎藤明美『高峰秀子の流儀』、岡本敏子『岡本太郎に乾杯』、小田貴月『高倉健、その愛。』

　のべつ何かを読んでいる。読めば考えることがある。それを文章にして人様に読んでもらう。しかも何がしかの対価もいただける。書評書きは僕にとってこれ以上ないほどありがたい副業だ。

しかも、書評の仕事をしていると望外の慶事がある。以前、ここで高峰秀子『わたしの渡世日記』を取り上げた。すると、しばらくして、拙文を読んでくれた編集者から依頼が来た。斎藤明美『高峰秀子の流儀』が文庫化されるので解説文（本書に収録）を書いてほしい——僕が狂喜したのは言うまでもない。

著者は養女として長い年月を高峰秀子と共に過ごした。他人に期待しない。甘えない。迷わない。自らの価値観と直感だけに従って行動する高峰を評して、著者は「野生動物みたいな人」と評する。

表面的にはまるで違うが、岡本太郎もそうだった。高峰の遺した最高傑作が映画でも随筆でもなく高峰秀子その人だったのと同じく、岡本太郎はその存在自体が最高の芸術作品だった。死の直後に出た岡本敏子『岡本太郎に乾杯』は自由自在に生きた「芸術的野生動物」の本質を鋭く抉り出す快著だ。

同じ養女でも、著者と太郎は実質的な夫婦。太郎に惚れぬいた敏子は、半世紀にわたり「共闘者」として人生を共にした。ファンが声をかけても、ジロリと一瞥したきり一言も口をきかない。「じゃあ、自分でやれよ」と言わんばかり。太郎はそういう人だったという。ますます岡本太郎が好きになった。人にこうなってほしいと言っているのではない。オレはこうだ、と言っているだけ。すべては自分個人の自己責任。そこに精神の自立がある。

「芸術は爆発だ！」という太郎自身が「爆発的」な人だった。爆発の後には何もない。太郎は「ないものに賭けた人」だった。一瞬一瞬がすべて。「なんだこれは！」という感動にのみ突き動かされて表現をし続けた。

敏子の第一の仕事は「メモを取ること」だったという。太郎からぽんぽん言葉が出てくる。言いっ放しですぐにみんな忘れてしまう。メモしておけば必要なときに思い出して展開できる。読み返すとまた新しい考えが湧いてくる。そこには深く壮麗なストーリーが隠れている。「その手がかりは、いつ飛び出してくるかわからないから。これは面白いと思ったら何でも書きとめておきたかったの」——敏子がいなかったら、あの超絶名著『今日の芸術』も生まれなかったかもしれない。彼女は太郎という唯一無二の芸術作品の共同製作者だったと言ってよい。

豊かな表情、激しいアクション、明快なメッセージ。敏子は太郎によく似ていた。何よりも次第に顔が驚くほどそっくりになっていった。これぞまさしく一心同体だ。

小田貴月『高倉健、その愛。』はある種の奇書。著者もまた「養女」だがあらゆる面で岡本敏子の対極にある。「僕のこと、書き残してね」と言い残されたという触れ込みだが、あの高倉健がそんなことを言うだろうか。到底信じられない。この本だけは絶対に書き残してほしくはなかっただろうと推測する。内容も平板で浅薄極まりない。「人知れず2人で暮らした17年の日々」というが、こんなことなら知りたくなかった。

それにしても胡散臭い。これほどまでに胡散臭くなると、もはや清々しいと言ってもイイ。著者がどんな人物なのか知る由もないが、高倉健と顔が似ていないことだけは間違いない。

仕事の本質——中山兼治『馬券偽造師』、酒井あゆみ『セックスエリート』、和田英『富岡日記』

ネット書店は買い物の場としては便利だが、本との出会いの場としては難がある。僕にとっての最良の情報源は、結局のところ人だ。贔屓にしている書評家はもちろん、友人との雑談で思いがけず面白い本を知る。このところ友人からの紹介で「仕事」の本質を教えてくれる良書と立て続けに出合った。

ノリもソリも合う友人が「こんなに面白い本はない」と教えてくれたのが『馬券偽造師』。画工から叩き上げでデザイン工房を立ち上げた著者は無類の競馬好き。自分の技術をもってすれば「夢の馬券」が創れるのではないかと考えた。以来十余年、偽造馬券で10億円を換金し、１９８３年についに逮捕された稀代の偽造師の回想録だ。

偽造するのはたった一文字。馬券の日付だ。ある週の11レースに３－６で２万円の万馬券が出る。次週の11レースの３－６を「材料」として仕入れ、日付だけを書き換える。その技術と工夫が凄まじい。「努力する」ではなく「凝る」。好きこそものの上手なれ——あらゆる仕事に共通の生命線だ。

プロの仕事は総合芸術。技術を究めながらも技術だけで勝負しない。この人はつくづく競馬が好きで、騙し取ったカネを何に使うのかというと、やっぱり馬券を買うのである。たまには本物の万馬券を当てる。安心して換金できる。窓口で一度に換金する額をいろいろと変え、払い戻し業の女性たちの対応を徹底的に観察し、マニュアルの解読を試みる。

　彼女たちは中央競馬会の従業員。マニュアル通りに馬券を確認するけれど、それ以上のことはやらない。この辺の人間洞察に著者の仕事の神髄がある。「お役所仕事」につけ込んで換金手口を練り上げる。

ただし、である。うまくいくほど著者はジレンマを感じるようになる。いくら精魂を傾けて夢の馬券を仕上げても、誰にも言えない。誰にも認められず、誰の役にも立たないという虚無感に苛まれた著者は、競馬場のゴールの大歓声に紛れて「俺はやっているんだ！　夢の馬券を持っているんだ！」と絶叫する。

　仕事の本質を抉り出すエピソードだ。いくら儲かっても、自分のためだけにやるのは仕事ではない。自分以外の誰かのためにならなければ苦しく、続かない。

　ついに逮捕された著者はようやくジレンマから解放される。判決は懲役5年。「このようなことが現実として可能であったことは異常である」という判決文に著者の積年の思いが凝縮されていた。

　刑務所に落ちた著者は、持ち前の技術を発揮して看板やポスターをつくる仕事にのめり込む。その水準の高さは、刑務所側が専用の工房を新築するほどだった。

「技術を社会への貢献につなげます」という裁判長との約束通り、出所後の著者はデザイン工房を再開。すべて手書き、手作りのユニークな看板職人として社会復帰を果たす――。爽快なエンディングまで一気に読ませる傑作だ。

『セックスエリート』はその店で圧倒的なナンバーワンであり続ける5人の猛者に対するインタビュー集。著者の「自分探し」のスタンスに癖があるが、「エリート」の生活と意見は実に興味深い。

　案内をして、挨拶をして、服を脱がせて……と足し算で仕事を組み立てているうちはまだまだ。プロは引き算で考える。見送りのとき「最高だった」と言わせるために、何をどういう順番でしなければいけないか、そのためにはどういう迎え方をするべきか。ゴールから逆算してストーリーを組み立てる。どんな世界でもプロが行き着くところはほとんど同じだ。

「そのお客さまが何を求めて遊びに来たのかを分からなくちゃいけない。最初に分からなくちゃいけない。『いらっしゃいませ』で会ったときにすぐに分からなくちゃいけない。サービスの流れは全部違う。同じ流れ、したことない。それは勘。こればっかりは誰も教えてくれない。頑張ってできるものではない」――プロの力量はスキルを超えたところにある。それはセンスとしか言いようがない。センスはことごとく文脈に埋め込まれている。

「お客が帰るときに『ありがとうございました』と言ったことがない。手をつないで玄関まで行って『じゃあ、またねー』って感じ。さっきまで『彼氏』だった人に、時間が来たら『本日はどうもありがとうございました』というのは変。お客さまを『〇〇様』というのも、本人の前では使わない。そういうふうにやっていたらナンバーワンになっていた」――顧客の置かれた文脈を理解し、顧客視点で思考し、行動する。顧客志向の手本のようなエピソードだ。

「どうやったらお客さまに気に入られるかという気持ちを外に出してしまったら、絶対にお客は気づく。媚びは指名にはつながらない」――顧客志向と人気取りは違う。「人気」は刹那的で表面的なもの。すぐに役に立つものは、すぐに役立たなくなる。商売の鉄則だ。

「店に入ってまだ1か月も経っていない子が『一番になったら辞める。奈緒さんぐらい超えてやる』とか言う。私はまったく相手にしていない。一番になりたかったらなればいい。私はお金を稼ぎたいだけで、一番になりたいわけじゃない」――プロはすぐ横にいる他者と競走しない。他者に振り回されず、自らの立てた目的に自分本位で邁進する。

「体だけでなく、心まで売っていないか」という警句を「甘い」と切り捨てる。「心を売らないで何を売るのか」

――これには痺れた。仕事に対する強烈なプロ意識。僕もせいぜい精進して「心を売る」仕事をしたいと思った次第だ。

とりわけ感動したのは、「吉原のバケモノ」と言われた人物の思考と行動だ。「ナンバーワンだ、2位だはあまり関係ない。単純にお客さんが来てくれることに喜んでいた。『買取』（その日丸ごと一日その風俗嬢を占有してしまうこと）を自慢していた子がいたけど、そんな子たちを心の中で軽蔑していた。ダブル（2セット連続指名）やトリプルとかもとらないで、きっちり一本一本の指名で1日が埋まるほうが本当の実力」――「実力」とは何か。その見極めが厳しく鋭い。

彼女は条件の良いところへと頻繁に所属店を移籍するのだが、「お店を替わるときはそれまでのお客を全部おいてくる」。こういう仕事にとって、馴染み客の質と量は生命線だ。欧米の娼婦は引退するときに、自分のブック（顧客台帳）を現役に売却して、引退後の資金にするそうだ。顧客とのリレーションにはそれだけの資産価値があるということだ。

ところが、「吉原のバケモノ」氏は店を替わるときに、それまでの得意顧客に「次はこの店に行く」ということを一切告げず、すーっと辞めてしまう。なぜか。その方が自分の実力が分かるし、実力が鍛えられると考えているからだ。「一からフリー客を指名に変える努力を繰り返し、その都度ナンバーワンになるのが実力」と言い切る。これには参った。

頼りになるのは結局のところ、自分の実力。実力「だけ」で勝負する。何かに乗っかって「うまいことやろう」としない。そうでないと、肝心の自分の実力が見極められなくなる。自分の実力を知らないことには、実力を高めることもできない。この人は実力の勝負になるところに意識的に自分を追い込んでいる。これぞプロ。実力主義の極みだ。

和田英は長野県松代の人で、父は松代藩士。武家の娘として筋金入りの教育を受けた。明治6年、16歳で富岡製糸場の伝習工女となる。その32年後の回想録『富岡日記』は冷静な観察眼が冴える。

富岡製糸場というと『女工哀史』のイメージが強いが、それはずっと後の大正時代の話だ。明治維新の真っただ中、世界最大規模の製糸工場をいきなり日本に作ってしまうという発想が凄い。初代場長・尾高惇忠の「繰婦は兵隊に勝る」という言葉に象徴されるように、富岡製糸場は富国強兵の中核を担う国家プロジェクトだった。

16歳の英は、まなじりを決して松代から富岡に出立する。とにもかくにも「天下のおため」。少女でありながら、国を背負い、国の発展に力を尽くすという気迫が尋常ではない。気概を持った有名無名の人々が明治維新を成し遂げたことを知る。読んでいて背筋が伸びる思いがした。

新型コロナウィルスが「未曽有の危機」と大騒ぎになる。どれだけ豊かで平和な時代を生きているかと思い知らされる。恵まれた時代にあって、僕のように弛緩しきった生活に明け暮れている諸兄に一読をお薦めする。

プロの仕事に頭が下がる——読売新聞水戸支局取材班『死刑のための殺人』、長谷川博一『殺人者はいかに誕生したか』、瀬戸晴海『マトリ』

２００８年の土浦連続通り魔事件の死刑囚に対する取材をまとめた『死刑のための殺人』。タイトルにあるように、犯人は純粋に「死刑になる」ことを目的に無差別で2人を殺している。なぜ死刑になりたいかというと「死にたいから」。自死を選んでもよさそうなものだが、「自殺は苦しそう」。

犯人に対する面談を繰り返した著者たちは、その思考や言動を詳細に記述している。いわゆる「サイコパス」——本件の場合は自己愛性人格障害——の実態がよく分かった。ありのままの自分を愛することができず、自分は特別で偉大な存在でなければならないと思い込む。自己の絶対的優越を前提に（たとえ殺人であっても）人を利用する。罪を悔いることは微塵もなく、良心の呵責も感じない。ひたすら死刑になることのみを希求し、願いは叶えられた。２０１３年に死刑が執行されている。

本書に通底するのは「ヒューマニズム」。「報道で重大事件の抑止に貢献したい」「しかし、被害者を傷つけることは避けたい」「犯人は許せない」「でも、少しでも人間の心を取り戻して贖罪してほしい」――こうした心情の往復に明け暮れる。

これほどの特殊な事件である。そんなことを言っても仕方がないように思う。ここまで極度のサイコパスは「そういうふうにできている」としか言いようがない。鑑定にあたった専門家も、この犯人の人格障害は「治らない」と結論している。これだけ多くの人がいる世の中、一定の確率（それはごくごく小さい）で「そういうふうにできている」人が出現するのは仕方がない。人間の世の中にはどうしようもないことがある。

どうしようもないことにどう構えるか。『殺人者はいかに誕生したか』はこの問いに対するひとつの回答と実践を示している。臨床心理士の著者が、10人の重大殺人事件犯との対話に基づき、子供の生育過程と犯罪との関係を論じている。

本書が取り上げる池田小学校大量殺人や埼玉連続幼女誘拐殺人、そして先の土浦無差別殺傷事件の犯人のような場合、行為に見合う刑罰として死刑は妥当であり、それ以外の刑罰は考えられない。本書を読み終えても、この考えは変わらない。

ただし、著者の議論の焦点は「そういうふうにできて」しまうまでのプロセスにある。10人とも幼少時の家庭環境に問題を抱えている。もちろん、そういう環境にあっても重大事件を犯さない人は多い。生育環境に何の問題もないのに犯罪者になる人もまた多い。因果関係に法則性はない。

それでも、著者による真摯かつ丹念な分析と考察は説得力がある。とりわけ、「僕を徹底的に調べてください」と自ら申し出た大阪自殺サイト連続殺人犯など、凄惨としか言いようがない虐待を受けて育っている。この生育過程が広範性発達障害を引き起こし、過去の記憶をなくしたいという深層心理が解離を触発し、その延長上に連続殺人があるのは疑いようがない。

もちろん刑事的な責任能力はある。しかし、司法は事後的に事実を認定し、量刑を科すことしかできない。情状を酌量するにしても、それは犯罪行為に対する情状で、あくまでも事後的なものだ。事件の前に何があったのか。何がどうしてこうなったのか。そのほとんどは裁判の埒外にある。

もっと前の段階で「病気」に気づき、適切な治療を施せば、事件は起きなかったかもしれない。ところが、世間一般の善意の人は「問題児」としてしか見なさず、その子の将来を思って「矯正」しようとする。これがしばしば逆効果で、さらに事態を悪化させるという。

虐待は負の連鎖を起こす。虐待する人は自分もかつては虐待されていたというケースが多い。自分でもどうしようもなく虐待に走ってしまう。長谷川先生が最も力を入れているのは虐待児童の救済だ。人間の悪を正面から受け止め、どうしようもないことをどうにかしようとする著者には頭が下がる。

読んで頭が下がるといえば『マトリ』。厚生省の元麻薬取締部部長が日本の薬物犯罪と捜査の実態を描く。海外の麻薬捜査機関と連携し、覚醒剤を重機に忍ばせて密輸する国際組織の企みを水際で潰す「ロードローラー作戦」。指定薬物による取り締まり権限がない中で、行政的にギリギリの手を打ちながら進行する「危険ドラッグ店全滅作戦」。面白いのはもちろんだが、それ以上にマトリの人々の仕事への姿勢に感銘を受けた。

人事院総裁賞を受けた著者は、天皇陛下の「危険で厳しい仕事だったでしょう。どうか麻薬取締役官たちを労ってほしい」という言葉に接し、感激する。「陛下から発せられた『麻薬取締役官』というお言葉――。これですべてが報われた」

覚醒剤は絶対悪。本人の健康だけでなく、社会にとって重大な害悪となる。「誰がやるんだ。俺たちがやる！」というスピリット。絶対的な目的に向けて仕事をするプロの姿は力強く、清々しい。

世の中には立派な人が確かにいる。ごく相対的な世界に身を置き、ああだこうだ傍から言っているだけの自分を省みる。僕には到底できないことだが、絶対的な目的と基準を持って仕事をしている人々への敬意だけは忘れずにいようと思う。

暗い・重い・救いがない——清張地獄の愉悦

——みうらじゅん『清張地獄八景』、松本清張『或る「小倉日記」伝』、松本清張『人間水域』

大人になってからはノンフィクションが読書の中心、小説はたまにしか読まなくなった。唯一の例外が松本清張。いまでも折に触れて読み返す。

『清張地獄八景』は清張ファン必読の一冊。清張マニアを自任するみうらじゅんを筆頭に、宮部みゆき、京極夏彦などの小説家、「観る清張」（松本清張ほど作品が映画化、ドラマ化された作家は他にいない）に出演した岩下志麻、船越英一郎まで、各々が清張への熱い思いをぶちまける。

人間の闇を情け容赦なく抉り出す。そこに清張小説の魅力がある。カネと力と名声と女（もしくは男）。むき出しの人間の業と欲の塊をずどんと目の前に置いて見せてくれる。人間は放っておくとつけあがる。ついつい自分に甘くなる。そんなとき、清張ブレーキは絶大な効き目を発揮する。いつも心に清張を——人は清張で成長する。

みうらによる清張書評は、僕がこれまでに読んだあらゆる書評の中で最上の部類に入る。カギ概念は「清張地獄」。地位やカネ、色欲にとらわれた人間はいずれ清張地獄に落とされる。成功の満足と思い上がりが油断を招く。眼前に「清張ボタン」が現れる。ひとつのボタンには「よく考える」と書いてあるのに、ついつい「清張」と書いてある方のボタンを押してしまう。

その瞬間から清張地獄のカウントダウンが始まる。最初はそれとは分からない。これが清張地獄の恐ろしいところ。真綿で首をくるようにじわじわ近づいてくる。反省なき悪あがきに明け暮れるうちに、「荒れる日本海にせり出す崖に立たされている」。著者一流の言葉のセンスが光る。

言語的反射神経だけではない。みうらの並々ならない洞察に感服した。例えば、清張思考の核にあるロジックを解き明かしている部分。清張小説の社会的成功者は必ず女に手を出して失敗する。「清張は社会人の男がたどる道筋には順序があって、地位→カネ→女だと思っていたんじゃないか」と、みうらは喝破する。その証拠に、貧乏人が女で失敗するパターンはほとんどない。

「女というのは貧乏人には手の届かない存在だ」「女というのはカネを使えるようになって初めて手が出せるもの」と清張は思っていた――みうら説に深く同意する。清張小説の「女」は、のし上がった人間に「因果応報の鉄槌」を食らわせるため（のみ）に存在する。「しょせん女は分からない」という清張の女性に対する諦観が見え隠れする。

子供のころに初めて読んだ清張は『点と線』『ゼロの焦点』といった推理小説だった（それにしてもタイトルが巧い）。もちろん面白かった。しかし、今になってよく分かる。清張小説の神髄は中年になって何かしらの「守るもの」ができてからでなければ理解できない。結婚して、子供もいて、まあまあの仕事にありつけていて、そこそこの暮らしができている。「これが幸せというやつか」と、守りに入っている人なら、言うことなし――これまたみうらの卓見だ。

その本を読みたくなるか。私見ではここに書評の一義的な評価基準がある。極上の書評に触発され、いても立ってもいられなくなり、『或る「小倉日記」伝』を手に取る。芥川賞の表題作を含む9編を収める短編集だ。

私的専門用語で言う「清張三原則」を完璧に満たした秀作ぞろい。すなわち、暗い、重い、救いがない。中でも「救いが一切ない」というのが大切なところ。清張地獄は生き地獄。死ぬまで解放されない。心の闇に頭から突っ込んでいってしまう人間の矛盾。短編だけにいずれも直球。白球ならぬ黒球が内角高めギリギリのところを160キロで突いてくる。しかも、やたらと球が重い。実にコワい。

俳句の師に認められず廃人化していく俳人を突き放した目で見つめる『菊枕』（暗い！）、アカデミズムに挑戦し続けた在野の学者が非業の死を遂げる『断碑』（重い！）、生涯をかけた研究を中学教師が横取りされる『石の骨』（救いがない！）。

いずれも格別の味わいだが、その後味で清張小説は分類できる。すなわち、「苦み系」と「哀しみ系」。これを僕は「清張味覚分類」と言っている。『或る「小倉日記」伝』は「哀しみ系」、『断碑』『石の骨』は清張がツマミを「苦」の方に振り切って書いている。読んでいて思わず顔がゆがむ。

未読の清張を物色していたら『人間水域』という長編があった。主人公は前衛水墨画家として脚光を浴びる女性。ライバルの女流前衛画家を蹴落として、画壇の頂点を目指す野心家だ。

例によって例のごとく、策謀に次ぐ策謀。男にすり寄り、カネと力を引っ張る。全編これ金と力と名声と色欲。この4要素だけで話がぐいぐい動いていく。成功したかに見えるのだが、過去からの復讐が待ち受けていた――味わいははっきりと苦み系。清張地獄は男女平等。女もまた逃れられない。

既成の権威や権力が大キライな清張。本作に登場するパトロンの男たち（力と名声のある金持ち）は、これでもかというほど醜悪な人間として描かれる。男の視点で読む僕にしてみれば、この連中のイヤらしさに格別の味わいがある。

どれを読んでも死にたくなること請け合い。くれぐれも心にゆとりがあるときにお読みいただきたい。

スローメディアの愉しみ――カル・ニューポート『デジタル・ミニマリスト』、シェーン・バウアー『アメリカン・プリズン』、ゲイ・タリーズ『有名と無名』

ミッド昭和時代、評論家の大宅壮一はテレビの普及による「一億総白痴化」を嘆いた。デジタル時代の「総白痴化」はテレビ時代の比ではない。スマートフォンとSNSにどっぷりつかった現代の人々を見たら、大宅は絶句しただろう。

『デジタル・ミニマリスト』はデジタル中毒のライフスタイルを鋭く批判し、副題にある通り「本当に大切なことに集中する」べきだと主張する。

デジタルテクノロジーは確かに便利。それ自体は悪いものではない。それが存在しない時代に戻る方が幸せなわけでもない。問題はデジタルツールの過度の使用とそれへの習慣的依存にある。デジタルツールの王様であるスマートフォンは「より大事な活動から注意をそらさせる力」を持っている。「友達とおしゃべりしたり本を読んで過ごしていた夜のひとときに割り込んでくるインスタグラム」は上質で充実した生活の敵だ、と著者は断言する。

「脱デジタル」を説く類書は多い。「デジタル安息日」をつくれ、スマホをベッドに持ち込むな――この手の単なる「ノウハウ本」ではないところに本書の魅力と価値がある（ところで最近使われるようになった「ハック」、これは相当にイヤな言葉だ。「ハック」の人とはソーシャル・ディスタンスを置くようにしている）。ノウハウ本は「スマホで使っている１１２個のアプリの通知を切れ」と言う。これに対して、本書は「そもそもなぜ１１２個ものアプリを使っているのか」と問いかける。

デジタル・ミニマリズムは方法論ではない。テクノロジーに向き合う哲学だ。「自分が重きを置いていることにプラスになるか否かを基準に厳選した特定少数のツールだけに集中して、他のものは惜しまず手放す」――これがデジタル・ミニマリズムの構えである。

これと逆に、デジタル・マキシマリストは「ほんのわずかでもメリットがありそうならとりあえず使ってみる」。冷静に考えれば、得られる便益は贔屓目に見てもごくわずか。それに費やす時間には到底見合わない。本当に大切な活動に振り向ける時間が犠牲になる。

デジタル・マキシマリズムが横行するのは、アプリやツールのほとんどが無形にしてタダ（その裏側に広告があるから）だからだ。ここに落とし穴がある。

ＳＮＳの商売としての実態は広告業に他ならない。広告は見てもらわなければ話にならない。企業は情報受け手の注意を操作する「アテンション・エンジニアリング」に血道を上げ、「脳幹の最深部を目指して突き進むレース」に明け暮れる。「脳幹の最深部」と言っても、そこには知的な活動はない。即時即物的な人間の情動を刺激するだけ。

「デジタル・ミニマリズムの実践は、基本的に実用主義の実践と変わらない。デジタル・ミニマリストは、新しいテクノロジーを大事な目標に向けた歩みを支援するツールとみなす。テクノロジーそのものには価値を見出していないのだ。何らかの小さなメリットがあるというだけでは、人の注意をむさぼり食う小鬼のようなサービスを生活に取り入れる正当な理由とは考えない。代わりに、大きなメリットを生むような限定的で意識的な方法で新しいテクノロジーを応用しようとする」――アメリカの実用主義の良識派の王道を往く主張。この本がベストセラーになる。世の中まだまだ捨てたもんじゃない。大宅壮一も安心だ。

多くの人々はＳＮＳを利用しているつもりで、その実利用されている。即効性を競う短命なメディアとは一線を画し、読み手の「完全な集中」を求める「スローメディア」に向き合うべきだと『デジタル・ミニマリスト』の著者は説く。本はスローメディアの絶対王者だ。良書は独自の視点で事象をつかみ、その切り口の上に本質的な考察と洞察を提供する。昔も今もこれからも、良い本を読むことが知的活動の王道であることは間違いない。

『アメリカン・プリズン』は潜入取材に基づく本格派の調査報道。スローメディアの面目躍如の一冊だ。著者はＣＣＡという上場大企業が運営するアメリカの民営刑務所に時給９ドルの刑務官として潜入する。徹底的にコストを切り詰める株主至上主義の経営で、刑務官も極度の人手不足。危険で殺伐とした職場で、従業員はほとんど定着しない。一言で言えば「市場の失敗」。刑務所は民営化のデメリットがあまりに大きい。

面白いのは、著者が相当のページを割いて考察するアメリカ刑務所史だ。そもそもアメリカの刑務所制度は、奴隷制度を補完する形で生まれている。奴隷制が廃止されると、プランテーション経営者は超廉価の奴隷労働の喪失を埋め合わせる何かを必要とした。はじめから囚人は「安い労賃の供給源」として営利活動のシステムの中に組み込まれていた。「アメリカン・キャピタリズム」の宿痾をCCAに見る。

『有名と無名』は1960年代の「ニュージャーナリズム」の傑作。ニュージャーナリズムとは「個人のジャーナリズム」。書き手が自分の興味があること（だけ）について、ひたすら足で稼ぎ、事実の細部にあくまでこだわる。50年以上が過ぎた今となっては「オールドジャーナリズム」の観がある。

6本の短編が収録されているが、フランク・シナトラ（当時の大スター）とジョー・ディマジオ（往年の野球のスーパースター）に光を当てた2本が抜群にイイ。独善的なシナトラはインタビューに応じない。彼の周囲にいる人々に徹底的に取材することで、シナトラという奇妙な人間を見事に浮き彫りにする。対象についての直接的な評価や論評をせず、間接的にその人の本質を浮かび上がらせるというやり口が実に巧い。

ディマジオはマリリン・モンローを心の底から愛していた。しかし、二人の結婚生活はすぐに破局を迎える。表に出ることが嫌いな夫と世間の賞賛を求める活動的な妻――ハネムーンで日本に来た時のエピソードがイイ。

駐留米軍の将軍の依頼を受けて、新婦は駐留兵士の前で慰問のショーを繰り返す。「マリリンは計10回、10万人の兵士の前に立った。帰ってきたマリリンは言った。『素晴らしかったわよ、ジョー。あんな歓声聞いたことないでしょう』。『いや、あるよ』とジョーは答えた」

これだけで二人の関係がよく分かる。取材で得たネタから徹底的に引き算を重ね、残った材料で練り上げられた硬質な文章。コクがあるのにキレがある。最近のネットメディアではまずお目にかかれない名調子を堪能した。

並び立つ巨人――小林信彦『植木等と藤山寛美』、小松政夫『昭和と師弟愛』、佐藤利明『植木等ショー！』

主演作の『ニッポン無責任時代』を観たときの感動は今でもはっきりと覚えている。こんなにカラッとしてスカッとした喜劇映画が日本にもあったのか――。出てきただけで面白い。気分が明るく楽しくなる。植木等こそは正真正銘のスターにしてエンターテイナーだ。

植木等の評伝は多いが、『植木等と藤山寛美』はその才能の本質を鮮明に描き出す。同時代を生きたスター同士にもかかわらず、生前に会ったのは一度きり。「すれ違うべくしてすれ違った」二人だった。関西新派俳優の家に生まれ、舞台一筋で叩き上げた寛美。ジャズ歌手からたまたま喜劇の世界に入った植木。生き方も持ち味も対照的な寛美との対比で、植木等の正体がよく分かる。

東京生まれアフリカ育ちの僕は寛美の松竹新喜劇で見せる天才的な演技をナマで観たことはない。遺された映像を見るだけでも、観るものを陶然とさせる腕前だ。これでもかこれでもかという独自芸の連続パンチ。才能というのはこういうものか、と思わされる。

寛美は普通の人とはまったく行動原理が違った。東京のバーの女性たちをまとめて飛行機で大阪に呼ぶ。取材記者にまで祝儀の現金を渡す。喜劇役者の自意識が極めて強い。最初から自分の才能が手に取るように分かっている。大阪の芸能世界にどっぷりの「役者バカ」である自分に大きな誇りを持っている。芸に絶対の自信がある。だから躊躇なくわが道を行く。思い通りに舞台を重ねているうちに、世の中がいやでも寛美に近づいてくる。これが結果として寛美全盛期の松竹新喜劇の爆発的な成功をもたらした。

それに対して、植木等は自分が面白いことを面白がってやっているだけ。そこには確信も自負もない。例えば、クレージーキャッツのステージ。植木以外の5人が舞台にそろっても、植木はなかなか出てこない。遅れてデカい態度で悠々と出てくる。ルックスは伝統的な二枚目。観客をなめ切っているような風情で、「面倒だけど演奏してやっか」という感じでゆっくり階段を下りてくる。で、いきなり――という感じで演奏が始まる。始まってしまうと、とにかく明るい。動きが軽い。出てきただけで面白いのだから、何をやっても面白い。

ずっと後年に著者の小林が植木にこのころの印象を話すと「いや、僕はね、本番というと、小便したくなるんです。だから、トイレ行ってたんですよ」――この無意識過剰が独自の軽みと品のある芸の根底にあった。

素の植木はいたって真面目な「戦中派」で常識人。寛美のような芸人芸人したところがまるでない。本当は「スーダラ節」や「無責任男」のえげつないキャラクターはやりたくなかった。歌手としてやっていきたかったが、喜劇映画の成功が凄まじかった。そこで植木は考え直す。「大衆がそれを僕に望んでいることは確かなんです」――成功の後にようやく自分の才能を自覚するに至る。

自己の天才を確信する藤山寛美は時代の変化に背を向け続けた。「泣いて笑って」という松竹新喜劇のフォーマットを墨守する。時代がどうだろうと、突き抜けた芸で大衆を引き寄せてみせる。それが寛美の美学だった。朝から晩まで舞台に出ずっぱりで、「どこで休んでいるんだろう」と不思議がられた。答えは「舞台で休んでいる」。長年の無理がたたり、１９９０年に60歳の若さでこの世を去った。

一方の植木等はどうだったか。自分の持ち味が「とにかく底抜けに明るいこと」にあると割り切った植木は、その後も世の中のニーズに素直に応え続ける。「無責任」シリーズの大ヒットを受けて、クレージー映画が次から次へとつくられた。しかし、同じパターンの繰り返しではさすがに飽きられる。次第に下降線をたどるが、スーパースターだった植木にとって路線転換は容易ではなかった。

還暦近くになって、ようやく植木は映画の脇役で存在感を発揮するようになる。黒澤明監督の『乱』にも出演し、本領を発揮した。「あなたの明るさと高笑いが欲しい」というのが黒澤明の出演要請だった。

60代半ばで歌手としてもカムバック。自身のヒット曲をメドレーにした『スーダラ伝説』のヒットで紅白歌合戦に出演し最高視聴率を叩き出す。初めて観る若い世代をも一発で惹きつける天性の魅力は健在だった。

著者が全国ツアーに出た植木の楽屋を訪ねると、「『ほう……営業、イケますかね、まだ?』け、け、け、と明るく笑った。ぼくはそこで失礼したが、打ち上げのパーティーの席で、植木が夫人に、『これで死んでもいい……』ともらしたと、あとで聞かされた。この人の場合、ユニークなのは、営業、イケますかね、も、死んでもいい、も本音であることだ」——ここに植木等の本質が凝縮されている。いいときも悪いときも、自分の持ち味に忠実に川の流れに身をまかせる。キャリアの理想がここにある。

植木等は人格的にも完成された人物で、その辺は弟子だった小松政夫の『昭和と師弟愛』に瑞々しく描かれている。『植木等ショー！』はその唯一無二の芸の集大成的カタログ。ファン必携の一冊だ。併せて読むとますます味わい深い。

のめり込む人々——笹山敬輔『興行師列伝』、アダム・レボー『バーナード・マドフ事件』、小松貴『昆虫学者はやめられない』

それが理屈抜きに好きで仕方がない。その先にその人の才能が開花する——『興行師列伝』を読んで、この絶対の真実を再確認した。興業の魔力に取りつかれた5人の興行師。中でも松竹の大谷竹次郎の章がイイ。

大谷竹次郎と双子の兄、白井松次郎。二人の名前から1文字ずつを取って「松竹」となる。両親は祇園の祇園座の売店勤め。兄弟は12歳で声を張り上げ物売りをするようになる。働きながら桟敷から舞台を見つめる日々。大谷は回想する。「芝居というものに、私が一生を捧げて悔いない気持ちになったのは、後で考えてみると、十四の年の正月に祇園館の団十郎、鴈治郎の舞台を見てからだと、はっきり申せます」

複数の劇場を運営しているうちに、劇場に不動産としての価値を見出す。興行には当たりはずれがあるが、不動産の価値は安定している。歌舞伎だけでなく新派や喜劇も手掛け、リスクを分散しながら資産を増やし、独占を目指す。

歌舞伎座が不振に陥り、ついに松竹は老舗劇場を手中に収める。オーナーだった旧世代の興行師、田村成義は興行を毎月行うのではなく、当たりそうな月だけ行う「狙い撃ち」方式を採っていた。これに対して大谷は年間を通じて興行を行い、損益を1カ月単位でなく通年で計算する。松竹は「博打」を「経営」に転換した。松竹傘下に入った歌舞伎座が業績を改善するのを見た田村は思い知らされる――「俺たちはやっぱり道楽で家業をしていたんだ」。

大谷は「松竹無双」時代を築く。しかし戦争で歌舞伎座は焼失。映画へと軸足を移し、養子の城戸四郎が松竹映画の基礎をつくる。城戸は東京帝大出身のエリートで、「リスクとリターンを考えれば、歌舞伎座再建に投資できない」と判断する。これに対する白井松次郎の切り返しがイイ。

「お前の数字は分かっているのだ。（中略）もとの素寒貧に戻ると思えば何でもない。大谷は、それがために野垂れ死にしてもいい、もとの裸になってもいいというのだ。そうなると、大谷と俺は一心同体なんだ。大谷がそれほどまでに熱意を以って云う以上は、俺は理屈ではないと思う。そこで俺も裸になることを覚悟した。その覚悟をしたから、城戸、大谷と白井がそう決心をしたのだから、お前もそれに賛同しろ」――経済合理性を超えたところに興業の本質と興行師の本領があることを物語るエピソードだ。

いちばん楽しいのは毎月の番組と配役を考えることだったと晩年の大谷は述懐している。「どうも私の道楽が邪魔をしていけないようです。松竹は私が亡くなった後は事業化してよくなると思いますね。私ではどうしても事業化できない」

「近代経営」を標榜する大谷にしても本性と本能はまごうかたなき興行師。道楽の道に生きた人生だった。「十四の年の正月に祇園館の団十郎、鴈治郎の舞台を見」たときの痺れが最後まで続いている。好きで仕方がないことが才能になり、やがてはそれが限界となる。自分の本性と心中するプロの生きざまに痺れた。

『バーナード・マドフ事件』。２００８年に表面化したアメリカ最大の金融詐欺事件を描く。ウォールストリートの大物が何十年も継続して運用していたファンドが、その実は完全なポンジスキームだった。ポンジスキームの成立要件は「キャッシュイン＞キャッシュアウト」。これが維持できないと即座に崩壊する。抜群の信用があったマドフのファンドにしても、リーマンショックで資金の引き出しが次々に起こればひとたまりもない。

そんなことは当の本人がいちばんよく分かっている。利得を極大化しようとしたら、ある時点でカネを持ってトンズラするしかない。そんなことはマドフの大規模ファンドではできるわけがない。なぜ彼は「きわめて非経済的な経済犯罪」を続けたのか。その答えは、結局のところ「本人にとってプロセスが楽しかったから」。

動機はカネではない。自分が投資の世界で伝説的な存在として崇拝され、みんなが自分を信用し、自分に従って動く。そういう立場にいることが、理屈抜きの喜びだった。この辺が人間の不思議なところだ。犯罪の中身がお粗末であるにもかかわらず、シェークスピア悲劇ばりのコクのある人間ドラマになっている。

ラジオで聴いた著者の語り口が抜群にイイものだったので、『昆虫学者はやめられない』を読んでみた。昆虫にはまったく興味がないが、ここまで情熱を持って、異様な水準で昆虫（をはじめとする生き物）の世界を追求する人がいることが面白い。

アマガエルの声を精巧に真似するという特技を持つ著者は「静寂が訪れた夜の水田で、一人高らかに『アッアッアッ』とやり、それにつられて周囲のカエルたちがぽつぽつ鳴き始め、これが次第にビッグウェーブとなっていく様を聞く。さも自分がカエル界の『福山雅治』となったかのような気分に酔いしれる」。

生き物が理屈抜きに好きだということがよく分かる。こういう人が愉しく生きることができる世の中が本当の意味で良い社会なのだと思う。

失敗に学ぶ ――畑村洋太郎『回復力』、新渡戸稲造『逆境を越えてゆく者へ』、塙宣之『言い訳』

先日、大失敗をやらかした。普段から「人の世の中、ほとんどのことは思い通りにならない」という絶対悲観主義で生きているので、失敗には強いと自認していた。しかし、今回ばかりは事情が違った。

僕は基本的に一人で仕事をしている。僕にとっては失敗でも、他人にはどうでもいい話。ダメージは自分にとどまる。ところが、此度の失敗（その中身は書けないので書かない）は、よりによって僕が何とかして力になりたいと思っていた人に迷惑をかけてしまった。力になるどころか、足を引っ張りまくった。しかも、しばらくたってようやく失敗に気づいたので取り返しがつかない。合わす顔がない、面目丸つぶれ。グジグジ思い悩んでいたときにふと見かけたのが『回復力　失敗からの復活』。天啓とばかりにすぐに読んだ。

失敗学の分野で長年仕事をしてきた著者の議論にはさすがに説得力がある。人は弱い。失敗の直後はショックで心に穴が開いたような状態になり、そこから回復に必要なエネルギーが漏れて行ってしまう。失われたエネルギーを回復しないことには正しい判断や行動ができない。しかし、失敗した人はできるだけ早く汚名を返上したい。回復を待てない。中途半端な状態で動き出し、さらにダメージが大きくなる。悪循環に嵌り、自滅する。

人間はもともと「回復力」を持っている。エネルギーが戻ってくると困難に自然と立ち向かっていける。そうなるのをひたすら待つのが遠回りのようで最善の策。つまりは、時間が薬。逃げる、眠る、食べる、愚痴を言う、何でもいいが、失敗直後はとにかく「頑張るな」と著者は言う。頑張らないことにかけては多少の自負がある僕はたちまち気が楽になった。

ただし、である。一時的に逃げても、保身のためのズルやウソは絶対にいけない。目の前のできることを淡々とやる。そのうちに時間は過ぎていく。失敗を冷静に受け止め、反省できるようになる――読んでいて、まるで僕に向かって話しかけてくれているような気がした。畑村先生、ありがとうございます。

『逆境を越えてゆく者へ』。「自分はこんなに努力しているのに、社会はなぜ自分を虐待するのか、なぜ自分を受け入れないのか、という言葉はよく耳にする。だが社会は決して虐待しない。自分が虐待されるに値する人間なのである」――新渡戸稲造の言葉は厳しく聞こえる。しかし、その実本書のメッセージは寛やかだ。

ようするにすべては「気のせい」。逆境だと思うから逆境なのであって、意識の持ち方でいくらでも「善用」できるところがある。順境もまた気のせい。自分ではうまくいっていると思っていても、実際は大したことはない。ついつい油断が生まれる。順境と逆境は隣り合わせだ。

逆境にあるときは、つま先立ちして前を見る。一歩退いて「さて、この先は……」と考えれば、そこには光も希望もある。人生は長い。まあ10年待て――本書を読んでさらに気が楽になった。僕の場合は「逆境」というほどのものでもないが、失敗をせいぜい善用しようと思う。

『言い訳』は当代一流の漫才師が自らの敗北と失敗をプロの視点で考察する。ナイツはなぜＭ－１で勝てなかったのか。結論は「土俵が違う」。Ｍ－１は特別のルールと枠組みの下で行われるコンテスト。寄席での実演を本領とするナイツの漫才にとって「気合い」は最もふさわしくないものだ。しかし、Ｍ－１の決勝に限っては「気合い」がハマる。ステージにハイテンションで飛び出し、情熱をほとばしらせながら４分間を一気に疾走する。「芸」と言うより「競技」に近い。

競馬に距離適性があるように、漫才にも時間適性がある。サンドウィッチマンは１２００ｍを得意とするスプリンター。中川家は15分の中距離型。独演会に行くほどナイツがスキなのでよく分かるのだが、ナイツは２４００ｍ以上を得意とする完全な長距離型だ。寄席で20分以上のネタをやらせたらナイツは日本一。著者は「１時間でも２時間でもできる」と言い切っている。

「いちばんやってはいけないことは、Ｍ－１を意識しすぎるあまり、自分の持ち味を見失ってしまうこと」「Ｍ－１に挑戦するという若手に僕はよく『優勝を目指さないほうがいいよ』とアドバイスをします。心からそう思えるようになったとき、初めて自分らしさが出ますから」――その道のプロならではの深い言葉だ。

大阪を代表する漫才師の中川家は、漫才が「仕上がる」という表現を嫌うという。「仕上がるってなんやねん」――練習し過ぎないようにしている。塙氏も同意見だ。ネタ合わせしないでやったネタの方が本番で断然ウケる。これはよく言われることではあるが、その理由についての考察が秀逸だ。

「練習しなくてもいいネタは、ネタそのものが面白いし、そもそも自分たちに合っているんです。逆に練習しなければならないネタは、ネタがつまらないか、自分たちに向いていないんです。それに気づいてからは、練習しなくても成立しそうなネタを考えるようになっていきました」――因果関係が逆なのだ。練習しないからうまくいくのではなくて、うまくいくようなものは練習をそもそも必要としない。練習しなきゃ、と思う時点で終わっている。この辺の洞察には実に鋭いものがある。

「芸の綜合性」についての考察もイイ。著者がM－1の審査員として重視しているのは「うねり」。客席が爆発する感じ。芸の優劣には明確な基準はない。ネタ〇点、技術〇点、キャラクター〇点、合計で何点というように要素分解できない。すなわち、総合芸術だ。「フィギュアスケートや体操など採点競技で解説者がよく『指先が……』とか『足先が……』と言いますが、そんなところ見てるのはお前だけだよ、とツッコみたくなりません？」――そういうことだ。

「フリートーク」と「ネタ」は違う。容姿に自信がない人の「モテないネタ」や、売れてない人の「暇ネタ」は実際のところネタではなくフリートークと言うべき。ネタの定義は「他の人でも演じることができる」。落語であれば同じ演目をいろんな人が演じる。それは話がネタとしてよくできているから。漫才師はネタで自分たちの世界観を作り出すことができる。そこに漫才の存在理由がある。テレビ番組ではいくらでもフリートークをする場があるが、漫才はネタに徹するべき――こうした規律がナイツの漫才の面白さの基盤にあると知った。

「ネタにはすっと入るべき」という話もイイ。いきなり「こいつちょっと頭おかしいんで」という入り方をする漫才師を著者は否定する。頭がおかしいかどうかは、お客がネタを観てから判断すること――この辺、実に論理的だ。

「お客さんが自ら『この人、おかしいな』と気づくから面白いのです。それを最初にばらしてしまったら、その時点で世界観が台無しになってしまいます。ナイツのネタもおかしい人の極致です。ボケの僕は簡単な言葉を最初から最後まで言い間違います。そんな人、本来、いるはずがありません。それをあえて馬鹿だと言わずに土屋が付き合ってくれているところに独特の世界観が醸成されていくわけです」

プロとアマの違いは目の前に「お客」がいるかいないかにある。「ダルビッシュ有がこんなことを話していたことがあるんです。彼は変化球を試すとき、いきなり実戦で投げるそうです。（中略）漫才と似ているなと思いました。バッターがいないところで投げる練習が無意味なように、漫才もお客さんがいないところでやっても得られるものはほとんどありません。漫才はお客さんと一緒に作っていくものです。ここまでならウケるけど、これ以上言うと逆に引いてしまうんだな、とか。その感覚は、お客さんの前でやってみないことにはわかりません。そうして毎日、少しずつ変わっていきます。そういう意味では、一生、練習していくものなのかもしれません」

僕の仕事でもまったく同じ。お客さまとの相互作用なしには前に進めない。僕の仕事の基盤は「考える」にある。本を書いたり、講義や講演をしたり、会社のアドバイザリーをしたりしながら、お客の前に出て考えを発表する。これを繰り返すうちに考えが深まり、まとまっていく。

大学院生のころの僕は、それこそ一日中考えていたが、今から振り返ると空回りに明け暮れていた。なぜか。そこに「お客」がいなかったからだ。常にお客さまの前に出る。出続けることが最上の練習になる。このことを再確認した。

芸人生活は何十年と続く。プロの条件は持続性にある。一発当てるよりも、第一線で活躍し続けることの方が何倍も難しい。それゆえに価値がある。持ち味や能力には方向性がある。全面的に優れた人はいない。だからこそ、自分の土俵を見極め、自分の土俵で勝負することが大切になる。

テレビの芸はそもそも消耗品だ。M－1は強烈なソフトだけに芸人を消費するスピードも滅法早い。ミルクボーイは確かに面白いのだが、早くも消耗しているように見える。ここにナイツとの決定的な違いがある。

演芸場のお客を自由自在に笑わせ、次第に笑いを増幅し、うねりを生み出す。漫才の王道を突っ走るナイツの芸にはうっとりとさせるものがある。これからも長いこと僕を楽しませてくれるだろう。

大当たりの3冊——常井健一『無敗の男』、東浩紀『ゲンロン戦記』、斎藤明美『高峰秀子との二十年』

このひと月に読んだ本には当たりが多かった。その中でも大当たりが『無敗の男』。あまりの面白さに一気に読んだ。20年間というもの、一度もマスコミの取材を受けることがなかった「沈黙の政治家」に口を開かせ、その知られざる実像を明らかにした著者の功績は大きい。

中村喜四郎。衆議院議員14期。田中角栄の秘書を経て、1976年に初当選。自民党のど真ん中でキャリアを重ね、将来の首相候補とも目されたが、ゼネコン汚職事件で逮捕。最高裁で実刑が確定し、1年の刑務所暮らし。裁判中も無所属で当選を重ね、刑期満了後の衆院選でも当選。45年間にわたって負けたことがない。しかも得票率は右肩上がり。「日本一選挙に強い男」の看板に嘘はない。

ビジネスの競争と政治のそれは根本的に異なる。選挙はスポーツに近い面がある。第1に、それがイベントであるということ。スポーツの競技大会と同じように、競争がある一時点でのイベントとして起こる。この点で、継続して長期利益を追求するビジネスとは大きく異なる。

第2に、選挙やスポーツは、誰かが勝てば誰かが負けるというゼロサム・ゲーム。陸上競技であれば、1位から最下位まで一次元上に優劣が決まる。選挙も同様に得票という基準で順位がつく。誰かが当選すれば、誰かが押し出されて落選する。それに対してビジネスの競争では、ひとつの業界に同時に複数の勝者が存在し得る。それぞれに違うターゲットやポジションを取るからだ。

中村喜四郎という特異な政治家の戦略がビジネスにそのまま有効かと言えば必ずしもそうではない。それでも、彼の選挙戦略は僕の考える優れた戦略の条件をことごとく満たしている。その卓越した戦略が無敗という結果をもたらしていることは間違いない。

喜四郎の強さの基盤は地元の後援会「喜友会」にある。ここまでは他の代議士と同じ。戦略は競合他者と違いをつくることにある。議員の後援会は通常ピラミッド型の構造を持つ。地元の大物を押さえれば上意下達で下がごっそり手に入る。一見してピラミッド型は合理的だ。この合理性をとことんまで追求したのが喜四郎の師匠筋の田中角栄だった。

喜四郎の戦略はこの真逆を行く。喜友会は「偉い人がいない組織」。企業や団体の中に「支部」を作らせない。町ごとの10－50人の小さな単位で、取りまとめる会長も普通の人。角栄は地元を利権でがんじがらめにしたが、喜友会には業者も利権もない。小単位が喜四郎とダイレクトにつながるフルフラット型の組織。偉い人が喜友会に来てもつまらない。特別扱いされないからだ。メリットを求めてくる人もいない。そもそも何のメリットもないからだ。

この戦略にお金はかからない。しかし、異様に手間がかかる。地元有力者の案内人がいない以上、自ら徹底して歩いて戸別訪問を繰り返すしかない。これ（だけ）が彼の選挙活動となる。この愚直な行動を徹底することで、偉くない普通の人たちの意識に「自分たちが結束すれば、既得権者を選挙でひっくり返せるぞ」というカタルシスを注入する。

彼がなぜこういう戦略をとるのか。このロジックが深い。「金や仕事で釣れるのは1回限りだ」――1回目に1０００円出したら、次は1万円出さなきゃいけない。一度口を利いて仕事を回したら、次からは回し続けなければいけなくなり、そのうちにどんどん危ないことをするようになる。田中角栄の越山会という集票マシンは最強のように見えて、実はものすごく脆弱だったというのが、喜四郎一流の洞察だ。

ピラミッド型はボスの気が変われば一瞬で崩れる。しかも、偉い人ほどすぐ逃げる。最初はカネや仕事で釣れても、その後もメリットを与え続けなければならない。どんどん苦しくなるのは必定。悪循環に陥る。だから、フルフラットで偉い人に依存せず、全部自分でやる。田中角栄が確立した選挙の王道とはまったく逆を行くという成り行きだ。

地域回りと喜友会の活動に徹底的に集中する中村喜四郎の戦略は、いくつものトレードオフに立脚している。つまりは、何を「やらない」か。トレードオフがはっきりしているから、競合との違いが鮮明になる。彼がやっていることよりも、「やらない」と決めていることに差別化の本質がある。事件以来政治献金ゼロ。資金集めのパーティーはしない。ホームページには何も書いていない。ＳＮＳとも無縁。冠婚葬祭や地域の催しも回らない。活動は地域回りだけ。喜四郎戦略はまことに潔い。

口が裂けても自分の実績を自慢しない。手柄で人に認めてもらうのではなく、あくまでも日常の活動で認めてもらわないと本当の自分の価値は伝わらない。だから、地元でのルーティンに集中する。これは、利権や利害とは無縁な喜友会という組織づくりと論理的につながっている。

その中身が凄い。毎週土日、早朝から夜まで徹底して街宣をする。しかも、人が集まるところではなく、ごく普通の集落で辻立ちをする。家から出てきて握手を求める人は一日数人。それでも、朝から晩までひたすらマイクで怒鳴る。驚くべきことに、これを40年以上休まず続けている。

「普通の人がバカバカしくてやれないことをやるのが私という人間」と喜四郎は言い切る。他者がやらない・やろうとしないことをやる。だから他社との違いと競争優位が持続する。「急がば回れ」は優れた競争戦略に共通の要諦だ。やっていることはひたすらに「ドブ板」なのだが、その背後にはなぜそれで勝てるのか、なぜ他者ができないのかというシンプルにして強固なロジックがある。喜四郎の論理的ドブ板戦略はその極致と言ってよい。

ただし、である。一歩引いて考えると、これは果たして「政治家」なのかという疑問が出てくる。政治家ではなく単なる「選挙家」なのではないか。彼自身が「プラスアルファの時間で国会の仕事をしている」と公言している。「選挙運動ばかりで国会で何にもやっていない」という批判（そりゃそうだ）に対しては、「必死に選挙運動をやらない政治家はプロではない」。なぜなら選挙で当選しない人間は政治家にはなれない。まずは選挙で勝たなければどうしようもない――これが喜四郎のロジックだ。稀代のリアリストにして卓越した戦略家。この人には心底参った。

『ゲンロン戦記』。これがまた滅法面白い。「経営する哲学者」が悪戦苦闘のドタバタを振り返る。デビューしてすぐに論壇で注目を集め、メディアに露出し、小説を書けば三島賞。気鋭の哲学者にして多芸多才な著者は、インターネットとＳＮＳによる情報社会の到来に大きな期待を寄せる。しかし、手っ取り早く耳目を集める話題で「炎上」させるという風潮が広まる。ネットは短期局所的には有効だけれども、長期全体的には教養文化を衰退させると考えた著者は、自ら出版社（後の株式会社ゲンロン）を設立し、別の道を模索する。

最初に出した思想誌こそヒットしたものの、コスト度外視の放漫経営や幹部の突然の遁走でやがて経営が行き詰まる。挙句の果てには社員の使い込みが発覚。社員の尻ぬぐいに追われ、散乱する領収書をひたすら整理する日々の中で著者は次第に反省を深める。自分はまともな社会人経験なしに若くして有名になった。偉そうな態度で社会に向き合ってきた。人間はやはり地道に生きねばならない――大きく一周回って当たり前の結論に至る。往年の渥美清主演の重喜劇の趣がある。

ゲンロン経営と格闘する中で社会との接点が生まれていく。出入りの業者、不動産会社、銀行、役所、何よりも対価を払ってくれる顧客に向き合う中で、「誤配」「観光」といった独自の哲学概念の幹がどんどん太くなっていく。これほどの頭脳明晰、縦横無尽の思考力の持ち主でも、実体験でしかつかめないことがある。知は身体化されて初めて本物となる。その成り行きはもはや感動的だ。

『高峰秀子との二十年』。過去に出版された2冊の本を合わせて文庫になったのを機に再読した。最初は記者として、次第に友人として、最後には養女としてその死まで寄り添った著者が、高峰秀子という巨人を回想する。

高峰の一挙手一投足から著者が感じ、考えたことを振り返った後で、当時の文章を再録する。これをひとつのかたまりとして、最初の原稿依頼での出会いから最晩年まで、22の章が時系列で並べられている。

一冊になってみると、この構成の巧さがよく分かる。文庫版で６３６ページという長尺だが、著者の「高峰経験」を一つひとつ追体験することによって、高峰の凄さが徐々に明らかになり、ついには超一流の「生活芸術家」の全貌が姿を現す。仕事と生活について、不変にして普遍の基準を与えてくれる。高峰秀子を師と仰ぐ僕にとっては新約聖書のような本。いつでも手に取れるように、枕元に置いてある。

東浩紀『ゲンロン戦記』

［著者との対談］

楠木　『ゲンロン戦記　「知の観客」をつくる』を興味深く読みました。考えさせられるところが多々ありました。

東　ありがとうございます。楠木さんのような経営学者に褒められるとちょっと恥ずかしいですね。２０１０年に39歳でちっちゃい会社をつくって、それから10年ほど悪戦苦闘したというだけの記録ですから。

楠木　白状すると、東さんの著書は初めて読みました。書店で平積みされていたので、「これは面白そうだな……」ぐらいの興味で手に取ったんです。読んでみて、期待をはるかに超える内容でした。この本で東さんの哲学・思想の一端を知ることができたので、これから『ゲンロン0—観光客の哲学』なども読んでみます。「観光」とか「誤配」といった概念は実にイイですね。

東　『ゲンロン戦記』で初めて僕の本を読んでくれた方はけっこういるみたいです。Ｔｗｉｔｔｅｒ（現X）の反応を見ても、これまでの読者とは違う。30代40代のビジネスパーソンが「身につまされる」と感想を書いているのは意外でした。

楠木　この本は、会社経営のドタバタが題材ですけれど、読み手の興味によっていくつかの違った主題が読み取れます。僕の関心は、東さんが失敗や反省から自己認識を再構築していく過程です。僕もそうですが、東さんは徐々にしか反省しないですね。3歩進んで2歩下がる。今さらながら、水前寺清子さんはイイことを言っていたと思います。

東　そうなんです、人間は徐々にしか反省しない。

楠木　経費書類は見える場所にファイリングしなければダメだとか、領収書はこまめに整理しておかないといけないとか、細かい苦労を重ねていきますね。ご本人は大変だったでしょうが、読んでいる方はちょっと笑える。

東　僕はもともとファイルを整理しなくても、置いてある場所を記憶しているから大丈夫なタイプなんです。メモもほとんど取りませんし。ところが、組織となれば、みんなが使えるように体系立てて整理しなくてはいけない。でも、そういう発想が僕の中になかった。特に失敗の原因だったのは「スタッフが失敗したら、自分がフォローすればいい」「僕のやり方がいちばん効率的だ」と思い込んでいたことです。それによって彼らの仕事に介入して途中で壊してしまったり、「じゃあ、俺がやるからお前は担当を降りろ」みたいな態度に出たりした。この「自分の能力過信問題」が、失敗を繰り返す元凶だと徐々に気づいていくんですね。

楠木　有能さや多芸多才が仇になるという典型ですね。自分がデキるから、他人のことが分からない。だからすべてに対応してしまう。

東　本当はできないことがいっぱいあるんです。そもそも会社員の経験がないから、毎朝ちゃんと起きて定時に出社し、組織の中で働くということができない。ただ、「自分はできない」と自覚する経験を避けてきたと思うんですよね。ふつうの会社員なら20代30代で学ぶことを40代になってどーっと経験して、そのツケがまわってきたんだと思います。

楠木　1週間ぐらいかけてファイルを整理している場面にはしみじみとしました。あれは43歳のときですかね。

東　ファイル名を書く紙をつくろうと、毎日カッターで紙を細く切りながら「おかしいなー、これ俺がやる仕事じゃないよな。でも、これが本当の仕事なのかも」と思っていました。テプラみたいなラベルライターを買えばいい、という発想すらなかった。

楠木　そうやって何度も失敗しては反省し、そこから導き出される結論が「人間はやはり地道に生きねばならない」。本の中でいちばん笑って、いちばん感動したところです。失敗と反省の挙げ句にぐるっと一周も二周もして、小学生でも分かるような当たり前の結論にたどりつく。「人間が生きていくって、こういうことだよな」という迫力がありました。

東　ビジネスパーソンの方たちが「身につまされた」のは、そういうところかもしれません。

楠木　『ゲンロン戦記』を読むと、今日的な商売の意味を深く考えさせられます。私の専門は経営学の中でも競争戦略です。1990年代後半からのインターネットをベースにした情報材のビジネスについても考察してきました。

いわゆるＧＡＦＡ。「メガプラットフォーマー」とか一括りにして語られるのですが、それぞれの実際の商売の中身は相当に違います。何らかの価値を顧客に提供して、その対価を得る。つまるところ商売というのはそういうものなのですが、対価の取り方が異なる。「マネタイズ」という言葉に注目すると分かりやすいと思います。ＡｐｐｌｅとＡｍａｚｏｎのアニュアルレポート（年次報告書）には「マネタイズ」という言葉はあまり出てきません。ユーザーから直接対価を受け取っているからです。稼ぐ力の中身を見ると、Ａｐｐｌｅはようするにハードウェアの会社であり、Ａｍａｚｏｎはようするに小売りと流通の会社。コストを上回る対価をユーザーから支払ってもらえるような「いいモノ」「いいサービス」を提供することによって儲ける。その実像はごく伝統的な商売です。

一方、ＧｏｏｇｌｅとＦａｃｅｂｏｏｋ（現Ｍｅｔａ）はアニュアルレポートに「マネタイズ」が頻繁に出てくる会社です。Ｆａｃｅｂｏｏｋは登録してあるだけで僕はほとんど使っていませんが、Ｇｏｏｇｌｅのサービスは日常生活の中でしばしば使っています。ユーザーではあるのですが、Ｇｏｏｇｌｅにおカネを直接払ったことはありません。ＧｏｏｇｌｅやＦａｃｅｂｏｏｋにおカネを払っている本当の顧客は広告主です。ユーザーとカネを払う人が分離している。だから「マネタイズ」が必要になる。つまりは広告業です。

インターネットの時代になって、情報材を扱うＢ to Ｃの商売の実態は、ほとんどの場合、広告業もしくは販促業です。広告業の生命線はユーザーの数です。これはラジオやテレビの時代からまったく変わっていない。見ている人がたくさんいるほど、プラットフォームとしての価値が高まり、広告主を集めやすくなり、広告収入が得られます。どうしたらユーザーの数を集められるか。いちばん手っ取り早いのはタダにすることです。こうした成り行きで、「ネットの情報はタダ」が当たり前になりました。

とにかくスケールさせなければならない。しかし、ユーザーから直接カネは取れない。十分な規模に至るまでには時間がかかるので、情報サービスのスタートアップ企業の多くは、まずは「赤字を掘る」ことになる。それはそれで一つの手口なのですが、赤字を掘ったその先にきちんと商売が成り立つかどうか、長期利益につながる首尾一貫した戦略ストーリーがなければいけない。筋の通った戦略もなく、集めた原資をひたすらプロモーションに投資し、漠然とした楽観にもたれて目先のユーザー数を伸ばすことにかまける会社が多いですね。広告で儲けようとしているのに、自分が広告費を払う側に回ってしまっている。挙句の果てに、一定のユーザーを集めたところでどこかに事業を売却して、手じまいにする——これを最初から目的としているスタートアップも珍しくありません。

僕に言わせれば、これは商業道徳に反しています。しかし、当人にその意識はない。それどころか、「先端的」なことをやっていて、称賛される価値があるとさえ思っている。ずいぶん規律が緩んでいると思いますね。

ゲンロンは、スケールを否定はしていないけれども、一義的に追求していない。価値を認めてくれる人から直接対価を得ようとしている。「マネタイズ」に依存しない、「普通の商売」を目指していますね。

東　まったくその通りだと思います。「商業道徳」という言葉が出ましたけど、僕も商売と道徳は表裏一体だと考えています。モノを売ることは、信用がないと続きませんから、倫理や道徳が伴わざるを得ない行為です。むしろ、売る／買うの関係から倫理や道徳は発生するのかもしれない。

そこで大事なのが商品の具体性ですね。顧客に商品やサービスを売るという原点を手放すと、金融資本主義のグローバル世界では、詐欺みたいなことがいくらでもできてしまう。だから、具体的なモノを売る行為は絶対に手放さないようにしよう、と考えてきました。

例えば、ゲンロンの基盤となっているのは年額1万円（税別）の「友の会」という会員組織です。会員になるとゲンロンの単行本や会員向けニュースなどを読むことができます。ただし、これらのコンテンツは会員にならなくてもバラで買うことができます。単行本は書店で買えますし、会員向けの電子書籍も価格を設定して非会員でも買えるようにしています。

これは２０２０年スタートした動画配信サービス「シラス」でも同じです。シラスの視聴には登録が必要で、それぞれのチャンネルの月額会員を募る仕組みです。けれど、月額会員にならなくてもなるべくバラで購入して視聴できるようにすることを配信者には推奨しています。一般のオンライン・サロンは、メンバーシップを売ってコンテンツをバラで売ることはありません。流行に反しているのですが、なぜそうしているかというと、メンバーシップだけになると、商品の是非を通した顧客との具体的なコミュニケーションを手放すことになるからです。「マネタイズ」を志向するネット企業も、サービスを無料にすることで、結果的に顧客とのコミュニケーションを手放しているのではないか。ゲンロンもうまくやればもっと儲かるのにと言われることがあるのですが、それでもマネタイズできればいい、というのは嫌なんですね。こちらの心がすさんでいくというか、楠木さんが言われたように、それはほとんど道徳的な感覚なんだと思います。

楠木　ようするに、「人気」と「信用」は似て非なるものだということです。数多くの商売を観察してたどり着いた結論は「商売は信用第一」。東さんの「人間はやはり地道に生きねばならない」と同じで、ばかばかしいほど当たり前の話ですが、一言で言うと、これが商業道徳というものでしょう。

人気は微分値、隣り合った2時点間での変化の大きさに注目します。これに対して、信用は積分値です。時間幅がずっと長い。時間をかけた蓄積の中で信用は徐々に大きくなる。人気があれば何でもできるような錯覚を覚えるものですが、それは短期間しか続きません。信用と人気は違うだけでなく、トレードオフの関係にもなる。手っ取り早く人気を稼ごうとすると、かえって信用を得られないどころか、むしろ失う結果になる。

お客さんに価値を提供し、それに見合ったお金を受け取るという行為は、人間に規律を与えます。信用第一の商売は人間をオトナにするものだとつくづく思いますね。

東　「信用と人気の対立」は言い得て妙ですね。例えば政治のポピュリズム問題は、信用より人気を追求した結果です。僕から見ると、いまの政治、ビジネス、文化はすべて同じ問題に直面しています。

民主主義も危うくて、選挙のときに人気を高めれば当選できる。いくら地味に実績を積む政治家でも、選挙の瞬間に人気がなければ落選する。選挙の瞬間に人気を取る戦略は、いまの制度のなかでは短期的に「合理的」ですが、それは長期的、全体的には政治道徳を荒廃させていく。それでいいのかと考える必要があります。哲学、批評、文学の世界にも同じことが言えます。

楠木　これだけ人間が長生きする時代、刹那的な発想より、長期的な発想の方がますます合理的なはずなのに、信用を犠牲にして人気を取りにいく刹那的な人たちが増えている。「商魂たくましい」ということではありません。むしろ逆で、純粋に商売的な見地からしても非合理な方向に進んでいるように思います。

東　一発狙いの人はどの時代にも一定数いるけれど、スケールを追求する現在のグローバル・プラットフォームは一発屋に特に向いているメディアです。ただ、そのことをみんなが意識していない。

楠木　スケールの追求それ自体が問題なのではなくて、スケールを獲得する手段が「無料」であることが問題なんですね。

東　まったくそうです。ただ、もう少し時間がたてば正常化するという希望もあります。ＹｏｕＴｕｂｅなどの広告モデルの限界が知られ、社会の方が無料経済の効果を見切って、結局はバランスがとれていくかもしれない。いまはまだ過渡期だから、一発屋に特化したフリー経済が強いだけなのかもしれません。

楠木　ＹｏｕＴｕｂｅなどの再生数が生み出す広告経済的な価値は、いずれ落ち着くところに落ち着くでしょう。そのことをいちばんよく分かっているのが、当のＹｏｕＴｕｂｅのはずです。

この四半世紀ほど、ＧｏｏｇｌｅやＦａｃｅｂｏｏｋがあれだけヒト・モノ・カネをぶんまわして試行錯誤したのに、「マネタイズ」の方法としてはいまだに広告や販促しか見つかっていない。これだけやって見つからないということは、おそらく今後も見つからないでしょう。Ｆａｃｅｂｏｏｋは売上高のほとんどすべてが広告収入です。ところが、アメリカでは広告市場の規模はほとんど変化していません。ネットは新しい広告需要をつくったわけでなくて、新聞やテレビといったオールドメディアからシェアを奪っただけです。本当の意味で市場を創造したわけではありません。

東　出版やテレビの世界は、広告に支配されると、やりたいことができなくなることを知っていました。その知恵が忘れられている。ＩＴ革命によって、結局はみんなまた広告メディアに戻ってしまった。広告への警戒心を取り戻して、広告がなくてもやっていけるメディアをあらためてつくるべき時期だと思います。

　例えば、ゲンロンが主催するオンラインのトークイベントは、長ければ5時間ほどあるのですが、会員以外の方には１０００円で売っています。スタートしたころからずっと高い、高いと言われてきました。ところが新型コロナでオンラインの講演やセミナーが増えたら、逆に格安だと言われるようになりました。よそが1時間で３０００円ぐらい平気で取っているから、いまでは「ゲンロンは価格破壊だ」と。

楠木　ずっと同じ価格帯なのに。

東　かつて人々は動画にお金なんて払わなかった。だから広告に頼るほかなかったわけですが、いまは商品になることが発見されたわけです。しかもコロナ禍で需要も定着した。わずか1年の間に、商品じゃなかったものが商品になり、新しい顧客と作り手の関係、新しい等価交換が生まれた。インターネットの使い方にはまだまだ可能性があるかもしれません。

楠木　「あとがき」も印象的でした。本の中で「Ａさん」「Ｂさん」とアルファベットで登場するスタッフたちに触れた部分です。〈ぼくはいまでは彼らに感謝している。彼らはみなぼくを助けてくれた。彼らの過ちはぼくの過ちだ。ぼくはＸさんの流用に半年気づかなかった。Ａさんの金遣いが荒かったのはぼくの金遣いが荒かったからだし、Ｂさんや Ｅさんが経理を放置していたのはぼくが経理を放置していたからである〉

自分については甘い人が多い言論の世界にあって、ずいぶん率直な物言いですね。

東　現実にそう感じたんです。

楠木　仲間というのは似てくる。たいていリーダーの悪いとこばかり真似して、集団としてダメになっていく。多様性って、そんなに簡単なことじゃないですね。二言目には「ダイバーシティ」と口にする経営者ほど、多様性への理解は浅い。「品格、品格」という人にかぎって、品格がないのと同じです。

東さんが、そもそも仲間をつくろうと思ったのはなぜでしょうか。私の感覚では、東さんは哲学者や批評家の中でも〝基礎体温〟が高いように思います。ものを考えて文章を書くだけでは飽きたらず、多数の人に影響を与え、ムーブメントを先導しようとするアツさを感じるんですね。

僕は平熱が低い方なので、そこに大きな違いを感じます。ひとりで考えて、考えを言語化し、自分がターゲットとする読者に届けばそれで十分。仲間をつくろうとか、ムーブメントを起こそうということは自分では考えませんね。

東　〝基礎体温〟が高いというのは、自分でも思っています。僕はたぶん、性格と職業がミスマッチを起こしているんですね。だから特異なポジションにいる。同時に効率の悪さや空回りも起こしている。昔からそういう自覚はあるので、楠木さんの話はよく分かります。

楠木　東さんは２０００年代に、インターネットの言論空間にかなり期待していたと書いていますね。特に政治的な面で民主主義が変わるという理想論があって、人々が持つ無意識の意見を情報技術で集約して可視化できるのではないか、それを合意形成の基礎に据えるべきではないか、という新しい民主主義のあり方をお考えになった。東さんがゲンロンを立ち上げた２０１０年ごろですね。

僕は最初からネットの「集合知」などというものは信用できないと思っていました。初めからネットへの期待がないから、裏切られた感覚もない。これも〝基礎体温〟の違いだと思います。

東　僕はたまたま哲学や批評の世界に流れ着いたわけで、あまりその世界の常識を知りませんでした。だから、哲学や批評ももっといろんな人に届いていいはずだと思っていました。ところが、現実に哲学や批評の世界にいるのは、平熱が低く、抽象的なことばかり言っているひとばかりで、世間からも世の中のことをちゃんと考えていない連中だと思われていました。この状況を変えなければいけないと思いました。

そのためには、僕自身が面白いものを書くだけではダメです。たとえいい本が書けても、その本を求める読者がいないからです。そうなるともう、読者ごと創らなくてはいけません。業界のイメージを変え、読者の期待を変えていく。このミッションは、20年ぐらい前から僕の中にあります。だから、ガラにもなく若い人を集めたり、出版社を起業したりしたんですね。

楠木　いまのお話は、半分は僕と同じで、半分は違うという気がします。川のメタファーでよく説明しているのですが、周りの研究者を見ていると、仕事の満足というか手ごたえのツボの在り処が、川の上流、中流、下流の3タイプに分かれるように思うんですね。多摩川で言えば、第1のタイプは奥多摩の水が澄んだところにいる人たち。このタイプは、何か「分かる」ことに一義的な喜びを感じる。「分かった！　そういうことか！」で8―9割が満たされる。このタイプにとって、そのあと分かったことを論文にしたり、発表したりというのはいわば「おまけ」です。純粋なアカデミックな人は奥多摩にいる人が多いように思います。

そこから川を下って、多摩川で言えば中流の登戸あたりになると、自分が分かるだけじゃ満足できなくて、他人にも自分の考えが伝わり、分かってもらうことに喜びのツボがある人たちがいます。私は完全にこのタイプで、経営学者として最終的には経営者や商売をする人々の役に立ちたいと思っている。ですから、あるときから研究者のコミュニティで評価されることよりも、エンドユーザーであるビジネスパーソンに向けて本を書くようになりました。

東　一般向けの本を書くのは、多くの人に読んでもらって世の中に影響を与えたい、役に立ちたいと思うからですよね。

楠木　さらに川下に行かないと満足しない人たちもいます。考えを売るだけにとどまらず、世の中を自ら動かすことに手ごたえを感じる。こういう人は多摩川も東京湾の近く、羽田あたりにいる。東さんはわりと下流の方にお住まいのようにお見受けします。

東　僕としても、水が澄んでいる上流に住んでいたかった。しかし言論という川は、下流の方が枯れてしまうと、そのうち上流も枯れていくものなんです。川がどこから始まっているかと言えば、実は下流だった。哲学や批評の将来を考えると、「このままでは下流から消滅していくぞ」という危機感があって、上流から中流、下流へと居場所を移していったわけです。自分でも「なんで、こんなことやってるんだ」と常に思っています。

本にも書きましたけど、僕は学者の家庭で育っていないせいか上流のコミュニティが肌に合わないところがあります。上流で静かに暮らしたい一方で、それだけでは満足できない。「哲学をやっていたら、自分の考えがみんなに届くのがふつうだよな」という思いはベースの部分にあります。

でも、それがなくても、やはり川は下ったと思います。そもそも読者がいなければ、哲学や批評は成り立ちません。「業界の構造が間違っているんじゃないか」と気づいた結果、自分で川を下っていくしかなかった。もし僕らより前の世代が、下流域をちゃんと守ってくれたら、その必要はなかったでしょう。前の世代が枯らしてしまった下流域を自分で整備している感じはあります。

楠木　なるほど、一般読者とのつながりを軽んじた時期が続いたから、枯れてしまったと。その見方が当てはまる分野は、ほかにもありそうです。

東　２０２１年秋にメディアを騒がせた日本学術会議の任命問題でも、似たようなことを感じました。学者にとっては大問題でも、一般の生活者にすれば「ほとんど世の中の役に立ってないから当然」となる。いま文系の学者は、ものすごく評判が悪い。ネットでは「文系の学者いらなくね？」などとバンバン書かれて、世論調査でも「日本学術会議の組織見直しについて賛成」が7割という結果でした。

文系全体に対する社会的な信用が地に落ちているのに、学者自身は大学のシステムに守られているから事態を真剣に受け止めていない。政府や世論の批判をして満足している。僕からすると、このまま滅びても不思議じゃないほど、日本には文系の学問の居場所がなくなっています。この状況から脱するのにはどうすればいいかと深く考えている人はほとんどいない。

楠木　僕も大学にいる学者の一人ですけど、究極的には、大学がどうなろうと自分がやりたいことをできればいいというスタンスです。芸者と置屋みたいな関係。自分の芸を自由にやらせてもらえるような居心地のいい置屋にいたい。この意味で利己的ですね。得意な芸を披露して、お客さんが「いいね」と言ってくれたらそれでOK。だから、日本学術会議といった社会制度にも関心がない。もちろん先方から誘われたこともない。まったく知らなかったので、ニュースになったときに「誰がいるんだ？」と名簿を確認しました。主観的な基準で言えば、優れた学者も一部にいますが、そうでもない人たちもけっこういる。あまりピリッとした団体じゃないな、という印象があります。

東　僕も似た距離感はあります。もともと僕は、政権批判や運動にコミットしないので、ネットでは冷笑的と言われているんです。

ただ、文系の学問が世の中から遠ざかってしまうのは残念に思います。僕は子供のころから本を読むのが好きで、いま自分がやっていることもその延長にある。だから、読者として素朴に哲学っていいものだなと思うんです。2000年以上も前にソクラテスやプラトンが書いたことが、年齢を重ねてやっと分かってくるようなことがある。そういうのっていいことだと思うんですよね。同じような刺激的な体験を次の世代にもぜひしてほしい。

ところが、そういう経験の大切さを伝える前に、Ｔｗｉｔｔｅｒでハッシュタグを打つことが使命だと思っている大学人がじつに多い。ハッシュタグデモは複雑なはずの政治を単純化してしまう。

むしろ知識人であれば、数百年前から読み継がれてきた古典を引くことで、目の前の政治を歴史的に相対化したり、単純に見える現実の複雑な面を明らかにする役割を果たすべきです。それなのに目の前の政治の話ばかりするから、社会からかえって冷たい目で見られるようになった。「誰でも言えること言っているだけだよね？」と。そういう中で、文系学問の価値を次の世代に伝えていくみたいなミッションも感じています。

楠木　なるほど。でも、本当に力量がある人は自然と出てくるものではないですか？

東　そう簡単には言えないと思います。文系の学問は歴史のつながりの上で成立しているものですから、一人の力で何とかできるものではありません。人間社会とはあまり関係がない学問、例えば物理法則などは一度失われても、誰かが再発見できます。しかし文化は、一度滅びたら復活はとてもむずかしい。だから、残したいんです。一種の教養主義ですけど、そのプラットフォームをどう現実的に構築するか。公的機関には期待できないので、民間ビジネスで立ち上げるしかない。そう考えたところに、僕の特異性があるのかもしれません。

楠木　分かりました。文化の存続には、僕もぜひ力になりたいと思いますけれど、その方法が、自分なりの考えを発表するとか、本を書くところで終わってしまう。東さんは、責任感が強いというか、器が大きいですね。

東　いや、器が大きいというわけじゃ……いま言われて思ったんですが、これは職業病かもしれません。僕は20代のころからメディアに出ていたんで、新聞記者などが訪ねてきて、「これからＩＴと文化ってどうなると思います？」みたいな抽象的なことを質問されるのに慣れている。だから、なんかそれっぽく答えちゃう。

楠木　僕の場合は40歳過ぎまでメディアに出ることはそれほど多くありませんでしたから。

東　でっかい話に落とさないと、オチがつかないみたいで落ち着かない。たぶん職業病です。でも『ゲンロン戦記』に書いた通り、最近ではそれもむなしいと感じている。会社経営は雑務だらけですから、いまや頭の８割ぐらいそっちに使って、実際は残り2割ででかい話や未来について考えているだけです。でかい話ばかりじゃ、根っこがなくてふわふわしてくるんですよ。

　僕は中高一貫の進学校から東大に入って、そのまま博士号を取って、最初の本でサントリー学芸賞をもらって論壇にデビューして……と本当に狭い世界しか知らなかったんですね。生活者とちゃんと接してないというのが弱点でした。

楠木　それは、特殊な才能を持つ人に固有の問題じゃないですかね。いずれにせよ、具体と抽象の往復を繰り返さなければ、迫力ある思考は生まれないと思っています。ゲンロンの経営で社会との接点ができたときに、空調設備の人やセキュリティ会社、食材配達、印刷業者、旅行業者……と、いろんな業者さんと接して感心する。こういう具体の次元にある経験が、抽象次元にある東さんの哲学をドライブしていく。この成り行きがすごくいいなと思いました。

東　例えばトークイベントでは、登壇者は「これは自分のイベントだ」と思っている。でも実際は、部屋の空調が効いていたり、観葉植物が置いてあったり、たくさんの人がそのイベントに関わっている。観葉植物がなければ、何かもの足りない気分になるものなんですよ。

　ゲンロンでも観葉植物を買おうとしたんですけど、そのとき初めてレンタルがあると知りました。「観葉植物をレンタルする業者があるんだ！」って。そうやって、いろいろ調べていくと、いろんな業種があって「社会は業者で成り立っている」と実感できるわけです。イベントに登壇したことしかないひとは、そういう想像を働かせることができない。

楠木　で、いろいろあって、自分が育ててきた会社をもう畳もうかと考えたとき、ちゃんと後継者が現れる。

東　現社長の上田洋子と取締役の徳久倫康ですね。上田は僕と全然違うタイプなので、どうなるかと思ったら、社長交代のあと業績がずっといいんです。スタッフはほとんど同じなのに。もう苦笑いしかないですよ。あらためて僕は、会社経営や部下を使うことに向いてなかったんだと理解しました。『ゲンロン戦記』が好評なのはうれしいですけど、「俺の悪戦苦闘は何だったんだろう」という思いはありますね。

楠木　まるで向いてない僕が言うのもなんですが、東さんは明らかに経営者に向いてないですね。大回りで一周まわって、やっぱり一人でやっていこうという悟りに到達する。『ゲンロン戦記』を読んで最も感動したのは、そこのところです。

プロの言葉の力——落合博満『采配』『戦士の休息』、為末大『ウィニング・アローン』

三冠王3回の大打者にして、常勝チームを作り上げた名監督による『采配』。①野球監督、②野球選手、③野球以外のスポーツ指導者、④スポーツ選手、⑤スポーツでなくてもチームや組織を率いる指導者、⑥指導者でなくても勝負の世界に生きる人、本書はおそらくこの順で有用だと思うが、僕はそのどれにもまったく当てはまらない。それでも著者の経験から抉り出された「仕事の本質」には大いに魅了された。「プロフェッショナルとは何か」という問いに対する第一級の答えがここにある。

著者は言う。自分の采配を「正しかったか」それとも「間違っていたか」という物差しで考えたことがない。その場面で最善と思える決断をするだけ——これこそ意思決定の本質だ。成否は事後的にしか分からない。事前にあるのは自分の基準。著者は自分の頭で徹底的に考え抜いた明確な基準を持ってチームを率いた。

「勝利の方程式」など存在しない。それでも「勝負の方程式」——勝負を少しでも優位に進めていくための原理原則——は確かにある。勝負の方程式を駆使して戦えば、仮に負けても次に勝つ道筋が見えてくる。そもそもスポーツ競技とビジネスでは「勝利」の意味がまったく異なるが、競争戦略を仕事にしている僕にとって深く腑に落ちる話だ。優れた戦略とは経営者が自ら練り上げた「勝負の方程式」に他ならない。

著者の思考と行動はひたすら論理的。決して精神論に流れない。言動がぶれない。だから選手も納得する。しかも、言われてみれば当たり前だけれども、言われるまではなかなか気づかない論理を鋭く衝く。

ルールは最低限にして、できるだけ選手の自由裁量に任せる。なぜか。プロの世界では自由が最大の規律になるからだ。データを使え、使われるな。状況やコンディションはいつも違うからだ。基本だけを徹底し、そこから先は押し付けない。仕事に「絶対の基本」はあるが、「絶対の方法」はないからだ。現役時代は後援会を持たなかった。応援のお礼参りがシーズンオフに集中し、翌年も活躍するために十分な休養が取れなくなるからだ。

野球が自分の仕事である以上、野球だけを考える生活をしてきた著者は、しかし、仕事で目立つ成果を上げることは人生の幸せとはまったくの別物だと言い切る。この辺、実に深い。単なる勝負師を超えたものがある。その教養と人生哲学を含めて、著者はとびきりの「すごい人」だと思う。日本最高のプロフェッショナルの一人であることは間違いない。

無趣味を自認する落合氏が唯一少年時代から続けているのが映画鑑賞。『戦士の休息』は異色の映画評論集だ。著者の思考の深さと尋常ならざる言語化能力がいよいよ明らかになる。映画は単純に面白がるのがいちばん、と言いながら「面白いとはどういうことか」を突き詰める。俳優で好きなのはジョン・ウエインと三船敏郎。「だって、かっこいいじゃん」と言いながら、「自分にとってのかっこいいとはどういうことか」を考える。

著者は野球の達人以前に思考の達人だ。自分の頭で考え、経験を言語化し、そこから自分の原理原則を組み立てる。「なぜ同じ映画を何回も観るのか」という話が面白い。少年時代に大ファンのヘップバーンの映画を観たときのこと。視線は彼女にくぎ付けで、ストーリーが入らない。そこで、次はしっかりと字幕を追い、物語を味わう。その次は舞台の町、その次は音楽やカメラワークを楽しみ、ようやく一本の映画作品を観たという実感に至る。

「私は自分なりの映画の味わい方を作り上げたのである。しっかりと理解し、納得してから次に進む。のちに野球という仕事を極めようとする際に用いた方法論は、私が持つパーソナリティだったかもしれないが、高校時代の映画の味わい方が土台になったといっても間違いではないだろう。そういう意味で、オードリー・ヘップバーンが私の人生に与えた影響は少なくない」――論理は具体の次元を飛び越える。ヘップバーンから影響を受けた野球選手は他にいないだろう。

『ウィニング・アローン』。これまた元アスリートの著者が類いまれな言語化能力を駆使した傑作だ。スポーツにまるで縁がない僕は、この本を読んでスポーツの本質を言語的に理解できた（気がする）。

　スポーツ競技ほど一瞬にすべてが凝縮された世界はない。アスリートは勝負にこだわる。ルール上の正しさにこだわる。しかし、実際の社会は複雑で、すべてが緩慢に見える。引退した著者が最初にやったのは、陸上競技関連のものをすべて処分することだった。

「私の競技人生を支えたのは言葉だったと思っている」。言葉がうまく使えるようになれば、事実と意見を分け、正確に問題を把握し、改善に取り組める。何よりも自分を知ることができる。「競技人生は自分を知り、その扱い方を学ぶ過程」だという。

　一人でやる陸上競技。しかも現役時代はコーチをつけなかった。自分一人で考えざるを得ない。言葉でなければ考えられない。究極の深度での自分との対話を重ねた人ならではの言葉の力を思い知った。

2・26の多面読書

――高橋正衛『二・二六事件』、磯部浅一『獄中手記』、澤地久枝『妻たちの二・二六事件』

　同じことについて異なる視点で書かれた本を読む。理解が立体的となり、思考が深まる。これを「多面読書」と呼んでいる。

　例えば、二・二六事件。それ自体が異様だったのみならず、その後の日本の破滅の一因となる大事件だった。それから85年。何やら世の中が不安定になりつつある今、二・二六事件の成り行きを理解する意義は大きい。軸となる一冊は『二・二六事件』で間違いない。１９６５年の出版以来、旧版46刷、増補改版になってからも13刷を重ねるロングセラーにして古典だ。

軍隊の一部が暴力で政権の転覆を謀る――外形的には軍事クーデター以外の何物でもない。しかし、主導した陸軍青年将校にはその意図はない。政党は財閥と結託して堕落し、既成軍部は横暴を極める。君側の奸を斬り、国体を明徴ならしめ、天皇の大御心に回帰する――彼らが目指したのは、クーデターでも革命でもなく「維新」だった。国体を左右するつもりはさらさらない。ここに悲劇の淵源がある。

陸軍首脳部は迷走する。事件直後に一定の理解と寛容を匂わせる大臣告示を出し、反乱軍を戒厳部隊に引き入れようとさえする。「大権を私議するのには断固反対」と言いながら、自ら大権を私議しまくる。ご都合主義にもほどがある。真崎甚三郎大将に至っては、騒ぎに乗じて軍事政権の首班の座を狙う。卑怯の一語に尽きる。

重臣の虐殺に天皇は激怒、「朕自ら近衛師団を率ゐこれが鎮圧に当らん」と即座に意思を明確にする。28日早朝、ついに天皇自らの奉勅命令が下る――「叛乱軍は原隊に帰れ」。反乱軍がすべてを懸けた大御心は真逆に動いた。「軍人勅諭」で動く軍隊しか知らない青年将校の世界観は過剰に単純明快だった。しかし、複雑な現実社会の問題は国体明徴だけでは解決できるわけもない。首謀者は軍法会議にかけられ、非公開の一審即決で死刑。

皇道派の抑え込みに成功した陸軍統制派は総力戦体制を固め、日本は太平洋戦争になだれ込んでいく。真因は政府と統帥権独立を盾にした軍部との二重権力にある。直面する問題が大きくなるほど二重権力はその二重性を強める。著者が言うように二・二六事件は「日本の政治的矛盾の爆発点」だった。

事件の当事者は何を考え、どう動いたか。反乱軍の中心人物による『獄中手記』を読む。青年将校の計画は驚くほど拙速にして杜撰だった。1月末時点でも暗殺対象すら決まらない。「牧野（前内大臣）は絶対に討たねばだめだ」「一体どこにいるのだ」「さあ困った」――居場所をつかんだのはようやく2月21日のことだった。

しかし、である。考えてみれば、狂的な情熱で突き進む維新運動とはそもそもそういうものなのだろう。一日も早く君側の奸を斬り除く。いちいち計画していては実行に踏み切れない。綿密な計画立案を「薄弱賤劣」な「打算主義」として端から否定する。陶酔はますます加速する。

二・二六未明、官邸に銃声が響く。「勇躍する、歓喜する……とにかく云うに云えぬ程面白い」。不逞の輩に突撃する正義を世の中が否定するはずはない――何を見ても聞いても都合よく考える。事件後の獄中にあっても、裁判で徹底的に戦うと意気軒高だ。

果たして主張は全否定される。刑死を待つ日々は痛切だ。身を捧げた天皇を一転して呪う。「天皇陛下、何と云う御失政でありますか、何というザマです、皇祖皇宗に御あやまりなされませ」――処刑のその瞬間、他の多くの青年将校と異なり、磯部は「天皇陛下万歳！」と叫ばなかった。あまりに独善的な愚行の結末とはいえ、心が痛む。

事件の35年後に書かれた『妻たちの二・二六事件』は青年将校夫人たちのその後を辿る。夫人たちの記憶に残る夫は、悲壮な覚悟をしながらも妙に明るい。2月25日の朝「厚木で演習があるから」と家を出た丹生中尉は27歳。10カ月の結婚生活の中で「俺が死んでも、お前は恩給がもらえるからいいね」と夫人に言っていた。たとえ死んでも、官位をすべて剝奪されて逆賊になるとは考えていなかったのである。

磯部の同郷の田中中尉は、結婚生活わずか40日で蹶起する。事件後に妻久子の懐妊を知る。遺書では「仏の国より汝等二人を護らん」と勇ましいが、面会では「お前のことを考えたら、おれ、死にきれねえ」と、若い夫の姿をのぞかせる。「久子は弱くて強いのです」という夫の遺書にある通り、久子夫人は保母になり、定年まで勤めあげた。叛徒の妻として戦前戦後を強く生きた妻たちは男よりもよほど現実を直視していた。

二重権力が絶対悪なのは、それが失敗するからではない。体制がどうであれ、失敗するときは失敗する。問題は、失敗した後にある。二重権力は失敗を制御できない。むしろ、失敗を燃料に暴走する。止めることができるのは徹底的な破滅のみ。政治であれ軍事であれ企業経営であれ、二重権力は宿命的に破滅への道に入り込む――この3冊を読んでつくづく思い知らされた。

頭と体――二宮敦人『世にも美しき数学者たちの日常』、ジェシー・フィンク『ＡＣ／ＤＣ評伝』、小野一光『全告白 後妻業の女』

　僕は経営学者だが、大学院では経済学も勉強した。経済学はほとんど数学で成り立っている。経済数学はとにかく苦痛だった。段階を追って勉強すれば分かることは分かるのだが、僕にとってはまるで面白くなかった。『世にも美しき数学者たちの日常』は数学者という特別な人種の思考と行動を解明する。登場人物の一人、黒川信重東工大名誉教授の現下の仕事はリーマン予想を解くことにある。リーマン予想が解けると素数がどのように分布しているかが分かる（らしい）。栃木から2時間半かけて東工大に通勤する。カバンの中には紙と鉛筆だけ。それさえあれば電車の中で研究できる。１カ月で紙が50枚たまる。それが一つの論文になる。40年間そういう生活を続けている。

　黒川夫人の観察が面白い。家族で旅行に行くと、電車に乗るやいなや先生はメモを取る（つまり通勤電車と同じ）。景色を見ても頭の中は数学でいっぱい。自宅の３つの部屋では、Ａ４サイズの紙があらゆる場所に積み上げられ土砂崩れを起こしている。しかし、「悪いことは絶対できない人」だと夫人は断言する。

　実験は外在的な活動だが、数学は頭の中にしか実験室がない。ひたすら自分の中に向かっていく。「自分の時間を邪魔されたくないので、一切人に会いたくない」という数学者がいる。考え始めるともうダメ。思考に集中し過ぎて講義も忘れてしまう。

　内向的だが誠実。正しさにこだわる。何よりもストイック――数学者は一言で言えば「芸術的アスリート」だ。純粋論理の世界なので、曖昧さやごまかしや嘘がない。完全に平等で民主的。数学者はお互いの仕事を尊敬している。それぞれが自分の仕事をしているだけ。嫉妬とかライバル心とか上下関係はない。実験系の工学のような先行争いもない。発表に1年ぐらい差があっても「ＡさんＢさんの定理」と名付ける。登山ルートが違うだけで、定理にたどり着いたそれぞれの数学に意味がある。数学者には争いもストレスもない。ある種のユートピアだ。

この辺、体ではまるで共感できないのだが、頭では何となく分かる。数学者の世界は確かに美しい。自分がなぜ数学を好きになれないのかについての理解も深まった。数学者が経営を嫌いなのは間違いない。

趣味でロックバンドを30年以上やっている。演奏していて最も興奮するのは、何と言っても「ロックンロール・ダムネーション」や「ハイ・ヴォルテージ」といったＡＣ／ＤＣの名曲だ。40年以上にわたりハードロックの第一線で活躍し、アルバム総売上は2億枚以上。その偉大さはデビュー以来「まったく変わらない」ということにある。雑誌のインビューでギタリストのアンガス・ヤングがうまいことを言っていた。「ＡＣ／ＤＣは同じような曲ばかり入ったアルバムを12枚もリリースしてきた、とかいう連中がいるけど、間違っている。13枚だ！」――決してぶれない音楽への姿勢と思わずニヤリとさせられるユーモア。この言葉にＡＣ／ＤＣの魅力が凝縮されている。

ＡＣ／ＤＣの評伝を遅ればせながら読んでみた。『ＡＣ／ＤＣ評伝』はマルコムとアンガスのヤング兄弟の絆を軸に、バンドが不動の地位に上り詰め、困難を克服して自分たちのスタイルを貫き通す姿が克明に描かれている。１９８０年、初代ヴォーカルのボン・スコットが急逝、バンドは最大の危機に直面する。２代目ヴォーカルとしてブライアン・ジョンソンが加入したことがＡＣ／ＤＣと世のロックファンにとってこれ以上ないほどの不幸中の幸いだったことを本書を読んで痛感した。いきなり５０００万枚超のセールスを記録した名盤「バック・イン・ブラック」が出たこともあるのだが、それ以上にジョンソンの気質と心構えがＡＣ／ＤＣの文化にドはまりだったことが大きい。

エピソード満載の本書は確かに力作、本格評伝なのだが、そこにかえってもどかしさを感じてしまう。どんなに言葉を尽くしても、文章ではＡＣ／ＤＣの凄さは伝わらない。体全体で痺れてみなければ、分からない。ロックの本質が身体性にあることを逆説的に再確認した。

近畿連続青酸死事件の犯人に直接取材した『全告白　後妻業の女』。一見して「関西のおしゃべりなおばちゃん」。

その実、財産の奪取を目当てに高齢者と交際・結婚しては次々に毒殺していく「後妻業の女」の実相を描く。

　彼女の周囲で不審死した男性は10人近くに上る。本人はそのうちの8人の死に関与した供述をしたが、証拠不十分。起訴されたのは3件の殺人と1件の殺人未遂に止まった。裁判に証拠として提出された被告と被害者とのメールのやり取りを見ると、この人物の化け物ぶりがよく分かる。一人を殺してすぐ次の獲物を仕込んでいる。一切の反省、良心の呵責というものがない。自己利益のためだけに、淡々と人を殺していくルーティンができ上がっている。もし最後の事件が発覚していなければ、さらに被害者は出たに違いない。

　ごく稀にこういう人が出てきてしまうのが人間の世の中――と言ってしまえばそれまでだが、さすがにこれだけは頭でも体でも理解できない。

現在・過去・未来――山口周『ビジネスの未来』、伊藤昌哉『哲学のない政治家が、国を亡ぼす。』、古川緑波『苦笑風呂』

　経済成長ゲームの不毛な延命措置に意味はない。「安全で便利な（だけの）社会」から「真に豊かで生きるに値する社会」へと転換すべき時期に来ている。転機とは「何かが始まる時期」だけでなく「何かが終わる時期」でもある。『ビジネスの未来』には「何が終わるのか」に対する著者の思考が詰まっている。

　リセットは難しいように見える。しかし、根本にあるのは気分の問題だ。日本は停滞局面にあると言う。しかし、一定のキャパシティがある限りいつか成長は止まるのが当たり前。裏を返せば、高い成長率は文明化の未遂を意味している。高成長と低成長、どちらがいいかという問いは誘導尋問に近い。「未熟と成熟」だったら成熟がイイに決まっている。二項対立の枠組みをどう設定するかで答えは変わる。ようするに「気のせい」なのだ。

　ＧＤＰについての話が面白い。どんな尺度にも目的がある。「目的が先、指標が後」が本来の順番だ。ＧＤＰにしても、１００年前のアメリカで「どれくらい多くのものをつくることができるか」を知るという政策立案の需要から生み出された指標だった。ところが昨近は、「指標が先、目的が後」という本末転倒に陥っている。ＧＤＰ１位のアメリカを理想社会と思う人は少ないだろう。そのうちに中国が1位になるのは間違いない。中国を羨む人は今の日本にどれだけいるだろうか。成長の最大の理由は「それまでが低い状態にあったから」。１９６０年代のような高い成長率は「非常事態」で、今の方が普通と思った方がよい。２桁成長を前提にしたシステムが機能しないのは当然の成り行きだ。

著者はデヴィッド・ストローの言葉を引いて「何か複雑な問題を解決しようとするときは、自分もまた解決しようとしている問題を引き起こすシステムの一部であることを自覚しなくてはならない」と強調する。システムを取り替えようとしてもダメで、一人ひとりが自身の思考と行動を変えなければ何も始まらない。これからの生き方を考え直すための一冊だ。

『哲学のない政治家が、国を亡ぼす』。１９８９年出版の古い本だが、人間洞察の書として一読の価値がある。とりわけ田中角栄についての論考は、敵対する宏池会の側から政治に関わっていた著者だけに、第一級のものがある。田中は非常にバランスが悪い天才だった。人の欲しいものを理解し、それを与える（という期待を与える）ことによって人心を掌握するという点においては抜群。しかし、その才能を自分の利害にしか使うことができない。

もし角栄が実業家だったら、という考察がイイ。不動産会社を持ち、次々にビルを建て、地代・家賃を稼ぎまくっていただろう。不動産バブルでボロ儲けをしていただろうことは間違いない。しかし、「断言していいと思うが、松下幸之助にも本田宗一郎にもなれなかったことだけは確かである」。

ここしばらく角栄を再評価する向きが多いが、その政治手法は高度成長期で（のみ）輝くものだった。当時は「百害あって百利ある」タイプの天才だったかもしれないが、路線転換の必要性に直面している今の日本にとっては百害あって一利なしの政治家だと思う。

戦前昭和の喜劇王、古川ロッパ。『苦笑風呂』は敗戦直後に書かれた随筆集だ。入浴がままならない敗戦後の苦労を面白おかしく綴った表題作。オチが利いていて、いま読んでも十分に笑える。つくづく文章が上手い。

とんでもないインフレが続いていた中で、青空市場の卵売りがうまいことを言って客を集める。「さあ一個5円の卵だ、昔なら5銭だ、さあさあ昔の5銭」。その隣で1個1円の蜜柑売りが負けじと「さあ、こっちは、昔のタダだよ」。

日比谷公園で目につくのは、日本の若い女性を連れて闊歩している進駐軍の米兵ばかり。憤慨する人をなだめて「物は思いようだぜ、こっちが洋行していると思えばいい」。もう日本はダメだという諦観の中で、何とか気分を取り直して日常を生きていく人々の姿が綴られている。

「今を去る十数年前、日本未だゴキゲンなりし頃」という表現を見るにつけ、当時の人々にとって昭和初頭の日本がいかに「ゴキゲン」なものだったかがよく分かる。ピークは戦前の大正後期から昭和ヒト桁の時期で、戦争と敗戦で日本はすっかり落ちぶれてしまった、というのが時代の共有認識だった。彼らはその後の経済復興を知るよしもない。高度成長期はイメージすらできなかっただろう。そこが面白い。

「長期低迷」「閉塞感」「少子高齢化」と言うのだけれど、多くの人がイメージできないような「豊かに成熟した日本」がこの先にあるかもしれない。人口7000万人（すなわち敗戦時の日本の人口）の日本のポジティブなビジョンは十分に描けるはずだ。

ただし、である。その「豊かに成熟した日本」にしても、やがて問題が噴出し、「もう日本はダメだ」となるに決まっている。人の世はそうした山谷を繰り返していくしかない。

［著者との対談］

山口周『ビジネスの未来』

成長率に対する誤解

山口　本日は、僭越ながら拙著『ビジネスの未来』をテーマにお話を伺います。この本を出したのは２０２０年の末で、執筆のきっかけはその年の春のロックダウンでした。ほとんどの仕事がいったんキャンセルになって時間ができたものですから、前々から気になっていたことを調べ直してまとめてみようと思いまして。
　特に知りたかったのは経済成長についてです。当時は新型コロナの影響もあって世界経済の行方が不安視されていましたが、普段でも経済成長については常に問われ続けています。去年どうだった、今年どうなる、来年どうなる、という議論がずっと続いていますよね。でもそれって、足元だけ見ながら全力疾走をしろと言われているようなもので、何となく気持ち悪さを感じていました。

楠木　近いところしか見ていない。ま、人間社会というのはいつもそういうものなのですが。

山口　そうなんです。だからロングタームで見たときの経済成長率はどうなのか、先進７カ国のここ半世紀の経済成長率を調べようとしたら、驚くべきことにどこにもないんです、そういうデータが。
　仕方ないので、世界銀行が公表している国別の実質ＧＤＰのデータを使って、１９６０年代から10年ごとの平均値を出してみました。すると、１９６０年代の５・５％をピークに下降を続け、２０１０年代の成長率は1%ちょっとしかないことが分かったんです。アメリカと比べて日本はダメだとか、日本だけ経済成長していないということが国内ではよく言われますが、実は先進諸国と比べても成長率に大きな差はない。そのことが明確になって私自身も納得しました。これはちょうど飛行機が着陸に向けて下降しているようなものだと。着陸する先は、経済停滞の暗い谷間ではなく、文明化を終えて物質的不足の解消を実現した「高原社会」なんだというイメージが湧いてきまして、そこから徒然なるままに書いたのがこの本です。

楠木　僕も出てすぐに読みましたよ。本を読むときは面白いと思った箇所とそれに対する自分のコメントをメモしながら読むので、『ビジネスの未来』のメモも今日は持ってきました。

山口　ああ、ありがとうございます。実は、あの本を書いてから自分の中でうまく整理がついてないことがあって、それについて先生に伺いたいと思っていました。私はスタートアップを含めていろいろな企業のお手伝いをしていまして、当然ながらその個別の企業に関しては成長を喜ばしいことだととらえています。ですからミクロの単位で見ると、成長を目指したいと思う自分がある。一方、マクロで見ると、成長を目的としてアクセルを全開にすることは不毛だし、高原社会ではそもそも無理だろうと思う。これは矛盾しているのではないかと。

　楠木先生は経営戦略の専門家でいらっしゃいますが、戦略の評価は売上や利益が増えたかどうかで決まるわけですから、「成長を善」とすることが前提なのですよね。

成長は結果である

楠木　個々の企業や個人などの経済主体がミクロ、それを地域や国などの単位で集計したものをマクロなのだとすると、両者の違いは「意思」を持つかどうかにあります。成長したい、成長して嬉しいというような、実際に行動を伴う意思を形成するのは基本的にミクロの経済主体にしかない。マクロはそれらを合算したものなので、そこに意思、意図はありません。意思がないものに対して「もっと頑張れ」などと言っても仕方がないわけです。為政者が、合算の結果である国全体の経済成長を目的に据えても、実際に経済活動を行うのは企業や個人の経済主体ですからね。

　そのミクロのレベルでも、成長そのものは直接の目的にはなり得ないと思います。競争戦略の観点で目指すものは長期利益、より厳密に言えば持続的に資本コストを上回る利益の創出です。競争の中で企業が独自の価値をつくり、それをお客様に提供して利益が生まれ、その利益を再投資して独自の価値に磨きをかけ、さらなる利益が生まれるということですね。事業が顧客に対して価値を提供していれば、こうした循環によって結果的に「成長してしまう」。

当たり前ですけれど、経済成長は人口増のような外生的要因の影響を受けやすい。高度成長期は環境が強い追い風になっていたために、真面目に商売しているだけで成長しました。ただ、高度成長期は人間で言えば青春期みたいなもので、言ってみれば異常な状態なんです。むしろ今が定常状態です。

フィリピンのＳＭインベストメンツという会社は、１９５８年に靴の小売業から出発して、現在ではショッピングモール運営や不動産開発なども手がけるフィリピン最大級の企業となっています。経営リーダーは女性で、リテールの原理原則を突き詰めた優れた経営をしている。成長性の点で優れた企業ですが、その中身はマクロに見て社会自体が成長期にあるということと、ミクロで見たときの経営や戦略が優れていることの２つに分けられます。後者はもちろん大切なのですが、現時点では前者の要因も大きい。

ミクロの経済主体が成長を意図するのはいいことですが、成長を一義的な目的に据える必要は必ずしもない。要するに何を比較対象として「成長している」とか「成長していない」と言っているのかということです。高度成長の幻想がいまだにあるようですが、特殊な状態と比べてもしようがない。これはどこの国にも言えることです。アメリカは日本よりも経済成長が旺盛な国ですが、それでも黄金の１９５０年代と比べて「停滞している」と嘆く人はアメリカに多いですから。

山口　トマ・ピケティも『21世紀の資本』で言っていますね、長期にわたって成長率が年率１・５％を上回った国はなく、年３―４％成長すべきだというのは幻想だと。ただそうした環境下で、少しずつでも結果的に成長してしまうというミクロのあるべき姿を考えることが大切なのですね。

ウェルスが豊かな日本

山口　最近面白かった一冊が、アメリカの歴史家、モリス・バーマンの書いた『神経症的な美しさ アウトサイダーが見た日本』です。バーマンは、アメリカ社会にはドラッグ、銃、犯罪、格差などの深刻な問題が多過ぎて、どうしようもないところまで来ていると言っています。そして、国家の目的はＧＤＰを伸ばすことやイノベーション指数を上げることなのかと問うている。本当に大切なのは健康長寿、教育の確保、格差解消といった国民のウェルビーイングに関わることで、それらの項目を日本とアメリカで比べると、ほとんどアメリカが負けると。

楠木　そうでしょうね。

山口　だから、これからの世界では日本がお手本になるんじゃないか、あれほど本質的にサステナビリティに長けた国民はいないと彼は言っています。

楠木　ある国や地域の経済的なパフォーマンスは多元的なものです。ＧＤＰやその変化率としての成長は尺度の一つにすぎません。ＧＤＰはその年にどれくらい生産活動したかという、いわばフローであって、ストックとしての国民のウェルス（財産）や、格差の問題はまた別次元です。

　ＧＤＰやイノベーション指数については、アメリカは常に上位で、近年の中国の伸びも突出しています。一方で格差に代表される社会的な指標は日本の方が高いでしょうし、何と言っても日本はウェルスが豊かですよね。

山口　個人金融資産が１６００兆円くらいあると言われていますね。

楠木　何を重視するかは目的によって変わりますが、今はあまりにもＧＤＰとその成長率とか、１人当たりＧＤＰのランキングを気にし過ぎているように思います。日常生活レベルの豊かさ、生活のゆとりは、ＧＤＰよりもむしろウェルスに表れるものです。日本は格差が相対的に少ない状態でウェルスの平均値が高い。これは「いい感じ」だと思うのですが、こっちの次元での評価はあまり言われませんよね。

山口　そうですね。悪いことばかり強調されて。

楠木　だからと言って日本に問題がないわけではもちろんありません。結局すべて裏表の関係にあるんです。日本人が貯蓄しがちで消費が少ないということは、経済成長に対してはマイナスです。企業の場合はキャッシュを貯め込み過ぎていて、将来への投資がないと批判される。

　とはいえＧＤＰの成長率だけを見ていることの弊害は明らかです。僕が周さんの本を読んでメモしたことの一つが、２０００年代のＢＲＩＣｓの経済成長率という話です。当時のロシアの成長率は５％近かったのに、２０１０年代に入ると１％以下になってしまった。ブラジルも同様に２０１０年代は成長が鈍化している。当時予測したような「ＢＲＩＣｓの時代」は来なかった。

　世界全体で見れば、20世紀の中盤からのものすごい成長は、もちろん技術革新の果実が実ったという要因もあるけれど、やはり戦争からの復興が大きかったということですよね。

山口　そうですね。本にも書きましたけれど、壊すから、つくる余地がある。

楠木　繰り返しになりますが、成長というのは最終的には需要の問題です。経済成長のために戦争をするというわけにはいきません。

残したいものだけを残す未来へ

山口　消費というのは使ってなくすこと、言い換えれば今あるものを破壊するということですから、消費拡大による経済成長とは破壊という営みを前提としていると言えますよね。それがいいことなのか、という問題があると思います。

　イザベラ・バードやアーネスト・サトウなど、江戸時代の末期から明治時代の半ばにかけて日本にやってきた外国人は、当時の日本の美しさに感銘を受けたといいます。その後、東京をはじめとする大都市は焼け野原になって、高層ビルが立ち並び、物質的にも豊かになったけれど、それがよかったのか。
　私は機会があるといろいろなところで、「もし将来、地球に住めなくなってスペースコロニーに移住しなければならなくなった場合、日本から何を持っていきたいですか」と聞いてみることにしています。すると、例えば伊勢神宮とか、桂離宮とか、和食とか仏像とか、答えはさまざまですが、共通しているのは20世紀以降にできたものはまず選ばれないということです。繁華街のビルや首都高、駅前商店街のごちゃごちゃした電線なんかを持っていきたいという意見はほぼ挙がらないですね。

楠木　イザベラ・バードやアーネスト・サトウが見た風景は、江戸時代というかなり特殊な状況、同時代の世界と比べると不思議なぐらい安定が継続した仕組みが生み出した美しさではないかと想像します。それが日中戦争→太平洋戦争という大失敗によって大きく変わってしまった。もし戦争をせずに明治以降も安定したシステムが続いていたら、昭和・平成時代のものの中でも宇宙に持っていきたいと思えるものが多かったかもしれません。僕個人は「いすゞ１１７クーペ」など、20世紀以降の工業製品にも素晴らしいと思うものがありますけれどね。

山口　言われてみれば、確かにありますね。

楠木　結局、先の大失敗からまだ１００年も経っていないわけです。このまま大規模な破壊がなく安定した社会が何百年も続いていけば、日本は確実にまた美しくなっていくと思います。残したいものが増えていく、というよりも美しいものしか残らないようになっていくんじゃないですか。僕はそんなふうに未来を見ています。

こんまりさんに見る歴史の変曲点

山口　個人的に切実な問題を解消していくことがビジネスにおける最も分かりやすいマーケットオポチュニティだとすると、そうした問題、特にモノによって解決できるような問題があらかたなくなるのが「高原社会」です。そのような経済成長だけを追わない社会では、一体何のビジネスをやればいいのかという疑問が生じますよね。

松下幸之助は「水道哲学」で大成功を収めました。これは「生活物資を無尽蔵に供給することで貧を除く」、つまり普遍的かつ個人的に切実な問題を物資によって解決するというビジネスモデルです。物資は大量生産すれば安くなり、安くなればさらに売れるという歯車がうまく噛み合って経済は発展します。その結果、現在は、精神的なことはともかく、ほとんどの人が物質的には不足のない状況になりました。

そのことを象徴しているのが、「こんまり」こと近藤麻理恵さんだと思います。彼女の『人生がときめく片づけの魔法』シリーズは世界で１２００万部以上売れています。２０１０年代に世界で同じぐらい売れた本は、ユヴァル・ノア・ハラリの『サピエンス全史』です。

楠木　それは知りませんでした。

山口　彼女は２０１５年に『ＴＩＭＥ』誌が選ぶ「世界で最も影響力のある１００人」にも選出されています。私は、こんまりさんは歴史の変曲点を示す存在だと思っていたのですが、『ＴＩＭＥ』誌も同じように考えたんじゃないでしょうか。なぜ変曲点なのかというと、彼女は、モノを減らす、なくすことで富を生み出した人なんですね。これは人類の歴史上初めてのことではなかろうかと思います。これまで富というものは、ほとんどの場合、モノが生み出す価値に付随して生じてきました。ところが彼女は基本的にモノのなくし方のノウハウを教えています。なくしたことで富が生まれているということは、モノにマイナスの価値が生じているととらえられます。モノにマイナスの価値が生じている時代に、コストをかけてモノをつくっても儲からないのは当然なのかもしれません。そのことを、彼女が象徴的に示している気がするんです。

楠木　言われてみればそうですね。モノをなくすという行為が有する精神性というか、生活哲学のようなものが、人々を惹きつける価値になったわけですね。

山口　そうですね。ミニマリストという生き方もありますけど、そもそもモノを持つことにはコストが伴います。場所をとるし、メンテナンスが必要だし、事業者ならば保管コストもかかる。とは言え、差し引きすれば持つことのメリットの方が大きいために、みんなモノを手に入れてきたのですが、高原社会ではそれが成り立たなくなります。

インストゥルメンタルかコンサマトリーか

山口　そうした社会におけるビジネスの役割を考えるとき、ヒントになるのはウィリアム・モリスではないかと思います。彼はアーツ&クラフツ運動を主導したデザイナーとして知られる一方で、社会主義活動にも熱心に取り組んでいました。当時は世界中でマルクス主義者や社会主義者が革命を叫んでいたわけですけれど、みんなが革命をどうやって起こすかを考えていた中で、モリスは「革命の後、どうするか」を考えていました。そこが非常に鋭い問いの立て方だったと思います。彼は、革命によって自由や時間的余裕を得た後は、「生活と芸術の一体化」、つまり生活を飾ることが大切になると考えていたんです。

モリスは産業革命によって大量生産されるようになった粗雑な日用品が労働者の家庭に溢れていることに耐えられず、芸術的価値のある日用品をつくって人々の生活を豊かにすることを目指していました。それは必ずしも理想通りにいったとは言えませんが、このモリスの思想は高原社会におけるビジネスのカギになると私は思います。「飾る」というのは装飾することだけではないでしょう。楠木先生と私の共通の趣味である音楽も、ある種の飾りであり生活を豊かにしてくれるものだと思います。実用性を超えたその先に価値があるということですね。

楠木　贅沢ではなく心地いい生活をしようということですよね。そうしたウィリアム・モリスの感覚は日本の価値観との親和性も高いと思います。

山口　それは、インストゥルメンタルとコンサマトリーという話に関わってきますね。人生を道具的に考える、未来のために今という瞬間を道具として犠牲にするという考え方がインストゥルメンタルであるのに対して、コンサマトリーというのは、その瞬間、瞬間の充実や感動を大切にする、手段と目的が一体化しているという考え方で、高原社会ではコンサマトリーな経済活動に転換すると『ビジネスの未来』にも書きました。人間性に基づく衝動を大切にしようということです。

楠木　そのような自己充足的な状態が、本当の消費の動機になっていくと、それはたぶん量の問題ではなくなります。もしかすると、こんまりさんのように減らすこと自体がコンサマトリーかもしれない。そういうことを実際にうまくとらえて、価値を生み出しているビジネスも出てきていますよね。例えば、中川政七商店などはそうでしょう。そういうコンサマトリーな価値というものを普通の人々が自然に感じることができるようになることが、僕は成熟のいちばんいいところではないかと思っています。

イノベーションでは経済成長できない

山口　『ビジネスの未来』の中で、ほかに先生がメモされたところがあればぜひ教えていただけますか。

楠木　いろいろあるんです。例えば、技術革新によって経済成長の限界が打破できるというのはナンセンスである、とか。特に、「インターネットの出現によって新たな成長が始まったという証拠は一切存在しない」というのは重要な論点ですよね。ＧＡＦＡＭのような特定企業の局所的な成長はあったにせよ、全体のパイは増えていないわけですから。

山口　そうですね。あれは、２０１９年にノーベル経済学賞を受賞したアビジット・バナジーとエステル・デュフロ夫妻の論文からの引用です。日本でも、テクノロジーイノベーションだ、人工知能だ、日本版シリコンバレーをつくって経済成長だなどとよく言われますが、「それは本当ですか」と問いたいと思いまして。

楠木　基本的な商売の構図は、誰が何にお金を払うのかということですよね。じゃあインターネットによって商売がどうなったかと言えば、ネット広告はものすごく拡大したけども、その分だけ従来の広告は減っている。

山口　お金の流れが変化したということですが、従来は１０００人でやっていた仕事が10人でできるところに流れてしまうのですから、格差は当然拡がってしまいますよね。

楠木　ただ、やっぱり市場メカニズムがよくできていると思うのは、昔だったらラッダイト運動のようなことが起きたりするところが、余った労働力を別のセクターで吸収できて、しかも少子化が進んで全体としては人手不足だなんて言っている。なんてバランスがとれているんだろう、と思ってしまいます。

　経済力というものをどう見るかは、人によって着眼点が異なるので一概には言えませんが、例えば、僕が面白いと思うエコノミストで投資家のイエスパー・コールさんは、日本経済のパフォーマンスは世界でも最高だと言っています。僕はちょっと極論だとは思うのですが、ポイントはかつてのような成長は望めない中で、どこに軸足を置くのかということです。そのコンセンサスは次第にとれていくのではないかと思いますけれど。

堤清二と小林一三が残したもの

山口　糸井重里さんと対談させていただいたんです。糸井さんというと、われわれ世代が思い浮かべるのはやはりセゾングループの一連の広告ですよね。当時のセゾングループは、ファッションだけでなく美術館や劇場といった文化事業を手がけるなど、本当に存在感がありましたが、改めて当時の財務諸表を見てみると営業利益率は平均1%ちょっと、ほとんど利益を出していませんでした。

　これは結局、ビジネスの目的を何に置くかという問題です。人間はいつか必ず死にますし、企業もいつかはなくなる。そのときに何が残るのかと言えば、プロセスしかありませんよね。

　それがまさにコンサマトリーということで、セゾングループも結果的には消滅したけれど、あの全盛期に商業活動に加えて商業と文化の汽水域のさまざまな活動があって、それらがいわば揺籃となって糸井さんをはじめ多くの才能を育てた。そうしたことを考えると、堤清二さんは最初から、会社や人はなくなってもプロセス、文化は社会に残るのだから、その残したいものをいかに残すかということを軸足としていたのではないでしょうか。

楠木　僕は堤清二（辻井喬）マニアなので著作もほとんど読んでいますけれど、彼は経営者としての基本部分が壊れた人だという印象です。アーティストですね。だからもしかすると、おっしゃるようなことを確信していたのかもしれません。ただし、経営は結果です。経営者としての堤清二は結局ダメだったと思います。投資先行で元気がイイのですが、儲けるストーリーに関しては非常に甘い人でした。

いずれにしても、彼のセンスはとてつもないものがあった。１９８４年に開業したホテル西洋銀座にしても、あのタイミングでラグジュアリーホテルをつくったというのは、日本の消費文化の成熟に対する責任めいたものを感じていたからじゃないかと思います。その後のセゾングループがあんなふうになってしまったのは残念ですし、だからこそ彼のセンスを生かす経営者が別にいればよかったのに、と思ってしまいます。

堤清二が同時代の人、例えば三島由紀夫とか、年の離れた先輩の小林一三をどう見ていたかといった話を読むと、やっぱり抜群にセンスがいいんですよ。だから彼が書き残したものを読むことは、世の中の面白い見方を知るという意味でもおすすめです。

山口　小林一三という人は逆に経営者としては超一流ですね。

楠木　そうですね。彼が考え出した、鉄道と一体化した都市開発は日本発のソーシャルイノベーションと言えるでしょうね。創作もしていた。

山口　文学者になりたかったそうですね。堤清二と似ているところがあります。

楠木　似ています。ただ、辻井喬としての堤さんは文筆家として超一流でしたけど、小林さんはそうでもない。一方で、二人は年齢も離れていますから直接の交流はなかったか、あったとしてもごくわずかだったと思うのですが、小林一三の下で長年勤めていた番頭格の人と堤清二は親しく話をしていたようで、彼らの会話から浮かび上がってくる小林一三という人物は、本当にすごく立派な人です。

山口　論語と算盤が一体化していますよね。

楠木　ええ、「商売で欲を持って大成功しようとするなら、道徳的でいることが最も優れた方法である」という渋沢栄一の思想を地でいった人です。それだけに自分にも厳しく、とにかく「変なことをやって儲けようとするな」ということを常に言っていたそうです。小林一三の評伝はいい本がたくさんあるので、皆さんにもぜひ読んでいただきたい。

山口　鹿島茂さんが書かれた『小林一三 日本が生んだ偉大なる経営イノベーター』が決定版ですね。堤清二と小林一三が残したものを振り返ると、ソーシャルイノベーションの重要性が分かると思います。

広がるソーシャルベネフィットへの共感

楠木　周さんは、次の本のテーマは考えていらっしゃるのですか。

山口　これは時流に反するかもしれないんですが、「パーパスでいいのか」と問い直してみたいとは思っています。クリティカル（批判的）であることが大切じゃないのかと。

　最近、オランダのアムステルダムに拠点を置くスタートアップ「Fairphone」のスマートフォンがヨーロッパでシェアを伸ばしています。モジュール式で、ユーザーが自分でパーツを交換できる設計になっているんです。彼らは、毎年のように新製品を出して古いモデルを陳腐化させるビジネスモデルでは電子機器の廃棄物が増える一方だ、本体をできるだけ長く使い、古くなったパーツだけ交換するシステムにすれば、環境負荷を減らせると言っています。そして、そのような端末でも収益化が可能なことを示し、スマートフォンのビジネスモデルを変革するというビジョンを掲げています。

　普通、コンシューマ向け製品では、カメラがきれいに撮れるとか、バッテリーが長持ちするといったユーザー個人への提供価値を訴求するものです。Fairphoneの長期使用可能な点も個人にとって嬉しいことではありますが、それよりも社会的な意義を訴えてビジネスを営み、そこに共感する人が多くいるんです。

考えてみれば、テスラは「化石燃料への依存に終止符を打つ」、パタゴニアは「地球を救うためにビジネスを営む」、グーグルは「世界中の情報を整理し、人々がアクセスして使えるようにする」というように、パーソナルベネフィットではなくソーシャルベネフィットにつながるビジョンやミッションを掲げ、支持される企業が増えていますよね。

１９６０年代の終わりから70年代の前半にかけて世界中で学生運動が盛り上がりましたけど、近年、社会的利益を掲げるスタートアップやソーシャルビジネスが支持されるのは、そのかつての学生運動のような位置づけ、「現状に対する異議申し立て」なのだろうと思います。ただ学生運動は他者を変えようとして失敗しましたが、現代の成長企業は自分たちも含めて思考・行動様式を変えようとしている。

楠木　なるほど。

山口　１９３０年代に活躍したドイツの哲学者、ヴァルター・ベンヤミンが歴史の概念についての文章の中で、次のようなことを言っています。「歴史の天使は顔を過去に向けていて、破壊されたものを拾い集めようとしている。けれども過去から未来に向けて吹く嵐が強過ぎて、天使は背中を向けている未来の方へ押しやられてしまう。われわれが進歩と呼んでいるものは、この嵐なのである」と。

当時の社会を覆っていた、戦争の犠牲者や弱者を置き去りにして進歩を礼讃する空気に彼は異議を唱えたのだと思います。進歩というものに対する姿勢を問い直しているわけです。

私たちは、未来というものは前方にあるもの、前方に見出すものだと思いがちですが、もしかしたら違うんじゃないか。今、見つめている足元にあるものや、これまでの進歩に対する問題意識、批判的なエネルギーから生まれるものが実は大切で、ビジョンもパーパスもあっていいのですが、その根っこにはクリティシズムが必要なのではないかと思うんです。

基本的に世の中はよい方向に向かっている

楠木　やはり文明の終わりが文化の始まりなのであって、物質的に充足して文明化が終わりに近づいている今は、単に進歩を目指すのではなくその是非が問われているということですね。「衣食足りて礼節を知る」と言われますが、これは裏返すと「足らないと知れない」ということです。

　その意味で、僕はポジティブに考えています。おっしゃるように企業が個人の便益にあまり言及しないのは、物質的な充足よりも社会的な課題解決の方が多くの個人にとっての価値になりつつあることが背景にあると思うんです。

山口　アメリカの哲学者ケイト・ソパーが、エシカル消費やミニマル消費は自己利益の抑制ではなく、社会や環境に対する利益、配慮が積極的に自己利益に内部化されていることであり、それをよしとする世代がマジョリティになりつつあることを見誤らないように、と指摘しているのですが、先生がおっしゃっているのもまさにそういうことですよね。

楠木　ええ、そうです。その傾向は消費財だけでなく産業財やB to Bの世界にも広がり始めていると思います。ヨーゼフ・シュンペーターはイノベーション理論で知られた経済学者ですが、僕がすごいと思うのは、彼は今から１００年以上前に資本主義が成熟すると限界を迎え、社会主義になると言っていることです。資本主義に内在されているロジックから必然的に社会主義になるんだと。実際、今の資本主義にはどんどん社会主義的な修正がかかっていますよね。ただし、シュンペーターは問題が一つあると言っている。やることがなくて退屈な世の中になってしまうんだと、ある種の人にとっては。

山口　そうでしょうね。資本主義が成熟した高原社会でのビジネスあるいは生き方というのは、高原でフェスをやっているイメージなんです。一見楽しそうですが、それはそれでけっこうキツいものがある。なぜなら、肉を焼くのが上手いとか、どんな曲でもギターで伴奏できるとか、ダンスで盛り上げられるとか、ヒューマニティに根差した喜びや豊かさといったものに貢献できないと、そのフェスには参加しづらいからです。

楠木　フェスにもいろいろな種類があると思いますが、僕はやっぱり物理的な住居に関わるもの、地域が重要じゃないかと思います。つまりどこに住むか、どの地域コミュニティを選ぶかということが、これからの社会では大きな意味を持つようになるでしょう。結局、衣、食、住のような人間にとっての基礎的なところにどんどん回帰していきますよね。だから僕は高原社会に対してポジティブですし、楽しみにしています。それには世界の平和が大前提になりますが、いろいろなもめごと、フリクションを起こしながらも、基本的に世の中はよい方向に向かっていると僕は思っています。

今の時代を嘆く人は多いのですが、端的な質問として「じゃあ、過去の時代に戻りたいのか」と考えてみるといい。高度成長期は今の基準で言えば、生きるのがとんでもなく苦しい時代でした。戻りたいか、と言われたら、僕はまっぴらごめんですね。戦国時代や縄文時代はなおさらです。それと同じことだと思います。１００年後の人に「１００年前に戻りたいか」と聞けば、「いや、それはちょっと勘弁してほしい」ということになっているのではないでしょうか。

山口　そう信じたいですね。あらためて、含蓄の深いお話をありがとうございました。

金融裏街道 ——高橋篤史『凋落』、比嘉満広『兜町の風雲児』、児玉博『堕ちたバンカー』

金融業界の闇に突っ込んだノンフィクションを3冊続けて読んだ。

『凋落』はプロットがイイ。バブル崩壊後の２０００年代に現れ、暴走に暴走を繰り返して破滅的な結末を迎えた木村剛と大島健伸という2人の人物を対比する。二人のコントラストと奇妙なもつれ合いが面白い。

木村剛は東大卒業後日銀に入り、バブル崩壊後の不良債権処理の論客として頭角を現す。経済コンサルタントとして当時の小泉総理や竹中大臣にも重用される。ここまではよくある話なのだが、唐突に日本振興銀行という奇妙な銀行を立ち上げる。高い利子率の定期預金で預金を集め、劣悪な融資先に貸しまくる。思い込みと勢いだけで業容を拡張し、迷走に迷走を重ねてわずか6年で経営破綻。債務超過は６７００億円。刑事被告人として有罪判決を受けて一巻の終わりとなる。

木村の生活は地味だったという。暴走の動機はカネではなく、社会的な名声。当時の木村は40代前半。「若いのにデカイことをやる男」という評判（だけ）を追い求めた自己陶酔の人だった。

一方の「商工ファンド」の創業者、大島健伸は絵に描いたようなカネの亡者。商工ファンドを上場させ、莫大な富を手にする。それでも、税金はびた一文払いたくない。なにもそこまでしなくても、というマニアックな国際的租税回避（というか脱税）のスキームを全身全霊で構築する。松濤に44億円で建てた大豪邸も脱税スキームの一環だった。

商工ファンドが社会的な指弾を受けるようになると、大島は商工ファンドをＳＦＣＧと改称し、不動産担保ローンに軸足を移す。そこに木村との接点が生まれる。ＳＦＣＧが抱えていたローン債権の買い取りを日本振興銀行に引き受けさせる。しかもこれが二重譲渡という詐欺行為。こんなことがいつまでも続かないのは当の大島は百も承知。資産隠しに邁進し、ＳＦＣＧを計画倒産させる。断末魔に至ってもカネに執着する狂気は読むものをして呆然とさせるものがある。カネ勘定に甘い木村はコロッと騙されて、これが日本振興銀行のペイオフ発動の決定打となった。

木村と大島という育ちも目的も対照的な両者がそれぞれの狂気と執着で暴走し、最後の最後で邂逅する。ドラマとしては猛烈に面白い。とりわけ次のくだりはたまらないものがある。

「その日は日本振興銀行が顧客であるＳＦＣＧを接待する格好だった。トップ同士が顔合わせをして今後さらに取引を拡大させようとの狙いで設けられた会合というわけだ。（中略）木村はその場で、前の日本銀行総裁を呼び捨てにして『誘われたから入行してやった』などと、こけおどしともとれる逸話を披露しつつ、そのころ実行していた『百社構想』を大島らに向かって自信満々に語り始めたという。（中略）自信家同士の組み合わせというのは面白いもので、互いが意見をぶつけ合う一触即発の緊張感はどこにもなく、それぞれが相手のことを立てるのだという。社内でサディスティックなまでに社員を罵倒して興奮のあまりものを投げつける大島にしろ、休日返上の会議に次ぐ会議で全職員に過大な目標を課して限界まで働かせることを当然視している熱血主義の木村にしろ、２人の絶対権力者は和やかな表情で互いの話に頷き合っていたらしい」――この辺、何となく分かる。人間の性《さが》が色濃く出ているところだ。

日本振興銀行と商工ファンドがバブル崩壊後の金融界に咲いたあだ花だったのに対して、バブル以前の日本で大騒ぎになった金融詐欺が投資ジャーナル事件。『兜町の風雲児』は、その中心人物だった中江滋樹の人生を追う。

高校生で相場に目覚め、20代で投資顧問会社「投資ジャーナル」を設立。１００億単位の資金を動かす「兜町の風雲児」はやることなすこと金融詐欺師に類型的なことばかり。赤坂の高級料亭でお座敷遊びをした後、銀座の高級クラブを梯子する。３０００万円の現金を詰め込んだ紙袋を会社の部下５、６人に持たせて、紙袋が空になるまで何軒も飲み歩く。

投資ジャーナル事件で収監され、出所してからはヤクザのアングラマネーを運用して失敗。長期海外逃亡を経て帰国してからは完全に落ちぶれ、晩年は生活保護を受けた独居生活だった。

『堕ちたバンカー 國重惇史の告白』は國重惇史という不思議な人物を描く。住友銀行のエリートとして早くから頭角を現し、ＭＯＦ担（大蔵省との折衝担当で当時の銀行の中枢業務）として「國重の前に國重なし」と言われた。本書の軸になっている平和相互銀行事件でも大いに暗躍し、頭取候補とも目されるが、出世競争で敗れ銀行を離れる。楽天証券社長、楽天副会長を歴任した後、女性問題のスキャンダルで楽天を辞め、その後はいよいよ怪しげな道を邁進――劇画のような転落人生に慄然とする。

頭脳明晰で人間としてもチャーミング。けもの道では独特の才能を発揮する人だったのは間違いない。ひたすら裏の世界で暗躍し、取り仕切る。それが三度の飯よりもスキ。生来的に自滅型で、どこかが壊れた人だと推察する。

ハイリターンを狙えばハイリスクになる。ローリスク・ハイリターンはあり得ない。しかし「ハイリスク・ノーリターン」はある。今回の3冊に登場する4人は、全員が血道を上げてハイリスク・ノーリターンの修羅の道に頭から突っ込んでいった。論理と常識で考えればどうやってもうまくいくわけがない。一時的にうまくいったとしてもすぐに破綻する。それでも本人だけは「俺だけは大丈夫。何とかなるはずだ。俺なら何とかしてみせる」と思い込む。思い込むだけでなく、確信している。ここに「狂気」の正体がある。

むき出しのカネを扱う金融業界の暗部には、涼しい顔をした狂気の人が蝟集している。バブル前の『兜町の風雲児』はもちろん、『凋落』の当時と比べても金融規制は格段に強化されている。それでも、今もこうした人々が目につかないところで跳梁跋扈しているに違いない。

ギアが一速に入るとき――東海林さだお『ショージ君の青春記』、テリー伊藤『オレとテレビと片腕少女』、菊池寛『半自叙伝・無名作家の日記』

仕事生活はマニュアル・トランスミッションのクルマの運転と似ている。アクセルを踏むのは簡単だが、ギアを入れるのが難しい。しかも変速のタイミングが問われる。十分に加速しないうちに次のギアを急ぐと失速する。だからといって、同じギアでずっと引っ張っていては速度が上がらない。何と言っても難しいのはそれが「仕事」になるかどうかを決める一速だ。一速に入らないことには何も始まらない。

東海林さだおは文筆界の大谷翔平のような存在だ。漫画とエッセイストの二刀流でどちらも一流。特筆すべきはその驚異的な持続力だ。連載漫画『タンマ君』や『サラリーマン専科』は御年83歳の現在まで50年以上続いている。エッセイは漫画のさらに上を行く。大谷になぞらえれば、漫画はピッチングでエッセイは打撃。リズムよく流れていく軽快な文体は近代散文界の「発明」と言ってよい。独自の文章芸は「娯楽読み物」のひとつの完成形を示している。

『ショージ君の青春記』は漫画家として立つまでの滑った転んだを綴る。漫画を描くのが好きで、他にやりたいこともない。それだけの理由で漫画家になろうと考える。しかし、世の中は甘くない。理想は遠く、現実は近い。作品はまったく受け入れられず、無為で怠惰な日々が続く。

20代も後半のある日、転機がやって来る。学生時代からの漫画仲間、福地泡介の家を訪ねると、玄関先に牛乳瓶が置いてある。一足先にデビューした福地は確かに漫画で生活を立てていた。「漫画を描いて牛乳をとろう」――ようやく現実を直視したショージ君は原稿の持ち込みを始める。もちろんすぐにはうまくいかない。しかし、粘り強く続けるうちに、ゆっくりと着実にギアがかみ合っていく。クルマがそろそろと動き始める。30歳にして連載デビューし、あとは一気に加速する。ギアが一速に入るときの高揚を瑞々しく描くエンディングは感動的だ。

『オレとテレビと片腕少女』は、築地の玉子焼屋の四男に生まれた著者が、さまざまな人々との出会いを通じて心象風景を綴っていく青春記。ギターを弾いて、海に行って、女の子や仲間たちと毎日楽しく過ごす――大学生になったら「若大将」になるつもりだった。ところが、キャンパスは学生運動真っ盛り。デモの先頭集団で機動隊と衝突、デモ隊の投石が左目を直撃し、斜視になってしまう。

学生運動から離れた著者は、女の子の尻を追いかけ回す毎日に明け暮れる。卒業が近づいてもフラフラしている著者を見かねた両親は「寿司職人になれ」。知り合いの寿司屋に送り込まれ、住み込みで働き始める。渋々来ている上に、異様に手先が不器用。しかも周りは「年下の先輩」ばかり――とっとと逃げ出して潜り込んだのがテレビの世界だった。

予算の少ない番組を手がける小さな制作会社で、寝るのを忘れるほど夢中になった。休みもなければカネもない。それでも心が満たされる。「仕事って、こんなに楽しいのか。テレビって、こんなに面白いのか」――行くあてもなく、日がな一日公園で過ごしていた失意の日々を思えば、見るものすべてが輝いていた。

そのころ出会ったのが、ファッションヘルス嬢のマリンちゃん。事故で片腕をなくした彼女はしたたかに生きていた。片腕少女のパワーと根性がテレビマンとしての生き方を決定づけた。ゲリラ戦で勝負して、誰も見たことがないようなテレビをつくってやる。「なんたって、斜視のオレには、最初からものごとが全部、斜めに見えているのだ。真っすぐにしか見えない人には見えないものが見えるのだ」――スカッとギアが一速に入る。アクセルを踏み込むエンジンが唸りを上げる音が聞こえるような名場面だ。

『無名作家の日記』はギアが一速に入らないまま挫折した男の物語。無名作家のむき出しの嫉妬や焦燥を描く。菊池寛自身をモデルにした主人公の富井は京大生。東京にいる文学仲間の山野（モデルは芥川龍之介）たちの同人誌（『新思潮』）が気になって仕方がない。富井は雑誌の失敗と廃刊を祈念する。願いもむなしく、雑誌は好評、山野は一躍新進作家の地位に上る。雑誌に掲載してもらおうと作品を山野に送るが、酷評されて没に――失意の富井は山野に呪詛の言葉を吐きつつ小説家を諦める。

現実の菊池寛は挫折するどころか、本作で文壇デビューし、翌年の『恩讐の彼方に』『藤十郎の恋』で加速、すぐに二速にシフトチェンジして新聞小説の長編『真珠夫人』で新進作家の地位を確立、三速で『文藝春秋』を創刊し出版社の経営に成功、そのままトップギアで「文壇の大御所」にまで上り詰めた。

功成り名を遂げた後に若き日の屈託を告白するのはよくある。菊池が凄いのは、自分の傷を抉り出し、塩を擦り込むような本作をブレイク前に書き、これでギアを一速に入れることに成功していることだ。しかも筆致は笑えるほど冷徹。「生活第一、芸術第二」を標榜した現実主義者の強靭さに感嘆する。

芸術家の不幸――佐藤秀明『三島由紀夫　悲劇への欲動』、三島由紀夫『文化防衛論』、三島由紀夫『告白　三島由紀夫未公開インタビュー』

三島由紀夫にずっと興味がある。その小説や戯曲、評論はもちろん素晴らしいのだが、それ以上に人物がたまらなく面白い。美意識過剰にして自意識過剰。しかも現実主義者。自分が追求する美を自らの仕事と行動で表現しないと気が収まらない。自決事件にしても政治的な意味はこれっぽっちもない。本人も「クーデター」が成功するなどとは夢にも思っていない。三島の美意識と自意識が現実世界で核融合を起こして爆発したようなイベントで、あっさり言えば「三島由紀夫演出・脚本・主演の派手な自殺劇」だった――ありとあらゆる三島本を読んできた僕の結論だ。

最近出版された『三島由紀夫　悲劇への欲動』はメタ評論――三島についての評論を広く概観し、考察を加える――の手法をとる。著者は「前意味論的欲動」が三島理解のカギになるとしている。言語的な意味に先行した、体験や実感に根差した深い欲動が三島の作品と人生の基底にある。初期の『仮面の告白』に表出している「悲劇への挺身」に三島の欲動があるという。

戦時中の三島の戦争への構えはごくドライで理知的なものだった。「滅私奉公」とは無縁で、学業や私生活を優先した。入隊検査で不合格になると、呼び戻されるかもしれないという恐怖感から、一目散に駅まで走って逃げて帰っている。自決は自作自演の「悲劇への挺身」であり、政治的主張とは無縁の欲動の発露だった。

２０１５年に発見された、自決9カ月前のインタビューテープを書き起こした『告白』。リラックスした様子の三島は率直に話していて、数あるインタビューの中でも面白い部類に入る。

他の日本の文学者と比較して、三島は自身の作品の核が「言葉」そのものにあるとしている。人生や思想ではなく、言葉こそがマテリアル。その意味で音楽や絵と同じだという確信を持っている。思想や主張は横に置いて、ひたすら言語的美意識を作品に叩き込む。ここに三島の最大の才能と美点がある。

自身の限界を冷静に見抜いている。「僕の文学の欠点というのは、小説の構成が劇的すぎることだと思うんです。ドラマティックでありすぎるんです。それはどうしても自分でやむを得ない衝動なんですね」「現実がそのまま小説の中に流れ込んできて、中でいろいろ変化、変貌して、作者の手が及ばないほどに人物が変貌していく。そういうものが小説として理想的かもしれませんけど、私はそういうことができないんです。これと決めたらこれなんですよ」

『文化防衛論』は晩年の政治論の集大成。冒頭の「反革命宣言」に三島由紀夫の真骨頂を見る。天皇に帰依する国体主義は言論の自由を必要とする。したがって言論の自由を守るために共産主義に反対する、という主張を縦横無尽に展開する。その飛びぬけた言語能力を総動員した大演説だけに、文章それ自体は論理的だ。

それはそれとして、シビれるのはこういうところ。「われわれは、護るべき日本の文化・歴史・伝統の最後の保持者であり、最終の代表者であり、且つその精華であることを以って自ら任ずる。『より良き未来社会』を暗示するあらゆる思想とわれわれは先鋭に対立する。（中略）有効性は問題ではない」「われわれは強者の立場をとり、少数者から出発する。日本精神の清明、闊達、正直、道義的な高さはわれわれのものである。再び、有効性は問題ではない」

「反革命宣言」は三島美学の発露であって、政治的有効性はそもそも問題ではない。それでも、自己の美意識の表現として断固としてやる――これがイイ。傍目にはただの「ヘンな人」なのだが、そもそも芸術表現というのはそういうものだろう。

「文化防衛論」の中心には「文化概念としての天皇」論がある。新憲法制定時の和辻哲郎の主張――天皇は日本国民統合の象徴であって、その本質は国家とは関わらない。日本のピープルの統一の象徴であって、それは政治的な統一ではなく、文化的な統一だ――を引用し、三島は言葉を尽くして文化概念としての天皇の復活をガンガン主張する。ところが現実の「日本のピープル」は三島ほど深刻でもナイーブでもなく、それぞれが日常の生活を営んでいる。しかも、当の三島自身がこの「猛烈な空回り」を誰よりも分かっている。そこがたまらなくイイ。

「俺は自我があるなんて信じたことはないよ。形式ということを考えている。フォルムがあればいいんだ。……ぼくは、そういうフォルムと自分を同一化することにしか、つまり自我をもつことができないんだ」――三島の思考は確かに一貫している。その延長上に自決があったわけで、言行一致の人であることは間違いない。

「自分は十分俗悪で、山気もありすぎるほどあるのに、どうして『俗に遊ぶ』という境地になれないものか、われとわが心を疑っている」――死を前にして書いた「果しえていない約束」の一節に三島の本音が出ている。芸術家の不幸が身に沁みる。

ポピュリズムの怪物――伊藤昌哉『自民党戦国史（上・下）』、石井妙子『女帝　小池百合子』、石井妙子『おそめ』

「権力は一切の政治の不可避的な手段であり、従ってまた、一切の政治の原動力である」――マックス・ヴェーバーが喝破したように、政治は本質的に権力闘争だ。『自民党戦国史』は三角大福中（三木、田中、大平、福田、中曽根）が首相レースのもつれ合いの中で期せずして紡ぎ出した群像劇にして大河ドラマ。抜群に面白い。著者が自民党のインサイダーだっただけに、記述の生々しさは類書の追随を許さない。

役者が揃っている。才気煥発な福田、正攻法でじっくりと攻める大平、小派閥でゲリラ戦を仕掛ける三木、虎視眈々と漁夫の利を狙う中曽根、もちろん主役は権力闘争の権化、田中角栄。個性的なキャラクターが権謀術数の限りを尽くす展開の妙は映画『仁義なき戦い』に勝るとも劣らない。オールスターキャストで東映あたりに映画化してもらいたい。

昭和の往時と比べて、今の政治は桁違いに薄味になった。本書が描く戦国絵巻がコテコテの豚骨ラーメンだとしたら、先の自民党総裁選はザルソバのようなものだ。登場人物全員がフツーの人。一つの社会進歩として受け止めたい。

それでも政治は政治、今でも高濃度の人はちゃんといる。『女帝』は克明な取材に基づくノンフィクションの力作。小池百合子という「ポピュリズムの怪物」のエグみを抉る。ひたすら目先の利益を追求する。後のことは考えない。メディアを利用して露出を高める反射神経は抜群。しかし、その人生を俯瞰してみると、支離滅裂としか言いようがない。

小池の「カイロ大学首席卒業」の詐称問題に多くのページを割いている。「首席」は真っ赤なウソ、「カイロ大卒」も疑わしい。ただし、この辺は枝葉末節で、本書の主題ではない。「そういうこと」を繰り返しながら、国会議員を経て都庁の頂点にまで上り詰めた人生の総体に著者の関心がある。

著者はヴェーバーを引用する。「デマゴーグの態度は本筋に即していないから、本物の権力の代わりに権力の派手な外観を求め、またその態度が無責任だから、内容的な目的を何一つ持たず、ただ権力のために権力を享受することになりやすい。（中略）権力を笠に着た成り上がり物の大言壮語や、権力におぼれたナルシシズム、ようするに純粋な権力崇拝ほど、政治の力を堕落させ歪めるものはない」——まるで小池を前にしてヴェーバーが説教をしているようだ。

ただし、である。彼女にとって「権力」とは何なのか。その時々の権力者にすり寄って出世し、挙句の果てには男社会を敵に見立てて階段を上がっていく。あらゆる手段を総動員して権力を獲得してきたように見える。しかし、実際はそうではない。ここが面白い。

田中角栄はひたすら権力を希求した。ところが、小池はスポットライトを浴びる快感を追い求めたにすぎない。ターゲットは権力そのものではなく、大衆の注目や賞賛（だけ）にあった。宿願の「日本初の女性総理大臣」にしても、それが彼女にとって最大光度のスポットライトだというだけで、肝心の権力の行使（↑角栄の大好物）にはほとんど関心がないという実像が透けて見えてくる。

何が世間に受けるかを基準に、思いつきで発言する。しかし、体系的な思考力も持続的な実行力もない。状況が変われば、即座に変心。それまでの支援者を裏切る――常識からすれば、こんな刹那的な生き方には無理がある。しかし、刹那も繰り返せば刹那でなくなる。刹那から刹那への綱渡りの末に、都知事選の圧勝があった。

ここにきて彼女の政治生命もさすがに潰えたかのように見える。しかし、そこは怪物、まだ一波乱あるかもしれない。ひとつだけ確実なことがある。ここまで実像を暴く本が20万部を超えるベストセラーとなっても、本人は何ら気にしてないということだ。うるさいハエが飛んできたぐらいにしか思っていないだろう。そうでなければ、これほどの修羅の道を踏めるはずもない。

口直しに同じ著者が書いた『おそめ』を再読する。これまた人物ノンフィクションの傑作だ。京都に生まれ、祇園で大評判の芸妓となった上羽秀は小さなバー「おそめ」を開業する。開店と同時に大繁盛。しかも客筋は超一流。どこまでも生活感がなく、それでいて飾り立てない彼女の振る舞いが客を魅了した。

東京・銀座にも進出。毎週京都と東京を往復する秀は「空飛ぶマダム」と呼ばれ、メディアのスターとなる。「ブレーキがきかんのどす」――ますます勢いづいた秀は拡張路線をひた走る。次第に経営は傾いていくが、「物もお金も残す気持ちなんかありまへん、うちが残したいのは名前だけです」と啖呵を切る。徹頭徹尾自然体で駆け抜けた人生を象徴的に描くエンディングが素晴らしい。哀しくも美しい姿にため息が出る。

自滅行き暴走列車――小池百合子と上羽秀には共通点がある。しかし、その差は対極的と言ってもよいほど大きい。二人の女性の比較から、人間にとって本当に大切なものが美意識であることを知る。

清張再読――松本清張『松本清張傑作短編コレクション』(宮部みゆき編集)、松本清張『或る「小倉日記」伝』(傑作短編集1)、松本清張『駅路』(傑作短編集6)

スキな映画は繰り返し観たくなるが、小説はそうでもない。読み終わった直後に感動のあまりもう一度最初に戻ることはあっても、以前に読んだ小説を繰り返し読むことはあまりない。例外は松本清張の小説、とりわけ短編だ。何度読んでも面白い。中高生のころから読んでいるが、40歳を過ぎたころから清張世界の本質が分かるようになり、いよいよ面白くなってきた。加齢とともに読み返す頻度は上がっている。

『松本清張傑作短編コレクション』。小説のプロにして清張ファンの宮部みゆきが編集しているだけに、ツボを押さえたラインナップだ。中でも「書道教授」がイイ。30代の銀行員の男。妻は裕福な家に育った自分勝手な女。バーの女を愛人にするが、金をせびられる。別れようとすると、高額の手切れ金をふっかけられる。悶々とする中で、ふとしたきっかけで知った書道教室に通い始める――清張作品の王道を往くプロットだ。

清張通の多くが傑作と認める作品だけに、清張のイイところが全部出ている。第1に、闊達な文章。映像のようにストーリーが眼前に広がる。実際、松本清張ほど映画やドラマに映像化された作家はいない。第2に、タイトルが巧い。この辺も映画的だ。本作に限らず、「地方紙を買う女」とか「一年半待て」といった題名を聞いただけで読みたくなる。第3に、スピーディーな展開。息つく間もなく話が動くのでページを捲る手が止まらない。第4に、さりげない伏線とその回収。無事に女と別れた主人公は妻に着物を買ってやるのだが、その着物が捜査を大きく動かしていく。第5に、視点の独自性。普通は犯人を追い詰める刑事が論理的推論をする(典型が刑事コロンボ)。ところが、清張小説では犯人がヒジョーに論理的な推論をする。一貫して犯人目線で話が進む中で、意外なところで論理的推論が崩れ、「策士策に嵌る」となる。本作はとりわけそこがよくできている。

清張作品の最大の魅力は他人事とは思えないテーマ設定にある。すなわち「自業自得の生き地獄」。誰しもが心の中に持っている闇に全力で突入し、人間の矛盾を簡潔かつストレートに描く。人間は弱い。ついつい地獄行きの「清張ボタン」（ｂｙみうらじゅん）を押してしまう。読んでいて背筋が寒くなる。今後の人生、万が一魔がさして犯罪に手を染めようとすることがあれば、決行する前に清張小説を読もうと決めている。死ぬまで逃れられない生き地獄をありありと見せてくれる清張小説にはこれ以上ない犯罪抑止力がある。皆さまにおかれましても、万が一のときにすぐに読めるように、本棚に松本清張短編集を常備しておくことをお勧めしたい。

『或る「小倉日記」伝』は芥川賞を受賞した表題作を含む9編を収める。暗い、重い、救いがない。清張三原則を完璧に満たした秀作ぞろいだ。いずれも読んでいて顔が歪みっぱなしになる。心にゆとりがない時は辛くて読む気にならない。清張でも読むかな、という気になるのは心の状態が良い証左だ。清張小説は日々のコンディションのチェックにも使える。

同じく短編集の『駅路』。これまた苦さ抜群だ。平凡な人生を歩み、銀行の部長で定年を迎えた男が家族を捨てて愛人と失踪、やがて哀しい結末を迎える表題作のラストで2人の刑事が会話する。若い刑事が「静かな家庭だし、これからやっと楽な仕事をしたりして平和な余生を楽しむというときじゃなかったですか」とつぶやくと、初老のベテラン刑事が答える。「家庭というものは、男にとって忍耐のし通しの場所だからね。彼の気持ちは僕なんかにはよく分かるよ。幸い、こちらは家出しても後の家庭が困らないような財産ができっこないからね。死ぬまで、自分の線路をとぼとぼ歩いていくより仕方があるまい」

僕にしてもこの年になると、初老の刑事の気持ちは分からないでもない。もともとは赤の他人が同じ屋根の下で何十年も寝食を共にする。考えてみれば不自然極まりない。だからと言って、相手を変えても行き着く先は結局は同じ。何十年もかけて（お互いに）我慢して何とか関係を構築してきた。それをチャラにしていまさらやり直すのは面倒だ——こうして結婚生活を続けている人が多いのではなかろうか。

初めてこの短編集を手にした10代のころ、40年後に「駅路」を読んでこんなことを思うとは想像もできなかった。

僕も清張で成長し、すっかり初老のオッサンになった。なぜあれほどまでに清張が昭和の日本人に愛読されたのか、今になってみればイヤというほどよく分かる。

読み返すごとに新たな感慨が得られる清張世界。読書の醍醐味のひとつだろう。

この人を見よ！――テリー伊藤『老後論』、テリー伊藤『バカの正体』、本橋信宏『出禁の男　テリー伊藤伝』

初老になってみると、自分よりひと回りほど年上の70代の人生の諸先輩の思考と行動に興味が出てきた。ひとつの理想として注目しているのが演出家のテリー伊藤氏だ。

70歳の時点で書いた『老後論』。副題が冴えていて、「この期に及んでまだ幸せになりたいか?」――思わず手に取った。共感するところが多々ある。例えば、老人になって残るのは「感性」だ、という指摘。健康や体力など、いろいろなものが衰え消えていく中で、感性だけは年を重ねることでますます研ぎ澄まされる。若いころには思いもよらなかったが、確かにそうだと感じるようになった。

白洲次郎や池部良などのロマンスグレーの老人像に憧れる人たちがいるが、そんな素敵な老人になんてなれっこない――深く首肯した。そもそもグレーになる毛髪すら自分にはもはやない。

年を取って時間ができると、趣味やボランティアに生きがいを見つけようとなる。しかし、誰もがそういう方面に生きがいを見つけられるわけでもない。何もしない人生も大いにアリ。何もしないで生きていける人ほど、精神力が強い。ほかの人には分からない深い喜びや達成感に満ち溢れている。これもまた教養の問題だ。老人初心者としてはこの境地を目指したい。

『バカの正体』の冒頭に「勝ち組・負け組などというイヤらしい言葉」という文章がある。これだけで著者のことを好きなる。ゲームじゃあるまいし、人生に勝ち負けなんてめったにあるものでもない。実際、この歳まで生きていて、何かに「勝った」という実感は一度として得たことがない。

今のところ現役で仕事をしている者にとって、テリー氏の仕事に対する構えはまことに滋味がある。例えば「人脈作りに励むバカ」という指摘。仕事に限って言えば、「人脈」ほど当てにならないものはない。相手に対して明らかなメリットがなければ、何も起こらないし、仕事は動かない。少なくともそう思っていた方がイイ仕事ができる。人脈づくりそれ自体を目的にした行動は本末転倒だ。

社員にやる気を出させる秘訣は、という問いに対して「いい仕事と、いい給料。それしかない」――これには膝を打った。このところ「ジョブ型雇用」が取りざたされているが、考えてみれば仕事の組織である以上「ジョブ型」以外の雇用はあり得ない。会社のために尽くす必要はない。自分の実績を追求すれば、それが会社の利益になる。この関係が成立しなければ、仕事にならない。裏を返せば、家庭や政治と違って商売は気楽だ。相互にはっきりとしたメリットがありさえすれば自然とうまくいく。

味が濃い人物の評伝を書かせたら天下一品の著者による『出禁の男』。独立制作会社のテレビディレクターとして奮闘していた当時のテリー氏を活写する。

ディレクターとして本格的なデビュー作品になる日本テレビの正月番組が裏番組の「新春かくし芸大会」に惨敗する。日本テレビを出禁になり、東京12チャンネル（現在のテレビ東京）に転進。「見返してやろうという気持ちよりも、いいや、べつにおれはテレビ東京で頑張ればと思って」――この辺の気楽さが最高にイイ。

実績を積んだテリー氏が日本テレビに戻ってきて、満を持して作った番組が「天才・たけしの元気が出るテレビ!!」。日曜日の夜は明日からの仕事や学校でブルーになる。それをひっくり返し、元気が出ることだけを目的としたお笑いバラエティだ。その後欧米で流行することになるリアリティショーにも大きな影響を受けた「バチェラー」のオリジナルもテリー氏の「ねるとん紅鯨団」にある。

テレビを観ないので、この番組については知らなかった。それでも、テリー氏の仕事への構えは勉強になる。おしゃれな映像は誰でもできる。パロディの笑いなんて知れている。くすくす笑わせるのではなく、腹を抱えて笑わせる。欲しいのは爆発的な笑いだけ。「おれたちは追いはぎみたいなもんだから。無理やり後ろから羽交い絞めにして笑うまで離さない。笑ったらすぐに逃げる」

自分の番組が放送される時間帯は後楽園のサウナに行く。サウナの休憩室で人々がどう反応しているのかをじっくり観察する。自分の感性でなく、徹底して視聴者の視点で考える。視聴者にとっては画面に映る世界がすべて。だから必ずモニター画面を見ながら演出する。あくまでもトーンは明るい。テリー演出の影響を受けた人は見てくれの部分だけを真似して過激なことをやろうとするのだが、暗くて重くなってしまう。

内容は過激だが、常識のある人間が非常識なふりをしているだけ。本当に非常識だったらテレビ番組にはならない。テリー氏はごく常識的な人で、「時間は守れ」「礼儀はしっかりしろ」と口うるさかったと、当時の部下は回想する。

何をやるにしてもテリー氏は原理原則がはっきりしている。全盛期から老後まで、一貫して独自の価値基準に忠実に行動している。「良く生きる」とはどういうことか、身をもって教えてくれる。

3つの日記――西村賢太『一私小説書きの日乗』シリーズ、山本一生『恋と伯爵と大正デモクラシー 有馬頼寧日記１９１９』、ゲイ・タリーズ『覗くモーテル観察日記』

読書のジャンルとしてスキなものに日記がある。文脈を理解した上で、その人物や出来事について知ることができる。日本人ほど日記を読むのが好きな民族はいないという。日本人の思考や認識が文脈依存的だからかもしれない。

『一私小説書きの日乗』は２０２２年２月に54歳で急逝した西村賢太が遺した日記。これまでに７冊が出版されている。この人の私小説が大スキで、出ているものはすべて読んでいる。私小説家の私生活。面白くないわけがない。判で押したように同じルーティンを繰り返す日々。それが何年も続く。著者は破滅型の無頼派と評される。確かにその言動や私小説に描かれる思考と行動は刹那的で衝動的に見える。しかし、この人の生活にこそプロフェッショナルのモデルを見る。

出会いがしらのヒットはある。運が良ければ一発ホームランは打てる。しかし、素人はその後が続かない。プロとアマの最大の違いは持続力にある。コンスタントに質の高いアウトプットを継続して出す。これがプロの条件だ。持続力の基盤にはその人に固有の練り上げられたルーティンがある。日記に綴られた「安定して不摂生な生活」はその究極と言ってよい。

最新巻の「堅忍の章」を読んでいて驚いた。「ＫＡＤＯＫＡＷＡから届いていた、角川文庫版『一私小説書きの日乗』の重版見本も開く。過般『日経新聞』、未知の学者のかたが読書随筆中に採り上げて下すったそうで、それで一気に在庫がなくなったものらしい。有難いことだ」――「未知の学者」は僕のことだと思う。一ファンであった僕は生前の西村氏と何の縁もなかった。それでもうっすらとコミュニケーションが成立していたことを知り、感慨を覚えた。

『恋と伯爵と大正デモクラシー』。膨大な有馬頼寧日記の中でも特に１９１９年の恋愛騒動に光を当てる。頼寧は資産家の大名華族、有馬伯爵家の嫡男。相当にリベラルな人だった。24年の総選挙では貴族院改革、既成政党打破、農村問題解決を掲げて当選。治安維持法に大反対する演説をぶち、「華族の反逆児」と評された。

敗戦後に公職追放が解除されても、頼寧は政界復帰の誘いには乗らなかった。中央競馬会理事長に就任し、プロ野球のオールスター戦にヒントを得て、ファン投票によって出走馬を決めるレース、中山グランプリ競走を発案する。56年の第1回中山グランプリは大好評を博すが、年明けに頼寧は72歳で急逝した。

とにかく女性関係が派手で、情熱的。恋愛なしでは生きられなかった人だった。18歳で絶世の美女皇族と謳われた北白川宮家の貞子女王（15歳）と結婚し、東京帝大の学生時代にはすでに4人の子供がいた。

19年の恋愛事件の相手は「みどりさん」という教育のある女性。当時の華族階級では妾を持つのが普通だった。ところが、「リベラル」な頼寧は、性的満足を与え身の回りの世話をする存在である妾には否定的で、人間同士の恋愛でなければ満足できない。そこで、「愛人」という新概念を打ち出す。二重生活を画策するが、「肉体的関係だけの妾なら許容するが、精神的関係は許しがたい」と貞子夫人は激怒（そりゃそうだ）。結局、みどりとの関係は破綻する。その後も頼寧はまったく懲りず、最期までかならず貞子夫人以外の女性と全力で恋愛するという生活を続けた。

頼寧は進歩的で理知的な快男児なのだが、女性関係となるとやることなすことが（現代の基準で言えば）極端に独善的。このギャップが面白い。あれほど偉大な日本資本主義の父、渋沢栄一にしても、論語を実践しながら妻妾同居だった。１００年も経てば人間社会の価値基準は変わる。

どんな単純な人でも十分に複雑なのが人間。私生活には外からはうかがい知れない秘密が多かれ少なかれあるものだが、それにしても『覗くモーテル観察日記』は底が抜けている。

一通の手紙が著者に届く。差出人はジェラルド・フースという未知の中年の男。驚くべきことに、彼は人々のプライバシーの覗き見をしたいという一心で、デンヴァー郊外にある21室のモーテルを買い取って経営していると言う。さらに驚くべきことに、フースは妻子がいて、表向きはごく普通の生活をしている。妻も彼の性癖に理解を示し、覗き見活動に協力。夫婦は二人三脚で部屋の天井に四角い穴をあけ、屋根裏から下の客室にいる客の行為を丸ごと覗き見る。

彼が覗き見た人々の行動には確かに興味深いものがあるが、それ以上に面白いのはフース自身だ。悪趣味を通り越してタダの犯罪者なのだが、フースは並々ならない情熱を持ってモーテルの客の観察と記録を続ける。覗き見は一度として客に見破られなかったが、フースはどんどん人間嫌いになっていく。

人間には誰しも他人に見せない面がある。プライバシーに立ち入らないことが社会的規範になっているのには理由がある。相手に対して失礼で迷惑なだけでなく、こちらの精神を破壊してしまうからだ。

異形のリーダー――山之内幸夫『悲しきヒットマン』、溝口敦『喰うか喰われるか　私の山口組体験』、溝口敦『山口組三国志　織田絆誠という男』

男女平等の世の中になっても、エンターテインメントの好みにはわりとはっきりと性差が出ると思う。お誘いを受けてタカラヅカの歌劇『ベルサイユのばら』を観に行ったことがある。見回すと観客はほとんど女性で、歌って踊る男役スターに陶然としているのだが、僕には苦痛としか言いようがない。僕はヤクザ実録モノが大スキで、和モノ（代表例として『仁義なき戦い』シリーズ）・洋モノ（『ゴッドファーザー』シリーズ）にかかわらず繰り返し観る。ほとんどの女性はヤクザものに入れ込む男性を理解しがたいのではないか。「女のタカラヅカ＝男のヤクザ実録モノ」というのが僕の結論だ。

映画にもなった『悲しきヒットマン』は山口組と一和会の抗争の前線にいたヒットマンの躍動と悲哀を描いた実録小説。山口組の顧問弁護士を務めていた著者だけに、記述の細部までリアリティがある。しかも文章がうまい。一級の人間ドラマになっている。

4代目人事を巡り内紛に陥る山口組。結局竹中正久が4代目組長になるが、反目する山本広は組を離脱、一和会を結成する。ドンパチが始まり、結局竹中は若頭の中山勝正とともに暗殺されてしまう。山口組の徹底的な反撃が始まる。主人公の高木は山口組の末端にいて、一和会の幹部を狙うヒットマン。理不尽が理不尽を生むヤクザの世界を高木は突き進む。一般社会の行動原理から大きく乖離しているのだが、それなりに心情が理解できる。男の心の底に眠っている本能というか本性を極端な形で見せてくれる。そこがイイ。

僕と同じ体質の諸兄に絶対の自信を持ってお勧めするのが『喰うか喰われるか　私の山口組体験』。著者は日本随一のヤクザもののノンフィクション作家。長年の取材経験を振り返る。田岡３代目の死去から山一抗争、渡辺５代目体制の確立、山竹戦争、宅見若頭暗殺、６代目クーデター、山口組と神戸山口組の分裂まで、主要な出来事を網羅している。取材の第一線で主要人物と直接対峙してきただけに、一つひとつのエピソードに迫力がある。実際に渡辺５代目体制から疎まれた著者は鉄砲玉に刺されている。

竹中３代目の暗殺のあと、弟の竹中武に取材を繰り返している。巷間伝えられている通り、竹中兄弟は確かに度量がある人物だった。これに対して、渡辺５代目のダメさ加減もよく分かる。直接取材で知りえた些細なエピソードをして人物の本質を語らせるという手法が巧い。

山口組分裂後の神戸山口組はさらに分裂する。分派した絆會を率いる織田絆誠という興味深い人物を本書で知った。続きが知りたくて、『山口組三国志』も読んでみた。

ヤクザは日本で最も斜陽化している業界だ。法規制は厳しくなり、かつてのようなシノギはできない。そこで親分が歪の関係をいいことに、徹底的に子分から上納金を搾り取る。ますます子分は苦しくなり、ヤクザ社会から離脱するという悪循環。「貧すれば鈍する」という言葉がこれほど当てはまる世界もそうそうない。

山口組６代目体制はなりふり構わず目先の利益収奪に走る。この「名古屋方式」に我慢できなくなった人々が分派して神戸山口組を立ち上げる。ところが、神戸山口組を率いる井上組長は同じことを繰り返す。裏切られた織田絆誠は分派独立を決断する。

著者は織田を「これまでのヤクザにはいなかったタイプ」と評している。キャリア的にはバリバリの武闘派で容貌も狂暴そのもの。しかし、実に頭がいい。しかも構想力がある。「脱反社」というウルトラＣ級の大胆なビジョンを掲げ、ヤクザの「救命船」として独立団体を立ち上げている。中堅若手のヤクザが救命船にどんどん乗り込み、第３極がいちばん大きくなって、自然と他の２つが小さくなることで、最終的に３つを統一する。この志を達成できたら、組長の座には就かず、堅気になると断言する。

「ヤクザですからヤクザらしく、その中で国家社会への貢献という三代目の思いを腹に入れて、そこにちょっとした日ごろの罪悪感もありながら、こんな自由に暮らしている、楽してるんだからと、余裕の中から貢献する気持ちが生まれる。何か人のためになれんかなと。そこの土地土地でいいじゃないですか。地元に貢献する。そういう世界に戻したいんです」――構想力があるだけではない。一人ひとりとじっくり話して説得し、仲間を増やす。交渉の過程で妥協はしても筋は通す。局面に応じて柔軟だが、信念はぶれない。構想力と実行力の両方を兼ね備えている。

このビジョンの実現は相当に難しく、このまま自壊していく可能性が高い。それはそれで世の中としては歓迎すべきことでもある。それでも、危機に際してこういう傑出したリーダーが出てくるのが興味深い。織田氏はどこの世界でも成功しただろう人物で、ヤクザにしておくのがもったいない。そんなことは不可能だと知りつつも、斜陽に苦しむ企業の経営者になって、思う存分腕を振るってもらいたくなる。

人生、たまたま――松尾スズキ『大人失格』、松尾スズキ『人生の謎について』、松尾スズキ『東京の夫婦』

当代一流の劇作家・演出家の松尾スズキ。優れたエッセイストでもあるのだが、そちらの方面は読んだことはなかった。興味ある人の著作で最初に読むのは処女作に限る。まずは１９９５年の最初の随筆集『大人失格』から読んでみた。期待にたがわず、くだらなくも面白い雑談が延々と続く。その中にほんのちょっと考えさせる成分が混入されている。

「東京善意友の会」の会長の話がイイ。入会した著者は「バングラディッシュの難民救済」を道行く人に呼び掛け、寄付を集める。ところが、東京善意友の会の実態は「趣味の偽善」の団体なのだ。これまで実生活で散々悪いことをしてきた人が集まって趣味で偽善行為をしている。やっていることは立派にボランティア活動なのだが、ボランティア精神はゼロ。会長は言う。「自分の快楽のためにいろいろ悪いことをやってきましたけど、快楽の頂点を極めた人って逆にね、なんだかいい目をしているんですよ。で、悪いこと自体にも飽きちゃったし、なんか最近いい人も楽しめるかなあ、と思って」

著者が募金活動をしていると、女子中学生が貯金箱に10円玉を入れる。さすがに良心がズキンと痛む。会長に告白すると、「そのズキンがいいんですよ」――なかなかにして深い話で、人間の本質を衝いている。

近作の『人生の謎について』。戯曲作家として定評ある著者だ。もとより文章には独自の味わいがある。同じ人間が考えて書いている以上、基本的なトーンは変わらない。それにしても、四半世紀を経て文章が格段に巧くなっている。同じ楽曲でもラジカセと上等のスピーカーで聴くのでは別物、と言えば僕の印象をお分かりいただけるだろう。誰にとっても手に負えない人生の不思議を率直かつ淡々と語る。随筆というよりも私小説の趣がある。

人生の不思議を実にうまく言葉にしている。どんな人もちょっとした偶然の積み重なりで良くも悪くも現在に至っている。数々の「たら・れば」のトラップを、野垂れ死にをチラチラ視野に入れつつギリギリでかわして何とか生きている。この事実に著者は身震いする。人は誰しも「たら・れば」に生かされている。

昭和が終わったとき、著者は25歳。同居していた女に部屋を追い出される。昭和のうちになにひとつ成し得なかった。「まずいなあ……」と頭を抱えながら、こみ上げる笑いが抑えられない。「何やってるんだろうなあ、オレ」――この笑いは僕にも身に覚えがある。こういうときはジッサイに声を出して笑ってしまうものだ。

福岡の大学で趣味の芝居に熱中し、東京で就職したものの、1年ともたず退職。バイトをしながら東京の芝居を見ているうち、「自分が作っていた芝居の方がぜんぜん面白い」という確信を得る。その勢いで劇団「大人計画」を旗揚げする――職業選択の動機としてこれ以上のものはない。

子供のころ、自分と同い年ぐらいの子供と遊ぶのがイヤだった。子供のくせに子供が苦手。なぜか。子供の遊びはいつでも勝ち負けがつきまとう。それがキツい——僕とまったく同じ人がいることを知って嬉しくなった。

40代前半で10年連れ添った最初の夫人と離婚した著者は、51歳で20歳年下の女性と再婚する。再婚生活を綴ったエッセイ『東京の夫婦』は、いよいよ松尾節が冴えわたる。

著者は笑い至上主義者。笑いという感情がなければ生きている意味さえないと言い切る。本書にもそこここに上質な笑いを誘う箇所がある。例えば、再婚する妻の両親と初めて会うくだり。茨城で31年、一人娘として実家で暮らしていた妻の結婚相手が50代の「芸能人」。両親はどう思うか。不安にかられ「緊張のあまり僕は白髪を染めた」——こういう抑制された笑いがたまらなくイイ。

結婚生活の意味は「たまたま」にあるというのが結論だ。たまたま命がある。たまたま一緒になる。いろんな制約の中で何とか生きる。闇かと聞かれれば闇だけれど、いい闇の中を歩いている——この辺の感覚は若い頃はなかなか分からない。この歳になってタマダ主義者（たまたま・まあまあ・だいたいの3本柱を軸にしたローテーションで凌いでいく）へと成熟した僕は深く共感する。

松尾氏はいたって常識的な人に見えるが、根が芸術的表現者。結婚生活に関してはわりとダイナミックだ。僕は10代で知り合った学生時代の友人とそのまま結婚し現在に至るという「フラット35」の平凡な結婚生活をダラダラと重ねてきた。

僕の経験上、別人格の人間と寝食を共にするという不自然極まりないことをする以上、初期の大型トラブルの解決に少なくとも5年、しっくりくるまでさらに20年、結婚生活の基盤づくりには少なくとも25年の時間を要する。その時に僕は死んでいる可能性が高い。よほど相性がイイなら別だが、そもそも僕はそれほど相性がイイ人などこの世には存在しないと思っている。いまからやり直す気にはなれない。

指導者の資質——落合博満『勝負の方程式』、佐藤千登勢『フランクリン・ローズヴェルト』、小川格『日本の近代建築ベスト50』

選手としても超一流だったが、指導者としてはさらに凄い。落合博満氏こそ現代日本最高のリーダーの一人だと睨んでいる。監督を経験した後に書かれた名著『采配』のずっと前、現役時代に書かれた『勝負の方程式』に早くも指導者としての片鱗がうかがえる。

「勝利」の方程式などというものはない。再現可能な法則はなくとも、勝つ可能性を高める論理はある。すなわち「勝負」の方程式——著者の思考様式は見事に本質を衝いている。野球道具の手入れからプレーに至るまで、著者はいつも論理を突き詰める。

「サインは少なくすべし」という著者の持論はその真骨頂だ。ヒッティングかバントかは監督が明確に指示する必要がある。しかし、送りバント、セーフティバント、プッシュ、バスターと、バントだけでもいくつもの種類がある。それぞれに対応したサインをいちいち出すのは愚策だと言い切る。「送れ」のサインひとつで十分。送る手段はバッターに任せればよい。バッターの自主性にゆだねれば、練習の時からゲームの状況を判断するようになる。自分が最も得意とする方法を磨くことにもなる。送ることが目的なのだから、その方法はバッターがいちばんよいと思うものを選べばいい。成功確率は高まるし、サインを盗まれることもない。

サインを簡略化するともうひとついいことがある。選手がピッチャー対策に集中できる。ピッチャーとの勝負と複雑なサインの確認が同時に求められると、選手の注意が分散してしまう。成功確率が下がる——だからサインは少なくすべし、という話なのだが、思考が実に論理的。論理でなければ分かり合えない。人に伝えることもできない。論理的な言語化能力と論理に基づく説明能力はリーダーにとって最も重要な資質だ。その最高の手本を著者に見る。

『フランクリン・ローズヴェルト』は抜群の政治センスと説明能力を武器にいくつもの難局を乗り切った政治指導者の実像を描く。28歳の若さで上院議員になったローズヴェルトの人生はやがて転機を迎える。副大統領選に敗れただけでなく、ポリオに罹患。腰から下が不随になる危機を不屈の意志で克服する。症状が重くなった理由は、最初の医師の判断の間違いにあった。この経験から、多くの側近にさまざまな角度から助言をさせ、その中から最善なものを選ぶという意思決定のスタイルが確立した。

逆境を経て、ローズヴェルトは人間的な成長を果たした。足でバランスがとれない彼は、心でバランスをとることを学んだ。以前はがむしゃらに活動的だったが、物事をゆっくり考えるようになった。落ち着いた寛容さを持って、人の話をよく聞いた。後年、妻のエレノアは言った。「ポリオにならなくても大統領になっていたでしょう。でもまったく違うタイプの大統領になっていたと思います」

金融恐慌と第二次世界大戦という2つの危機に際して、ローズヴェルトは並外れた指導力を発揮した。彼は「専門家」ではなかった。アドバイザー組織を設置し、自分の考えにとらわれず、政策課題について科学的知見に基づいた政策を立案させ、すべての見解が出そろった後で最終決定を下した。アイデアを行動に変える「スイッチボード」。これが彼の大統領としての役割定義だった。

何よりも国民とのコミュニケーション力において傑出していた。聞く力だけではリーダーとしては不足。「恐れなければならないのは、恐怖心だけだ」――決断を国民に率直な言葉で説明し、言葉の力で統合する。そこに政治指導者の本領がある。

『日本の近代建築ベスト50』。現存し、内外ともに見学可能な名作建築物50を選出し、その見どころと建築家の思想をコンパクトに解説する。

戦後になって日本のモダニズム建築は爆発的な隆盛を迎える。その中心にいたのが丹下健三。この天才のイケイケぶりには瞠目するものがある。彼が設計した広島平和記念資料館は日本が敗戦から力強く立ち上がろうとしていることを世界に向かって示した。平和記念公園の設計公募で、丹下は公園の中心軸の先端に原爆ドームを据えた。計画範囲の外にある原爆ドームを計画に含めることなど、他の設計者は思いもよらなかった。

とにかくスケールがデカい。その頂点が世界をあっと言わせた国立代々木競技場だった。発想の独自性、工法や技術の新規性、後進に与えた絶大な影響――本作が戦後の日本建築の最高傑作であるのは間違いない。

本書で取り上げられている作品で言えば、槇文彦のヒルサイドテラス、白井晟一の松涛美術館、隈研吾の馬頭広重美術館の方に僕は惹かれる。それでも丹下の偉大さはよく分かる。高度成長期の追い風で建築と建築家が元気になったのではない。もともと異様にやる気満々でスケールがデカい人物が、高度成長期という機会を利用したにすぎない。リーダーは元気でなければならない、という単純な真理を思い知る。

玄人の神髄――小林信彦・萩本欽一『ふたりの笑タイム』、高平哲郎『喜劇役者の時代』、三木のり平『のり平のパーッといきましょう』

『ふたりの笑タイム』。副題に「名喜劇人たちの横顔・素顔・舞台裏」とある。芸論に目がない僕は大喜びで読んだ。

浅草での下積み時代の萩本欽一が回想する。先輩に教わったことをメモに書いていたら「書くんじゃない」。この仕事は書いて覚えるんじゃなく、体で覚える。教わったことはその場ですぐに体に入れる。体に入らないものはそもそも不向きなのだから、忘れてかまわない。萩本は言う。「いまはその通りだと思いますね。自分がいいなと思ったことや自分に向いているものは、いつの間にか自分の持ち味になっていたし、無理してやったものは何度繰り返しても身につきませんでしたから」

まったく同感だ。向いてないことを無理してやっても何にもならない。ただし、「その場ですぐに体に入れる」

というのが実際は難しい。「分かる」と「できる」の間には大きなギャップがある。体で覚えていないとできないのだが、何年も繰り返しやらないと体に入らない。これを下積みと言う。仕事の真実を鋭く抉り取って見せてくれる。

この本に触発されて、小林と萩本の回想に登場する２人の喜劇人についての本を読んでみる。『喜劇役者の時代』は由利徹の評伝。森繁久弥や渥美清のように「本格俳優」に向かわずに、最後の最後まで喜劇役者の道を究めた。ウケることの生理的な快感（だけ）を追求する。由利の演技の面白さは筆舌に尽くしがたいものがある。こればかりは映画に記録されている由利徹（たとえばクレージーキャッツの「無責任シリーズ」）を観てもらうしかない。出てくるだけで、もう笑える。

とにかく執着や欲がなくあっさりとした人だった。故郷の石巻から東京に出てきて劇団「ムーランルージュ」に入り、流れるように生きていく。長い下積み時代も特に苦労をしているそぶりを見せない。焦ることもない。淡々と日々の舞台を楽しんでいる。人の目を見て話ができないほどシャイなのに、舞台に出ると歯止めが利かない。飛ばしに飛ばす。

脱線トリオでブレイク。「チンチロリンの、カックン」「オシャ、マンベ！」のギャグで人気者になるが、わき役に回っても、コマ劇場の歌手芝居の添え物になっても、何も変わらず飄々と演技をし、自由闊達にアドリブを飛ばし、きっちりウケてくる。プロとして完成されている。

晩年には勲章まで受けるのだが、感激もしなければ、嬉しくもない。「勲章をもらうより、３００万円もらった方がいいに決まっている」。受賞のときに天皇陛下（現：明仁上皇）と目が合った。向こうがにっこり笑うので、思わず「オシャ、マンベ！」をやりたくなったが、さすがに失礼だと思い我慢した——このエピソードが由利徹という人のありようを凝縮している。

『のり平のパーッといきましょう』は昭和の喜劇名優、三木のり平の回想録。小田豊二による死の直前の聞き書きで、貴重な記録だ。

日本橋浜町の花街の待合の子として生まれる。妾腹の子で父は慶應義塾大学の精神医学の教授だった。のり平も学業優秀で、上野の美大（現在の東京藝術大学）を受験するが不合格。日大芸術学部に進学し、ひょんなことから新劇の劇団に入る。戦後、左翼思想の新劇に嫌気がさし、さっさと辞める。理由がイイ――「面白くないから」。この辺が徹底的に成り行き任せで清々しい。

映画「社長シリーズ」や「駅前シリーズ」で観ることができるのり平の芸風はひたすら軽い。アクがない。来るぞと思わせておいて、すっと引くところに可笑しさがある。とにかく粋な人だけに、芸論を進んで開陳するということはないのだが、ところどころで深い洞察が出てくる。

「アドリブの帝王」と称されたのり平の真骨頂は極度の文脈主義にある。芸は試してはいけない。計算もない。アドリブはアドリブなのだが、その実、引き出しにはぎっしりネタが詰まっている。一発必中のネタをここぞというときに繰り出す。文脈にハマらないときはあっさりと流す。

「社長シリーズ」で大ヒットした「パーッといきましょう、パーッと」。このギャグというか決め台詞はいま観てもたいそう可笑しいのだが、大流行の後でのり平はこの言葉を使うことを自分に禁じたという。会社は出る映画出る映画で「パーッと」の連発を要求してくる。しかし、のり平は断固拒否した。「やるのは簡単だよ。やれば楽できるってことも分かっている。それに何より一時的にはうんと儲かる。だけど、僕はやらなかった」――さすがとしか言いようがない。ストーリーの流れにズバリとはまり、ここぞというところで光るのが芸。裏を返せば、はまらないところでは自分の存在を消し、他の役者が光るのを邪魔しない。ここに芸の一つの頂点がある。

その場その場の思いつきで笑わせているようで、実は背後に哲学がある。自己規律に基づいた絶え間ない鍛錬がある。玄人に愛される玄人の神髄を堪能した。

ハードロックのモンスター――ポール・スタンレー『ポール・スタンレー自伝』、ロブ・ハルフォード『ロブ・ハルフォード回想録』、ジェシー・フィンク『ＡＣ／ＤＣ評伝　モンスターバンドを築いた兄弟たち』

ロック・ミュージックが大スキで、自分でも結成35年のバンド〝Ｂｌｕｅｄｏｇｓ〟でライブ活動をしている。中高生のころに聴きまくっていたロックの興奮がいまだに醒めず、１９７０年代の曲を中心に演奏している。今回は僕がスキで、ライブでもしばしばコピーしているロックバンドの自伝・評伝を取り上げてみたい。

１冊目は、ＫＩＳＳのポール・スタンレーの自伝。結成50年の長寿バンドにして、累計レコードセールスは１億枚を優に超える。小学生のころに衝撃を受けたバンドで、初老になったいま聴いてもやはりイイ。ライブで演っても実にイイ。

冷静沈着なジーン・シモンズ（やたらと舌を出すベースの人）に対して、ポールは身も心も“Rock and roll all night and party every day!”な人。自由奔放なポールをフロントに立たせて、裏でジーンがバンド全体を取りまとめていると思い込んでいた。ところが実際はそうではなかったらしい。80年代にＫＩＳＳが迷走して崩壊寸前に至ったころ、俳優やプロデュース業に興味が移っていたジーンはヤル気がなく、ポールが孤軍奮闘でバンドを立て直したことを知った。

１９５２年に諍いが絶えない両親のもとに生まれ、精神的に不安定な姉とともに育つ。生まれつき右の外耳がなく、右耳の聴力もない。バンドは現実逃避の装置だった。惨めな人生を送ってきた自分を隠し、もう一人の自分になるための手段があのメイキャップだった。

20代でロックスターに上り詰める。豪華な服やコレクターズアイテムのギターを買いまくり、雑誌のグラビアを飾る女性と次々に寝る生活をしているうちに、私生活でもキャラクターを演じるようになる。それが本当の自分でないことにますます葛藤を深めていく。

遅い結婚で息子をもうけるが、自己防御的な生活スタイルは変わらず、やがて最初の妻と離婚。さまざまな試行錯誤を重ねて、２０００年になるころ（40代後半）ようやく精神的な自由を獲得する。拳を握り締めているときに他人の手を取ることはできない。自分の辛い状況におぼれている人は、他人に感謝の気持ちを抱くことはできない。「強さ」の再定義に至る内省の軌跡が克明に描かれている。

　長く連れ添うことになる再婚相手と初めて旅行に行った時のこと。二人でベッドに寝転がってテレビを観ている。のどが渇いたとつぶやくと、妻は「飲み物を取ってくるわ」。「今までに俺にそんなことをしてくれた人は誰もいなかったんだ」――このときポール50歳。彼の孤独の深さを知る。

『ポール・スタンレー自伝』を読んでいて面白いと思ったのは、この本が出版された２０１４年の時点で彼が「この先ＫＩＳＳがやることは、どれも過去に俺たちがやったことほどのインパクトを持つことはない。その事実は避けがたい」と醒めた見方をしているところ。ＫＩＳＳほどの伝説的なバンドになると、時間の経過とともに曲の価値が増すという傾向がある。

「曲としては同じぐらい優れていてもHell or HallelujahはLove Gunにはなれないんだよ。場合によっては、かつての曲はすでに40年にわたって人々の人生のサウンドトラックになっているわけだからね。競争のしようがないだろ。新しめの曲にはどれも時間という味方がいないんだから」――かつての曲が新しい曲よりも輝いていたように聞こえるのは、才能が劣化したからではなくて、時間の経過とともに作品の価値が勝手に増大しているということに理由がある。確かにHell or Hallelujahは正調スタンレー節のイイ曲だが、Love Gunほどではない。

　アルバムLove Gun（１９７７）をレコード店に予約して、発売当日に買いに行き、すぐに家に戻ってドキドキしながら聴いたことを今でも覚えている。初めて聴くLove Gunはそうでもなかった。ところがいま聴くと、これぞロックの歴史的名曲！　という感慨がある。Detroit Rock CityやCold Gin、Parasite、Got to Chooseといったクラシックスもいま聴くとますます光り輝く。時間を味方につけるというのは作品にとって最大の武器だということを知る。

それもこれもＫＩＳＳというバンドが50年にわたり第一線で絢爛豪華なロックショーを続けてきたからだ。しかもこの歳になってもまったく衰えを見せない。ますますライブショーの完成度は上がり、パフォーマンスも高水準を維持。エルヴィスの偉大さ、ビートルズの天才とはまた違うが、ロック興行の極致として歴史に名前を残すバンドであることは間違いない。「ビートルズにはなれなかったが、悪くない」――長年の相棒のジーン・シモンズの述懐がすべてを物語っている。

２冊目は、ジューダス・プリーストのヴォーカルにして「メタルゴッド」と称揚されるロブ・ハルフォードの回想録。音楽やバンドの話はあまりなく、同性愛者としての葛藤が主題になっている。今となってはジューダスの様式とゲイはむしろ相性が良いように思うのだが、40数年前は辛いものがあったらしい。素顔のメタルゴッドは真面目で謙虚な人柄。ジューダスが成功しても「夢じゃないか」。ゲイであることを隠して音楽をやるストレスから、酒におぼれ、葛藤に耐えられずバンドも離脱してしまう。

呪縛から解放され、ついにゲイであることを公表する。ファンの反応は「そんなことずっと前から知ってたさ、このマヌケ野郎！」――実にイイ話だ。その後10年間離れていたジューダスに復帰。「ファンのためにもメタルに献身するべきだ」という境地に達する。

３冊目はＡＣ／ＤＣの本格評伝。アルバム総売上２億枚以上。１９７３年の結成以来、ずっと変わらない音楽と姿勢で観客を動員し続けてきたハードロック界のモンスターバンドだ。

長兄が頭脳派プロデューサーのジョージ、真ん中が寡黙なリーダーにしてリズムギターのマルコム、弟がド派手なパフォーマンスで動き回るリードギターのアンガス。それぞれのメンバーに役割があり、それが絶妙にブレンドされる。ＡＣ／ＤＣの不変の音楽の根幹には、ヤング兄弟の排他的なまでに固い結束と役割分担があったことを圧倒的な量の取材を通じて明らかにする。

シンプルでパワフル。ひたすらブギーロック。自分たちのやりたいようにプレイし、評論家の言葉は気に留めない。アンガスはインタビューで答えている。「自分たちが好きで演奏した音楽をやっているのさ。それをファンが気に入って、レコードを買ってくれたら、それはボーナスだよ」

ある取材対象のコメントがＡＣ／ＤＣの素晴らしさを的確に表現している。「彼らは最もベーシックで、最も人間らしいリズムをしっかりと把握していると思う。このリズムは潜在的で本能で感じるものだ。だから人間のど真ん中に入り込む。（中略）速すぎず、強すぎず、やりすぎない。彼らは必要なことしかやらないんだよ」

僕もまたＡＣ／ＤＣに魅了されっぱなしの一人だ。ライブでも彼らの曲を必ずやる。毎回興奮して体全体が痺れる。ＡＣ／ＤＣの音楽がある時代に生きたことに深く感謝している。

天才の実像——高瀬正仁『岡潔　数学の詩人』、大下英治『ショーケン　天才と狂気』、メイソン・カリー『天才たちの日課』

『岡潔　数学の詩人』は数学芸術家の天才を美しく描いている名著。岡潔は奇矯な人物としても知られていたが、科学者というよりも芸術家であったと知れば腑に落ちる。

フェルマーの定理やリーマン予想のようなすでに確定している未解決問題を解くのではない。自分自身の心の赴くままに、自分で問題を発見して自分で解いたところに岡の独自性がある。自然科学が物理的自然を対象にするように、岡は目を凝らして「数学的自然」から立ち上る光景を想像した。

岡の多変数函数論研究は「ハルトークスの逆問題」を解決するという画期的なものだった。その過程で「上方移行の原理」「函数の融合法」などいくつもの発見をもたらしている。このうちのいくつかは、奇行のせいで勤めていた大学を追い出され、無職でいるときに生まれた業績だ。当時の日本では岡の研究はほとんど評価されなかった。

後に学士院賞や文化勲章を受けた岡の仕事に価値を見出したのは、ヨーロッパの数学者たちだった。

　数学の業績の中身は僕にはもちろん理解できないが、このすべてがハルトークスの逆問題にとりかかろうと決めた時点で構想されていた。それぞれの研究を別々に考えたわけではない。これらの問題が自分の心に描かれた通りの形で理想的に解決されたなら、それを糾合することでハルトークスの逆問題もまた解ける、というのが岡の壮大な構想だった。芸術の本質が分析よりも綜合にあるということをよく示すエピソードだ。

　岡にとっての数学は「情緒を表現して数学を創造する」という神秘的なものだった。岡が構想した「F問題」は最後まで解かれることはなかった。岡の多変数函数論研究を継ぐ数学者も現れなかった。岡の研究が岡だけのものであったということもまた彼の業績の芸術性を表している。真の天才をここに見る。

『ショーケン　天才と狂気』はこの特異な俳優について共演者や関係者への聞き書きを集めたエピソード集。萩原健一は確かに名優だった。初期の『約束』『青春の蹉跌』はもちろん、成熟してからの独自の演技表現は他の追随を許さないものがあった。ただ立っているだけでカッコいい。日本一カッコいい男と言っても過言ではない。

　極度に美意識が強く、センスが鋭く、イマジネーションが豊かだった。『傷だらけの天使』の有名なオープニングも本人が発案したそうだ。「なんでもいろいろ食いたい」と言うので、スタッフがパンだの牛乳だのトマトだのコンビーフだの買ってくる。カット割りせずにショーケンが好きなように食べた姿を撮っただけで、あの伝説的名オープニングが出来上がった。自分が画面でどう見えているかが客観的にイメージできる。どうやったらカッコよく見えるのかをよく分かっている。このセンスにおいて抜群なものがあった。ショーケンのカッコよさは徹底的に自覚的なものだった。

　映画だけでなく、テレビ、音楽と幅広く活躍したが、代表作と言えるものはない。抜群の持ち味と才能がありながら大成できなかった理由は、ひとえに本人の気性難にある。演技においては真面目だが、それ以外の点では一言で言って「ややこしい人」。思い込みが強く、性急で、神経質。気が弱く、自分がどう見えているのかが気になって仕方がない。スタッフや共演者などを怒鳴り散らして優位を見せつける。

結局は周囲の人々から疎んじられ、友人もどんどん離れていく。その理由は結局のところ、10代のザ・テンプターズのデビューからいきなり大スターになり、その後もずっと主役ばかりだったことにある。どうしてもスポイルされる。それにしても、あのカッコよさとオーラをもってすれば、最初からスターになることを宿命づけられていたわけで、仕方がないことだという気もする。天才の不幸を知る。

昔から生活ルーティンというものに強い興味がある。生活に定着しているルーティンほど、その人をあからさまに物語るものはない。『天才たちの日課』は１６１人の芸術家や学者の生活ルーティンを淡々と紹介する。仕事ではぶっ飛んでいるように見える芸術家諸氏も、わりと地味なルーティンを固めている人が多い。

デカルトは、優れた頭脳活動には怠惰な時間が不可欠だと考え、絶対に働き過ぎないように気をつけていた。早めの昼食をとると、散歩に出かけるか、友人と会って雑談。夕食の後は手紙の返事を書くぐらいしかしなかった。ゲーテは朝しか書かなかった。しかも、インスピレーションが湧かなければ、仕事をしても無駄だと考えていた。「作家業はきついなんてもんじゃあない。悪夢だ」というフィリップ・ロス。一人暮らしで仕事はだいたい10時から6時まで。夜はいつも本を読む。深夜2時に目が覚めて、何か思いついたら明かりをつけて寝室で書く。5時に起きて眠れなければ、家を出て仕事場に行く。「僕は救命救急医で、仕事場は救命救急室。そして急患は僕自身だ」――さすがにうまいことを言う。

罪と罰――村野薫『日本の大量殺人総覧』、堀川恵子『永山則夫 封印された鑑定記録』、堀川恵子『死刑の基準「永山裁判」が遺したもの』

人間と人間社会に興味がある僕にとって、殺人は関心が尽きないテーマだ。その極端さゆえに人と人の世の根本にある何かを見せてくれる。

『日本の大量殺人総覧』は戦後日本の大量殺人事件をコンパクトに記述する。終戦直後は「こきつかわれる」「腹が減っているのに食べ物がない」といった原始的な動機による大量殺人が頻発した。現在とは比較にならないほど物騒な世の中だった。

犠牲者が10人を超える戦後の大量殺人はこの本が出版された時点（２００２年）で4件のみ。そのうち2つは組織犯罪（連合赤軍事件と地下鉄サリン事件）で、冤罪の疑惑が残る帝銀事件が12人、古谷惣吉連続老人殺害事件が10人と続く。

古谷の連続殺人事件が起きたのは１９６５年。一人暮らしの老人ばかりを狙って強盗殺人を繰り返すという残虐な犯罪だった。本書を読んで改めて気づいたのは、古谷が殺害した当時の「老人」たちの若さだ。ほとんどが50代。年老いた犯人が孤独な独居老人を次々に襲ったということで注目された事件だったが、古谷にしても51歳だった。今の僕の年齢よりもずっと若い。隔世の観がある。

この総覧に登場する大量殺人者で最も若いのが、１９６８年に連続ピストル射殺事件を起こした永山則夫だ。当時19歳。一審判決は死刑、二審では無期懲役に減刑されたが、最高裁で二審判決が差し戻され、高裁の差し戻し審で死刑判決事件から22年後に最高裁で死刑が確定、97年に執行されている。

『永山則夫 封印された鑑定記録』は当代一流のノンフィクション作家が渾身の力を込めて書いた傑作だ。永山は精神鑑定を2回受けている。事件の4年後に2回目の精神鑑定を行った精神科医の石川義博は、驚くべき時間をかけて永山の複雑な内面を引き出している。１００時間にわたる永山への聞き取り調査を記録したテープを託された著者が、事件の深層に迫る。

永山の出自と幼少時の生活は想像を絶する不幸なものだった。虐待と放置、生きることで精一杯の貧困、やはり虐待されて育った母の無関心、博打狂いの父の失踪、複雑な兄弟姉妹との関係、これらがもたらした基本的信頼感の欠如と被害妄想——こうした要因の悪循環の果ての凶行だった。言葉にすればこうしたありきたりの表現になってしまうのだが、その中身が具体的にどういうものなのかを本書は重く深く描写する。

事件当時は19歳の不可解な殺人に注目が集まった。本書を読めば永山事件の理由と動機は「可解」だ。永山の犯罪と家庭環境の不幸と不運との間には明白な因果関係がある。永山の場合はあまりにも極端だったが、劣悪な家庭環境を起点とする悪循環の成り行きは、今日でも少年犯罪の多くに共通して見られる。幼少期に愛情を受けることの大切さ、不幸を再生産する虐待の絶対悪——そんなことは誰も分かっている。しかし、本書を読んで思い知らされた。漠然と言葉で知っているだけでは分かっていないのに等しい。本書には社会にとって基盤的に大切なことを読者の頭と心に深く刻み込む力がある。言葉の正確な意味での啓蒙の書だ。

同じ著者の『死刑の基準』を続けて読む。冷静な筆致で裁判と永山の心の変化を追いかける。当初は社会に対する復讐者として自分を定義していた永山は、獄中結婚した女性の愛情を受けて、精神的な安定を得る。ところが、無期懲役判決が差し戻され死刑が確定した後は再び心を閉ざすに至る。

最も印象的なのは、一審判決を棄却して無期懲役とした二審についての記述だ。この法廷を指揮した船田裁判長と裁判官たちは慎重にも慎重を重ね、石川医師の精神鑑定結果はもちろん、あらゆる記録を精査し、無期懲役という結論に至る。情状は事件ごとに異なる。画一的基準で死刑判決は出すべきではない。船田判決はこうした意思に裏打ちされたものだった。

しかし、最高裁は死刑判決に回帰する。この判決が示した9つの要素（犯行の罪質、動機、殺害手段の残虐性、殺害者数、遺族の被害感情、社会的影響、犯人の年齢、前科、犯行後の情状）は後に死刑の基準（永山基準）として定着した。これらの要素が判断において重要なのは言うまでもない。裁判官も人間だ。極刑を科す際に「客観的基準」を持ち出したくなる心情は分かる。しかし、要素分解してしまっては本当のところは分からない。人を処刑する画一的基準はあり得ない——著者の結論は重い。

死刑制度は存置すべきだと思う。「これは死刑でなければならない」という凶悪犯罪が確かにある。しかし、死刑の存置と厳格な運用は矛盾しない。死刑という取り返しがつかない判断は、あくまでも厳格に運用するべきだ。現行の裁判員裁判では、有罪・無罪と量刑の双方が多数決を基本として判断されている。死刑に限って言えば、「死刑の宣告は裁判官全員一致の意見によるものとすべき」という船田判決に回帰すべきではないか。

アスリートのロジックに学ぶ——落合博満『コーチング　言葉と信念の魔術』、鳥谷敬『明日、野球やめます』、為末大『生き抜くチカラ』

スポーツに興味がない。自分でやらないのはもちろん、観ることもあまりない。自分の気質はアスリートと対極のところにあると思う。それでも、というか、それだけにスポーツの世界で生きてきた人の知見は勉強になる。

私見では、スポーツ界で活躍した人の中で最も優れた書き手は落合博満氏だ。これまでも著作をいくつも読み、豊かな経験と知性、何よりも深い人間洞察に基づいた仕事論に感銘を受けてきた。『コーチング』も例外ではない。

コーチングの核心は「教える」ではない。「見る」ことにある。なぜならば、実際にやるのは選手だからだ。本人の感覚までは分からない。コーチが何を言っても、それをどう理解するかは選手のセンス（感性）次第。だから、ひたすら見る。その選手について何が良くて何が悪いのか見極める。見極めておけば選手が教えを求めてきたときに説明できる。教えるのでなく学ばせることにコーチングの本領がある——。

コーチングを定義する冒頭部分を読むだけで著者が優れた指導者であることが瞭然とする。センスというつかみどころがないものを相手にすると、凡庸な指導者は精神論や感覚論に傾く。しかし著者は違う。一人ひとりのセンスを最重視しながら、それをどう扱うかについては徹底して論理的。ここに落合野球の神髄がある。

何本か打たせて「ちょっとこうやってみてくれる?」——しばらく見て「やっぱり違うかな。悪いけど今度はこうい風に打ってみて」――「こっちの方がやりやすい」と言えば「そうか、その打ち方でやってみよう」。具体的な技術は何も教えない。手取り足取りは選手の能動性を失わせる。選手に考えさせなければならない。

伝票書きであれば、マニュアルの通りやればできるようになる。しかし、商品の売り方や商談の進め方については自分のやり方を見つけていくべきだ、と著者は言う。スキルは教えてもらえばいい。しかし、仕事においていちばん大切なセンスは人から教わってはならない。自分で考え、経験の中で磨き上げていくしかない。例によって、野球やスポーツに限らない普遍的な仕事論になっている。

『明日、野球やめます』。実働18年、出場２２４３試合、２０９０安打を達成した著者が仕事生活を振り返る。著者の思考と行動の根底には自己決定がある。さまざまな人の話を聞く。情報は多い方がよい。しかし、真に受けない。そのまま取り入れず、自分の中で整理してから判断する。メジャー移籍の断念、阪神からの退団、現役引退……節目となるすべての判断を誰とも相談せずに自分で決めている。なぜか。自分の責任にしたいから――「選択を正解に導くロジック」という副題の通り、実に論理的だ。落合氏と通じるところがある。

特別に秀でた能力や才能があるわけではない。打つ・守る・走るの総合力で勝負する。グラウンドに立ち続けることが自分の価値だと見極め、プロ入り時から「40歳でも遊撃手」を目標に据えた。

目的と手段を明確に区別し、目的の達成という一点で手段を冷静に選択する。この点において著者は傑出している。守備にしても、いかに楽に守るかを重視する。捕球全力・送球全力だと1年間安定したプレーができない。ダイビングキャッチは派手だが、ギャンブル的な要素がある。アウトにできればいいが、ランナーの足によっては失敗すると二塁に進まれてしまう。ダイブするよりはじめから1歩守備位置を変えておく方がいい。そのために、細かいところまで考え抜き、準備する。

著者はスポーツの価値についてこう言っている。スポーツをやったがゆえに得られる感覚がある。チームスポーツにはチームスポーツの葛藤がある。それを小さいころから経験することは少なからず役に立つ。「嫌いなものを極力避けて、自分の世界で自分のスキなことだけやる」という現代の風潮はスポーツ経験の少なさが少なからず関係している——この部分はまるで僕のことを言っているようで苦笑した。「嫌いなものを極力避けて、自分の世界で自分のスキなことだけや」っているうちに、このような人間になってしまった。現世ではもう取り返しがつかない。来世ではスポーツをやってみようと思う。

著者は何があっても「悩むことも落ち込むこともない」。しかし、アスリートにありがちな「前向きでポジティブ」とはちょっと違う。だいたいのことはうまくいかない、という前提に立つ。自分で決めたことなら、失敗も受け入れられる。答えがないから悩むのであって、そもそも答えがないことを悩んでも仕方がない。準備できていれば悩むこともない。引退の日が来ても、まったく感傷的にならない。「明日、野球やめます」といつでも悔いなく言える準備を積み重ねてきたからだ。一流のプロとはどういうものかを知る。『生き抜くチカラ』。「走りながら考える」陸上選手だった著者が50の教えを伝える。児童書だが、大人にも十分に意味のある内容だ。特に共感するものを挙げると、「『なぜ』を問えるという強さをもつ」「人生には、がんばっても『ダメなものはダメ』ということもある」「自分が勝てる場所を見極める」「勘や直感は意外と頼りになる」「しあわせのカギは『なにげなさ』にある」「『みんな』は、だれでもないことが多い」——。

2つだけ同意できなかったものがある。「自分との約束を破らない」——僕にはできない。もはや自分とだけは約束しないようにしている。「苦しいときほど、種をまく」——これも僕にはできない。苦しいときはふとんをかぶって寝てしまう。自分がつくづくスポーツに向いていないことを再確認する。来世でも無理かもしれない。

イノベーターの光と影――戸部田誠『芸能界誕生』、軍司貞則『ナベプロ帝国の興亡』、井原高忠『元祖テレビ屋大奮戦！』

『芸能界誕生』は芸能プロダクションの成立過程を描くドキュメンタリー。原点は曲直瀬花子が戦後すぐに仙台で興した「オリエンタル芸能社」にある。横浜生まれで貿易商の父を持つ花子は進駐軍の通訳兼秘書だった。娯楽を必要としていた進駐軍に楽団を派遣するビジネスを始め、仙台地域で市場を独占する。しかし、初期の芸能社はバンドを斡旋するだけの「送り屋」だった。進駐軍が出ていってしまうと送り屋商売は下火になり、代わって芸能プロが台頭する。

ひとつの業界が成立する起点は、特定の企業家が従来の取引構造を変え、支配的なビジネスモデルを確立するところにある。芸能界でその役割をほぼ完璧な形で果たしたのが渡辺晋と妻の美佐（曲直瀬花子の娘）の渡辺プロダクション（ナベプロ）だった。

晋が目指したのは、芸能（人）というプロダクトを開発し製造し供給する文字通りの「プロダクション」だった。『シャボン玉ホリデー』や『ザ・ヒットパレード』、クレージーキャッツの映画などを自社制作し、所属タレントを送り込む。レコード会社やテレビ局の持っていた支配力が芸能プロへと移転し、芸能界はプロダクションを基本単位とする構造に変容した。

『ナベプロ帝国の興亡』は渡辺晋の一代記。彼のイノベーターとしての才覚を余すところなく伝えている。早稲田大学在学中からジャズバンド「渡辺晋とシックス・ジョーズ」で活躍していた彼は、音楽稼業の不合理や不条理を打破すべく１９５５年にナベプロを設立する。飛躍のきっかけは日劇ウエスタンカーニバルの大成功。「マダム・ロカビリー」と言われた華やかで社交的な美佐を前面に立ててはいたが、構想と実行の全権を持っていたのは晋だった。

１９５０年代の興行界では、実権は地元の興行主が握っていた。レコードの印税収入もレコード会社の支配下にあった。彼らの権利と利益は本来タレントの開発と生産を担う芸能プロのものであるはずだ、というのが晋の考えだった。それまでレコード会社に帰属していた歌手や作曲家、作詞家と専属契約を結び、ナベプロに集結させた。開発期間のタレントは不安定な収入を余儀なくされる。そこで芸能界初の月給制を導入した。

決定的だったのは、権利ビジネスに踏み込んだことだ。渡辺音楽出版を設立し原盤制作を自前で行い、それまでレコード会社が握っていた著作権を所有した。興行だけでなく、印税からも収入が得られるようになり、莫大な利益がナベプロに流れ込んだ。

隆盛を極めたナベプロが凋落へと転じるきっかけは、日本テレビの敏腕プロデューサー、井原高忠との喧嘩にあった。テレビ黎明期を支えた井原の回想録『元祖テレビ屋大奮戦！』に出てくる話が滅法面白い。

ナベプロはテレビ業界で絶大な権勢を振るい、バラエティや音楽番組には欠かせない存在だった。しかし、自分の思い通りの番組づくりにこだわる井原はナベプロとはつかず離れずの距離を保っていた。テレビ局も芸能プロも商売、どちらも言い分はある。しかし、少なくとも対等の関係でないと良質な番組はできない。これが井原の信念だった。

当時の日本テレビの看板番組「紅白歌のベストテン」の裏で、ナベプロが新番組を始めることになったときのこと。同じ時間帯にナベプロが歌番組をつくると、スターは全部そちらにとられてしまう。ナベプロのスター抜きには音楽番組は成り立たない。困った井原はナベプロに交渉に行く。渡辺晋の答えは「いやなら『紅白歌のベストテン』の放送日を変えりゃいいじゃないか」。

ことここに至って、井原はナベプロとの決別を決意し、獅子奮迅の動きに出る。まずは『スター誕生！』という日本テレビの番組を使って新人をどんどん発掘する。デビュー後には日本テレビのありとあらゆる音楽番組に出す。彼らのレコードの出版権は日本テレビの子会社に持たせて、版権ビジネスとも連動させる。挙句の果てには、「レコードの売上や歌唱力にいっさい関係なく、日本テレビに一番貢献のあった人に贈る賞」と明言し、「日本テレビ音楽祭」を創設する。

この井原の戦略は、ナベプロ以外の弱小芸能プロからも熱烈に歓迎された。『スター誕生！』が輩出した将来のスターを、ホリプロやサンミュージック、田辺エージェンシーなどナベプロ以外のプロダクションに分配する。ナベプロ帝国の陰で苦労していた彼らにとって、有望な新人の供給は願ったりかなったり。ナベプロに依存しない芸能のサプライチェーンが回り出し、潮目は変わった。ワンマン経営者の晋が40代でガンに冒され、闘病生活を強いられたこともあって、ナベプロの影響力は徐々に衰退していった。

渡辺晋はやり過ぎた。しかし、従来の構造を根本からひっくり返す彼の先見性と剛腕がなければ芸能プロという業界も生まれなかった。既存体制を破壊する情熱と野心がやがて衰退の原因となる。多くの業界に共通して見られるイノベーターの光と影がここでも見て取れる。

第3章

さらに様々な書評

経営読書記録　表

利己と利他の合一——北康利『思い邪なし』、みうらじゅん『「ない仕事」の作り方』、みうらじゅん『マイ仏教』

『生き方』『稲盛和夫の実学』などのロングセラーの自著はもちろん、稲盛和夫についてはこれまでに数多くの評伝が出版されてきた。「利他の心」「土俵の真ん中で相撲を取れ」「人間として何が正しいか考えろ」——強く重い言葉が信奉者を惹きつけてやまない。

京セラの創業。第二電電の挑戦。ＪＡＬの再生。こうした稲盛の功績を追うことは本書の主眼ではない。むしろ、その背後にある経営者としての日々の思考と行動に焦点を当てる。強烈な求心力を持つ経営理念と哲学が、どのような状況で、どのような行動をきっかけとして稲盛の心中に定着したかを辿る。そこに本書の価値がある。

大学を卒業した稲盛は業績低迷にあえぐ松風工業に職を得る。セラミック部品の将来性に気づいた稲盛はめきめきと頭角を現す。自ら製品を開発し、大手顧客からの受注を勝ち取り、赤字垂れ流しの会社にあって唯一の収益部門「特磁課」を率いる。この起業前のくだりがとりわけ興味深い。

梅檀は双葉より芳し。一介の平社員であるにもかかわらず、稲盛は勝手に特磁課の「経営」を始める。開発や営業はもちろん、増員が必要となれば自ら採用活動に乗り出す。この時期に稲盛は早くも経営の絶対的本質——丸ごと全部を自ら動かす——を掴んでいる。後の「アメーバ経営」をすでに実践しているのである。渦を巻き起こし、ベクトルを合わせる。一体感の中で、仕事に生活の糧を稼ぐこと以上の意味が見えてくる。

常に行動が先行する。そこで体得した経験が抽象化され哲学として結実する。すると今度は哲学が具体的な次元に演繹され、新たな行動を触発する。稀代の名経営者の原動力は具体的行動と抽象的理念の往復運動にあった。

雑誌連載「人生エロエロ」の〝人生の3分の2はいやらしいことを考えてきた〟のフレーズでお馴染みのみうらじゅん。一見して「思い邪あり」だが、『「ない仕事」の作り方』を読むと、その仕事への構えは驚くほど稲盛と共通している。「ゆるキャラ」など、これまでにないものを世の中に広める「一人電通」。仕掛けるのは自分が本当に好きになったもの（＝マイブーム）だけ。ただし、「自分ありき」ではない。「自分をなくす」ほど我を忘れて夢中で取り組む。それがいつの間にか仕事となり、新しい顧客価値を創造する。利己と利他が矛盾なく溶け合う境地に達している。

『マイ仏教』で開陳されるみうらの思想形成の過程はいよいよ稲盛と軌を一にする。怪獣好きが横展開して仏像好きになる。始めは具体的な形から入るが、「見仏」行動を繰り返す中で、自分の言葉で仏教についての理解を深め、やがては自己の哲学として結実する。それは「利他の心」――。

山頂へのルートはひとつではない。まったく違う登山道をたどりながら、同じ高みに至る。稲盛が会社経営の天才だとすれば、みうらは「自分経営」の達人だ。二人は真摯に生きるとはどういうことかを教えてくれる。

好きこそものの上手なれ

――ピョートル・グジバチ『ＰＬＡＹ ＷＯＲＫ』、リーナス・トーバルズ『それがぼくには楽しかったから』、高野秀行・清水克行『世界の辺境とハードボイルド室町時代』

グーグル社の人材育成と組織開発の分野で活躍した著者。帯にも「Ｇｏｏｇｌｅ式・世界最先端のワークメソッド」というそれらしい惹句が躍っている。しかし、その手の「ベストプラクティス」を紹介する本ではない。筆致は軽く、本の体裁も柔らかいが、本書はもっと深いところを突いている。

タイトルにある「ＰＬＡＹ ＷＯＲＫ」とは、「仕事と遊びの境界線があいまいで、仕事をしているのか遊んでいるのか分からない状態」を意味している。一見してチャラチャラした話に聞こえる。しかし、これこそが働き方改革の王道なのである。遊びであれば誰でも好きなことをする。好きこそものの上手なれ。公私混同ではなく、公私融合。これが生産性を高める。

政府主導の「働き方改革」はやたらと労働時間の削減を叫ぶ。オンを少なくしてオフを充実させろ、という話なのだが、肝心の仕事が苦痛であれば問題は何も解決しない。オンとオフの境目がなくなれば、遊び上手になるように、仕事上手になることができる。

何もグーグルのような会社に転職しろ、という話ではない。会社は「枠」でなく、自分が好きで得意なことを活かすための「軸」。自分に合った仕事の楽しみ方を知り、楽しく仕事ができる環境を自ら作り出すことが大切だ。当たり前の話だが、そのためにはまずもって自分を知らなければならない。何を大切にし、何が好きで、何が嫌いなのか、自分の価値基準を知ることがＰＬＡＹ ＷＯＲＫの基点になる。しかも、それが周囲の人々に理解されなければチームとして動けない。本書には自己認識と自己開示のための多種多様なアイデアが盛り込まれている。

著者はユングの「不幸の最大の理由は幸福の追求にある」という名言を引き、ＷｈａｔやＨｏｗを追い求めても幸せにはならないと言い切る。好きなことを仕事にするというのは、ケーキ屋になりたいとか、サッカー選手になるのが夢、というような小学生レベルの話ではない。自己認識のカギはＷｈｙにある。抽象化と言ってもよい。私的な趣味で山登りが好きな人がいる。この好みを一段抽象化すると、「一人で黙々と取り組む仕事とそこから得られる達成感が好き」という価値基準が見えてくる。なぜある仕事が楽しく、別の仕事はつらいのか。「なぜ」の自問自答を繰り返す先に自分が分かる。自分が分かれば仕事と生活はもっとシンプルになる。幸せとはＷｈｙ（目的）に向かって自分の中から湧き出るもの――「世界最先端のワークメソッド」というより、むしろ仕事と人間の原点に回帰せよという主張だ。

『それがぼくには楽しかったから』は「Ｌｉｎｕｘ」を開発したリーナス・トーバルズの自伝。フィンランドの１人のコンピュータ好きによる「偶発的革命の物語」である。「ウィンドウズ」で業界を支配し権勢をふるうダースベイダーのような存在だったビル・ゲイツ（若いころは彼もエグかった）に反旗を翻す。ソースコードの公開というタブーへの挑戦は世界中の賛同者を惹きつけ、オープンソース運動を巻き起こした。

しかし、彼にはそもそも勇猛果敢な野心はなかった。原題は*Just for Fun*。「リナックスは自分にとって楽しいから作っただけ」。これが結果的に「偶発的革命」をもたらした。肩の力が抜けまくったエピソードの連続で読んでいるこちらとしても実に楽しい。

『世界の辺境とハードボイルド室町時代』は探検作家と歴史学者の「超時空対談」。一見両者の仕事に何の関連もない。ところがどっこい、現代の秩序に満ちた日本社会と異質なものに対する興味、この一点で異様に噛み合い、話が前へ前へと進んでいく。アプローチが抜群に面白い。時間の隔たり（現代と室町時代）と空間の隔たり（日本と辺境）を相互に置換する中で人間と世の中の本質が見えてくる。

「好きこそものの上手なれ」を地で行く3冊。月曜日の朝にどうも気分が晴れない人にお勧めしたい。

言語化能力総動員――平野啓一郎『「カッコいい」とは何か』、九鬼周造『「いき」の構造』、辻静雄『料理に「究極」なし』

本のタイトルは内容を凝縮して伝えるものがイイというのが僕の好みなのだが、その点『「カッコいい」とは何か』は最高のタイトルだ。「カッコいい」とはそもそも何なのか。５００ページ弱と長尺ながら、これ（だけ）を延々と論じる。実にカッコいい。

「カッコいい」に限らず、ある概念を理解するためには、いったん具体の地平に降りなければならない。音楽やファッションはもちろん、ヨーロッパのダンディズムやアメリカの「ヒップ」などのムーブメントや「男らしさ」といったジェンダーについての社会通念との関係、はたまたヤクザの行動様式やイエス・キリストまで、著者はありとあらゆる文脈で具体的に表出された「カッコいい」を考察し、そこから概念の正体へと接近していく。

「しびれる」という体感。ここに「カッコいい」という概念理解のカギがあると言う。体が「勝手に反応する」。

すなわち「嘘偽りがない」。なぜカッコいいと思うのか。それは実際に「鳥肌が立っているから」。この問答無用性が「カッコいい」の核心にある。「カッコいい」にこそ、その人の本当が表れる。「わたしとは何か」というアイデンティティに対する答えの重要な一端がそこにある。「カッコいい」について考えることは、いかに生きるべきかを考えること。一般論としてではなく、「私はいかに生きるべきか」を考えること。

考えてみれば、そもそも「考える」という営為は具体と抽象の往復運動である。考えるとはどういうことかを見せてくれるという意味でも面白い。言語総動員で一つの概念を突き詰める。思考のパワーに満ちた一冊だ。

『「いき」の構造』は言わずと知れた名著だが、併せて読むと改めて面白い。平野氏も指摘しているように、その意味を多くの人が感覚的にしか分かっていない概念を言語的に整理し、明確化するという点で、両書には共通点がある。思考と議論のスタンスは似ているが、理解しようとする対象である「カッコいい」と「いき」には大きな相違がある。それが時代背景を反映しているのがまた興味深い。

『料理に「究極」なし』。辻静雄はフランス料理がほとんど知られていなかった戦後日本で辻調理師専門学校を創設した料理研究家。極めて知的。しかもリアリスティック。料理にとどまらず、仕事論としても洞察が深い。社会と文化についての第一級の評論だ。

新聞記者をしていた27歳のとき（１９６０年）、まったくフランス料理を食べたことがないにもかかわらず、資産家だった義父の勧めで、当時の金額で４０００万円をつぎ込んでいきなり料理学校をつくる。この特異な経歴がこの傑作の背景にある。料理人でなかった辻氏は、徹底的に西洋料理とヨーロッパの歴史、文化、社会を研究するという方法をとった。知識の量と範囲が尋常でない。

食の「美味しさ」「楽しさ」「豊かさ」といったごく曖昧な概念をものの見事に言語化している。料理に究極はないにしても、この本は食と食文化についての本として究極に近い。

健さんでデトックス――野地秩嘉『高倉健ラストインタヴューズ』、谷充代『「高倉健」という生き方』、森功『高倉健 七つの顔を隠し続けた男』

生前から「生きる伝説」だった高倉健。死後はいよいよ伝説となり、今でも「健さん」を追想する本が次々と出ている。『高倉健ラストインタヴューズ』は本人の言葉に加えて、近しい関係にあった人々の記憶を収める。

孤独で静かなたたずまいの中に漲る気迫。高倉健は海外でも日本の顔だった。主演作の『君よ憤怒の河を渉れ』が中国全土で大ヒットした1970年代、中国の映画界では「高倉健モデル演技」が流行り、誰もが寡黙で孤独を募らせた演技をしたという。チャン・イーモウ（アジアを代表する中国の映画監督）の回想。「私自身、高倉健さんの真似をして、日常生活でもあまりしゃべらないようにしていました。洋服、髪形も真似ました。コートの襟を立てて歩き、人とあまりしゃべらないようにしていました」――どこの国でもみんな同じことをやるのが面白い。健さんパワーは国や文化を超える。

最後の主演作『あなたへ』のロケをした富山刑務所に高倉本人が慰問に行き、挨拶をしている。「これから見ていただく映画『あなたへ』は、人を想うということの大切さを描いたものです。そして、人を想うということは、切なさにもつながることなのではないかと思います。（中略）エー自分は、日本の俳優では、いちばん多く、皆さんのようなユニフォームを着た役をやった俳優だと思っております。皆さんが一日も早く……、皆さんにとって、アナタにとって、大切な人のところへ帰ってあげてください。心から祈っています」。気合を入れて振り絞るように出てくる言葉。ユニフォームのくだりでは唸るような拍手が巻き起こったという。相手に真剣に構え、共感する。人間という存在に対して、非常に敏感で繊細な人だった。

ほとんど語られることがなかった演技論も鋭い言葉で収録されている。「僕は本職の動きやしぐさを真似したことはありません。本職と役者がやることはまったく違うと思っているからです。もし、本職のしぐさにこだわるのだったら、軍人でもやくざでも本人を連れてきて演技をしてもらえばいい。でも、それでは観客には出ているのが本物の軍人、本物のやくざには見えないんだよ」「僕がやりたくないと思ったのは方言をしゃべること。地方の訛りを上手にしゃべる人が名優、いい俳優と思われていたりするけれど、僕はそれにはすごく抵抗があった。映画を見るのはお客さんです。お客さんが分からない言葉をしゃべっても、意味はない」――ようするに顧客志向。プロとして仕事の基本に忠実な人だったことが分かる。

顧客志向が利他につながり、それが結果として自分にも返ってくる。こうした考え方は観客だけでなく、共演者やスタッフに対しても変わらない。高倉健がどんな端役の共演者や裏方に対しても礼儀を尽くす人だったことはよく知られている。

それにしても、単に人格者であっただけでなく、観客にとってよい映画を見せたいというプロフェッショナリズムの表れだったことがうかがえる。「まわりのみんなが気持ちよくできるように、演技では気を使わなきゃいけないんだなって。人が速く動くところでは自分はゆっくりと動く。速く動かなきゃいけない人をより速く見せるようにする。殺陣で速く動いている人に対抗して自分も速く動いたら、それはちょっと芝居ではなくなるんじゃないか。それは単なる競技ですよ」――これには深く共感した。仕事が「競技」になってしまうとどうしようもない。競技は自分が勝つことを目的とする。仕事はお客のためにある。

『「高倉健」という生き方』にも数々のシビレるエピソードがある。仕事の基盤は信頼関係。それが結局は画面に表れる。撮影所でご飯を食べているとき、裏方にも必ず箸を置いて立ってから挨拶する。飲食店でもどこでも特別扱いされるのが嫌い。自分だけによくしてもらうことを好まない。吉永小百合にもエキストラにも食べに行ったラーメン屋にもまったく同じように接する。ラーメンを食べ終わったら必ず「おばちゃん、おいしかったよ」。おばちゃんが「健さんと写真撮りたい」と言えば「おう、おばちゃん」と肩を組み背中をさする。

人を見抜く。正しい人、立派な人、真面目な人には心を開く。本書に収録されている降旗監督や床屋さんや刀工やカメラマンやお鮨屋さんはすべて「本筋を通す」人だ。

『高倉健 七つの顔を隠し続けた男』。副題からして「知られざる実像」があるかのようだが、まったくそんなことはない。知れば知るほど高倉健。どんな女優にアプローチされても決してなびかない。映画スタッフと一緒に芸者遊びに行くことはあっても、自分は絶対に手を出さない。「高倉健という名前を地に落としたくないんだよ」。自らの原理原則と信条をどこまでも貫き通すストイックな姿勢は、大スターとして生きることを余儀なくされた本人にとって、「高倉健」に対する責任の表れだった。

多くの人が共通して追想するのは、スクリーンの高倉健と実在の高倉健がまったく変わらないということ。虚像と実像がこれほど近い人はいないだろう。こういう人が実在した——それだけで素晴らしいことだ。

思うに、人間は正規分布している。高倉健は大スターだったのでこうして語り継がれているけれども、そういう人は一部に確かにいる。どうしようもない我執と強欲の人もいるが、おそらくそれと同じぐらい高倉健のような人々がいて、この世の中が動いている。このことを忘れず、自分も少しでもマシな人間になろうと、襟を正す。

骨太のビジネス書3冊——藤原和博『１００万人に１人の存在になる方法』、佐藤可士和『佐藤可士和の打ち合わせ』、上阪徹『サイバーエージェント　突き抜けたリーダーが育つしくみ』

ビジネス書には「いま・すぐ・ここで役立つアクション」を箇条書き的なリストで提示するものが多い。読んでいてまったく面白くない。それどころか、いっこうに役に立たない。なぜかというと、本を貫く骨太のメッセージ——木に喩えれば「幹」——がないからだ。強くて太い幹があるからこそ、枝葉が繁る。具体的なアクションは幹から派生する枝葉にすぎない。本当に役に立つのは幹の方だ。

『１００万人に１人の存在になる方法』は骨太の幹に魅力がある。「１００万人に１人」と言うと大仰だが、「１０

０人に１人」を3回かけ合わせればいいという考え方だ。すなわち、ホップ×ステップ×ジャンプの三段跳びとしてキャリアを考える。「教育改革実践家」として知られる著者はこれを地で行っている。リクルートの営業とプレゼンで１００人に１人、リクルート流のマネジメントで１００人に１人、義務教育初の民間校長で１００人に１人。掛け算の妙で１００万人に１人の存在になっている。

20代に仕事の第一歩を踏み出す。そこで一つのことのマスターになってから30代に異なる経験へと乗り出して左右の軸足を固める。こうして食い扶持をまずは確保する。肝心なのは3歩目のジャンプだ。ここで大きく踏み出すことで希少性が高まる。どこへ踏み出すか。大いに試行錯誤をしなくてはならない。

ポイントはこの順番にある。副業を安直に説く向きもいるが、ホップとステップは一時にできない。ホップがなければステップもない。ましてやジャンプはままならない。2歩目で「食っていける」ようにならなければ、ジャンプの前の試行錯誤はできない。太い幹が一本通っているからこそ「最初のキャリアは事故でいい」「ただし場数を踏ませてくれるところ」「年収を上げようとせず、むしろ自分を安売りしろ」といった提言に説得力がある。

『佐藤可士和の打ち合わせ』。打ち合わせは「会議」にあらず。打ち合わせこそ「本番」にして「真剣勝負」にしてアウトプットを生み出す「仕事そのもの」。このメッセージが最初から最後まで貫かれている。具体的で実用的なアイデア満載でありながら、クリエイティブの世界で長年活躍する著者の仕事哲学の書としても上等上質な一冊だ。

『サイバーエージェント　突き抜けたリーダーが育つしくみ』は詳細な取材を通じて経営人材育成の施策を紹介する。ただし、である。商売全体を丸ごと任せられる経営人材は直接的に「育てられる」ものではない。それでも、「育つ」。経営は「育つ土壌」を耕すことしかできない。著者の視点が終始この本質から逸れないのがいい。私見では、サイバーエージェントは比較的新しい会社でありながら、経営人材の層の厚さにおいて最も優れた企業の一つだ。「就職」ではなく「就社」したくなる会社。労働市場の流動化が進む、これからの会社の存在意義が見えてくる。

緊張と弛緩――山本直子『週末は、Ｎｉｋｓｅｎ。』、金原龍一『31年ぶりにムショを出た』、宮下志朗『モンテーニュ　人生を旅するための7章』

技術のおかげで生活がどんどん便利になる中で、いつの間にか「何でもコントロールできる」という思い込みに侵されていたように思う。世の中には思い通りにならないことがある。この当たり前のことを再認識し、これまでの生活様式を再考する。コロナ騒動は絶好の機会だ。

『週末は、Ｎｉｋｓｅｎ。』。当地に長く暮らす著者が、オランダ人の生活文化を紹介する。Ｎｉｋｓｅｎ（ニクセン）とはオランダ語で「何もしない」。肉戦の逆だ。何もしない。何も生み出さない。義務感や生産性の呪縛から自己を解放する。かといって本格的な冥想でもない。週末にゆっくり散歩をする。平日の空き時間に窓から空と雲を見る。誰にも邪魔されず、自分にとって心地よく、落ち着く状態。ようするに「ボーっとする」ということだ。

ニクセンは外部のノイズに惑わされずに、自分の価値基準に忠実に暮らすための工夫でもある。ＳＮＳが蔓延する今の世の中は明らかに「つながり過ぎ」。他人の生活にかかずらって「イイね」をつけているばかりでは、自分と向き合う時間がない。本当の自分を見失う。

オランダ人に「あなたのニクセンは?」と聞くと「シャワー」を挙げる人が多いという。日本のお風呂文化ははるかにニクセン性能が高い。まずはお風呂にゆっくり入り、ボーっとしよう。ニクセンのみならずイノセン（命の洗濯）にもなる。

『31年ぶりにムショを出た』。外出の不自由に憤懣やるかたない向きにお薦めしたい。強盗殺人事件で無期懲役となった著者が仮釈放までの31年間の刑務所暮らしを回想する。

右も左も殺人犯。獄中で出会った他の長期刑囚人のエピソードがやたらに面白い。同性愛者のマー坊が著者を気に入り、尽くしまくる。ところがこの人物、その顔に似合わず、スナック店主を切り刻んで山に捨て、平然とその店を乗っ取ってゲイバーを経営していた。人間は分からない。放火殺人で入ってきた男がマッチを隠しているのを見て、同房の懲役たちは「物騒なものを持つな。お前がもっと怖いんだよ！」。

懲役刑ほど不自由なものはない。刑務所生活で「良かったことは？」に対して、著者は一言「そんなものは一切ない」。読むうちに、コロナの自粛生活がどんどん自由に思えてくる。実にありがたい。

『モンテーニュ』は人間洞察の達人の生活哲学をコンパクトに伝える。万人必読の名著『エセー』の入門編としてよくできている。モンテーニュはペスト禍の同時代人だ。「わが村のきわめて健康によい空気も、ついに毒に侵され、異常な様相を呈するようになった」。さすがのモンテーニュもジタバタするが、自然体の日々を過ごす農民たちの姿に接し達観する。「われわれは死ぬことを心配するせいで、生きることを乱している。生きることを心配するせいで、死ぬことを乱している」

いずれにせよ乱されがちな人の心。それを鎮めるために読書がある。

これが私の生きる道――世界文化社編『これが私の生きる道！』、高峰秀子・斎藤明美『高峰秀子　おしゃれの流儀』、鮎川誠『シーナの夢』

『これが私の生きる道！』。「彼女がたどりついた愛すべき仕事たち」という副題の通り、「幸せな働き方」を自ら選び、挑戦している女性が次々に登場する。会計士とかエンジニアとか検察官といった既存の職業カテゴリーの人は皆無で、「ライフスタイルディレクター」「本しゃべりすと」「フリー素材アイドル」などなど、「新しい仕事」が並んでいる。

それぞれが自分の道を選び、夢に向かって挑戦している。仕事というのは本来そうあるべきだと思う。ただし、である。それが価値を生み、顧客に選ばれるかどうかはまた別の話だ。5年後に再度インタビューしたら、仕事としては続いていない人もいるだろう。仕事の面白くも難しいところだ。

大女優にして名随筆家だった高峰秀子。「これが私の生きる道！」をほぼ完璧な形で成就した女性である。『高峰秀子　おしゃれの流儀』は高峰のクローゼットを公開し、彼女の服飾趣味を今に伝える。

おしゃれは表面的なもの。しかし、本質は表面ににじみ出る。例えば、「人前で目立ってはいけない。おしゃれは飛び出してはいけない」という基本姿勢。俳優業における高峰の仕事哲学——主役はあくまでも配役の一人。画面から飛び出さず、作品と調和するのがよい主役——と完全に軌を一にしている。

趣味がいいと言われ、高峰は一言、「いいかどうかは分からないけど、あるね、趣味は」。まったくその通り。スタイルは「あるか、ないか」。生活の隅々まで「選択」が行き渡っている。「自分、というものを持っていなかったら、いろいろな人に言われるたびに、そのたびにいろいろ変わってしまう、そういうのではやはり困る、と思うのです」——服飾のみならず、仕事と生活のすべてに当てはまる原理原則だ。

シーナ＆ザ・ロケッツの鮎川誠が、妻にしてヴォーカルのシーナを回想するインタビュー『シーナの夢』。シーナのある言葉をきっかけに「シナロケ」が生まれる。「『私も、レコード作りたい』ち、ポツリ言うたんですよ。『私も自分の歌ったレコードを。自分で聴いてみたい』ち言うたんよ。（中略）もう俺、すごい素敵な夢もろたんよ」

以来数十年、ガンに冒されたシーナが62歳で亡くなるまで、夫婦はひたすらライブに明け暮れる。鮎川は死の3日前から病室でぶっつづけでシナロケの曲をかけ続け、シーナと聴いていたという。「レコードを作りたい。それで自分の歌を聞きたい」で始まり、自分のレコードを聴きながら終わる。「ロックは元気を出して前に進む音楽」「カラッと明るくラウドでなければならない」というコンセプトを貫き通した人生だった。

代表曲“You May Dream”でシーナが「それがあたしのステキなユメ！」と叫ぶところ、ここにはホントにグッとくる。これが私の生きる道！——鮎川夫妻は仕事で夢を実現するとはどういうことかを身をもって教えてくれる。

過去から見えてくるもの——杉浦泰『20社のV字回復でわかる「危機の乗り越え方」図鑑』、三浦展『東京高級住宅地探訪』、八代亜紀『素顔』

『20社のV字回復でわかる「危機の乗り越え方」図鑑』は社史研究家の著者が20社の歴史を紐解き、危機突破の事例を考察する。順風満帆に見えるときほど、根深い問題が生まれやすい。逆に、危機を耐え忍び、克服を目指す日々が企業を強くする。企業の歴史は、この逆説的で形成されている。

比較的若い会社にも紆余曲折の歴史がある。例えばサイバーエージェント。ネットベンチャーの旗手として２０００年に株式上場を果たすが、直後にＩＴバブルが崩壊。株価は初値の30分の1の水準に低迷し、離職率は30％に達した。そこで、創業経営者の藤田晋氏は考えを大きく変え、終身雇用をはじめとする「古風」な経営へと転換する。私見では平成生まれの企業の中で、同社は経営人材の育成と活用に最も優れた会社の一つだが、その基盤がこのときの危機突破にあったことがよく分かる。

どんな企業もいずれ危機に直面する。危機を乗り越えたからこそ今がある。だとすれば、「危機」に注目することがその企業の「強さ」を知るための有効な手段となる。社史というと地味でつまらないイメージがあるが、長期視点の経営にとってこれほど優れた教材は他にない。

『東京高級住宅地探訪』は、大正から昭和初期に開発された東京西郊の住宅地の歴史を追う。田園調布はその代表例だ。

往時の東京都心は浅草区、日本橋区、神田区といった地域だった。低地で工場が多く、空気が悪い。コロナよりはるかに怖いコレラが頻繁に発生していた。麻布あたりまでが「区」で、渋谷は「町」、目黒や玉川に至っては「村」だった。中心部に集中していた分、西部はまだスカスカだった。

最大の問題は人の「密」にあった。浅草区の人口密度は1キロ平米当たりなんと6万人（現在の台東区は2万人）。しかも当時は高層住宅はなく、平屋ばかり。現在とは比較にならない超高密度だった。空気がきれいで「高燥」である西郊へと宅地が延びていったという成り行きだ。

昭和の歌謡女王が自らの半生を回想した『素顔』。子供のころから歌が上手い。そこで志したのはクラブ歌手。中学を出て15歳で上京。銀座のクラブ歌手として成功を収める。普通は「レコード歌手」へのステップとしてクラブで歌うのだが、著者のゴールはあくまでもクラブ歌手だったというのが面白い。周囲の勧めでレコードデビューするものの、デビュー曲はまったくヒットせず、キャンペーンで自分のレコードを手売りする日々。デビュー3年目にしてようやく「なみだ恋」が大ヒット。そこからヒットを連発し、10年目にレコード大賞を射止め、不動の地位を確立した。ガツガツしたところがない。クラブ時代の蓄積の上に焦らずじっくり歩みを進め、息の長い活躍をする。キャリア形成の理想をここに見る。

会社にも町にも人にも歴史がある。時間的な奥行きの中で、初めて見えてくることがある。

目利きによる3冊——今枝昌宏『デジタル戦略の教科書』、松田雄馬『人工知能に未来を託せますか？』、中川淳一郎『恥ずかしい人たち』

全体を網羅しつつ、具体的な例示をしながら、程よい抽象度で論理を説明する——これが優れた教科書の条件だ。『デジタル戦略の教科書』は、この条件をきっちり満たしている。

著者の前著『ビジネスモデルの教科書』が「ビジネスモデル」という概念的なテーマを扱っていたのに対して、

「デジタル戦略」は現象（＝デジタル化）に注目している。放っておくと論点は限りなく広がってしまうのだが、ちょうどよいところで線引きをしている。デジタル戦略を理解するときに重要な要素が過不足なく詰まっている。それぞれについての議論や説明も簡潔明瞭。それでいて論理にも目配りが利いている。構成が秀逸だ。

ＤＸが進まない要因を、著者は日本のＩＴベンダーと顧客である企業の取引の関係――企業の情報システム部門がベンダーにシステムを丸投げしてしまい、その結果デジタルについての能力を喪失し、それがさらにベンダー依存を深めるという悪循環――に求めている。日本の企業は自前主義に過ぎると言われるが、デジタルに関しては逆。丸投げに過ぎる。経営トップ自らが仕事の中で日常的にデジタルに触れ、その効率と効果についての肌感覚を持つことがデジタル化の一丁目一番地だ。

『人工知能に未来を託せますか？』。ＡＩの本質をその歴史から解き明かす。ＡＩの歴史は長い。これまでも何度となく過剰期待が生まれ、それがやがて幻滅を招くということを繰り返してきた。

17世紀にライプニッツが「思考する機械」を創ったころは、計算に先行して「航海」など特定の明確な目的があった。問題を創造し、目的を設定するのは人間しかできない。「創造的でない単純作業の仕事はなくなる」と言われるが、人間が何気なく行っていることがＡＩにとっては極めて創造的で難しい課題となる。その世界で長く研究している著者だからこそ見えてくる本質が語られている。

『恥ずかしい人たち』は現代ネット社会に対する痛烈な批判の書。著者の十八番だ。レストランに入ってから出るまでずっと写真を撮り続けているカップル。「こまめな水分補給で熱中症対策を」と呼びかける人。利害まみれの「第三者委員会」に対応を丸投げする当事者（「第四者委員会」をつくった方がいい、と著者は言う）――。刹那的に気持ちよくなりたい。とりあえず問題を回避したい。極私的な好みの問題を勝手に良し悪しとすり替え、他人に押しつける。自己中心と自己満足の明け暮れ。幼児性の炸裂だ。

ネットニュースに代表されるウェブメディアの世界は「修羅の国」。記事内容の質は二の次三の次でページビューを競い合う。著者はこの15年間ネットメディアのニュース編集を仕事としている。普通、この手の社会批判は外部者がやるものだが、自らが嘆いてやまないネットにどっぷりつかりながら、なお醒めた目で見ている。いや、どっぷりつかっているからこそ、核心が見えるのだろう。見たいものではないのかもしれないが。

〔著者との対談〕

松田雄馬『人工知能に未来を託せますか?』

――まず、コロナ禍についてお聞きしたいと思います。楠木教授の専門は競争戦略であり、松田さんは「人間社会の中で技術をいかに役立てていくか」を研究されていますが、コロナ禍を通じてその「考え方」に、影響はありましたか。

楠木　「考え方」にはまったく影響はありません。もともと「よい事業戦略」だったものが、コロナの後に「よくない事業戦略」に変わることはないですよね。もちろんコロナ禍の市場への影響はありますから、それによって企業の業績がよくなったり、打撃を受けたりすることはあるでしょう。でも、それは事業戦略の「考え方」が変わるということではありません。

　優れた競争戦略で商売をしている企業は地力があります。コロナに限らず、震災やリーマンショックのような外的なショックがあっても底力を出しますよね。一方で、しっかりとした戦略に依拠していない商売は、外的ショックに対して脆いということはあると思います。

松田　僕は、「人間社会の中で技術をいかに役立てていくか」、その中で「競争戦略をどう組み立てて経済を回していくか」という視点では、コロナ禍だからといって人間がやるべきことや開発すべき技術は変わらないと思います。

　一方で、開発・研究プロセスやそれを取り巻く環境には、かなり大きな影響が出ています。人と直接会えないため、国際学会のほとんどが中止になったり、ディスカッションがうまくいかなかったり。それで、なんとなくZo ｏｍで話したりしています。

楠木　〝なんとなく〟というのは〝仕方なく〟という面もありますね。

松田　そうなんです。やはり多くの人は「ニューノーマル」と言いながらも、「コロナが明けたら会いましょう」という感覚だと思うんですよね。学者の世界は「ディスカッションしてなんぼ」なところがあるので、再び直接会ってディスカッションできる日に向けて、今は英気を養う時だと考えています。

――コロナ禍でリモートワークが広がり、Ｚｏｏｍの株価が上がったという話もありました。コロナがデジタルトランスフォーメーション（ＤＸ）を加速させるという見方もあると思いますが、それに対してはどうお考えですか。

楠木　ＤＸが大切なのは言うまでもない。それは「健康って大切だよね」と言っているのと同じです。デジタル技術で物事を効率化することそれ自体はいいに決まっている。スポーツをする人が「足が速いことは大切だよね」と言うのに近い。

ただし、ＤＸはどこまで行っても「手段」でしかない。その手段によって「何を達成しようとしているのか」「その目的に対して、ＤＸという手段が有効なのかどうか」は、個別の企業の商売の文脈の中で初めて決まってくるものです。相撲取りにとっての足の速さと、陸上選手にとっての足の速さは違います。だから「ＤＸに乗り遅れるな」は、その通りなんだけれども「具体的に何をどうするのか？」が大切です。

例えば、「今は十分健康な状態なので、特に何も変える必要はありません」という会社もあるわけです。それは「個別」の問題です。現代は、個別性が無視されやすい時代だと思うんですよ。なぜなら、入ってくる情報量が多いからです。注意が分散することで、個々の問題に対する注意の量が減っている。思考は注意から始まります。このところのＡＩやＤＸの議論は、企業や商売の個別性を軽視していると思います。

――政府が新たにデジタル庁を作ったり、あるいは「ＤＸ銘柄」などの取り組みによって、ＤＸ推進企業に対して経済産業省がお墨付きを与えるような流れがあります。そうすると、いかに「個別性を見なくては」と言っても、

企業としてはＤＸに取り組まざるを得ない雰囲気がありそうですね。

楠木　企業が「株価」を行動の目的に据えても仕方がないと思うんですよね。株は人気投票であり、常に上下動します。結局、長期で見ないと分かりません。直近でＤＸで株が上がっている会社も、３年先ですらどうか分からない。株価は結果です。しかも一時点の結果。経営にとってコントロールできない。コントロールできないものをゴールにするのは間違いなく間違っていると思います。

大事なのは長期利益です。長期できちんと利益を出し続けることが、世の中に対して価値をつくっているということです。長期利益が出ていれば、自然と投資家は評価するので、結果として株価は上がります。この順番が大切です。

松田　ここ数年で、ＡＩやＤＸといった流行り言葉に飛びつく風潮が顕著だと思います。もともと数字を見ていたのが最近そうじゃなくなったのでしょうか。それとも、どんな企業も「数字」よりも流行り言葉に飛びつくものなのでしょうか。

楠木　どんな業種であろうと、まともな企業の経営者は、およそ持続可能な利益を見ていると思うんですよね。株価を目的に経営していたら、虚しくて生きていられないんじゃないですか（笑）。

松田　「まともな経営者は、しっかり数字を見る」と。そして株価が上がれば喜ぶ？

楠木　要は、原因と結果を区別して考えるということです。「気がついてみたら株価が上がっている」というのが真っ当な経営です。最終的には株価＝企業価値にも反映されるのですが、経営の意思としては「きっちり儲けていこう」というところに回帰するしかない。「金儲け主義」ということではありません。競争がある中での「儲け」は世の中に提供している価値の総量です。儲かる商売があれば雇用もつくれる。社会貢献という意味では「法人税を納める」ことができる。とりわけ今のように財政出動が激しい時は「企業ができる社会貢献の99・9％は社会的に再配分できる原資を作ること」だと思います。

――ただ、今は経産省が「サステナビリティ・トランスフォーメーション」を謳う中で、企業が持続可能性を担保する上では株主と対話する際の指針を示しています。長期利益が大事だということは投資家にもある程度は浸透してきているのではないでしょうか。

楠木　発展途上国では、経済政策をリードする「先生」の役割は必要なんですよ。日本では戦後の復興期に通産省がその役割を果たしていました。でも、今や日本は高度経済成長期が終わって数十年。十分に成熟しています。「先生」は必要ありません。経済政策ができることはたかが知れています。

　結局、経済のエンジンは企業であって、個別の企業の集積で経済が動いてるわけです。その企業のエンジンは何かというと「経営者の戦略」です。余計なことを考えて、本来の経営や企業の活動が疎かになってしまっては本末転倒です。例えばＳＤＧｓ。「健康は大切だ」という言葉に反対する人がいないのと同じで、政府が「ＳＤＧｓは大切だ」と言っても「その通り」としか言いようがありません。

　経営者にはもっとシンプルに、どうやったら儲かるのかを考えていただきたい。そこが政治と違った商売の非常にいいところだと思います。会社の中で「こうすれば儲かると思う」と言われて嫌な顔をする人はいないでしょう。そのシンプルさを、もう一度積極的にとらえるべきではないでしょうか。

――今、「サステナビリティ」とか「人間中心」といったキーワードが受けているのを見ると、「長期的に企業として稼働し続けること」と「儲けるというシンプルなこと」、この2つの両立は本当に難しいのではと思ってしまいますが。

楠木　それは時間軸の取り方の問題です。多くの人が見逃しがちなのが「どの時間軸で議論しているのか」です。時間軸を短く取れば、あらゆることがトレードオフになります。

　例えば、従業員に給料を払えばコストが増えて、儲けが減ります。それを株主が嫌がると株価が落ちてしまいます。株主が「リストラしろ」と言ったら、短期的にはコストが下がりますから、株価は上がりますが、従業員はいい迷惑ですよね。短期的にはすべてがトレードオフになってしまいます。

ところが時間軸を長期に延ばすと、トレードオフが自然と解けて、トレードオンの関係が生まれます。長期的に儲かれば、給料は増えますし、お客様も喜びます。株主も万々歳というわけです。長期の持続可能な利益の追求と、社会的なサステナビリティの２つが重なる。社会的にサステナブルなことをやっていないと、長期利益は達成できません。

松田　ここでちょっと深みにハマりそうな話をしようと思います。グーグル（Ｇｏｏｇｌｅ）はインターネット黎明期の頃から「今」を作り上げた、世界を作った企業と言ってもよいでしょう。でもそんなＧｏｏｇｌｅが現在、彼らだけじゃなくて「ＧＡＦＡ」というくくり方をされて、世界各地で問題視されています。その問題の観点はさまざまで、セキュリティーやプライバシーと言った個人的なものもありますが、僕が注目しているのは「創造性」の問題です。

Ｇｏｏｇｌｅというのは、便利で豊かな社会を作り上げたし、Ｇｏｏｇｌｅがなければ今の社会は成り立たなかったかもしれません。

楠木　「豊か」かどうかは別にして「便利」であることは間違いないですね。

松田　はい。彼らは「世界中の情報を整理し、世界中の人々がアクセスできて使えるようにする」というミッションを自分たちに課し、権力者だけが情報を持つのではなく、皆が情報を持てる世界を作り上げてきました。その点は非常に素晴らしいと思います。

ただ、一方でＧｏｏｇｌｅのせいで人間の創造性が阻害されてしまっていることが、非常に大きな問題意識としてあります。それは、彼ら自体が権力構造になってしまい、「どんなことでもＧｏｏｇｌｅで検索すれば出てくる」という、ある種の予定調和的な世界を作ってしまったからです。

その意味では、彼らも「長期的な視点が足りていないのかな」と思っています。そこに対して「いかに抗うか」

「どう創造性を発揮していくのか」、これを問い直すことが、テクノロジーの観点から言うといちばんホットな問題だと考えています。

楠木　「何でもかんでもすぐにググるので、自分の頭で考えなくなる」みたいなことは確かにあると思います。同じような例が「ファストフードは手軽でおいしいけれど、そればかり食べていると体によくない」です。ファストフードの誕生以来、半世紀以上かけてだんだんそういう理解が定着してきたわけです。それと同じように「Ｇｏｏｇｌｅに依存していると頭が回らなくなるよ」という常識が、これから数十年かけてでき上がっているかもしれませんね。

松田　「検索し過ぎない方がいい」「出てきた結果をうのみにしない方がいい」「フィルターバブルに気をつけろ」ということが浸透して、適度で有効な使い方がある種の文化として根付いてくるかもしれないですね。

楠木　私が若いころに起きた変化として、ＰＣで文章を書くようになったことがあります。コピー＆ペーストができるようになり、その後にインターネットが出てきて、仕事で文章を書いている人の仕事の場が、どんどん紙媒体からネットメディアに移ってきました。

　つくづく思うのは、「人間が文章を書くのが下手になった」ということです。そこには理由があります。ネットメディアになると、物理的な制約がないので、猛烈な量の文章の供給が求められる、そこでは書き手は文章を練るということをしないし、メディアでも文章の質をあまり気にしなくなってくる。いまでは僕のような者が普通に文章を書いているだけで「文章が上手だね」と言われることがあります。理由は単純、周りが下手になっただけです。

　それを踏まえると、Ｇｏｏｇｌｅに依存して定型的なこと、あるいは前例のあることを皆がしている人たちに対抗して、非Ｇｏｏｇｌｅ的な方法で創造性を発揮するだけで「この人は、すごくアイデアフルだ」と言われるようになるかもしれませんね。

松田　確かにそうですね。「ちょっと非Ｇｏｏｇｌｅするだけで創造的」というのはいい考え方だと思います。

——楠木先生は、近著『逆・タイムマシン経営論　近過去の歴史に学ぶ経営知』の中で、経営者が陥りがちな罠（トラップ）の一つとして、新技術などに過剰に期待してしまう「飛び道具トラップ」を論じています。企業では、経営者がＡＩやＤＸに大きな期待を寄せて、部下に「ＤＸを推進せよ」「他社動向を調査せよ」と命じるケースが増えているようですが、こうした動きをどうとらえるべきでしょうか。

楠木　そういう経営者にまず言いたいのは、ＤＸは手段だということです。その前にある目的が「戦略次元のものなのか、それとも通常の業務の効率化という話なのか」、まずそこをはっきりしましょうと言いたいです。

行政サービス、教育、医療など古くから伝わるしきたり、つまり因習が濃い分野ってありますよね。特に日本では行政サービスでの因習が濃く、それゆえの非効率がそこここにある。ＤＸが手段として有効なのは間違いありません。単純に効率が上がるからです。失うものはない。どんどんやればいいだけですよね。

「よいこと」と「悪いこと」の間で選択するのであれば、「よいこと」を取ればいい。こうした選択は意思決定ではありません。意思決定というのは「よいこと」と「よいこと」の間の選択です。二流の経営者の見分け方というのがいくつかあります。「一理ある」という言葉が使われがちですが、これが駄目なんです。一理もないことって世の中ないんですよ（笑）。「Ａ」という理と「Ｂ」という理のどちらを取るべきかを判断するのが、あなたの仕事でしょうということです。だからコロナのような事態になると「判断が難しい」と言ってばかりいるのです。

ＤＸの取り組みにも当てはめてみると、まず「自社の戦略がどういう文脈・ストーリーを持っているのか」をあらためて考え、「その文脈の中にＤＸを位置づけたときにどう作用するのかを考える」ことが大切です。『逆・タイムマシン経営論』の中でも、「文脈思考」を持ちましょうということを主張しています。

私は「笑いの中に真実がある」と考えています。つまり、思わず笑っちゃうということの多くが、人間とか人間社会について本質を突いていることだと思うのです。前回、松田さんとお話しした時は「ＡＩに仕事が奪われる」という話がよくされていた時期でしたよね。

松田　そうですね、まさに。

楠木　『逆・タイムマシン経営論』を書くにあたり、私はビジネス誌の50年分の記事を読み返すという作業をしましたが、その途中で笑ってしまったことがあります。それは、人間は昔からずっと「仕事がなくなる」と言っていたという事実です。

「オートメーションで仕事がなくなる」「コンピュータで仕事がなくなる」「ロボットで仕事がなくなる」「インターネットで仕事がなくなる」ときて、今では「ＡＩで仕事がなくなる」「ＤＸで仕事がなくなる」と続いています。その割には、皆まだまだ仕事をしている（笑）。

なぜ、新しい技術の登場を「仕事がなくなる」に紐付けるのでしょうか。それは、「不安に敏感に反応する」という人間の本性につけ込んで、メディアが注意を惹こうとするからだと思います。人間の基礎的な不安は「仕事がなくなる」ことです。だから、ビジネス誌はずっと「仕事がなくなる」と言い続けている。

松田さんの新著『人工知能に未来を託せますか？――誕生と変遷から考える』の中にも面白いと思った話がたくさん出てきました。例えば、ＡＲＰＡＮＥＴの創始者であり、コンピュータの歴史上重要な役割を果たした人物と言われるＪ・Ｃ・Ｒ・リックライダーの話です。また、「イチジクとイチジクコバチの共生関係（両者の間で子孫を残すという共通利益の下で相利共生関係が成立すること）」というメタファーで初期段階のＡＩの構想が出てきている話は面白いですね。

松田　そこから始まったんですよね、本当に。

楠木　こういうことを「歴史から学べ」と言っても、遠過ぎる過去ではよく分からないこともあります。近過去に遡るということが、ＡＩとは何かを考えるうえでいちばん近道ではないかと感じました。この本の前半部分は「ＡＩ版逆・タイムマシン論」と言ってもいいと思いました。

松田　確かに（笑）。研究者でも「歴史は大事だ」と言う人は多いですが、その理屈ははっきりしています。一般的に論文ではイントロダクションを書く必要があります。そこには当然、過去の論文調査を踏まえて浮かび上がった課題を解いていくというような流れがあります。つまり、過去の研究の文脈と、その中における自分の研究の位置づけを明確にさせなければ論文として成り立たないからです。

楠木　イントロダクションに書かれる決意表明や意味合いの認識のところは、いい論文とそうじゃない論文の違いが如実に出るところですよね。

松田　そうなんです。イントロダクションを読むとすごく面白いですよね。博士課程の学生も「いいイントロダクションを書くことが、いい論文を書くということだから、そこをしっかり作りなさい」と指導されています。そのために過去の論文を読んで、その研究者が何を考えてそういう問題提起をして、何を説いたのかを知ることが大切です。「研究者の心に迫りなさい」と言っている研究者も多くいます。

多くの人がＡＩの歴史を語る場合、ダートマス会議以降の歴史にしか言及していません。ダートマス会議が１９５０年代の第１次ＡＩブームのきっかけとなり、その後１９７０－80年代の第２次ＡＩブーム、そして今が第３次ＡＩブームにつながったという流れです。ただ、これは単純に事実を述べているだけで、研究者の心にまでは迫っているとは言えませんね。

僕がＡＩの歴史を語るとしたら、１７００年代までさかのぼって、哲学者・数学者であるゴットフリート・ライプニッツの話から始めます。ライプニッツは微分積分学を学問として確立した人物です。彼は「思考機械」というものをやり出しました。これは何かというと計算機ですね。

今でこそ電卓がありますが、当時そんなものはないので人間の手で難しい計算をしていました。当然、計算間違いもあるし、計算に使う指数対数表を作成するのに何日もかかっていたようです。ただ計算結果に間違いがあると、それを使う船乗りや大工が大変なことになるわけです。何とかしたいと思ったライプニッツが「人間の代わりに、せめて計算という論理思考だけでもできたら」ということで生み出したのが思考機械だと言われています。つまり、計算という人間の仕事をなくしたかったわけです。

　また、リックライダーはスティーブ・ジョブズにも大きな影響を与えた人物ですが、まさに第1次ＡＩブームの真っただ中にいた人でした。そのころ、周りには「人間を超えるコンピュータを作る」と言う人がたくさんいた状況でした。しかし、彼は「そんなことよりも、自分の生活を何とかしてほしい」と言っていたのです。書類の山から必要な情報を探したり、必要な論文を探すのに図書館に行ったりという事務作業が業務時間の8－9割を占める中で、「こんなことばかりでは、クリエイティブなことがまったくできない」と考え、ＡＲＰＡＮＥＴの元になる「人間とコンピュータの共生」という概念に着目するようになったのです。

　そういう歴史を紐解いていくと、現在の私たちがライプニッツの「思考機械」の上にいること、リックライダーの「人間とコンピュータの共生」の上にいることが分かってきます。さらに、スティーブ・ジョブズがなぜ登場できたのかも理解できるでしょう。そこでようやく「なぜ日本からはスティーブ・ジョブズが生まれないのか」という議論を、立体感を持ってできるようになるわけです。

楠木　「日本の教育がよくない」という話ではなく、もっと深いところに答えがある。情報学者・東京大学名誉教授である西垣通さんの話も興味深い。西垣さんは「ＡＩは、フロンティア精神と親和性が高い」と説いています。

　すごく面白いと思ったのが、ライプニッツの思考する機械の時代は、目的が必ず特定されていたということなんです。例えば、航海という目的があって、計算はその目的を達成するための手段であるというものです。手段と目的の関係が非常にはっきりしたところから技術が出てきたわけです。最近、ＡＩやＤＸが「飛び道具トラップ」になってしまうのは、そうした技術に汎用性が出てきたからだと思います。

「コンピュータというのは人間の職業の名前だった」という話も面白いですよね。ハードウェアのことじゃなくて、コンピュータという職種だった。

松田　「計算する人」という意味ですね。

楠木　人の仕事が技術によって代替されたという話です。

松田　確かに、個別具体的な職業単体を見ていくと、代替されることはもう間違いないことではあります。

ライプニッツがいた17世紀は「大航海時代」と言われる時代でしたが、実際に航海に出ようとする人は少なかったと言われています。そこで王族を口説いてスポンサーになってもらってようやく航海に出られるくらいにハードルが高かったそうです。だから、その目的に一生を懸けることができたのだと思います。

先ほど「戦略とは、ＡとＢどちらの理を取るかである」ということを話されていましたが、まさにその通りで、現代は色々な「理」が存在する時代なんですね。その中で「自分はこれだ」というものを選んでいく必要があります。その意味では、個々人の思いや考え方がすごく大事な時代と言えるのではないでしょうか。

——そうした技術の普及期の見極め方については、いかがでしょうか。

楠木　技術の普及期がいつなのかということよりも、経営者の立場で言うと「その技術が本当に自分の会社に必要なのか、それは今なのか」という判断が重要だと思います。

経営者が的確に技術導入の判断をした例としては、サイゼリヤのキャッシュレス決済への取り組みが挙げられると思います。近年、キャッシュレスサービスが台頭し、世間では「これからはキャッシュレスだ」「これに乗り遅れるな」と騒いだ時期がありました。また、インバウンド向けにもキャッシュレスが必要だという声も出ていたかと思います。そうした流れの中でも、サイゼリヤでは２０１９年の時点でキャッシュレスが進展せずに、全国の１１００店舗の8割以上が現金支払いという状態だったそうです。

ただ、同社が単にキャッシュレス対応に乗り遅れていたわけではなくて、ちゃんと理由がある。それは「決済額の3%の手数料を払い、それでも5%の収入が増える」というタイミングが来るのを待っていたからです。この考え方は、商売としてはごく当たり前のことだと思います。つまり、ある時点まではキャッシュレス化が自社の商売にあまりポジティブな影響を及ぼさないことを分かっていた。

サイゼリヤでもショッピングセンター内の店舗だけはキャッシュレスに対応してきたそうです。なぜかというと「ショッピングセンターで家族で食事して、財布握っているのは奥さんだから」です。キャッシュレスで支払うのは主に男性に偏っているから、キャッシュレス決済を導入すると、男性の１人客が増えてランチのピークが大きくなるという判断です。それに合わせて店内のレイアウトからサプライチェーンまでの仕組みが全部変わってきます。レジ前だけの話じゃなくて、総合的に見ていちばんペイする方法を取る、これこそが技術に対する正しい向き合い方ではないでしょうか。

２０１９年時点でのインタビューでは、同社の堀埜一成社長は「最終的にはキャッシュレスはやる。でも、自分たちは後出しじゃんけんしたい」と語っています。その後、同社は２０２０年８月からキャッシュレス決済を順次導入しています。後出しじゃんけんという点については「手数料率に加えて、全国店舗すべてに端末を導入するコストを考慮している」と言及しています。また、記事中では「端末の開発速度を見ながら、システムから競争するので、ハードの費用を誰かに出してもらえたらやりたい」とも語っています。

つまり、商売全体の文脈の中にキャッシュレスを位置づけている。これが経営です。「キャッシュレスを好む人が増えている」「インバウンドでキャッシュレスがないと需要を失う」というファクトがあったとしても、自分の商売とは関係ないと割り切ることができたのです。そこが、サイゼリヤの経営者の「文脈思考」であり、経営者として優れている部分だと感じました。

松田　多くの皆さんが技術を導入した成功事例を学びたがります。私もよく聞かれるので、最近では今までにどんな事例がどのように紹介されているのかを研究しています。そこで分かってきたことは、技術を「ごちゃ混ぜ」にしているということです。本来、別々の技術を組み合わせているものを全部ひとまとめにしてしまう例です。

例えば、「この会社ではレジにＡＩを使っています」と紹介した場合を考えてみます。ただ単にレジに使うと言っても、いくつにも要素分解ができます。画像を使って認識したり、全体のデータから最適化を図ったり、過去のデータから将来を予測するなどの活用が考えられます。レジという1つの事例を取っても、大きく分けても3つぐらいの要素の組み合わせがあります。

そうした事例を紹介する際、多くの皆さんが〝すごくざっくりと雑にまとめて〟話しているのです。本来は、一つひとつの要素を分解して「そもそもどういう技術が使われているのか」「その技術がどう組み合わされているのか」を理解する必要があると思います。それらのプロセスを通して初めて「自分の会社ではこれができればいい」「これはできなくていい」というものが見えてくるのではないでしょうか。

楠木　松田さんの前作である『人工知能はなぜ椅子に座れないのか』を読んで学んだのは、ＡＩの「Ａ（Artificial）」も大切だけど、そもそも「Ｉ（Intelligence）」とは何なのかについて理解が深まったことです。その視点が面白いですし、松田さんもそういうスタンスでずっと書いていらっしゃると思います。

世の中が一斉に「リモートワーク」へとなびいている状況は、その多くが「リモートワークに重要なツールは何か」というように「リモート」の方に注目しています。でも、私は今回のコロナ禍ではあらためて「ワーク」とは何かを考えるいい機会だととらえています。

コロナの影響もあり、大学が一時期完全に封鎖されていて研究室にも行けなかったことがありました。そのため、私も自宅での「ワーク」を余儀なくされました。それまで基本的には毎日、30分かけて地下鉄で通勤して大学の仕事場に行って、そこで読んだり、書いたり、勉強したりしていました。

ただ、大学に通っていた時も自分1人の研究室で働いていたので、家でやっても全然変わらないんですよ。道具を少し持ち帰る必要はありましたけど。そうすると、今までの「通勤」って何だったのかと（笑）。「リモートワーク」について騒いでいる人のほとんどがオフィスワーカーなんですよね。もともとリモートでも仕事ができる人があれこれと言っているにすぎません。今回のリモートワーク騒動では、本当にリモートでできる仕事はどれだけあるのかを見直すいい機会になったと思います。

例えば、工事現場で働く人はリモートでの業務はなかなか難しいですよね。また、リモート消防士というのもあり得ない（笑）。もちろん医師や看護師などの医療従事者もリモートでは働けないことが多い。

あらためて「自分の仕事とは何か？」を考えるいい機会になったと考えています。「A」という形容詞よりも「I」が分かっていないとAIを理解できない、そういう考え方にはすごく汎用性があると思いました。

『逆・タイムマシン経営論』の中では、経営判断を惑わすさまざまな罠（トラップ）の一つに「激動期トラップ」を挙げています。とにかく「今こそ激動期」と言いたがる人がいます。彼らはすぐに「百年に一度の危機」とか言う。今回のコロナ禍でも「百年に一度の危機」と言われています。ただし、僕が生きているこの56年でも「百年に一度の危機」は8回ぐらいありましたからね。

少し昔の新聞・雑誌をあらためて見ると、そうしたことが分かってきます。掲載当時にあった「同時代のノイズ」がデトックスされることで、本質がむき出しになっているんです。つまりは「新聞・雑誌は10年寝かせて読め」。たかだか半年前のコロナ騒動の記事ですら、すでにイイ味を出している。

松田　確かに（笑）。

楠木　著名な投資家であるウォーレン・バフェットの有名な言葉の一つとして「潮が引いた時、初めて誰が裸で泳いでいたかが分かる」があります。過去に誰が何を言っていたのかを振り返っていくと勉強になる。本物が誰かが分かりますから。

――『逆・タイムマシン経営論』の中では「現代はかつてないほどパストフルである」と指摘されていますが、今のお話と通じるものなのでしょうか。

楠木　パストフルというのは、一時期話題になった『ファクトフルネス』のファクトフルに掛けた言葉です。歴史はそれ自体がファクトの集積で、ファクトフルネスなものですが、歴史的な出来事というのは「文脈」が豊かなんですよね。統計の数字みたいなファクトも重要ですが、歴史からはそのファクトを取り巻いていた背景・文脈が見えてきます。そういう意味で、近過去を振り返る「パストフルネス」は有効な思考訓練になるんじゃないかと思います。

デジタルアーカイブのおかげで、古新聞・古雑誌へのアクセスがすごく低コストになっている。昔と比べて今の方が参照可能な歴史が多いという意味で、現代はいちばん「パストフル」だということです。

僕が近過去を遡る作業を始めたのは、20代のころでした。当時は大学院生でインターネットがないので、図書館でアナログで本を探していました。雑誌記事を調べる際は、雑記記事索引という紙の電話帳みたいなものがありまして、ある検索ワードを引くと、そのワードが載っている新聞や雑誌がリストアップされるようになっていました。そこでメモを取って書庫に行って、1つずつ当たっていくわけです。

そうすると、探そうとしていたワードと関係ない記事も読んじゃうわけです。「1974年当時は、こんなことが言われていたんだ」と。これがめちゃくちゃ面白くて（笑）。平気で半日ぐらい読みふけってしまいました。その時代と比べると、今は少しお金を払えば、過去のアーカイブにアクセスし放題ですよね。

例えば、「エンロン」で検索すると、たくさん昔の記事が出てきます。「エンロンに学べ」という話ばかり（笑）。「6年連続で、米『フォーチュン』誌の『アメリカで最も革新的な企業』に選ばれたエンロンが……」など、そういう内容が多かったです。今からすれば頓珍漢な話なのですが、どうして同時代の人々がそう思っていたのかを考えると、面白い。人と人の世の本質が見えてきます。

松田　僕の場合は自然科学者が対象となりますが、その時々の時代背景に教えられることが多いです。例えば、今のコンピュータは、ジョン・フォン・ノイマンが作ったと言われていますが、ノイマンがどんな人物だったかというと、別にコンピュータ屋さんだったわけではありません。ゲーム理論を考案したり、幅広いことに取り組んでいた人物なんです。

そんな彼が「一体何を考えていたのか」「どういう人とつながってコンピュータにたどり着いたのか」が分かる

と、より親近感が湧きますし、何かしらのヒントが得られます。それを踏まえて、今の自分が置かれている状況ではどういうふうに問題解決していくことができるのかが分かってくる気がします。

楠木　松田さんが取り組まれている「論文のイントロダクションの研究」も面白そうですね。

松田　はい、面白いですよ。例えば、ＤＸに取り組んでいる方であれば、エリック・ストルターマンの論文を読んでみるといいと思います。ご存じない方も多いかもしれませんが、スウェーデンのウメオ大学教授だった同氏が２００４年に書いた、ＤＸの最初の論文と言われているものです。

経産省が「ＤＸレポート」の中でこの論文を引用しています。ただ、引用だけにとどまっているため、レポートの中身は全然関係ない、業務効率化の話になっています。でも、もともとストルターマンが提唱していたのは「いい生活を送るためにＩＴを活用しましょう、ＩＴでその土台を作りましょう」という話なんです。業務効率化については何も書かれていません。

でも、「ストルターマンはどういう人物なのか、どういう背景の中でＤＸというものを論じたのか」が見えてくると、ＤＸレポートを読んでも絶対にたどり着かないヒントがつかめるかもしれません。

――今は変化が激しく、好調な企業とそうでない企業など、入れ替わりがすごく激しい時代だと思います。そういう時代に、今後どのように事業戦略を検討していくべきでしょうか。

楠木　まず、本当に変化が激しいかどうか一度考えてみてください。生まれてから毎日、「今こそ激動期」と言ってきていませんか？　それをまず考えてみましょうというのが僕の答えです。もちろん、円ドルレートや株価など表面的なものは常に変わっています。ただ、その中で変わらないものが本質だと思います。確かに激動期だけれども、その中にあって「変わらないもの」を発見し、それを商売の元として戦略を構想する。これが商売の王道だと思います。

松田　僕も著書の中で、大阪商人の言葉を引用している箇所があります。多くの人が激動期トラップにはまっていると思いますが、技術の入れ替わりが激しいこと自体は事実です。その中で何を大事にすべきかを考えた時、僕は大阪商人の言う「商売の基本というのは、人々を救う徳を身につけること」ではないかと思います。周囲の環境が変わっても、今まで自分がやってきた、あるいは自分の会社が対象としてきたお客様が「どんな人で、その人がどういうことに価値を感じてお金を払ってきたのか」は変わらないのではないでしょうか。

楠木　「人々を救う徳を身につけること」というのは、何も自己犠牲とかそういうことでなく、結局、これが長期的にはいちばん儲かるんですよね。あらゆるビジネスは問題解決です。最終的に「人を救う」ことになるのは、今も昔も変わりません。

背筋が伸びる仕事論 ——落合博満『決断＝実行』

現役時代の実績はもちろん、指導者としても傑出した成果を上げた著者が、リーダーシップとフォロワーシップ双方の観点から、明晰な言葉で「仕事の本質」を語る。

練習が好きな選手はいない。しかし、仕事で野球をやっている以上、雇い主が契約したくなる結果を残さなければクビ。だから、練習した。翌年もプレーできる結果を残すことに集中した。「そのためには野球のことだけを考える生活が必要だっただけの話」。仕事は仕事。精神論に流れない。スカッと割り切った構えがいい。

著者の思考と行動はひたすら論理的だ。論理で考え抜いた基準に従って決断し、実行する。だからブレない。監督就任初年度、早々に「外部補強をせず、全員を残留させ現有戦力で戦う」という方針を打ち出し、周囲に驚かれる。チームワーク重視の温情主義ではない。「見てない選手は評価できない」。選手を見ることにおいては一切妥協しない。翌年には18人の選手をクビにしている。自分で徹底的に見た上での評価に基づいた決断である。

絶対権力を持った独裁者でなければ監督は務まらない。しかし、自分と異なる考えを否定しない。必ず「なぜそう考えるのか」を考える。選手にも考えさせる。俊足の選手には「アウトになってもいいから走れ」。「思い切って走れ」と言ってしまうと、アウトになるリスクを考えて躊躇する。走ってほしくない場面ではこっちでサインを出す。それ以外は自分で考えて二盗を狙え。アウトになって悔しいのは選手本人。どうにかセーフになりたいと考える。その「考える」が大切なのだ――一つの指示でも徹底的に考え抜かれている。

本書の価値は指導者論だけではない。現場で仕事をする人々にとっても滋養に富んだメッセージが詰まっている。どれだけ期待されるか個人差はあっても、誰からも期待されない人などいない。失敗しても命まで取られるわけではない。今日は何もできなかったと失望する日もある。そんな日でも「1日を生きた」という経験だけは積んでいる。どんな仕事でも、そのうちに経験は生きる。

著者自身は全力で野球という仕事をした。しかし、生き方は人それぞれ。いちばん大切なことは「自分の人生をいかに自分の思うがままに生きていくか」だと断言する。どんな人でも、決断と実行を繰り返しながら生きている。世の中は自分だけに都合よく回っているのではない。うまくいかなくても、決断し実行した上での失敗は反省や教訓として次につながる。周囲の人の知恵を借りながら、しかしどんな結果になっても責任は自分にあるという覚悟で決断し、実行する。ここに仕事の醍醐味がある。

頑健な論理と深い教養に裏打ちされた一級の仕事論。上司が読めば背筋が伸びる。部下が読めば視線が上がる。年度の初めに経営者から新入社員まで、読む価値がある骨太の書だ。

経営学者の群像劇――小川進『世界標準研究を発信した日本人経営学者たち』

著者は僕と同期デビューの経営学者。若いころは学会や研究会でよく一緒になった。同世代では若手のホープとして早々に頭角を現し、いまでもイノベーションにおけるユーザーの役割についての研究で活躍している。

自分自身が経営学という業界（の境界領域）にいるということもあって、あまりの面白さに一気に読み終えた。日本の経営学の初期に優れた研究を発信した人々に対する聞き取りに基づいた本書は、秀逸な群像劇になっている。著者の経営学と経営学者に対する深い愛情が伝わってくる。

僕の恩師の榊原清則さん、学生のときから教えていただいた野中郁次郎さん、伊丹敬之さん、直接間接に影響を受けた吉原英樹さん、加護野忠男さん、駆け出しのころの僕にとっての研究者のモデルだった藤本隆宏さん、若いころに刺激を受けた延岡健太郎さん、武石彰さん、学生時代から一緒に勉強してきた青島矢一さん、長く一緒に仕事をさせてもらった竹内弘高さんなどなど、登場人物のエピソードを読み進めるうちに、僕がまだ「学術研究」をしていた当時のことごとが去来した。

若いころは学会で発表し、学術雑誌に論文を書いていた。仕事を始めて10年ほどで研究テーマを競争戦略に移してからは、本や雑誌などのメディアを通じて自分の考えを経営者や実務家に直接届けるというスタイルになった。僕が学術研究――学会や学術雑誌などでアカデミックなコミュニティに向けて研究成果を発信する活動――の世界から離脱してそろそろ20年になる。その理由を一言で言えば、客観的には「向いていなかった」、主観的には「楽しくなかった」ということに尽きる。本書を読んで、なぜ自分が学術研究の世界に深入りできなかったのか、改めて理解が深まった。

著者は学術研究を登山に喩えている。高い頂を目指し同じ志を持つ仲間たちがチームを編成し登頂を目指す。環境の厳しさやメンバーの体力や体調から全員が登頂できるわけではない。時に一人だけが登頂を成功させるという場合もある――まったくもって学術研究というのは登山であり、ストイックな世界だ。

ようするに、僕は「登山」をするタイプではなかった（比喩でない方の登山も好きではない）。登頂の意味や価値は頭ではよく分かる。しかし、体で実感できなかった。登頂を目指すよりも、富士山の麓の富士宮あたりで焼きそば屋でもやっている方が楽しいしやりがいもある、というのが僕の性分だ。これはもう仕方がない。

いつの間にか芸歴30年、50代も後半になり、もうここまで来たらあとは自分の道を行く——せいぜい美味しい焼きそばをつくる——しかない。これからも学術論文を書くことはないだろう。現世ではできなかったけれども、来世で資質と性分が違った人間に生まれ変わることができたら再び学術研究をしてみるのもよいかもしれない、と本書を読んで思わされた。

多様性の厳しさ——清水克行『室町は今日もハードボイルド』

道徳の教科書に出てくる日本の「道徳的な人物」は古代・近世・近代の人ばかりで、中世人はいない——言われてみればその通り。中世の価値観と規範意識は現代のそれとは大きく異なる。中世人は現代人の常識や道徳を脅かす存在なのである。

「公権力に頼らない自力救済原則」「神仏に対する呪術的信仰」「多元性と多層性」、これが中世社会三大特質だと著者は言う。東国には幕府政権、西国には天皇を中心とする公家権力が並立していた。加えて「荘園」という中世に独自の統治単位が錯綜していた。中世の終わりには戦国大名が割拠し、それぞれ自分の領国を事実上の独立国として支配するに至ったが、庶民は庶民で「ムラ」というより小さな独立単位を基盤に生きていた。

このような状況下で、幕府は幕府法、公家は公家法、荘園は本所法、ムラは村法といったように、それぞれが独自の法秩序に基づいていた。これだけなら「分権的で分散的なシステム」ということになるのだが、実際のところ中世日本はひとつの「システム」をなしていなかった。併存する権力や法秩序の間に、はっきりとした階層性はなかった。幕府法と公家法の間には上下関係はない。幕府法にしても、常にムラ法の上位にあったわけではない。すべてはケースバイケース。ようするに、中世日本は極めてアナーキーな社会だった。

中世では最終的には利害紛争を暴力の自力行使で解決するしかなかった。やられたらやり返す。「仁義なき戦い」の世界だ。武士だけでなく、僧侶や農民もみな武装しているという「国民皆兵」状態だった。この時期、歴史教科書にはいくつもの「ＸＸの乱」「ＸＸの変」が出てくるが、氷山の一角にすぎない。その背後には名もなき無数の「乱」や「変」があった。本書が紹介している琵琶湖畔の大浦と須賀浦の抗争はその典型だ。この隣接するという２つのムラは１５０年もの間激しい抗争を繰り広げている。

本書を読むと、中世日本はとにかく乱暴な国だったということが分かる。例えば海賊。やみくもに船を襲撃して略奪しているとビジネスとして続かない。そこで瀬戸内の海賊は通行証明兼用心棒として海賊を強制的に同乗させ、フィーを取るという「ビジネスモデル」を開発した。朝鮮への使節団も実はほとんどが海賊による「なりすまし詐欺」だったという話が面白い。朝鮮王朝も薄々気づいていたが、仕方なく相手をしていた。

法秩序や公的権力による予定調和がない分、中世社会は躍動的だった。江戸時代のような職業による上下関係はなかった。農民の「御百姓意識」は独立自尊の価値観を意味していた。百姓は自立して自由に生きることを最上の価値とし、主人に従属する人々を軽蔑した。

アナーキーな中世日本に多様性の本質を見る。浅薄な「ダイバーシティ論」に飽きたらない人々に本書を薦める。

逆説的人間洞察の書——石神賢介『57歳で婚活したらすごかった』

還暦を目の前にして（ということは評者と同世代）、結婚したいという願望を自覚した著者がマッチングアプリや結婚相談所、婚活パーティーに集中して取り組んだ記録。確かにすごいことになっている。

マッチングアプリで知り合った41歳の女性に会って意気投合。Ｒ＆Ｂ系の来日アーティストのライブに行く約束を取りつけ、高価なチケットを用意する。約束の日が近づき、連絡をしても返事がない。するといきなり「てめーからＬＩＮＥくるだけでゾッとして不眠になるわ。クソ老人！」というメッセージが飛んでくる、といったドタバタ劇をコメディ風に綴る。著者の本職はライターで、文章は闊達。構成もしっかりしていて読みやすい。

マッチングやパーティーといった人工的に設計された婚活システムには極端なメリットとデメリットがあることがよく分かる。偶然の出会いと比べて知り合う相手が飛躍的に増える一方で、どうしても人間の獣性がむき出しになってしまうという難点がある。要するに女性はカネがある人にラクな生活をさせてもらいたい。男性は容姿がイイ女性と結婚したい――。

男女双方から本能的欲望が溢れ出て混ざり合い、ぐつぐつと小鍋で煮詰めたような濃厚な空間が現出している。女性はとにかく自分を大事にしてもらいたい。相手を試すからか、ひたすら高価で豪華な食事を求める。で、ガツガツ食べる。著者の年齢が年齢なので、相手にもそれなりの人生経験がある人たちなのだが、すぐに性的関係になるケースも多い。人間もまた動物であるとつくづく思わされる。

著者の豊富な経験の中から面白いエピソードを取り上げているのでサンプルバイアスがかかっているにせよ、何かが壊れているような女性も登場する。例えば、中盤に登場する「マイさん」。その豪快な壊れっぷりは一読の価値がある。面白いのは、これほどにネジがぶっ飛んだ人でも、婚活システム上でそうなっているだけだということ。日常生活ではきちんと社会と折り合いがついた常識的な人なのだろう。人間の奥深さに戦慄する。

「相性」という全人格的にして極端に総合的な問題を、年齢や趣味や容姿や収入や住所などの要素に分解し、個別の次元上で相手を評価してしまう。相手が不動産のような「物件」にしか見えなくなる。ここにマッチングシステムに不可避の問題がある。評者がこの歳でシステムに乗ったら、果たしてどうなるのか。「このクソハゲ！」と罵られまくるに違いない。考えただけでも恐ろしいものがある。

偶然性と反経済性と非利害性こそが私的人間関係の基盤にある。本書はこの真実を逆説的に浮き彫りにしている。夏の読書におすすめ。心も体も寒くなる。読後感は別にして、洞察に富んだ人間理解の書として面白いことは間違いない。

暴走するリアリズム――石神賢介『婚活したらすごかった』

後で分かったのだが、著者は『57歳で婚活したらすごかった』を遡ること10年前にこの本を出していた。懲りずに57歳でやってみた、というのが近作で、当時から婚活システムについては熟知していたわけだ。

ネットやパーティーで話を聞いた女性は１００人以上。そのうち多くの人と食事をしたりお酒を飲んだり。タイプはさまざまでも、出会った女性たちは例外なく現実的だった。結婚は現実生活の現実的意思決定だ。現実的であることは悪くないし、むしろ現実的であるべきなのだが、問題は現実的すぎるところにある。この辺、民主主義が機能し過ぎるとポピュリズムになるという成り行きと近似してる。

婚活サイトにプロフィールを提出する。嘘はつかないものの、なるべく自分をよく見せようと創意工夫をする。サイトでは各人のプロフィールに異性からの申し込み状況が示されている。自分の価値が定量化された気になる。申込件数が少ないと、市場から価値がないとジャッジされているような気になる――これがそもそもの間違いだ。ジッサイは相手によって好みがまちまちだというのがそもそも「マッチング」の本質で、１次元上で測定できる「優劣」などないのだが、システムのありようからしてそういう気分になるのは仕方がない。

申し込み状況を見るとはっきりした傾向が浮かび上がってくる。男性はとにかく高年収の方が人気がある。次に重要なのが容姿なのだが、ちょっとカッコよくても年収３００万円だと申し込みは少ない。一方、容姿が芳しくなくとも、年収１０００万円以上ならばかなりの人気になる。清潔感は重要。これはインターネットというツールの性質に影響されている。ワイルド系の見ず知らずの男と2人で会いたいとは思わない。乱暴なことをされたりするリスクを感じるからだ。年収や容姿ばかりが前面に出て、他の要素が捨象されてしまう。情報量が多いインターネットほど、実は情報が伝わらないというパラドックスが面白い。

男性は女性の収入を気にしない。あくまでも容姿重視。あとは若さ。奉仕型の女性を求める人が圧倒的に多い。需要に対応して、女性の側でも自分が「癒やし系」であると主張する。「甘えん坊」「古風」といったキーワードにも男は弱い。「できるだけ早い段階で会いたい」「一緒に旅行がしたい」「ナイスバディです」も男に受ける。つまりは男はおしなべてスケベ。令和になっても男も女も平均的な本性はあまり変わっていない。

著者はある女性と交際2カ月で「できれば半年以内に結婚したい。今週末会うときに返事が欲しい」と持ちかけられる。もう少し付き合ってお互いをよく分かってからにしたい、と返すと「ならば、別れる」。というのは他の男性と二股をかけているからだ。体は一つ。だから候補をもう一人に絞りたい。商売の取引のように性急になってしまう。未練があったが、著者は仕方なく断ることにする。で、1カ月後。別れたはずの彼女から連絡がある。やはり会いたいという。なぜかというと対立候補に「タマが一つしかなかったから」。早く子供が欲しいこの女性は、生殖能力を重視しているのだった。

別の女性は著者の容姿に不満があった。「どうにかならないかな?」というので、「どうにか、って?」と聞くと、「せめて体重減らせない?」「3キロ減らしたら交際してあげる」「次に会うまで3キロ減らしていたら、お泊りぐらいはいいよ」

この2例は婚活システムに固有の問題を示唆している。眼前にあまりにも多い選択肢が広がってしまうために、比較衡量したくなる。本来はその人の総合的人格というか全体的なありようが問題になるのに、その人の総合的なありようを要素に分解し、相互に比較可能な特定の次元で評価をしてしまう。現実的と言えば現実的なのだが、頓珍漢と言えば頓珍漢。人間の悲喜劇だ。

日本女性は海外でモテるということで、クロスボーダーの婚活システムもあるそうだ。マッチメーカーを通じてニューヨークの医師ポールと出会い、一緒に暮らしてみた女性の話。「私の想像を超えていたことがありました。

異様にアイスクリームが好きなんです。1リットル入りのバニラアイスを毎日一箱平らげてしまう姿にはびっくりしました。……仕事に出かけるときには、必ず念押しして家を出ます。ぼくのアイスクリームを勝手に食べてはいけないよ、と。だんだん彼がおバカさんに見えてきました」――結局彼女は1カ月で別れてしまう。

このポール、僕はわりとイイ人だと思うのだが（実際、僕も若いころはこれをよくやった）、彼女にはダメだった。この行為にポールの性格的特質が象徴的に表出していたわけだ。一緒に生活してみて分かるこういう些細なことが、その人の総体をむしろよく表している。職業や年収や容姿や体重よりも、人間丸ごとの「相性」としか言いようがないものが大切――ぐるっと回って当たり前の大切なことに気づかされる。

天才の素顔――近田春夫『筒美京平　大ヒットメーカーの秘密』

作曲数は３０００曲、シングル総売上は７５６０万枚でダントツの1位。筒美京平は名実ともに日本一のヒットメーカーだった。音楽は形がないものだけに、その価値は言語化が難しい。抜群の音楽言語化能力の持ち主である著者は、筒美楽曲の魅力だけでなく、その素顔や人となり、創作のスタイルについても縦横に語る。

決して人前に出ず、淡々と作曲に打ち込む。それは決して「裏方に徹する」という職人的美学ではなかった。とくに秘密主義者ということもなく、個人的に付き合うとプライベートなことについてもオープンに語る人だった。東京人としての含羞、さらには、自分が好きな音楽と創っている音楽が異なることに対する含羞があった、という。

あくまでも上品で、お高くとまったところがない。長年にわたって芸能界の中心にいながら、一切その水には染まらない人で、ひとつのミッションとしてヒットは狙うけれど、世俗的な上昇志向や権力欲は皆無。音楽理論を知悉していたけれども、これ見よがしにアカデミックな曲を書くのはずかしいと思っていたフシがある。あくまでも仕事として大衆に受ける音楽を創り続けた。自分を見込んでくれた発注者に対し、全力で仕事することにやりがいを感じていた。プロの仕事の理想を見る。

歌手の個性の判断基準として、歌の上手い下手よりも、どういう声を持っていたかを重視していた、という話が面白い。平山みきや南沙織がその典型だ。筒美メロディはイントロが始まった瞬間からワクワクするのだが、その後に出てくる第一声の響きがたまらなくイイ。バート・バカラックのように鍵盤に触れることなく脳内ですべての曲を創り上げるタイプに見えるけれども、実際は自分で歌うという行為を繰り返しながら創っていたのではないか。それが発声の官能性というポップスの中核にある価値を創造した、と著者は言う。

小室哲哉との対比についての議論も巧い。小室にはサビの手前での急な転調とか16分音符の扱いといったパターンがある。一方の筒美には定型的な「らしさ」はない。ある曲を筒美京平を通してろ過するとこうなる、という形で曲が出てくる。実体は存在しない。掴んだと思っても、するっと抜けていく。小室が「システム」だとしたら、筒美は「フィルタ」――著者ならではの慧眼が冴える。

巻末に著者の選んだ筒美京平ベスト10曲がある。蛇足ながら、僕の10曲は以下の通り。「また逢う日まで」「ブルー・ライト・ヨコハマ」「たそがれマイ・ラブ」「花とみつばち」「嘘でもいいから」「甘い生活」「真夏の出来事」「さらば恋人」「17才」「よろしく哀愁」

名経営者に共通するもの――名和高司『稲盛と永守』

京セラの稲盛和夫氏と日本電産の永守重信氏を比較した経営者論。日本を代表する経営者を改めて横に並べると、数多くの共通点がある。

第1に、経営資源の中で最も従業員を重視している。人が最も可変的な経営資源であり、したがって投資する価値がある、という考え方があらゆる意思決定の基底にある。日本電産のＭ＆Ａにしても、資産を買うのではなく人材を買うことに一義的な目的がある。

第2に、利益へのこだわり。両者ともコスト低減に余念がないが、それ以上に値決めを重視する。永守氏にとっては利益率10％未満の事業は赤字。10％の利益が出ない事業は存在理由がない。稲盛氏のアメーバ経営にしても、創意工夫で製品の価値を高めることに主眼が置かれている。そのためには、世の中になくてはならないもので、かつ、他社ができない・やらないことをやる。今も昔も変わらない競争優位の本質だ。

第3に、技術を基盤とする製造業でありながら、販売を重視する。売れてこその商品。作ることより売ることが何倍も大切だ。「1に販売、2、3、4がなくて、5に技術開発」と永守氏は言う。「顧客第一」と言う以上、商売のエンジンは顧客接点にある営業であるべき。営業を疎かにする会社は顧客から離れ、技術を過信しがちだ。

第4に、尋常ならざる人間洞察力。経営者にとっていちばん必要な能力は「人の心を知ること」にある。部下の描いたドラマの中に飛び込んで、一緒にドラマを演じる、そしてともに感動する。この感動が部下との信頼関係の原動力となる。永守氏の言葉で言えば、「相手の土俵に上がって、自分の相撲を取る」（↑この言い回しがまた巧い）。

著者はいわゆる「両利きの経営」を批判する。評者も同意見だ。「両利きの経営」の議論それ自体には一理ある。しかし、経営者にとって「都合のいい話」「甘い話」でもある。私見では、「両利きの経営」の名の下に、漫然と二兎を追う経営者が少なくない。単にリスクを伴う決断を回避しているだけだ。

稲盛と永守はいずれも一意専心の経営者だ。事業立地を明確に定める。二兎は追わない。一兎をひたすら追いかけるうちに二兎目が出てくる――永守氏の「井戸掘り経営」だ。ＷＰＲ（ダブルプロフィットレシオ：売上が半分になっても利益を出せる体質にする）という経営手法にしても、一意専心ならではの緊張感の産物だ。

もとより経営は個別的なものだ。両者の間には相違点も多い。活躍した時代もやや異なる。それでも普遍にして不変の経営の本質があることを本書は教えてくれる。

独立自尊の戦略ストーリー ――新谷学『獲る・守る・稼ぐ』

「スクープを獲る」から「スクープで稼ぐ」への戦略転換を主導した『週刊文春』の前編集長のリーダー論。

出版不況と言われて数十年。雑誌のような伝統的な紙媒体はデジタル化の直撃を受けた。販売収入と広告収入、ともに下落を続けるのは必定だ。

逆風の中でどう稼ぐか。売上が減っていくと、まずはコストを下げるのが「合理的」となる。現にライバル誌では、余計な取材費をかけず、ターゲットである高齢男性の興味関心を惹くコンテンツをうまく編集するというルーティンが定着している。

『週刊文春』はデジタルに舵を切った。しかし、スクープ記事という軸足は変えなかった。スクープはやたらと手間暇がかかる。独特のノウハウも必要になる。例えば、河井克行・案里夫妻の公職選挙法違反のスクープでは、ウグイス嬢への法定金額を超える謝金が事実かどうかを確かめるために、ウグイス嬢を務めた13人に対して現地広島で同時直撃を試みている。一人ずつ順に回るとタイムラグが生じ、ウグイス嬢が口裏を合わす可能性があるからだ。

スクープを戦略の軸に据えると、デジタルならではの儲け筋が見えてくる。第1に他のオンラインメディアへのばら売り。ＰＶに応じて対価が入る。第2に、自社のオウンドメディア（文春オンライン）への誘導。オンライン記事制作を週刊文春編集局に一本化した。現在の文春オンラインは月間6億ＰＶを突破し、日本有数のオンラインメディアとなっている。第3に、テレビ番組が文春の記事や動画を使う場合、きっちりと2次使用料を取る。2次使用料だけで1億円を稼ぐスクープも生まれた。

プラットフォームやプロモーションの手法はすべてコンテンツの「外身」にすぎない。しかも、デジタルメディアは日進月歩。成長性が高いように見えて、栄枯盛衰が激しい。ここに著者の慧眼がある。文春はあくまでも中身で勝負する。プラットフォームに依存するのではなく、彼らが逆に依存してくるようなコンテンツをテコに「ワンソース・マルチユース」で稼ぐ。独立自尊、他社がやらないことにコストをかける、資源の多重利用、蓄積による好循環——優れた戦略の条件を満たしている。

当初、社内にはさまざまな抵抗があったという。しかし、商売は実績がすべて。数字が伸びれば、自然と組織もまとまってくる。逆風を嘆いても仕方がない。稼げる戦略を描き、その上に人々を乗せ、動かす。四の五の言わずに成果を出す。そこにリーダーの本領があることを本書は雄弁に物語る。環境他責に流れがちな時代、読者の目を覚ます痛快な一冊だ。

問題発見のスタイル——松永光弘『ささるアイディア。』

アイデアは問題解決である。しかし、そもそも何を解決すべきか、今日では課題がはっきりしていないことが多い。社会の変化が激しく、問題が複雑化していることもあるが、それ以上に生活と消費の成熟化、すなわち、「多くの問題がすでに解決されてしまっている」という事実がある。解決すべき問題を抉り出し、その解決とセットでポンと目の前に見せてくれる。これが「ささるアイディア」だと編者の松永光弘は言う。

15人の優れたクリエイターとの対話を通じて、本書は発想の作法を明らかにしようとする。それぞれが仕事の中で錬成してきた行動様式と言ってもよい。何を知り、何を考え、何を選ぶのか——発想という仕事と向き合うときの基準と力点がどこにあるのか。ここに編者の問いがある。その向こうに、各人の「アイディア観」が透けて見えるのも面白い。

クリエイティブディレクターの川村真司は、優れたアイデアは人間が共通して持っている普遍的な感情や関心を衝くのがいいアイデアで、そのためには現象の背後にある本質を見極めることが大切だと言う。

オーナーシェフの鳥羽周作は「おいしい」よりも顧客にとって「気持ちいい」を追求する。このとき大切なのは、自分の観察や経験を「何となく気持ちいい」で終わらせないことだ。なぜ気持ちがいいのか、理由を言語化し、そこにある論理を一つひとつ確認する。

ＡＲ開発者の川田十夢は、物事や現象の裏側にある価値観の物差しに興味を注ぐ。そこに「公式のようなもの」を見つけよう考える。公式が見つかると、別のものにも使いたくなる。これがアイデアのもとになる。

動画プロデューサーの明石ガクトは、動画には動画の「文法」があると言う。面白くて奇抜なものをつくればいいというわけではない。動画はシェアやコメントなど、何らかのアクションを起こしてもらうことが前提になる。その仕掛けをコンテンツに組み込むための文法がカギを握っている。

編集者の佐渡島庸平は本に近い形で考えている。タイトルがあり、帯があり、目次があり、小見出しがあり、文章がある。抽象から具体へ降りていく。

発想に標準的な方法論はない。それぞれに作法は異なるが、具体的な物事の抽象化から発想が生まれるという点では共通している。昔も今もこれからも、知的活動の本質は抽象化にある。

クリエイティブディレクターの水野学は、アイデアは先天的な才能の産物でも「降りて来る」ものでもない、と言い切る。最先端を行くクリエイターの仕事でも、オーソドックスな知的能力が基盤にあることには変わりない。

服飾文化の記憶——日本服飾文化振興財団編『ジャパン　ファッションクロニクル　インサイトガイド　１９４５－２０２１』

終戦から現在に至るまでの日本の服飾文化の歴史を、豊富な図版と洞察溢れる文章で振り返る。「歌は世につれ、世は歌につれ」と言うが、生活に密着した文化であるファッションの歴史には、音楽と並んで同時代の世相と価値観が凝縮して詰まっている。歴史の断片的な細部から、その時代の世の中の全体像の記憶が鮮明に蘇る。

最初に出てくる写真は、１９４５年の東洋英和女学校の卒業アルバムに収められた女学生の姿だ。終戦直前の３月、スカートが着用できなかった彼女たち。上はセーラー服、下はもんぺ姿という不思議なコーディネートだ。それでもさすがに東洋英和、凛とした表情で着こなしているのがイイ。

高度成長期に入るとファッションが本格的に動き出し、アイビー、コンチネンタル、ミニスカート、ジーンズといった西洋発の流行が次から次へと日本に輸入される。１９８０年代にもなると、コム・デ・ギャルソンの川久保玲やヨージ・ヤマモトの山本耀司に代表される日本人デザイナーが本場のパリへと逆進出を果たす。ボディコンに象徴されるバブル期のファッションが一段落すると、渋カジ、裏原、クラシコ・イタリア、１０９のギャル系など、流行の起点がローカルに移り、一方でファストファッションのＺＡＲＡや生活に根差した服を追求するユニクロのようなグローバルＳＰＡ（製造小売）企業が台頭する。２０１０年代以降はＳＮＳの影響でファッションはいよいよ社会性を増し、リユースやリメイク、ジェンダーフリーのファッションが注目されるようになった。

流行は移り変わっても、戦後の服飾には一貫したメガトレンドがある。カジュアル化だ。オートクチュール全盛期の１９５０年代のカジュアルウエアは、現在の基準で言えば十分にフォーマルに見える。ルイ・ヴィトンやディオールなどのハイブランドも、今では「ラグジュアリーストリート」のカジュアルファッションに力を入れるようになった。

個人的な感慨として思うのは、ファッションの持つ擦り込みの力の大きさだ。初老になった自分が、結局は若いころにスキだった服装に回帰しているのに気づく。今でもスタジャンにジーンズ、スニーカーでキャップをかぶって外に出る。学生のころとまるで同じ。この辺も音楽に似ている。

衣食住の中でも、特に服飾は変化のスピードが速い。変化の中でも一貫して変わらないこと、そこに人間社会の本質がある。表層は目まぐるしく変わっても、ファッションの深層に自己表現があることは変わらない。人間はその本性からして生活に文化を求める生き物であることがよく分かる。

「古き良き時代」は存在しない――ヨハン・ノルベリ『OPEN』

著者はスウェーデンの歴史学者。徹底したリベラリズムの立場に立つ。前作『進歩』の翻訳が出たときも書評を書いたのだが、この人の美点は「ただひとつのこと」しか言わないことにある。

『進歩』のメッセージはただ一つ。「古き良き時代などどこにもない」だ。人間社会は着実に進歩し、あらゆる面で確実に前よりも良くなっている。産業革命以降の２００年で生産力は急激に高まり、長年人類が抱えていた人口増と食糧生産のトレードオフ問題を解決した。期待寿命は30年から70年以上に伸び、世界人口の９割を占めた極貧者は９％に減った。

本書はその続編であり前編でもある。なぜ人間社会が進歩を遂げることができたのか。答えはオープン性にある。オープンな社会はクローズドな社会に対して優位にある――歴史的事実とデータ、多様な分野の研究成果の蓄積を総動員して、この一つの主張をありとあらゆる面から力説する。

著者が問題にしているのは制度のオープン性であって、昨今注目されている個人のオープン性ではない。人々の人格的な傾向がどうであれ、オープンな制度の下であれば社会は進歩する、というのが著者の主張だ。世界は巨大だ。アイデアや解決策の組み合わせは潜在的に無数にある。あらゆるアイデアを試すためには、自由に協力しやり取りができるようにするしかない。違った性質の人々が交易することによってイノベーションが生まれ、問題解決が進み、社会も経済も栄える。

著者が言いたいのはこのことだけなのだが、オープンな社会は常に脅威にさらされている。オープンな交易が人間の本性であると同時に、同質的な集団を形成し外界との自由なやり取りを閉ざそうとする部族化もまた本性の発露だからだ。人間社会はオープンな交易とクローズドな部族化のせめぎ合いを抱えている。この２つのどちらに傾くかで体制は決まる。著者はナショナリズムやポピュリズムを全力で批判する。本書の出版後に起きたプーチンによるウクライナ侵攻は部族化の極端な例として理解できる。

オープン性の追求は共同体を破壊し、格差を広げ、環境破壊をもたらすという批判がある。著者はこうした反論を認めた上でなお、それに対処し、進歩を続ける唯一の方法はオープン性を増すことにしかないと言い切る。つっこみどころは多々ある。例えば、局所的にクローズドなシステムが存在しなければ経済主体の特異性は失われ、比較優位に基づくオープンな交易も生まれないのではないかという疑問が残る。しかし、そうした細かいことはこの際どうでもいい。過剰にシンプルな議論ならではのパワーに本書の魅力がある。

イノベーションは行動変容にあり——内田和成編著『イノベーションの競争戦略』

イノベーションの概念を提唱した経済学者シュンペーターはイノベーションを「新結合」と定義した。核心は非連続性にある。従来の技術や価値をどんなに進歩させても、イノベーションにはならない。経済要素間の新しい結合で非連続性が生まれる。ドラッカーは非連続性の中身を掘り下げ、「パフォーマンスの次元が変わること」がイノベーションであると結論づけた。特定の次元で「良く」なるのではなく、価値の次元——そもそも顧客にとって「良い」とはどういうことか——が変わる。すなわちイノベーションは供給よりも需要に深く関わっている。

本書は需要サイドに注目したイノベーション論をさらに一歩進めて、人々の行動変容こそがイノベーションの本質だと主張する。イノベーションは技術革新でも新しい価値の創造でもない。この割り切った定義がイイ。新しい製品・サービスを消費者や企業の日々の活動や行動へと浸透させる。ここまで行って初めてイノベーションと言える。「未来の乗り物」と期待されたセグウェイは確かに新奇で目立つ発明（インベンション）だった。新しい価値も提示した。しかし、イノベーションではなかった。普通の人々の行動変容が起きなかったからである。行動変容を起こし、定着させた企業こそがイノベーターであり、新しい価値を生み出したのが誰であるかはどうでもいいと著者たちは言い切る。

例えばメルカリ。中古品のフリーマーケットは昔から存在していた。スマートフォンをデバイスとしたフリマアプリとしても後発だった。２０１２年にスタートしたフリル（現ラクマ）から1年遅れている。しかし、メルカリのサービスはイノベーションだった。消費に関わる人々の行動変容を起こしたからだ。その本質は中古品を買う行為ではない。より重要なこととして、自分の所有物を売るという行為が普通になった。人々は何かを買うときにそれがいくらで売れるのか調べ、リセールバリューから逆算して購買の意思決定をするようになった。自動車や不動産など資産性の高い財では昔からある行動だが、メルカリはそれを家電や衣類はもちろん、日用品にまで一気に広げた。モノの流動性が飛躍的に高まったのである。

新しい技術や価値の創造が人々の行動変容にまで至らなかった事例の考察も面白い。技術はしばしば非連続的に生まれるが、人々の需要や行動は常に過去から連続している。このギャップを乗り越えなければならない。行動変容に長期的にコミットすることにイノベーションの実現のカギがある。見過ごされがちだったイノベーションの難しさと可能性を本書は教えてくれる。

暴力的才能を乗りこなす――反田恭平『終止符のない人生』

若くして世界的なピアニストになった著者がこれまでの人生とこれからの抱負を率直に語る。周知のように、著者は２０２１年のショパン国際ピアノコンクールで2位となった。それにしてもファイナルのピアノ協奏曲第1番の演奏は圧巻だった。どう考えても1位だと思うのだが、まあイイ。音楽芸術に順位をつけることにそもそも無理がある。

友人の誘いで演奏会に行き、初めて演奏を聴いたのが4年前。クラシック音楽にそれほど興味がない僕はその名前も知らなかったが、いきなり打ちのめされた。全身で痺れた。いつでも、どこでも、誰にでも——天才の本質は即時的普遍性にある。

「運も実力のうち」。彼の来し方を知ると、この言葉の本当の意味が分かる。ここぞというところで絶妙なチャンスが巡ってくる。協力の手を差し伸べる人が次々に現れる。確かに強運なのだが、実力の一要素として運があるのではない。圧倒的な才能が運を引き寄せているだけ。著者はどんな小さな演奏会でも絶対に手を抜かない。愚直にして真摯。いついかなるときでも全身全霊で演奏する。実力が運を呼び込む。一流のプロの条件を知る。

天才の最大の敵は自らの天才にある。名馬はことごとく悍馬から生じる。僕が親しんでいる軽音楽で言えば、ロックのジミ・ヘンドリックス、ジャズのチャーリー・パーカーやジャコ・パストリアス、何よりも「キング」エルヴィス・プレスリー——彼らは溢れ出る才能を持て余した。競馬に喩えれば、悍馬と折り合いをつけられずに落馬し、キャリアに終止符を打たざるを得なかった。

反田恭平は違う。その音楽的才能は暴力的と言ってもよい。しかし、同時に自らの天才を乗りこなすセンスにおいて傑出している。一言で言って、器量が大きい。24歳で日本のクラシック業界で初めて自前のレーベルを設立、現在は自ら率いるオーケストラを株式会社化し代表取締役を務める。ピアニストではなく音楽家として自分を定義し、音楽家としての理想像を指揮者に置く。指揮台に立っただけで「存在感が湯気を上げて沸き立つような指揮者」になりたいという。

日本のソフトパワーを文化芸術で興隆する。世界中から一流の才能が集まる音楽専門学校を日本に設立する。若手音楽家を発掘する国際音楽コンクールを奈良で立ち上げる——壮大かつ地に足がついたビジョンを掲げる著者は総合音楽家としていよいよ本格化の時を迎えようとしているように見える。まだ第1コーナーを回ったばかり。折り合いはばっちりだ。最後の直線に入ったとき、どこまで大成しているのだろうか。終止符は見えない。タイトルに嘘はない。

スローに生きる——福田萌子『「なりたい自分」になるシンプルなルール』

モデルとして長いキャリアを持つ著者。スポーツウェアがよく似合うのは、この人の日常生活が異様に健康的だからだ。空き時間があれば、とにかく走る。10キロ、20キロ走るのはごく普通。自転車が大スキで、ロードレーサーで旅行に出かける。マウンテンバイクで山を登って降りてくる——。

活動の種目で言えば、これほど気が合わない人も珍しい。僕としては、現世はもちろん、来世でもこの手のことをしたくない。ところが、本書にある価値観や生活信条を知ると、なかなかにして気が合うことが判明した。

タイトルにあるように、著者のルールはいたってシンプルだ。ようするに、スローに生きる。達成や成功を急がない。何事にもゆっくり構える。自分のペースでじっくりいく。いい時も悪い時も（もちろん悪いことの方がずっと多い）ジタバタしない。欲望に対する速度が遅い——これが最も的確な「上品さ」の定義だと思うのだが、著者は言葉の正確な意味で上品な人だ。

メッセージはいたってポジティブなのだが、わりと生きづらさを抱えている。高校生のころ、周囲のクラスメイトとどうも合わない。それなりに疎外感を感じるのだが、彼らとこの先も友達でいるのか、この人たちと一生付き合うのか、と考えてみる。時間と空間で少し先を見てみると、気持ちが軽くなる。全員に理解され、受け入れられる必要はない。また、こちらも全員を理解する必要はない。この種の諦観が著者の思考様式の基盤にある。

言語化能力に優れている。それが「何か」を認識するときに、「何ではないか」という対概念を考える。仕事と生活の基盤として自己肯定感《セルフラブ》が欠かせないとしているが、それは達成感や自信とは似て非なるものだと言う。いきなり自信を持とうと思っても無理な話だ。足りない点は多々あっても、すぐに克服できるものでもない。むしろ受け入れて善用する。

セルフラブはナルシシズムではない。ナルシシズムは常に優越感を求める。自己と他者とを比較して、特定の次元で優位でありたいと願う。だから急いでしまう。モデルの仕事は競争社会に見える。しかし、陸上競技のようなレースではない。マッチングにすぎないと著者は見抜く。他者と比べても仕方がない。自分を求める人がいつか現れる。それを気長に待てばイイ。

著者のスローな構えは生来の気質や育ちの良さによるところもあるだろうが、若いうちからいきなり人気者になったわけではなく、30歳を過ぎて、十分に成熟してから有名になったということが大きいと推測する。いきなり大成功するのは結果的にあまりイイことがない。

大きな問いに大きく答える——オデッド・ガロー『格差の起源——なぜ人類は繁栄し、不平等が生まれたのか』

本書の目的は経済人類史上の2つの大きな問題を解くことにある。第1に、何がこの２００年間の急激な成長をもたらしたのか。第2に、なぜ格差が生まれたのか。この大きな問いに、著者は同じロジック（＝統一成長理論）を使って大きく答える。

17世紀の思想家ホッブスは嘆じた。「人の一生は不快で野蛮で短い」——当時の平均寿命はヨーロッパでも40歳以下だった。日が落ちれば闇しかない。読み書きもできない。人々は長い時間をかけて水を運び、毎日同じものを食べ、たまにしか体を洗わなかった。生きることに精いっぱいで、死ぬまで生まれた場所を動かないのが普通だった。大規模な飢饉で餓死することは、すぐそこにあるリスクだった。

有史以来、一貫して科学や技術は進歩している。しかし、人々の生活水準は19世紀に入るまではずっと停滞していた。この不思議な現象を説明したのが経済学者のマルサスが１７９８年に発表した『人口論』にある「貧困の罠」の論理だった。技術革新で余剰食糧が生まれると、生活水準は向上する。すると、出生率が上がり死亡率が下がる。すなわち人口増加だ。人口増が技術革新によって生まれた余剰をやがて相殺してしまう。生活水準は元のままとなる。

例えば、14世紀のヨーロッパのペストの大流行で実に人口の40%が死んだ。人手不足となり、賃金は上昇し、労働条件の改善が進んだ。生活水準が上がり人口は回復した。結局賃金はペスト前の水準に戻ってしまった。

皮肉なことに、マルサスの論文が発表されたちょうどそのころに人間社会は停滞から成長へと一気にシフトした。２００年で所得は14倍、寿命は2倍になった。

きっかけは産業革命だった。単純作業が機械に代替され、人間の仕事に技能と熟練が必要になった。人がそれまでの「労働力」から「人的資本」として見なされるようになった。熟練労働者の需要が増大した結果、親は子供に労働よりも教育を与えようとした。子供の数が少ない方が、1人当たりへの投資は大きくなる。19世紀後半になると先進国で人口増加率と出生率は急減した。子供の死亡率の低下は、投資回収期間が長くなるということを意味する。出生率を下げて人的資本に投資する動機がさらに強まった。

ようするに、何世紀も続いた貧困の停滞を断ち切ったのは人的資本という概念の成立と、それに伴う人口転換（=少子化）だったのである。巨視的に歴史を俯瞰することによって、人的資本の本質的な意味と意義を明らかにする力作だ。浅薄な「人的資本」論に飛びつく前に、本書をじっくり読んでもらいたい。

世俗に生きる人のための禅語——金嶽宗信『励ます禅語』

朝起きてコーヒーを飲みながら新聞を読む。それが済むとすぐに仕事。起きてから仕事を始めるまで30分とかからない。慌ただしい朝を繰り返している。家人の朝は対照的で、簡単な食事を済ませると近所の禅寺に座禅に行く。平日は毎日、朝の7時から1時間。臨済宗大徳寺派香林院というお寺で、著者はその住職だ。

禅語には人と人の世の本質が凝縮されている。例えば他是非吾（ほかはこれわれにあらず）。自分でやらなければ本当のことは分からない。自分が眠いとき、他の人に眠ってもらっても眠気は取れない。他人に食べてもらっても空腹は満たされない。

著者はこの禅語の意味を松下幸之助の取った行動を例に説明する。大阪万博のときのことだ。「松下館」の前に来場者が列をなしている。副館長がモニターを観ると、列に松下幸之助その人が並んでいる。慌てて駆けつけ何をやっているのかと尋ねると、「何分ぐらい待ったら入れるのか計っている」。

自分の番が来るまで並んだ幸之助はすぐに2つの指示を出します。(1)待ち時間を短くするための誘導方法を見直し、(2)暑い夏に向けて日よけを作っておく――(1)はまだしも、(2)は自分で並んでみないとなかなか思いつかない。結局、夏には入場待ちの人々が暑さをしのげるようにと野点用の大日傘が立てられ、松下館のネームが入った紙の帽子を配ることにしたという。

他是非吾は現場主義の本質を衝いている。現場・現実・現物は一つひとつ異なる。だから自分でやらないと最善の解決策は出てこない。自分のことは自分で何とかするしかない。自分の脚で自分の道を歩んでいくしかない。厳しい教えに見える。しかし、そのすぐ裏にはある種の脱力があることに気づく。この二面性に禅語の深みがある。人間はみなそれぞれに異なる。他是非吾である以上、他人と比較しても仕方がない。自分は一人しかいない。自分だけの目的を立てて、自分の価値基準で判断し、思うままに生きて行けばよい。八風吹不動（はっぷうふけどもどうぜず）――心を惑わす風は外から吹いて来るもので、自分自身から発生したものではない。放っておけば風はそのうち過ぎ去る。いたずらに動揺する必要はない。他人の目や目先の環境にとらわれ、右往左往しても仕方がない。

著者は12歳で出家し、京都の大徳寺で修業を積んだ。理由は「一休さんのようになりたかったから」――いかにも超俗的な人物のように聞こえるが、その話法はいたって平易。むしろ世俗的と言ってもよい。背筋が伸びると同時に、肩の力が抜ける。評者と同じく、世俗を生きる人にこそ読んでもらいたい。

「志経営」の原理原則――鈴木祐介『なんのために経営するのか』

顧客と社会に対して提供する価値についての信念を明文化し、その実現に向けて長期的な視点で考え、判断し、行動する。本書はそうした言行一致の経営を「志経営」と呼び、著者自らがコンサルティングに関わった企業の事例を通じて、その原理原則を明らかにする。

大前提は企業の個別性だ。創業者が違えば、社員も違う。会社を立ち上げた経緯も、そのときに企図した構想も違う。目指している未来も違う。この世の中にひとつとして同じ企業はないはずだ。著者はこれまでに２８０以上の志を言語化してきたが、同じ言葉になる企業はひとつとしてなかったという。

本書が言う「志」、最近の「パーパス」、しばらく前の言葉で言うと「ミッション」、表現はいろいろあるが、要するにその企業の理念である。理念は企業のコンセプトであり、その存在理由を明らかにする。理念がない企業はもはや企業とは言えない。

7つの原則が挙げられている。その中でも評者が最も大事だと思うのが3番目の原則「志に基づいた経営判断がなされ、現場でも一貫して実践がなされている」という原則だ。パーパス経営と言いながら、著者が言う「額縁理念」を掲げているだけの会社が少なくない。いいときも悪いときも理念はひとつ。会社の状況や社員の立場に応じて解釈がブレてしまってはならない。経営トップから現場のオペレーションまで、ただひとつの理念が判断と評価の基準になっているのが理想だ。日々の仕事を支える不変の規律として作動して初めて理念と言える。

その理念が本物かどうかの試金石は理念が局所的・短期的な非合理を含んでいるかどうかにある。本書がとり上げている事例のひとつ、Ｐｌａｎ・Ｄｏ・Ｓｅｅ（ＰＤＳ）はその典型だ。数多くのホテルやレストランを国内外で運営しているが、同社が手がける空間にはどれひとつとして同じものがない。統一したブランドでチェーン展開をすればもっと収益利率が高くなるはずだ——ＰＤＳの戦略は業界で長く疑問視されてきた。しかし、自らが基準とする「気の良いおもてなし」を実現するためには、それぞれの立地が背負っている風土と歴史に合った店でなくてはならない。だから徹底的に個別化する。ＰＤＳの理念は一面では非合理を含んでいる。それでもなお、理念を基準に意思決定がなされ、オペレーションが組み立てられている。これが本当の志経営だ。

企業経営におけるほとんどの問題は、そもそも何のために仕事をしているのかという理念が共有されていないことに起因する。志の一点でズレやブレがなければ自ずと問題は解決する。本書は経営の一丁目一番地を示す指標となる。

お金を通して人間を語る——大江英樹『お金の賢い減らし方』

お金がキライだという人は少ない。僕も例外ではない（というか、わりとスキ）。需要があれば供給がある。書店には「マネー本」が溢れている。「トレーディングで資産倍増」という威勢のいい話もあれば、「２０００万円問題」のような老後不安をターゲットとした渋い本もある。

お金はあまりにもありがたく、あからさまにイイものに見える。だからお金の話となると人はすぐに思考停止状態に陥ってしまう。「仮想通貨であっという間に1億円」というのは、「西銀座チャンスセンター1番窓口で宝くじを買ったら当たった」というような話だと著者は言う。当たりくじが出るのは、その窓口での販売数が多いからにすぎない。そこには論理も再現性もない。老後不安にしても同じだ。何とかしてお金を増やさなければならないという漠然とした空気がある。しかし、老後が不安だと言いながら、年金の額も毎月の生活費の支出も把握していない人が多い。実際の収入と支出を把握していなければ、不安も何もあったものではない。

本書はお金とは本当のところ何のためにあるのかを、その発生史から経済的・社会的機能まで、平易に解説する。その上で、「お金を増やしたい」という呪縛から離れ、お金の本来の意義――自分にとって価値あるものを手に入れる手段でしかない――に立ち戻って、お金の減らし方・使い方を論じる。

著者は「死から逆算して考える」ことの重要性を強調している。人間は「死」を意識したときに、初めて人生で本当に大切なものに気づかされる。人生で最後に残る大切なものは何か――著者の結論は「思い出」だ。人生の充実度を高めるのは、カネでもモノでもない。その人の一つひとつの体験であり、それにまつわる記憶だと言う。

僕は著者よりも10歳以上若い。それでもこの歳になると、つくづく著者の主張に共感する。人間にとって最大にして最高の資産は記憶であり、お金は記憶という資産を手に入れ、少しずつ積み重ねていくための手段にすぎない。だとしたら、自分のスキなことや自分にとって大切な人々とのつながりのためにお金を使い、記憶資産を豊かにするに若くはなし。

日本人の多くは死ぬときにいちばん多くのお金を持っている。あまりにもったいない。無駄と無意味は異なる。他人からすれば無駄に見えるようなことでも、自分にとって意味があればイイ。自分をごまかさずに、いかにお金を減らすかを考えた方がずっと楽しい人生になる。

最初から最後までお金の話をしているようで、優れた人生論にして社会論になっている。そこに本書の価値がある。記憶に残る一冊だ。

分断の根源的理由に迫る――金成隆一『ルポ　トランプ王国』『ルポ　トランプ王国2』

トランプ前大統領がニューヨーク州大陪審に起訴・逮捕された。過去の性交渉について元ポルノ女優に口止め料を支払い、事業記録を改竄したという罪状だ。これを書いている時点では今後どのような展開になるかは分からないが、いかにもトランプ氏らしい。来るべきものが来たとの感がある。

大統領在任中に出版され話題になったボブ・ウッドワード『恐怖の男』やマイケル・ウォルフ『炎と怒り』が伝えるように、トランプ大統領は底抜けのポピュリスト。自己顕示と自己陶酔の赴くままに思いつきで次々に意思決定を連発しては放置した。彼が超大国アメリカの大統領にあることは、世界的なリスクだったと言ってもよい。

２０１６年の大統領選でのトランプ氏の勝利は、言うまでもなく民主的なプロセスを経たものだった。彼に投票した人がそれだけいたからこそトランプ政権は生まれた。２０２０年の大統領選も、敗れはしたが大接戦だった。逮捕された後でも一定数の熱烈な支持者がいる。僕を含めた日本人には理解しがたいものがある。

本書はトランプ支持者が多く暮らす「もう一つのアメリカ」を取材し、トランプ支持層の生活と意見をこまめにすくい取ったルポ。俗に言うアメリカ社会の「分断」の根源的理由を浮き彫りにしている。

２０１６年の大統領選でのトランプ氏の得票率はニューヨークで10%、サンフランシスコで９%、首都ワシントンでは実に４%――驚くほど低い。ペンシルベニアやミシガンなどの「ラストベルト」（錆びついた工業地帯）の州での選挙運動を徹底させ、持ち前のポピュリズムで票を獲得するというのがトランプ氏の選挙戦略だった。

アメリカが分厚いミドルクラスとともに繁栄を極めていたころ、これらの工業地帯では労働者が勤勉に働き、真っ当な給料を稼いで、豊かな暮らしを享受していた。彼らは労働組合に所属し、民主党を支持していた。ところが、１９８０年代以降、伝統的な製造業が没落し、ラストベルトで暮らす人々は政治に対する不満を鬱積していく。

国境を守り、不法移民の流入を食い止めなくてはならない。彼らのフードスタンプは勤勉な労働者が支えている。このままではアメリカは沈没する、ワシントンの政治家はウォールストリートやシリコンバレーから莫大な献金を受けているので、アメリカを変えられない。オバマ氏も変えられなかった。ヒラリー氏に至ってはゴールドマン・サックスでの1回の講演で何十万ドルもの報酬を受けている。アウトサイダーのトランプ氏であれば、しがらみなしの思い切った手でアメリカを変えてくれるはず――トランプ支持者の典型的な主張だ。

トランプ氏の台頭には敵対する民主党にも大きな責任がある。続編の『ルポ　トランプ王国2』は民主党の変質とそれに対するラストベルトの人々の反応を取材している。トランプ支持の中核をなすのは配管工、美容師、タイル職人、工場労働者といった「仕事の前ではなく、仕事の後にシャワーで汗を流す人々」だ。彼らは自分たちの「両手を使う仕事」に誇りを持ち、「教育プログラムを受け、学位を取って、パソコンを使って仕事をしろ」というメッセージにうんざりしている。

今も昔も共和党の政策は減税だ。事実、トランプ氏は選挙期間中には労働者のために働くと言いながら、大統領になると2兆ドルの減税で超富裕層（そこにはトランプ氏自身も含まれる）を優遇している。ようするに、トランプ支持者は自己利益に反する投票行動をとっているのである。なぜこうしたねじれが起こるのか。著者がインタビューしているジャーナリスト、トマス・フランク氏の説明が説得的だ。

最大の理由は、労働者を代表していたルーズベルト時代の民主党が大きく変質したことにある。ニュー・デモクラットは話法を変えた。労働者ではなく、都市部の専門職階級に語りかけるようになった。オバマ氏やクリントン氏はワシントンの政治エスタブリッシュメントやウォール街の人々を仲間と見ていた。仲間とのコンセンサスを重視するので大胆になれない。これでは広範な有権者の心に響く政策は打ち出せない。

民主党変質の起点はベトナム戦争の時代に遡る。民主党は自ら労働階級の政党であることをやめ、高等教育を受けたインテリの政党へと舵を切った。見識のある彼らはベトナム戦争について正しい判断をしていた。すなわち、反戦思想の持ち主だった。しかも裕福で献金をしてくれる。

この流れを決定的にしたのがクリントン政権だ。泥臭いスタイルと縁を切り、洗練された専門職の政党になった。これを当時の民主党上層部は「勝利」と考えた。彼らは労働者層を「獲得済みの有権者」だと思い込んでいた。そこにつけ込み、民主党の岩盤だったラストベルトの有権者を一撃でひっくり返したのがトランプ氏だった。

トランプ氏が掲げた「メキシコとの国境の壁」や「輸入関税によるアメリカファースト」といった政策は、ちょっと吟味すれば実効性がほとんどないのは自明だ。それでも、不満を溜めた人々の心を直撃するメッセージの発信において、トランプ氏は天才的な能力を発揮した。

その実、トランプ氏はニューヨークの富豪でワーキングクラスの人々とは似ても似つかない生活をしている。いざ政権を取ると取り立てる側近はゴールドマン・サックスの金融エリートか高学歴の行政エリートばかり。言っていることとやっていることがこれだけかけ離れている人も珍しいのだが、ポピュリストとしては一貫している。

光が強いほど、影もまた暗くなる。ラストベルトに暮らす人々が不満を持つ最大の理由は、かつてがあまりにも豊かだったということにある。トランプ氏の支持者には貧しい白人が多いというイメージがあるが、いくら没落したといってもアメリカはアメリカ。アフリカやアジアの一部のような本当の貧困には直面していない。筆者が取材した人々の自宅に行くと、大きな家で奇麗に片づけられモノが溢れている。かつての豊かな暮らしから転落する。アメリカの進んでいる方向は間違っているのではないか——不安と恐怖がミドルクラスをトランプ支持に向かわせる。

日本では誤解されているのだが、アメリカの人々が言う「アメリカンドリーム」は何も一獲千金の大金持ちになることではない。出自や学歴がどうであれ、まじめに働いていれば一人前に稼ぎ、家族を養い、マイホームと自家用車を買い、長期の有給休暇は家族で旅行に行き、子供に大学教育を与えられる。これがアメリカンドリームであり、20世紀の偉大な産業資本主義国家アメリカの原動力だった。現在はどうか。経済的な豊かさどころではない。先進国の中でアメリカの中年白人の寿命だけが短くなっている。

地元のダイナーやバーで居合わせた人々に声をかけて取材をするのが筆者のスタイルなのだが、本書が取材するトランプ支持者たちの多くは勤勉で、ルールを守って暮らし、他人にも思いやりがある。著者が気づかないうちに取材相手が勘定を済ませてくれていることも多かったという。

大富豪の不動産業者のトランプ氏とは正反対の人々がトランプ氏を支持している。この皮肉な成り行きにアメリカ社会の分断の根深さを見る。

比較への執着——ペーテル・エールディ『ランキング』

ランキングは比較に始まる。現代人は常に自分と他人、他人と他人を比較している。どちらがより強くて優れているのかを決めてくれるランキングに、人々は自然と目を向ける。「リスティクル」（「〇〇ベストテン」のようなリスト形式のアーティクル）がメディアの定番記事になるという成り行きだ。

ただし、である。本当の意味でのランキングは次の3つの条件を満たしていなければならない。すべての項目の中から任意の2つを取り出したときにその優劣が常に決まるという「完全性」、2つのものが同等ではないという「非対称性」、AがBより上位にあり、BがCより上位にあるなら、AはCよりも常に上位でなくてはならないという「推移性」だ。「世界最大の湖」のような例は別にして、現実のランキングの多くはこれらの条件を満たしていない。主観的基準が介在する。そこに上位を獲得するための操作の余地が出てくる。世に溢れるランキングとどう付き合うか、受け手の見識が問題になる。

そこで、本書はランキングという社会的ゲームのルールに焦点を当てる。上述したようなランキングの前提となる論理はもちろん、人間の行動や認知について、社会心理学、政治学、計算機科学、行動経済学などの知見を総動員した議論を展開している。

例えば、「限定合理性」の理論。常に最高の選択を追い求める「最大化」と「十分良い」で満足する「サティスファイス」——満足（サティスファイ）と十分（サファイス）をかけた言葉——この2つの行動原理を比較すると、後者の方がむしろ幸福度が高いという。論理的には選択肢が多いほど幸せになるように思えるが、ありとあらゆる選択肢のすべてに一貫した評価を下すのは認知的に不可能だ。最適でない選択肢を選んだことを後悔したり、「何も見逃したくない」という不安にさいなまれる。完璧なリストを作って比較衡量するよりも、「まあまあいい人と結婚しなさい」ということになる。

本書で紹介される多種多様な理論の中でも、この限定合理性についての議論がいちばん面白かった。次点は社会的選択における「不確定定理」。その次が質的相違と量的相違の関係を論じた「比較可能性基準」。もちろん、評者の主観的基準によるランキングである。

それでも社会は進歩する――伊藤正直『戦後文学のみた〈高度成長〉』

同時代の小説は日本の高度成長期をどうとらえていたのか。本書は高度成長期の実相を小説の記述から検討する。この着想がいい。歴史の客観的な記述や統計データと異なり、小説には豊かな文脈がある。しかも、主人公を通じて自分がその文脈の中に入り込み、内側から世の中を観ることができる。ノンフィクションよりもリアリティがある。本書は高度成長期のリアルな姿を今に伝えている。

成熟しきった日本経済の「閉塞感」との対比で、「人々が希望をもって生きていた元気な時代」「一生懸命働けば報われる安定した時代」「『三丁目の夕日』的な共同体が残っていた優しい時代」として、肯定的なイメージで高度成長期を振り返る向きがある。とんでもない話だ。

先が見えない激動期と言われて久しいが、高度成長期の「激動」は格が違う。経済成長のエンジンとなった鉄鋼業を例にとれば、外国から導入された技術革新は旧来の熟練労働の多くを無効化した。肉眼に頼っていた高炉の操業は制御装置による遠隔操作に代替され、20年の熟練を要した圧延の技能も不要になった。仕事のなくなり方はＡＩ導入の比ではない。現場のリーダーが経験的熟練を若手に伝承し、相互に共同して作業を進める職場仲間も消滅した。同時代の小説からは、桁違いの激動期の中で翻弄され、不安におびえる人々の姿が浮かび上がる。

政官財複合体の中で渦巻く野望と欲を活写した石川達三『金環食』。貿易が自由化されていない中で強大な利権を握る政治家と官僚が出世と保身に明け暮れる姿を描く松本清張『中央流沙』。いずれも高度成長期の社会に横溢していた理不尽とむき出しの貪欲を描いている。

経済成長が止まったら止まったで、いろいろと問題は出てくる。しかし、である。高度成長期は人の命がやたらと軽かった。あちこちで人が殴られていた。「悪い奴ほどよく眠る」時代だった。今はどうか。チンケな政治家夫妻がセコイ買収をすれば「大規模疑獄」と報じられる。上司が理不尽な言動をすればたちまちパワハラで処分される。コロナは厄介だが、今日も行楽地はＧＯ　ＴＯキャンペーンで人が溢れている。

それでも社会は進歩する。成熟した日本に生きる幸せを噛みしめる。

「クラス」があった時代に生きた快男児――与那原恵『赤星鉄馬 消えた富豪』

赤星鉄馬。この名前を知る人はほとんどいないだろう。明治15年生まれ。幕末の動乱期に武器商人として莫大な財を成した父、弥之助の資産を継承、若くして大富豪となる。留学したペンシルベニア大学で米国の財閥子弟と華麗な人脈を築き、米国製パッカードで風を切り、東京一の美人と謳われた令嬢を娶り、世界一周の新婚旅行に出かけ、麻布鳥居坂に豪壮な洋館を構える。弥之助は明治維新の典型的な成り上がりであり、鉄馬もまた典型的な二代目だった。

特筆すべきはその生き方である。「品がある」とはこういうことかと思い知らされる。弥之助が遺した膨大な美術品を売却して得た金（現在の貨幣価値で１００億以上）で、日本初の本格的学術財団「啓明会」を創設する。「特殊ノ研究」を支援し、近代日本の研究基盤づくりに貢献した。

啓明会は当時の日本の全研究助成費の５分の１を占めた。しかし、鉄馬は一切表には出なかった。財団に自分の名前を冠するのを固辞し、本人はもとより家族関係者も運営にはまったく関わらない方針を貫いた。式典で挨拶もしなかった。資金提供者からこれほど独立した学術財団は世界的にも類例がない。

実業としては朝鮮半島での牧場経営に力を入れたが、敗戦ですべて失った。それを嘆くこともなかった。時代の機運で築かれた富は時代の流れで失われるという達観が鉄馬にはあった。生涯を通じて、自分の人生について書くことも語ることも一切なかった。

自らの意志で姿を消していった人物なだけに、ほとんど情報がない。著者の調査取材の範囲と量は尋常ではない。鉄馬の人生と交差した人々から知り得る断片的な事実を積み重ねて間接的に対象へと接近していく。文字通りの労作である。その結果、本書は期せずして群像劇となり、それがまた一段と本書の価値を上げている。

慶応元年に蒸気船でロンドンに渡り、その後カリフォルニアの農園経営で「葡萄王」となった叔父の長沢鼎。留学を世話し、その後も鉄馬のメンターであり続けた樺山愛輔。そして、鉄馬以上に華やかに社交界で活躍し、黎明期の日本ゴルフを牽引した弟の四郎と六郎。「クラス」が確固として存在していた明治大正期の日本社会とそれを生きた人々のエピソードが実に興味深い。

「野生過少」の終身雇用——清水洋『野生化するイノベーション』

裏表紙に「『最新経営学』で日本企業を復活させる！」という威勢のいい惹句が躍っている。出版社の編集者（著者本人が書いたとは思えない）が思わずこういうキャッチフレーズをつけてしまう。ここに昨近のイノベーションをめぐる言説が悪い意味でよく象徴されているように思う。本を1人でも多くの人に届けたいという気持ちはよく分かる。しかし、それにしても、いかにもとってつけた言葉だと思う。

惹句に以下の口上が続く。

「米国のやり方」を真似すれば、日本の生産性は向上するはず――そんな思い込みが、日本経済をますます悪化させてしまう。米・英・蘭・日の名門大学で研究を重ねた経営学のトップランナーが、「野生化＝ヒト・モノ・カネの流動化」という視点から、イノベーションをめぐる誤解や俗説を次々とひっくり返し、日本の成長戦略の抜本的な見直しを提言する。

私見では、本書『野生化するイノベーション』はそういう本ではない。「イノベーションをめぐる誤解や俗説を次々とひっくり返」すといった〝刺激的で面白い〟本ではない。「日本の成長戦略の抜本的な見直しを提言する」といったスカッとした処方箋を伝授する本でもない。むしろ、その手のありがちな本でないというところに、本書の固有の魅力がある。

もし評者が編集者だったら、こう書き直す。ちょっと長過ぎるかもしれないが、この本の意義と価値はこういうことだと思う。

「米国のやり方」を真似すれば、日本の生産性は向上するはず――そんな思い込みが、日本経済をますます悪化させてしまう。しかし、米国のやり方を真似すれば、日本の生産性は確かに向上する面もあるのだから話は難しい。日本には確かに問題がある。しかし、どんな国や地域であっても、全面的に優れた制度とか、全面的に劣った制度というものはない。生産性やイノベーションの文脈では、どこの国にも良いところと悪いところが混在する。さらに厄介なことに、どこでも良いところと悪いところが補完的な関係でしっかりと結びついている。そこにジレンマがある。そもそもイノベーションそれ自体が多元的なジレンマをはらんだ現象である。その性質からして、「日本の成長戦略の抜本的な見直しを提言する」のは容易ではない。確たる答えはもとよりない。しかし、日本の成長戦略を描くための建設的議論の基盤をつくることはできる。それはイノベーションという現象とそれが持つ意味についての俯瞰的理解である。経営学のトップランナーが、多岐にわたる学際的な研究が確立した知見を精査し、イノベーションを正しく理解するための本質的な論点を提示する。

俯瞰して現象の本質を明らかに

イノベーションについての本というと、イノベーションをもたらした画期的なプロダクト（ｉＰｏｄやｉＰｈｏｎｅ）であるとか、それを生み出した企業（アップル）、そこで中心的な役割を果たしたリーダーやイノベーター（スティーブ・ジョブズ）、はたまたそうした「イノベーティブな会社」の組織やマネジメントの諸特徴を記述するもの（アダム・ラシンスキー『インサイド・アップル』）が多い。

例えば、評者が最近解説を書いた本にメリッサ・Ａ・シリング『世界を動かすイノベーターの条件』（日経ＢＰ）がある。なぜある種の人は並外れてイノベーティブなのか。イノベーターとはどのような人々なのか。普通の人とイノベーターを区別するものは何か。こうした問いに、マリー・キュリー、トーマス・エジソン、アルバート・アインシュタイン、スティーブ・ジョブズなど8人のイノベーターの調査を通じて答えようという本だ。このように、イノベーションについての本の多くは、特定の商品や技術、組織、個人に注目するミクロな視点に立っている。

空間的にも時間的にも一貫してマクロな視点からイノベーションをとらえる。ここに本書の特徴にして魅力がある。序章のサミュエル・スレーターのエピソードのように、個人に注目する部分もある。しかし、これにしても、目的は「移動する」「飼いならせない」「破壊する」「経験的な規則性がある」というイノベーションのマクロな本質の説明にある。

著者は個人や組織よりもはるかに上空からイノベーションという大きな現象を俯瞰し、その全体像をとらえようとする。「社会」の視点と言ってもよい。しかも、観察と考察の時間幅が長い。このことは、イノベーションという本来的にダイナミックな現象の本質を明らかにするうえで重要な意義を持っている。

「富士フイルムとコダック」から見えるもの

第1部に、イノベーションの3つの条件を論じた章（第3章）がある。まず出てくるのが「私有財産制度」。いかにもマクロ。この辺がイイ。イノベーションが持続的に起こるためには「イノベーターが得をする」というインセンティブがなければならない。そのためには私有財産制度の確立が前提として欠かせない。言われてみれば当たり前だが、物事の根本のところから説き起こしていくところに本書の視点の強みがある。しかも、自由権や私有財産制度、さらには近代に入ってからの知的所有権といったイノベーションのインフラを、１２１５年のイギリスのマグナ・カルタに立ち戻って考察する。

イノベーションが持続的に生み出されるようになったのは、18世紀のイギリスで起きた産業革命に端を発している。ところが19世紀後半から20世紀にかけてはイギリスの製造業はほとんどイノベーションを生み出せなくなった。これはなぜか。企業家や発明家の資質といったミクロな要因では説明できないマクロなパターンがイノベーションにはある。こうした長い時間幅を取って初めて見えてくるイノベーションの本質、そこを押さえなければ日本の「失われた20年」の真因もつかめない。歴史学をバックグラウンドとする著者の本領発揮である。

マクロ視点の妙味を如実に示す例として、コダックと富士フイルムを比較する議論が面白い。一時は圧倒的なリーダー企業だったコダックはカメラのデジタル化というイノベーションの波の中であえなく倒産してしまう。富士フイルムはヘルスケアや化粧品へと事業を転換し、「イノベーションのジレンマ」を回避し生き延びた――。しかし、社会レベルで俯瞰すれば「富士フイルムの勝ち、コダックの負け」というのは早計だと著者は言う。コダックには同じような技術があった。そうした技術を持っていた多くの優秀な技術者は早々にコダックを離れて、自らビジネスを展開していた。コダックの研究所があったニューヨークのロチェスターには、メディカル画像システムのケアストリームヘルス、医療用ソフトウェアのロジカル・イメジィズといった、コダックから派生したヘルスケアの新興企業が数多く存在する。

市場メカニズムのメタファーとしての「野生化」

本書に一貫した切り口が「野生化」なのも、それがそもそもマクロな視点での考察と議論をするうえで有用だからである。野生化とは資源の流動化のメタファーだ。あっさり言えば、市場取引。企業組織などの管理された枠組みに縛られない市場メカニズムによる資源動員を意味している。上記したコダックと富士フイルムの違いは、そのままヒトという資源に注目した野生化の程度の違いとして理解できる。

「野生化」がメタファーとして優れているのは、それが「何ではないか」がはっきりすることにある。組織的に「飼いならす」「管理する」とは逆の動きだという意味合いが「野生化」という言葉に込められている。日本の社会や制度は、野生化の程度が低過ぎた。第2部「日本のイノベーションは衰えたのか」のメッセージを一言で言うと、そうなる。

野生化して流動性が高まればビジネス・チャンスの追求も機動的になり、イノベーションが生まれ、社会的にも生産性が高まる。よくある議論だし、そこには一理も二理もある。しかし、野生化とは一面では破壊を意味する。野生化が行き過ぎると社会レベルでさまざまな問題が生まれる。第1部で詳細に議論されているように、イノベーションはそもそも野生化と親和性が高い。しかも、イノベーションはさらに経済社会を野生的なものにしていくという相互強化の循環的なメカニズムがある。ここにジレンマがある。

本書のマクロな視座が最も活きているのは、野生化のジレンマを掘り下げる第3部である。資源の流動性を高めるとすべてがうまくいくかというとそうではない。失業や格差の問題は出てくる。「手近な果実」の議論にあるように、野生化が当のイノベーションにとってネガティブに作用することもある。

　では、どうするべきか。日本がイノベーションによって生産性と成長を取り戻すためには何が必要か。タイトルを構成する「野生化」と「イノベーション」、両方とも多元的なトレードオフを内包している。それをかけ合わせた「野生化するイノベーション」となるとジレンマに満ち満ちている。安易な処方箋はあり得ない。それでも著者がさまざまなジレンマのそれぞれを頑健な論理と研究蓄積に基づいて見せてくれたおかげで、今後の建設的な議論のための地ならしはできた。この先はわれわれの思考と行動にかかっている。

「野生化」の過少

　最後に、評者個人の読後の私見を簡単にお話ししたい。

　野生化には確かにトレードオフとそれゆえのジレンマがある。トレードオフとはＡ（野生化）を追求するとＢ（雇用の安定や、累積的なイノベーションへの資源投入の継続を必要とする「ジェネラル・パーパス・テクノロジー」）が阻害されるという二律背反の関係を意味している。

　しかし、すべては程度問題である。確かにＡが行き過ぎるとＢは失われるのだが、それは一定程度以上にＡが進んでいて初めて表面化する悪影響だ。あまりにＡが低い水準にあれば、それを今より多少増大しても、Ｂはそれほど失われない。ケーキの食べ過ぎは体に悪いが、日常の摂取カロリーが低過ぎてがりがりに痩せている人は、意識的にシュークリームでも食べてカロリーを取った方がかえって健康になる。つまり、Ａが過少でＢが過剰であれば、Ｂに及ぼす影響をあまり気にせずに、Ａのメリットを享受できる。Ａを野生化とすると、日本の制度にはあまりに「野生過少」な分野がある。まずはそういうところにターゲットを定め、そこで集中的・意識的に野生化を進め、「飼いならし」を破壊するというシナリオが見えてくる。

　本書から学んだことの中で、日本の野生過少をはっきりと感じさせるのは、長期雇用に代表される「日本的経営」だ。日本でも非正規雇用が増えている。これは流動性の増大という意味で一面では野生化だが、むしろ正社員の長期雇用という今までのやり方を守るために非正規雇用を増やしてきた結果というフシがある。イノベーションによって正規雇用が破壊されないように、適用範囲を縮小して「日本的経営」を維持しているわけで、高度成長期に成長の手段だった長期雇用が、目的化してしまっている。それがかえって格差（とりわけ低所得層の固定化）をもたらすという皮肉な成り行きだ。

　これほどまでに成熟した日本で、ほぼ無条件の長期雇用、しかも昇進や処遇は年功序列というのはいかにも野生過少である。私見では、ここを野生化する、すなわち従来の日本の大企業に典型的な長期雇用慣行を止めることは急務であると思う。ここにメスを入れれば、非正規雇用の範囲で急速に進んだ野生化が広く薄く全体へ行き渡る。部分的な野生化がかえって全体の野生を縮小することにもなる。

　いずれにせよ、昭和の高度成長期の特殊な条件下で（のみ）有効だった「正社員」の「長期雇用」は、もはや損失が大き過ぎる。ここでの野生化は、イノベーションに限らず、さまざまな経路で日本の生産性を高める可能性が大きい。少なくとも、伸びしろは大いにある。裏を返せば、それだけこの20年以上にわたって野生過少だったということだ。

　経団連のトップや日本を代表する大企業の経営者からも終身雇用について懐疑的な意見が表明されるようになった。さすがに（一部の）リーダーはこのことに気づきつつある。本書にはそうした人々の背中を押す知見がふんだんに詰まっている。

イヤよイヤよもスキのうち――エティエンヌ・ド・ラ・ボエシ『自発的隷従論』、エーリッヒ・フロム『自由からの逃走』

自分の価値基準に従って生きていく。人間にとってこれがいちばん大切なことだと信じています。生活にしても仕事にしても、自分の価値観を時間をかけて経験の中から彫琢していき、それに沿って判断したり行動していくことに醍醐味があります。すなわち、自由意思。この仕事をしていますと、若い人々からキャリアについてのアドバイスを求められることがしばしばあるのですが、「どうぞご自由に」「よしなにひとつ」「好きなようにしてください」としか言いようがありません。

ところが、そう言うと決まってイヤな顔をされます。「好きなようにしろって、どうすりゃいいんだよ」――自由意思ほど苦しいものはないというのもまた真実。「他人に決めてもらって（それに文句を言いながらも）従う方が快適だ」というのも人間の一面です。

エティエンヌ・ド・ラ・ボエシ『自発的隷従論』というすごいタイトルの本があります。超名著であります。「自発的な隷従」は人間が潜在的に強く持っている本能だと著者は喝破します。よくある例で言えば、配属の希望が叶わなくて「嫌だよ、あんな部署行きたくねぇよ、ちくしょう」って文句を言いながら、それでも会社に従っているのが、じつはそんなに嫌いじゃない人もいる。人間というのはそういうものだ、という話です。

エティエンヌ・ド・ラ・ボエシは16世紀のフランスの人で、職業は裁判官。モンテーニュの友達だったそうです（それにしてもこの交友はスゴイ。さぞかし会話が弾んだと思います）。思想的天才であるド・ラ・ボエシは18歳のときにこの本を書き、33歳で亡くなっています。

彼は考えます。独裁制や王制みたいなやり方が安定的に存在しているのはなぜか。「王様がものすごいパワーで制圧してるから」では必ずしもない。それは物事の半面にしかすぎない。それと同時に「人々が自発的に隷従するのを望むから」というのが本書の主張です。従属するのが「嫌いじゃない」「イヤよイヤよもスキのうち」。王様は一生懸命そうした人々のニーズに応えている、というわけです。

『自発的隷従論』は読んでいなくても、エーリッヒ・フロム『自由からの逃走』は読んだという方が少なくないと思います。僕も20歳でこの本を最初に読んだときは、目が覚める思いがしました。フロムはドイツの人。同時代人として、ナチズムがなぜあれほどまでに隆盛を極めたのはなぜかという問題を立てています。ファシズムや権威主義は人々の「自由からの逃走メカニズム」として発達した、というのがフロムの洞察です。

いきなり「はい、すべてあなたの自由ですよ」って言われると、やはり人間、しんどいんですね。「好きなようにしてください」は人間にとって自然なようでその実かなり不自然であります。それでもなお、というか、だからこそ、滑った転んだを重ねつつ、自分の価値基準を練り上げ、それだけを頼りに生きていくことが大事なのだと思います。

ＷＨＥＮとＨＯＷ——ダニエル・ピンク『Ｗｈｅｎ　完璧なタイミングを科学する』、メイソン・カリー『天才たちの日課』

「どうやるか」よりも「いつやるか」が大切だ——そう言われてみればそういう気もします。ＨＯＷ ＴＯの本は多いのですが、ＷＨＥＮ ＴＯの話は少ない。ダニエル・ピンク『Ｗｈｅｎ　完璧なタイミングを科学する』はこの辺、つくづくテーマ設定が巧い。

が、僕にとってはちっとも面白くありませんでした。早朝にコーヒーを飲むな、朝はこういうことをやれ、午後にはこういうことが向いている、夜にこういうことをするな、メール返信はいつやれ、という話から、結婚、離婚、ダイエット、裁判まで、ありとあらゆる行動についてのＷＨＥＮ ＴＯが語られます。「時間生物学」という分野での古今東西の研究結果、つまりは「法則」の紹介です。

自然科学ではかなりの程度まで一般法則は成り立ちます。これを解明するのが科学です。ところが、人間の行動行為はそれが置かれた文脈に強く依存しています。ある種の相関が観察できたとしても、それは「法則」というよりも「一般的な傾向」にすぎません。法則はむしろ人生を味気なくするというのが僕の基本的な考えです。

その点、メイソン・カリー『天才たちの日課』は面白い。１６１人の芸術家（一部、マルクスやアインシュタイン、デカルト、ダーウィンのような学者も入っていますが、このレベルになると芸術家と言って差し支えない）の生活におけるルーティンを淡々と紹介します。フローベールは「生活においては淡々と規則を守れ。そのほうが仕事においては暴力的で独創的になれる」と言っています。仕事ではぶっ飛んでいるように見える芸術家諸氏も、わりと地味なルーティンを固めている人が大半です。

アガサ・クリスティは本を何冊も出した後でも自分がプロの作家だという自覚がなかった。書類の職業欄にも「主婦」以外に記入する気にはなれなかったといいます。普通の生活を愉しみ、書くのは時々。ただし、集中してやる。自分の部屋はなく、洗面化粧台や食卓のテーブルにタイプライターを置いて書くというスタイルでした。

ゲーテは朝しか書かなかった。しかも、インスピレーションが湧かなければ、仕事をしても無駄だと考えていました。「何事も無理にやろうとしてはいけないということだ。気分が乗らない日や時間は無為に過ごすか、寝るかしたほうがいい。そんな時書いたところで、あとから読んで満足のいくようなものは生まれない」――深く同感です。

この本は面白いのですが、一つ物足りないのは、芸術家＝特殊な創造者しか出てこないという点です。僕はかつて知己の経営者にその人の好き嫌い（だけ）を聞くという本をつくったことがあります。経営者や普通の仕事で成果を出した人に、その人のルーティン（だけ）を聞いてまわり、ルーティンの意義について考える本があればぜひ読んでみたいものです。

巧妙な光明——濱口秀司『ＳＨＩＦＴ：イノベーションの作法』

　実務の世界でイノベーションを形にし、ビジネスとして成功させてきた著者ならではの知見と洞察が詰まっている。本書の美点はさまざまあるが、まずもって議論をＳＨＩＦＴ（価値の再定義）に限定し、ＪＵＭＰ（大発見・大発明）を意図的に議論の対象から外しているところがいい。話がぐっと締まる。このところの浅薄な「イノベーションが大切！」の大合唱を苦々しく思っている僕にしてみれば、こういうスタンスでの議論を渇望していた。

　イノベーションとは、定義からしてバイアスの破壊である。だから、エクスターナルマーケティング（普通の意味でのマーケティング）よりもインターナルマーケティングが成否のカギを握る。さすがに実務の世界でさんざんバイアスと格闘してきた著者だけあって、議論の迫力が違う。イノベーションの本質からして市場を実験場にするのは自殺行為に等しい。市場を実験場にしないための手法「β１００」とその実例の紹介はとりわけ勉強になった。

　これに代表される著者の編み出した方法が優れているのは、なぜそれがイノベーションの実現に不可欠なバイアスの克服にとって有効なのかという論理の筋が一本通っているからだ。イノベーションの概念的な特性をきっちりと踏まえた上で、いちいちそこから演繹して具体的な手法を提示している。意外に聞こえるかもしれないが、ここがきちんと詰められていない方法やフレームワークが実に多い。この点、著者の提唱する方法にはまやかしがない。無駄がない。地に足がついた論理が骨格にあるからこそ、本当の意味で実践的な方法論になっている。実務的な細部にしても、「β１００で使う３つのプロトタイプは別々に起こすべきで、絶対に混ぜてはいけない」というところなど、百戦錬磨のプロの凄みを感じる。こういうことは実務経験を重ねなければ絶対に思い当たらない。すなわち、僕が思いもよらないような貴重な知見である。

　ＳＨＩＦＴは日本人と親和性が高い、しかしそのプロセスについての方法が共有されていないのでＳＨＩＦＴが進まない、と著者は言う（その論拠となっている２次元での民族性の分類がまた面白い）。その通りだと思う。本書が提案する巧妙な方法論はこれからの日本にとっての光明だ。

原理原則の人——高峰秀子『私のごひいき』、高峰秀子・斎藤明美『高峰秀子　おしゃれの流儀』

昭和日本の大女優、高峰秀子。映画作品も素晴らしいのですが、この人の文章はそれ以上に素晴らしい。文章の基底にある生活哲学はさらに素晴らしい。高峰秀子は僕が最も尊敬する人生の師であります。

死後に河出書房新社から未発表エッセイがいくつか本になって出ています。高峰秀子『私のごひいき』はそのうちの一冊。副題にある通り「95の小さな愛用品たち」についての雑感です。登場する品物のほとんどが台所用品。生活での工夫を重ね、それを日常の愉しみとする。日常生活の達人の日常が見えてきます。

それにしても道具へのこだわりが強い。これは高峰秀子のある意味で虚無的な哲学——自分の手で触ることができて、手で動かせるものしか信じない——を反映したものではないかと感じました。

映画を引退してからも家事と執筆に忙しくしていた人です。よくまあこれだけこまめに街に出て、店をのぞいて好みの道具を見つけてくるものだ、と感心しながら読んでいたのですが、雑誌に１９７４年から94年まで、実に20年にわたって１２１回連載した文章だということを「あとがき」で知りました。一度始めたら長く続ける。この辺が高峰秀子らしくて実にイイ。

もうひとつ高峰秀子らしいのが、紹介するものの選択基準がはっきりとしていること。第1に、読者が気安く買える程度の値段であること。第2に、シンプルで実用的で常時役に立つもの。第3に、日本で買えるもの——。連載を引き受けたときに決めたこの３つの条件を20年間きっちりと守る。こういうところにシビれます。

高峰秀子・斎藤明美『高峰秀子　おしゃれの流儀』。養女の斎藤明美氏が、高峰秀子のクローゼットを公開し、彼女の服飾趣味について解説を加えています。

日用品も服飾も表面的なものです。しかし、本質は表面にまでにじみ出てこその本質でありまして、本書もまた高峰秀子の生活哲学をよく表しています。

例えば、「人前で目立ってはいけない。おしゃれは飛び出してはいけない」。かつての本職であった俳優業における彼女の仕事哲学――主役はあくまでも配役の一人。主役だからといって自分だけ前に出たら作品が壊れてしまう。画面から飛び出さず、作品と調和するのがイイ主役――と完全に軌を一にしています。

「趣味がいい」と言われて高峰秀子は「いいかどうかは分からないけど、あるね、趣味は」と答えたそうです。まったくその通り。スタイルは「あるか、ないか」の問題です。隅々まで自分のスタイルが行きわたっている。

「私が自分で身の回りのことを考えるとき、自分でこう、と信じたらどこまでもそれをやり通す、という頑固なところがあります。人に言われたことや、流行のことなどを参考にすることはもちろん大切ですが、自分、というものを持っていなかったら、いろいろな人に言われるたびに、そのたびにいろいろ変わってしまう、そういうのではやはり困る、と思うのです」

「自分のことを本当に識って考えられるのは自分しかいない、ということはおしゃれについてもいえるのではないでしょうか。自分をよく識ってはじめてしっかりものを選ぶことができる」――これぞスタイル。仕事と生活のすべてに当てはまる原理原則がここにあります。

怪物同士の激突

――大木毅『独ソ戦』、サイモン・セバーグ『スターリン　赤い皇帝と廷臣たち』

『独ソ戦』はバリバリの戦史研究者による「絶滅戦争」の成り行きとメカニズムの考察。量においても質においても継続期間においても、血で血を洗う皆殺し闘争になった独ソ戦は人類史上最悪の戦争でした。本書はこの極端なケースを考察することによって、戦争の本質を教えてくれます。

太平洋戦争時の日本の人口は７０００万人強。２１０万－２３０万人の戦闘員と55万－80万人の非戦闘員が死亡しています。もちろん悲惨な数字なのですが、独ソは規模が違います。ソ連は当時1億９０００万人近くの人口を持つ大国でしたが、第二次世界大戦の戦闘員死者はおおよそ１０００万人、さらに１０００万人の民間人が殺され、これに加えて疫病や飢餓で１０００万人近くが死亡しています。総人口約７０００万人のドイツでは、５００万人の戦闘員と３００万人の民間人が死んでいます。

外交の延長として行われる通常の戦争は、損得勘定に基づいた「相対戦争」です。それでもいざ戦争が始まってしまうと、狂気が発動し非合理な展開が頻発するわけですが、それでもベースには一応合理的な目的と合理的な手段の選択がある。一方の独ソ戦は「絶対戦争」でありまして、合理性を完全に超越している。損得抜きに相手を「皆殺し」にすることに双方の目的がありました。

ナチスドイツにとっての独ソ戦は人種的に優れたゲルマン民族が「劣等人種」を排除もしくは奴隷化するための「世界観戦争」でした。これに対して、スターリンのソ連は「大祖国戦争」――道徳的・倫理的に許されない敵を滅ぼす聖戦――という認識を民衆レベルに浸透させます。「ドイツ軍は人間ではない。（中略）もし、あなたがドイツ軍を殺さなければ、ドイツ軍はあなたを殺すだろう。ドイツ軍はあなたの家族を連れ去り、呪われたドイツで責めさいなむだろう。（中略）もしあなたがドイツ人一人を殺したら、次の一人を殺せ。ドイツ人の死体に勝る楽しみはないのだ」という感情です。

独裁者スターリンはヒトラーに輪をかけた怪物です。彼は直前までドイツが攻め込んでくることを信じようとせず、これが初期の大惨事になるのですが、その理由はスターリンが権力闘争の過程で、とんでもない多数の国内の政治家や軍事の指導者を粛清してしまっていたからであります。つまり、自分が殺してしまっているので、戦おうにも将校がいない。

ドイツ軍の侵攻の報を受けて、スターリンはいったん廃人のように落ち込みますが、そこから徹底的な抗戦に出る。しかも持ち前の残虐さにターボをかけたような戦争指導をする――サイモン・セバーグ『スターリン　赤い皇帝と廷臣たち』にこの辺のいきさつが詳述されています。狂気の点ではいい勝負だと思いますが、指導者としてはスターリンの方が何枚も上手です。最後のところで踏みとどまり、そこから持久戦に持ち込んで盛り返し、最後はベルリン侵攻まで持っていく。ヒトラーによる数々の失敗があるにせよ、異様な力量としか言いようがない。

ヒトラーとスターリンという20世紀の2大怪物が正面から衝突する。これが独ソ戦という異常に悲惨な出来事を招いたわけで、こうしたことはもう二度とないでしょうし、またそう願いたい。いずれにせよ、戦争がどこまで悪質になれるのかをまざまざと教えてくれる必読の書です。

手と心への逆シフト――デイヴィッド・グッドハート『頭手心　偏った能力主義への挑戦と必要不可欠な仕事の未来』

「頭」（認知能力に基づく仕事）ばかりが重視され、「手」（手仕事）と「心」（人のケアをする仕事）はないがしろにされる――本書はこの数十年の労働と社会心理のトレンドを鋭く批判する。

頭がいいことは悪いことではない。原子力計画は有能な専門家に任せた方がいい。その仕事をする能力を基準に選抜するシステムは必要だ。しかしそれは「能力主義社会」とは別物だ、と著者は強調する。能力主義社会は能力と人間の価値や尊厳を混同する。

しかも、能力主義社会は多元的な人間の認知能力を教育システムが課すテストのスコアへとむりやり一元化している。本来の頭は全体を見る能力だった。周囲の状況を深く広く理解し、何をすべきかを悟る。それはテストで測れる機械的な認知能力ではない。誠実さ、経験、常識、勇気、勤勉、共感、想像力、気骨もまた重要な知的資質のはずだ。

なぜこのバイアスが定着したか。その方が公平であるかのように見え、説明がつき、それゆえ合意形成が容易だからだ。ようするに評価が楽なのである。知的能力のごく一部――学校の試験に合格し、効率的な情報処理をする能力――を持つだけの「頭のいい連中」が力をつけ過ぎた。その結果として、その他大勢に自分を落ちこぼれだと思い込ませるような社会が出現した。問題の核心は、相対的な低所得ではなく、働く意義と自尊心の喪失にある。

頭優位の社会は、現在いよいよ曲がり角にきている。パンデミックが富裕国の人々に仕事の意味を再考させたということもあるが、それ以上に頭社会そのものが自壊しつつある。ＩＴやＡＩの進歩で、多くの頭の仕事の価値が低減している。共感や関係構築の能力が見直され、イギリスの会計事務所や金融機関の中には新入社員の採用条件から大卒資格を外すところも増えている。

歴史的背景に遡り、さまざまなデータを駆使しながら、頭優位社会の成立と手と心への逆シフトを論じる。複雑で広範なテーマからして、決して読みやすい本ではない。しかし、その主張は強く重い。文中で引用される「教育とは教わった内容をすべて忘れてもなお残っているもの」という格言になぞらえて言えば、議論の細部を忘れてもなお心にずしりと残るメッセージを投げかけている。

破滅への加速――西村賢太の10作

怠惰で大甘で自己中心的。吝嗇で狡猾で卑怯で未練がましい。その半面、プライドが妙に高い。根がスタイリッシュにできている。そのくせ異様に気が短い。気が弱いのに後先のことを考えず自滅的な行動を繰り返す。それでいて経験からは学ばない――西村賢太の作中の分身である北町貫多はあなたや僕と似ている。一つ二つの要素が欠けていたり、症状が多少軽かったりするだけで、貫多と何も変わらない。結句、貫多に自分を見る。人間なんてそんなものだ――貫多の背後で賢太が豪快に笑っている。

『苦役列車』

劣等感と被害者意識からくるやり場のない鬱屈を溜め、港湾の冷凍倉庫で日雇い仕事を続ける弱冠19歳の貫多。流れるままに流されるその日暮らしの中、貫多は仕事で同世代の学生と知り合う。彼に友情めいた感情を持つも、自意識の空回りから暴言を繰り返し、一方的に関係を破壊する。

八方破れのようでいて、構成と技巧は堅実で、むしろオーソドックス。自覚的に乱暴な時代遅れの江戸言葉の中に、「ぼく」「お刺身」といった妙に柔らかい表現が顔をのぞかせる可笑しさ。「しかしそうした貫多の方は、そのときやはり人足だった」「確たる将来の目標もない、相も変わらずの人足であった」と畳みかける秀逸なエンディングは小説の王道を往く。貫多がちゃんと「その頃知った私小説家、藤澤清造の作品コピーを常に作業ズボンの尻ポケットにしのばせ」ているのもイイ。

この芥川賞受賞作品で西村賢太という私小説家の存在を知った。僕を含めた多くの読者にとって出会いが本作だったことは、作者にとっても悪いことではなかったと思う。唯一生活を共にした女性、秋恵との日々を苦渋たっぷりに回想する「秋恵もの」よりも若干薄味に仕上がっている『苦役列車』は、読者のスクリーニング装置としての性能に優れている。本作が好みでない人は賢太の他の作品を読んでもダメだろうし、これを好きになる人は他の何を読んでももっと愉しめる。最高傑作とは思わないが、名刺代わりの一冊としてこれ以上の作品はない。これで芥川賞を獲るところに賢太の強運を思う。

『夜更けの川に落葉は流れて』

23歳の貫多はアルバイト先で知り合った佳穂と恋仲になり、日常は向日的なものに変わっていく。すべてが順調に思えたある日、貫多は入れ込んでいた田中英光の署名つき初版本を買い逃すという憂き目に遭う。佳穂に理不尽な怨恨を燻ぶらせた貫多は彼女に八つ当たりし、挙句の果てに顔を殴り歯を折る。悔恨と保身に右往左往する貫多に、佳穂の「蛸入道みたいな」父親が追い込みをかける。号泣しながら「ごめんなさい！」と土下座する貫多は恥辱にまみれる。

秋恵が佳穂、清造が英光なだけで、秋恵ものと完全に相似形にある。エンディングがグッとくる。ふと迷い込んだ芝公園で、なぜか「藤澤清造と云う大正期の私小説家」の名前が脳内で引っかかる。その後すがりつくように信仰することになる師との邂逅を暗示する名場面だ。

『けがれなき酒のへど』

旺盛な性欲を持て余す貫多は買淫に明け暮れる。ソープランドで指名した恵里を一目で気に入り、通い詰める。何とか恋愛関係に持ち込もうと金品をつぎ込むも、絵に描いたように転がされ、騙され、あっさりと捨てられる。救いを求める先は例によって藤澤清造だった。

鉄板の貫多マナーで話は進んでいくのだが、破綻に向かって進んでいく過程でのいつもの心理描写が本作ではひときわスローかつ克明に描かれているのがイイ。ああ、やられるぞ、ダメになるぞ……と思って読み進めると、きっちり予想通りになる。最初の数ページを読んだところで最後まで展開が見通せる。それなのに読ませる。苦いユーモアが読者を魅了する。

『どうで死ぬ身の一踊り』

本領発揮の秋恵もの。34歳にして自分を理解してくれる6歳年下の大卒の女性と巡り合った貫多。秋恵と同棲を始め、いよいよ清造研究に余念がない。『藤澤清造全集』の出版計画を着々と進め、祥月命日には清造の故郷である石川県の七尾で「清造忌」を開く。文学館の清造展での記念講演を依頼されるまでになる。ところがふとしたきつかけで諍いになり、短気を起こした貫多は秋恵を殴打してしまう。

惨めで行き場のない現実生活の救済者である秋恵と、精神世界での救済者である藤澤清造。この２人に挟まれることによって葛藤が生まれ、それが次第に破滅へと展開していく――秋恵もののパターンだが、本作では秋恵よりも清造の比重が大きい。とりわけ印象的なのは、七尾の寺にある清造の墓標の横に貫多が自分の生前墓を建てるくだりだ。清造の書簡や原稿から自筆の文字を拾って墓石に刻むという徹底ぶり。没後弟子としての清造への思い入れと結びつきの強さを知る。

いま、西村賢太はこの墓に眠る。これほど幸せなこともないだろう。

『小銭をかぞえる』

秋恵ものはどれも基本的に同じ話なので、どれを読んでもイイのだが、本作は完成度が高く安定感がある。いや、貫多は例によって不安定なのだが。

『清造全集』を出版しようとする貫多。印刷会社への支払いに窮し、金策に奔走する。最後の拠り所は秋恵の父。渋る秋恵を説き伏せて借金を申し込み、何とか受け入れてもらう。ところが貫多は自意識を噴出し、またしても秋恵に辛く当たり出す。ひねくれ方が堂に入っている。

秋恵ものにはネガティブな「水戸黄門」の趣がある。どれも不吉な話なのだが、安心して読める。ハズレがない。むしろワンパターンの繰り返しが魅力になっている。水戸黄門のクライマックスの印籠に相当するのが、自暴自棄になった貫多がついにキレて暴言と暴力に及ぶ場面だ。

だんだん雲行きが怪しくなってくる。来るぞ来るぞ……とハラハラしながら読んでいると「出たー！」――絶妙のタイミングできっちりキレる。水戸黄門とは正反対の、暗澹とした苦い後味が残る。これがたまらなくイイ。一度味をしめたが最後、やめられない、止まらない。

『破鏡前夜』

後述する『一夜』に続く話。貫多がキレるヤマ場がない。それもそのはず、貫多が師の墓参に1泊2日で七尾に行っている隙に、秋恵がついに逃げ出してしまったからだ。

『一夜』の後、秋恵は家出からいったんは帰宅する。大いに狼狽していた貫多は平穏を取り戻す。ところが七尾から帰宅してみると、私物の一切が運び去られ、食卓には永久の離別を宣言する短いメモが残されていた。現実世界での最後の砦を失った貫多は「下腹部の瞬間的な弛緩の因による大放屁をぶちまけつつ」その場にへたり込んでしまう。遠くから師の幻影が放つ哄笑が鳴り響く――貫多に感情移入してきたはずの読者も、暴言と暴力にさんざん苛まれてきた秋恵の復讐にスカッとする。異色の秋恵もの。

『落ちぶれて袖に涙のふりかかる』

私小説作家になった貫多に2度目の川端康成文学賞の最終候補となった知らせが届く。完全なる負け犬人生が確定した以上、2度も候補になっただけで満足だとする一方で、受賞の可能性に舌なめずりする。貫多の心は恬淡と野心の両極を激しく揺れる。果たして銓衡会の当日、自室で端座しつつ吉報を待つ貫多の携帯電話は鳴らなかった。

思考と行動の細部にわたり己の不遇を冷徹に描く。芥川賞受賞後ならまだ分かる。しかし、この自虐的作品はその前年に書かれている。自分自身（だけ）に入れ込む私小説家であるにもかかわらず、いや、そうだからこそ、自己客観視の能力が尋常でない。賢太の力量を大いに感じさせる作品だ。

「もって実力派の書き手として、訳知らずの編輯者から、訳知らずにでよいからチヤホヤされたかった」「作家として広くに認められ、最早惨めな持ち込みをするまでもなく、当然のように原稿依頼が舞い込んでくる身になりたかった。小説書きとして終わりたかった」――当時貫多に吐露させた希望をほぼ完全に実現した賢太は、確かに小説書きとして終わった。

『芝公園六角堂跡』

芥川賞作家となった貫多は、何のために書いているのか、肝心の根本部分を見失いつつあった。長年敬愛してきたミュージシャンのライブに招かれた夜、貫多は師である藤澤清造の終焉地、芝公園六角堂跡に赴く。そこで私小説家としての書く意志を取り戻す。

本作の「私解説小説」とも言える『終われなかった夜の彼方で』と併せて読むとさらに味わい深い。初志に立ち戻った貫多こと賢太はその後も着実に作品を発表していった。芥川賞の喧騒から10年、これからいよいよ円熟期に入ろうという時の急逝が悔やまれる。この先10年、生きていたら賢太はどのような私小説を書いただろうか。何も変わらなかったに違いない。

『一夜』

これぞ西村賢太最高傑作。これでもかこれでもかと破滅へと加速するラストシーンに鳥肌が立つ。このパワーは私小説でしか出せない。初めて読んだときは感動を通り越して呆然とするしかなかった。

『一私小説書きの日乗』シリーズ

西村作品の中で見返すことがいちばん多いのがこの日記だ。私小説家の私生活。面白くないわけがない。判で押したように同じルーティンを繰り返す日々。それが何年も続く。確立された生活様式にプロとしての凄みが透けて見える。賢太は破滅型の無頼派と評される。確かにその言動や私小説に描かれる思考と行動は刹那的で衝動的に見える。しかし、この人の生活にこそプロフェッショナルのモデルを見る。

運が良ければ一発ホームランは打てる。しかし、素人はその後が続かない。プロとアマの最大の違いは持続力にある。コンスタントに質の高いアウトプットを継続して出す。これがプロの条件だ。詩人は泣きながら詩は書かない。持続力の基盤にはその人に固有の練り上げられたルーティンがある。

虎は死して皮を留め、賢太死して貫多を残す。新作を読むことはもはや叶わない。大いに慊《あきた》らない。それでも作品を開けばいつでも貫多に会える。貫多と賢太は死ぬまで心の中に生き続ける。

障害者に依存する——松田文登・松田崇弥『異彩を、放て。』

２０１８年に岩手で設立されたヘラルボニー。知的障害者の手によるアートをビジネスに転換する企業だ。創業経営者である双子の兄弟、松田崇弥と松田文登が起業の理由とこれからの構想を縦横に語る。自分たちがやろうとしていることが何であって、何ではないのか。静かな迫力を持ってストレートに伝わってくる。

起業のきっかけは2人の4歳上の兄、翔太の存在にある。翔太は重度の知的障害を伴う自閉症で、不思議な社名は翔太がノートに繰り返し書いていた文字列だ。３人は仲が良く、ごく普通の兄弟として一緒に遊んでいた。自閉症が治る薬があったとしても飲ませたくない、と著者たちは言い切る。それが兄の個性であり、何物にも代えがたい価値だからだ。しかし、外では「普通じゃない」と敬遠され、あるいは「かわいそう」と同情される。そうした世の中の偏見や先入観を変える。そこにヘラルボニーのミッションがある。

従来の福祉は受け皿として就労支援施設を用意し、そこでの活動で知的障害者が一定の賃金を得られるようにする。しかし、ヘラルボニーは株式会社による商売で収益を獲得し、障害者に利益配分する仕組みを意図している。

商売の基盤は価値交換にある。買い手が価値を認め、それに見合った対価を支払う。結果として、売り手は収益を得る。ヘラルボニーという会社の美点は、この商売の原理原則に忠実なところにある。消費者がヘラルボニーの商品を買い、企業がヘラルボニーの知的資産にカネを払うのは、寄付行為ではない。あくまでもそこに独自の価値を認めた上での価値交換だ。

知的障害者によるアートの価値はどこにあるのか。自閉症やダウン症のアーティストの作品を世の中に広めてきた「るんびにい美術館」の板垣崇志が本書の中で明解かつ論理的な答えを示している。そもそも芸術表現は内発的な動機に基づいた行為である。アーティストは自分自身に向けて表現する。こういう色を見たい、形を見たいという自分自身の求めに応じて表現が生まれる。ところが、一般のアーティストはやがて無意識のうちに自分以外の他者の評価を意識するようになる。知的障害のあるアーティストはそうならない。最初から最後まで自分との対話であり、どこまでも自分の描きたいものを描きたいように描き続ける。だからこそ、芸術表現の加工されていない芯の部分が出てくる。これが観るものに独特の感動を与える。すなわち、本書のタイトルにあるように「異彩」を放つ。

知的障害者には健常者のようにはできないことがある。しかし、「できないこと」を「できる」ようにするのではなく、彼らの存在に独自の価値を見出し、それをビジネスに転化する。ヘラルボニーのやってきたこと・やろうとしていることは福祉の再定義であり、言葉の正確な意味でイノベーションと言える。著者たちが強調しているように、障害者がヘラルボニーに依存しているのではない。むしろ逆にヘラルボニーの商売は障害者に依存しており、彼らの支援を受けて成立している。

ヘラルボニーと契約するアーティストは１５０人。登録されたアートデータは２０００点以上。アートデータは自社ブランドのライフスタイル商品に使用されるだけでなく、他の企業の商品のパッケージや公共施設、工事現場の囲い、駅や鉄道車両へと転写される。その結果としてアーティストは利益配分を手にする。数百万円の収入が発生するケースもある。彼らは確定申告をする。福祉に依存するのではなく、彼ら自らが福祉の原資を創出する側になっている。創業以来、わずか４年でこれほどの成果を達成していることに驚く。

健常者であってもアートを売るのは難しい。「障害者であることを売り物にするのはズルい」という声が届くこともあるという。この事実が逆説的にヘラルボニーの達成を物語っている。作者が障害者であろうとなかろうと、そもそもアートの価値は意味にしかない。意味的価値の源泉は商品やサービスの背後に広がる文脈にある。知的障害のあるアーティストに特有の世界観やこだわりが意表を突く表現となる。消費者や企業がそうした文脈を理解することがアートの価値を高め、ヘラルボニーの商売のエンジンとなる。本書を読めばヘラルボニーのウェブサイトに行って商品をチェックしたくなる。そして、そのうちの少なからぬ人が欲しくなるだろう。慈善や善行ではなく、単純に商品として独自の意味的価値があるからだ。

障害は「欠落」でなく「違い」。普通ではないことに可能性がある。この世の中には放たれるべき異彩がある。これまでの常識を変え、社会を変える――ヘラルボニーが開拓している市場はプロダクトでもライセンスでもアートでもなく、「思想」だと著者たちは言う。その思想を世に問う本書が出版されたことには大きな意味がある。一人でも多くの人に本書を手に取ってもらいたい。

手ごたえのある仕事――清武英利『どんがら　トヨタエンジニアの反骨』

トヨタのエンジニア、多田哲也と彼のチームが「究極の大企業」の中の障壁をひとつまたひとつと突破し、ついにスポーツカー「86」（ハチロク）を世に出すまでの軌跡を描く。

多田はチーフエンジニア。かつては「主査」と呼ばれていた職位だ。ただ図面を引くだけでない。クルマのコンセプトを決め、トータルプランを立て、開発から生産、宣伝・販売に至るまですべての活動を指揮・統率する。元社長の豊田英二は「主査は製品の社長、社長は主査の助っ人」と言い切った。独自の主査制度がトヨタ車の競争力の源泉だった。

しかし、トヨタが巨大企業となるにつれて車種は増え、いつしか我慢することがチーフエンジニアの仕事になった。コストを1円でも下げるための縦横の調整に追いまくられる。鬱屈した日々を送る多田にスポーツカー開発の仕事が降ってくる。

それまでの8年間、トヨタは新しいスポーツカーを発表していなかった。「いまどきスポーツカーがうまくいくわけがない」「オジサン客相手の道楽」――ありとあらゆる抵抗に直面する。しかし多田はひるまない。「このクルマだけは好き勝手にやる」と決意し、「迎合はしない、情熱でつくる」をチームのスローガンに掲げる。

開発の終盤になると役員によるデザイン審査会がある。3回実施し、全部クリアしないと市場化できない。ところが、スポーツカーはあくまでも趣味のクルマ。大勢の役員が口を出すと、心に刺さらないデザインに落ち着いてしまう。そこで2回目は役員によるデザイン審査会を止め、実際にスポーツカーに乗っている社員を集めて意見を聞く。最後の3回目に迎えたのは社長の豊田章男社長ただ一人。「うん、いいんじゃないか」――豊田の一言で多田の思い通りのデザインに決まった。２０１２年に発売された86には目標台数の7倍の予約が押し寄せ、2年間で10万台を売るヒットを記録した。

会社のためでなく、自分のために仕事をする。会社に使われるのではなく、自分がやりたいことをやるために会社を使う。大企業のサラリーマンの理想の姿を多田に見る。その絶対の条件は「出世のために仕事をしない」こと。そのときは嬉しくても、昇進や表彰などは定年後には泡のように消えてしまう。ひたすらに手ごたえのある仕事を追い求める。何度も誰に対しても正々堂々とものを言い、自らの理想を貫く。だからこそ、危機に陥るたびに社内から意外な支援者が出てくる。逆説的にトヨタの懐の深さも見えてくる。

仕事の最大の報酬は仕事そのもの――この不変の真実を思い知らされる。爽快極まりない読後感。組織の中で働くすべての人に読んでもらいたい快作だ。

捨てられなかった本①――ほぼ日刊イトイ新聞『岩田さん』

僕は読書が趣味ですが、愛書家・蔵書家ではありません。読み終わった本は、原則的に処分します。

なぜそういうルーティンが定着したのか。家人も読書が趣味ですが、本を捨てないタイプです。夫婦でそれだと果てしなくスペースを取ることになる。読み終わった本は処分した方がいいんじゃないか――そう提案したところ、「自分の信条に反する」と断固拒否されました。いよいよ僕は読み終わった本の処分に拍車をかけることになります。

本を読み終える。「ああ、面白かった。これは最高の本だ」。で、躊躇なく処分。これを繰り返していく。昔はまめに神保町の古本屋に持って行きました。これが面倒になり、20年ほど前からまとめてブックオフに持ち込むというやり方に変えました。売値は二束三文ですが、僕が読み終わった本はだいたい線が引いてあったり書き込みがしてあったり、汚れているのでどのみち大した値段では売れません。ブックオフはどれだけ大量に持って行ってもサッと査定して引き取ってくれるので便利です。

最近は、神保町すずらん通りにある特殊書店、ＰＡＳＳＡＧＥにも読んだ本を持ち込みます。フランス文学者・書評家の鹿島茂氏が主宰する共同書店です。約１００に及ぶ書評家や作家、出版社などがそれぞれ書棚を持ち、自身でセレクトした本を販売しています。

読み終わった本の中でも「これは」と思うものは、ＰＡＳＳＡＧＥにある「楠木建の本棚」に出品しています。値付けは棚主が自由に設定できる。どんな本でも定価の半額にしています。これまで累計で数百冊は売れています。もしお近くに行く機会があったら、ＰＡＳＳＡＧＥの僕の棚をのぞいてみてください。

読んだ本については、わりと詳細なメモを取るようにしています。重要だと感じた箇所の要約と自分の意見を、文字の色を変えてパソコンのソフトウェア（Ｅｖｅｒｎｏｔｅというのを使っている）に入力する。で、一通りメモと感想を書き終えると、処分する本の箱に投げ込んでおきます。30冊ぐらいで箱が一杯になる。そのタイミングでブックオフやＰＡＳＳＡＧＥに持ち込むというルーティンです。

副業でやっている書評の仕事のためにメモを残しておくという意味合いもあるのですが、最大の目的は、自分がその本を読んで考えたこと、学んだことを、メモすることによって頭の中に定着させることにあります。読んで、ちょっと思うところがあった本は必ずメモを取る。

本を読むときはだいたいペンを持っています。で、コメントを書き込んだり、印象に残った部分に線を引いたりする。以前はいちいち蛍光マーカーで気になった文章を縦になぞっていたのですが、まどろっこしいので、今は該当する行の上部にさーっと横線を引くだけ。読み終わったあとパーッと本をめくったときに、メモするべき箇所を押さえておくためです。線のついている部分を中心にパソコンで要約メモを取り、自分の考えを書き留める。これが僕の読書における一連の作業です。

付箋はいちいちつけるのが面倒なので、僕はあまり使いません。効率第一です。読み終わったときにはペンでガンガン書き込まれている。当然ですが、ブックオフに持っていくと基本的に買い取り価格０円。逆に、あまり面白くなかった本には書き込みがないので、ブックオフでは値段がつく。僕にとってブックオフへの持ち込みは、買い取ってもらうためではなく、単純に処分してもらうためです。それで十分です。

片や、僕がＰＡＳＳＡＧＥに置いてもらっている本には、僕がどういうところを面白がったのかが分かる痕跡が残っている。それをちょっと見てみようと思って購入される方もいらっしゃるそうで、ありがたいことです。

よく言われるのが、「スペースを取りたくないなら電子書籍でいいじゃないの?」——何回かトライしたんですが、駄目でした。電子書籍が読書の質を下げることはない、と思うのですが、体がついていかない。結局、習慣の問題なのだと思います。紙の本を読んでは処分する。このルーティンを死ぬまで続けるんじゃないか——そんな予感がしています。

僕は感動した名著でもほとんど即時処分します。自宅の本棚に残っている本は、これまで読んだ本のうち、おそらく5%もない。

それでも、捨てられない本というのがある。例えば、高峰秀子さんに関連する本。これはもはやコレクションなので無条件に残しています。『古川ロッパ昭和日記』『日本の喜劇人』など、僕にディープインパクトを与えてくれた本ももちろん本棚にあります。今回はこれまで書評で触れていなかった捨てられない本を、「捨てられない理由」のタイプ別に3冊、紹介します。

1冊目は『岩田さん』。任天堂の代表取締役社長だった岩田聡さんが「ほぼ日」の取材でお話しになったことを中心に編集されたものです。

書いてあること全部が本当に勉強になる深くてイイ話ばかり。だから全部メモを取らなくてはいけない。だったら処分せずに残しておいた方がイイ――ストレートな理由で処分できなかった本です。

岩田さんは２０１５年に55歳でお亡くなりになりました。彼のお考えがご自身の肉声で残されている。本書を読むと、究極的に優れた経営者というものがどういうものかが分かります。僕がとりわけしびれた箇所をいくつか紹介します。

仕事をするとき、同じくらいのエネルギーを注いでいるはずなのに、お客さまに妙に喜んでもらえるときと、あまり喜んでもらえないときがある。同じくらい手間や苦労をかけているのに、なぜ、こちらのお客さまは１００喜び、こちらのお客さまは５００喜ぶのか――。

岩田さんの考察はこうです――自分たちが「すごく苦労した」と思っていないのに妙に評価してもらえるときというのは、どんどんいい結果が出て、いい循環になって、どんどん力が出てくる状態。それが自分たちに向いている得意なことである。その状態にならないことは、向いていない――。僕の仕事の実感にも合致しますし、非常に実効性の高い判断基準です。岩田さんがどういう経営者だったのかを的確に示している。

何かと何かを比べて「こっちの方が得じゃん」という選び方ばかりしていると、どんどん安易な道に流れていってしまう。任天堂がそうなっていないのは、自分たちの目的がはっきりしているからだ——任天堂の目的、最近の言葉で言うパーパスを岩田さんは「いい意味で、人を驚かすこと」と定義しています。多くの経営者が言う「お客さまのために」とは言葉の解像度が違う。

岩田さんは初めて会う同僚と話をするときに必ず、「どうして任天堂に入ろうと思ったの？」という質問から始めていたそうです。「少子高齢化についてどう思う？」だったら答えられないかもしれないけれど、入社理由なら何かしらあるはずだと。もう1つ、必ず聞くのが「今までやってきた仕事の中で、いちばん面白かったことって何？　一番つらかったことって何？」——一人ひとりみな違う。一人ひとりときちんと向き合うという、岩田さんの構えを象徴しています。

「正しいこと」よりも「人が喜んでくれること」が好き。これも岩田さんの核となる考え方であり、優れた経営者に共通する特性です。仮に、ある人が間違っているとする。その人が理解して共感できるように伝えないと、いくら正しいことを言っても意味がない。正しいことを言う人はたくさんいるので、すぐに衝突する。お互いに、善意で正義。後ろめたさがないからタチが悪い。相手を認めることが自分の価値基準の否定になるので、いつまでたっても相手に理解されない——まことに慧眼です。

「自分が得意かもしれないこと」を見極める。お客さまが「なんかやっちゃうんだよね」と思えるゲームをつくる。この2つは似ていると岩田さんは指摘します。習慣が継続しているとき、人はその対象に時間、労力、お金といったエネルギーを注ぎ込む。すると、何かしらの反応が返ってきて、それが自分へのご褒美になる。注ぎ込んだエネルギーよりもご褒美の方が大きいと感じたら、人はそれをやめない。逆に、見返りが合わないと感じるとやめてしまう。

「自分が得意かもしれないこと」の見極めにも、この条件は成り立つ。得意なことなら放っておいてもどんどん上手くなる。才能とは、そのためのご褒美を見つけられる能力を意味する。成し遂げたことに対して快感を得られる「ご褒美発見回路」が開いている人を指すのだ——こういう思考の展開が、読んでいてそれこそ快感になるくらい面白い。

この本には、任天堂の伝説的なクリエイターだった宮本茂さんのインタビューも併録されています。宮本さんは、人間の生理や心理を突き詰めて「こういうことを人は面白がる」という、抽象的なところから企画をスタートさせるタイプでした。

対照的に、岩田さんは具体から入るタイプ。岩田さんが企画・開発した『脳トレ』というゲームの出発点は「脳が衰えているって言われたら、不安になるよね。衰えないように自分でなんとか手を打とうとするよね」——企画のきっかけになるような人間の具体的な思考や行動を、岩田さんはつねに探していた。発想の仕方が真逆だからといって二人が対立することは一度もなかったと宮本さんは振り返ります。異なる視点を擦り合わせて新しい価値を生み出す。創造的なチームの理想形です。

「自分たちがめざすのは、お客さまがゲームで遊ぶというよりも、お客さまの日常にゲームが溶け込んでいるような姿だ」と岩田さんは言います。刺激的な内容でユーザー獲得を目指す「億ゲー」とは一線を画し、「日常の中に溶け込んでいくゲーム」に集中する——岩田さんがお亡くなりになって久しいですが、任天堂のパーパスは今もってまったくぶれていません。

人間に人格があるように、会社にも社格がある。任天堂は社格が非常に高い。人格がそうそう変わらないように、社格もそうそう変わらない。究極的には、社格をつくるのが経営者の役割です。

本当の経営とは何なのかを、言葉を尽くして教えてくれる『岩田さん』。全部が全部メモしておきたいところばかりなので、僕はこの本を処分できませんでした。

捨てられなかった本②——石井光太郎『会社という迷宮』

捨てられなかった本の2冊目は、石井光太郎さんという長いキャリアを持つコンサルタントがお書きになった『会社という迷宮』です。

僕が大学院に進んだときにすぐ気づいたのは、さすがに大学院に来るような人はみんな頭がイイということ。野球のピッチャーに例えれば、みんなそれなりに速い球を投げる。ただ、それだけだとプロでは厳しい。大切なのは制球力です。その人の「問いが立っている」かどうか。議論の対象がはっきりとしていて、重要な問題にきちんと光を当てている。スピードに加えて制球力もいい人となると、ぐっと数が少なくなる。

制球力があるだけでなく、まれに球のキレに優れた人がいます。視点がシャープで、論理展開にハッとさせられる。僕が大学院で勉強していたころの同期に青島矢一さん（一橋大学教授）がいます。彼が投げる球はキレが抜群で、手元でグイっと伸びる。これはちょっと敵わないな……と思わされました。

球速、制球力、キレの次に来る基準が、球の重さです。受け止めたときにズシンとくるかどうか。重い球でシビれさせる議論ができる人となるといよいよ少ない。

『会社という迷宮』が投げ込んでくる球は本当に重い。僕はシビれました。本書を手放さなかったのは、この重さの感触をいつまでも自分の中に残しておきたかったからです。

経営書というジャンルには、その時点での旬の話題を狙う書き手が多い。ただ、コントロール優先の書き手のほとんどは球を置きにいくものです。多くの経営者の関心事をとらえてはいるけれども、いかんせん球が軽い。

『会社という迷宮』はその対極にあります。球種はストレートのみ。もちろん剛速球なのですが、スピードだけでなく異様に球が重い。読んでいるとまるで手が痛くなるような錯覚に陥る。ここまで重い球を投げ込んでくる経営書は本当に稀です。読後感は「参りました」の一言。

戦略コンサルティングを仕事とする著者は、40年近くにわたって経営者との対話と重ねてきました。その中で「晴れることなく膨らみ続けてきた疑念とも違和とも悔悟ともつかぬ、モヤモヤと霧のかかったような思念を、何とか言葉に落として書きつけ」たのが本書です。

僕が受け止めたこの本のメッセージを一言で言うと「経営における主観の復権」。経営というものは得てして外形的な基準に追い立てられ、本当はありもしない正解探しに明け暮れがちです。経営者が本来持つべき自由意思の重要性を強調しています。自由意思で経営する——当たり前の話ですが、この根本のところが希薄になっている。石井さんは「common sense」、そもそも経営者が持つべき常識的な感覚を取り戻すべきだと言っています。

本書は経営の本質（だけ）を論じています。その文章は実質的にアフォリズムに近い。哲学者のエリック・ホッファーは、精神生活を語るためには詩かアフォリズムのどちらかしかないと言います。石井さんの文章もホッファーのスタイルに通じるものがあります。

例えば、「会社は競争するために生まれてきたのではない。志を実現するために競争しなければならなくなっただけだ」——これにはいきなりシビれました。僕は競争戦略の分野で仕事をしています。競争は所与の条件。競争の中で独自の価値を創出しなければならない。そのための優れた戦略は何か……無意識のうちにそう考える癖がついている僕にとって、石井さんの指摘はガツンときました。

石井さんは、組織の存在理由を「1＋1≧2」と言います。ここまでならよくある話なのですが、その意味が凡百の議論と違って深い。組織に所属することで自分が1以上の働きができることが、その組織にとどまっている条件で、これができない組織は組織としての体を成してない——人的資本概念の本質を突いています。

市場についての洞察も鋭い。市場とは本来、市場《いちば》である。経済主体が縦横に動き回り、商流していく中で、売り手と買い手の複雑で精妙な出会いが生まれる場所のはず。市場はそこにあるものではない。一つひとつの会社の独創であり、独自の市場観が、その会社を会社成らしめている——。

この本には、石井さんがご自身の仕事であるコンサルティングについて論じている章があります。コンサルタントは独立した第三者でなければならない。コンサルタントとクライアントである経営者の関係は、医者と患者のそれに近似している。

ガンを克服した患者の経験談を聞いて参考にするのと、ガンの症例を数多く見てきた医師の診断を受けるのとではまるで異なります。「ガンに自ら罹患した経験があること」が、「ガンの専門医であること」の必要条件ではありません。なぜなら、ガンと言ってもそれぞれ状況が違うからです。患者に対する医者のように、経営者に寄り添って会社のことを考える第三者、それがコンサルタントだ——比喩が的確で、腑に落ちます。

コンサルタントという仕事はシェルパのようなもの。登山に挑むのはクライアントだが、コンサルタントはそれに同伴するガイドです。しかし、あらかじめ決まったルートを案内する観光ガイドとは違う。クライアントは処女峰の登山に挑戦しようとしています。何が起こるか分からない。そうした状況にあって、つねにクライアントの横にいて、意見を求められたときに、相手のことを十分に知悉した上で手助けができる。これがコンサルタントのあるべき姿だと石井さんは言います。

石井さんのようにご自身の仕事について明晰かつ深い考えを持つ人を知ると、「自分はどうなのかな……」と反省させられます。マウンドに立つときの軸足がはっきりしていないと、重い球は投げられない。この本には世間一般が興味を持つ旬の話題は一切出てきません。それでも、この本はよく売れています。結局のところ、本当に良い本は多くの読者を獲得するわけで、ビジネス書業界も捨てたものじゃないな、と思います。

あらゆる経営者に熟読をお勧めします。僕と同じように手が痛くなるような感覚を味わっていただきたい。「経営者の眠れぬ夜のために」という副題がついています。読むとあまりにも考えさせられるので、眠れぬ夜に読むとかえって眠れなくなるかもしれません。この本の唯一の欠点です。

捨てられなかった本③――深澤直人『ふつう』

僕が捨てられなかった本の3冊目は、『ふつう』。プロダクトデザイナーの深澤直人さんがお書きになった本です。ご存じのように、深澤さんのデザインはシンプルに徹したもので、ＭＵＪＩでのお仕事でもよく知られている当代一流のデザイナーです。

この本を手放せない理由は、内容の素晴らしさはもちろん、さすがデザインのプロである深澤さんだけに装丁が素晴らしい。字の大きさ、紙質、手に持った時にしっくり来る特別なサイズ、布張りのソフトカバー、その色合い。すべてが素敵です。モノとして取っておきたくなります。

布張りの本は僕の好物です。原体験は、小学生のころに祖父が買ってくれた漫画『のらくろ』の復刻版。箱入りで昔ながらの布張りの装丁の本でした。布張りの本を読んでいるときの手ざわりがたまらなくイイ。

『ふつう』は、表題通り「ふつう」という概念についてありとあらゆる面からしつこく考察しています。深澤さんのデザインをご存じの方はお分かりだと思いますが、「ふつう」は深澤さんのお仕事の核にある概念です。「ふつう」とは現象だ、と深澤さんは喝破します。それを「ちょっとよくする」のがデザインの役割である。まずは「ふつう」とわれわれが無意識に呼んでいる現象を理解することが、デザインという仕事の鍵になる――。

モノやサービスを選ぶ際の「これでいい」が、「これがいい」になる。「ふつう」とはそういうことです。例えば、日常生活に長く浸透しているモノに、「なんてふつうなんだ」と驚きを覚えることがある。そこに新しさを期待するよりも、今までわれわれがずっと持ってきたそれとのいい関係――そこに気づく瞬間の感動を深澤さんは「スーパーノーマル」と呼んでいます。

あるとき、深澤さんは「スーパーノーマル展」という展示会を開きました。柳宗理さんのデザインしたステンレスのボウルを、これぞスーパーノーマルだということで展示した。すると、柳さんご本人が会場にいらして「これは誰の作品ですか」とお尋ねになったそうです。このとき深澤さんは確信を得た。「ふつう」をデザインするということは、作家の自己表現ではない――。

最近は、人々がデザインにしらけてきている。でも、生活にこだわらなくなったわけではまったくない。むしろ、生活の機微にこだわり、モノを吟味して選択するようになっている。それはまさに、「ふつう」がデザインとして必要とされてきていることを意味する。まったく新しい製品だけではなく、今までずっと存在していたモノから自分にしっくりくるもの選ぶという姿勢。「ふつう」という概念が、世の中にとってより重要な意味を持つようになってきているのではないか――僕もまったく同感です。それが成熟した社会の一面だと思います。昨今の環境問題に対する正面からの回答でもあります。

毎日のちょっとした生活ルーティンも「ふつう」と密接につながっていると深澤さんは指摘します。ちょっと手間がかかることを毎日丁寧にやる。それは遅いのではなく、充実しているということです。この「回転を下げる」感覚を深澤さんは重視します。焦って次から次にたくさんやっても、何もやり遂げていない感じがする。そうならないよう、回転を落とす時間を意図的につくる必要がある――。

ことほど左様に、本書はありとあらゆる切り口から「ふつう」の正体を論じています。僕がいちばんぐっときたのはこのくだりです――単純な形の部屋にデザインのいい椅子を置いただけのインテリアは、簡単だ。〝住む人がつくる雰囲気の極み〟こそ、いいインテリアデザインなのだ。それはもはやデザインではなく、「いい雰囲気」。住む人のセンスがいいと、その人がつくる雰囲気にインテリアデザインなんてものは太刀打ちできない。誰かが住んで、暮らしていないと、いいインテリアデザインはできない。

雰囲気がいい店だと、そこでモノを買いたくなります。そこで食事をしたくなります。雰囲気がいいホテルだと、そこにまた泊まりたくなります。いつも行く焼鳥屋、確かに味はいいのだけど、それだけではなく、やっぱり雰囲気がいい。どこに座りたいかも自ずと決まってくる。そこがいいかどうかを決める最も重要な要素は、美しさではなく、雰囲気のよさ。雰囲気を醸し出すものでなければ、いいデザインとは言えない。だから、椅子や家具のデザインにしても、デザイナーの自己表現ではない。モノとモノとの間にある空気こそがデザインの本当の対象だ――。

この視点は、これからの商売において非常に大切になってくると思います。究極的な競争優位であり、最も模倣が難しいのは「気がいい」という状態をつくることです。それは要素に還元できない。いろいろなものが合わさり、混ざり合い、溶け合ってできている。一見抽象的ですが、お客からすると「このお店は、気がいいな」とすぐに分かる。

人間にも同じことが言えます。会った瞬間、「この人は気がいいな」と分かる。逆に、すごく美しく装飾されて、どんなに見た目が良くても、気が悪い空間、サービス、人というのはある。「気がいい」をどうやって創るかがこれからの商売の重要な基準になっていくというのが僕の考えです。

読み終わって、あらためてこの本の装丁の手ざわりを確かめてみると、物理的実体としての本書が「ふつう」という概念を身をもって証明しているのが分かります。さすがにプロの仕事です。どうしても捨てられません。

2度目のディープインパクト――井原高忠『元祖テレビ屋大奮戦！』

僕の仕事の土俵は自分なりの論理を提供することです。分野は競争戦略。実際に商売をしている人に向けて、競争の中で長期利益が生まれる論理を生産し、供給する。社会レベルで言えば、日本国の税収増大が僕のパーパスです。向かう先を大まかに決めておいて、あとは「川の流れに身をまかせ」というのが僕のキャリアの方針です。

川の流れに身をまかせるにしても、いい感じで流れに乗っていくことが大切です。そのためには、自分のキャリアが今どんな段階にあるのかをざっくりとつかんでおけば十分。これも「川の流れに身をまかせ」でお話ししましたが、マニュアル車のギアチェンジに喩えるとしっくり来ます。ロー、セカンド、サード、トップギアの4段変速です。

どんな仕事でも、車の運転と同じで1速にギアを入れるのがいちばん難しい。僕の場合、特定の研究テーマとか志とか使命感ゼロの状態から仕事を始めたのでなおさらです。坂道発進でエンストしつつもなんとか1速にギアが入り、ゆるゆる進んでいきました。

僕が研究テーマに選んだのは「テクノロジーマネジメント」でした。基礎研究の組織に関する定量データを収集し、回帰分析して、研究の生産性との関係を解明していく。論文を書いて学術雑誌に提出する。採択されると雑誌に掲載される……というパターンを繰り返していく。

仕事や業界がどういうものか分かってくると、2速に入ります。僕の場合は、2速に入った感覚はあったのですが、あまり手応えがなかった。30代に入って、世界的に一流だと言われている学術雑誌に自分の論文が出たんですが、とくに達成感もない。「まあ、そういう仕事だから……」とその後も学術論文を書き続けたのですが、2速なのでなかなかスピードが出ない。タコメーターは上がりっぱなし。この状態がしばらく続きました。

そのころ僕は、当時ハーバード大学にいたヘンリー・チェスブロウさん（後の2002年に著書『オープンイノベーション』でオープンイノベーションの概念を提唱した経営学者）とハードディスクドライブ業界を対象に共同研究をしていました。「この成果、どこで発表する？」という話になったとき、チェスブロウさんは「当然、学術論文に出したい」。それだけが研究業績としてカウントされるからです。

僕たちが行ったのは定性的な事例研究でした。アカデミックなフォーマットに乗せるには定量的な分析が必要になるので、無理がある。僕はこう提案しました。「事例研究で得られたロジックだけで書こうよ」——。

チェスブロウさんは最終的には折れてくれて、学術雑誌の論文ではなく学術書として二人の研究（The Modularity Trap: Innovation, Technology Phase-Shifts, and Resulting Limits of Virtual Organizations）を世に出すことになりました。こういう定性的な事例研究が僕にとってわりと面白かった。王政復古の大号令に引っ掛けて、「定性復古の大号令」と書いた紙を自分の研究室に張り出したくらいです。

その後僕は、『行為の経営学』（白桃書房、２０００年）という本に出会います。この本で著者の沼上幹さんは「経営検証を対象とした場合、自然科学的な意味での法則定立はほとんどの場合、有効ではない」ということを、緻密な論理展開で主張しています。中でも僕がしびれたのがこの一節です。

> この問いに対して経営学者に許されている答え方が1通りしかないということはもはや明らかであろう。すなわち、「法則はないけれども、論理はある」という答え以外に、社会科学の1分野としての経営学は用意できるものがないのである。

「どうすれば成功するのか教えてくれ」という実務家の問いに対して、経営学ができる答えは一通りしかない。論理の提供しかない――このスカッとした主張に、当時30代後半だった僕はすっかりその気になり、この路線で行こうと確信しました。３速に入った瞬間です。アカデミックな論文生産ではなく、実際に商売している人向けに自分の考えを提供する。学術論文ではなく書籍で直接伝える。卸売から直販へ。２速で散々引っ張っただけに、一気にブワーンとスピードが上がった感じがしました。

その後、20年近く3速のまま走ってきたんですが、最近になってまたタコメーターが上がり、エンジン音も大きくなってきました。幸い、コロナ騒動で時間がとれたので、改めて自分の仕事のギアチェンジについて考えてみました。私的専門用語でいう「黒い巨塔」です。

山崎豊子さんの小説『白い巨塔』は、出世栄達の野心に燃えた財前五郎という医学部の助教授が、権謀術数とポリティカルな闘争を繰り広げる話です。「黒い巨塔」は逆で、いかにヒラ教授の一兵卒にとどまるかを目的にした闘争です。大学も組織なので、誰かが経営管理しないといけない。ほとんどの国立大学法人の場合、研究職の人たちがその役目を担います。

50代になると、研究科長とかディレクターといったポストが回ってくる年向きになる。そういうことが嫌で向いていないからこの仕事を選んだのに、管理職に就いてしまったら何のために大学で仕事しているのか分からなくなります。これまでひたすら、僕は傍流かつ窓際、ヒラ教授の道を極めてきました。管理職のポストに据えられそうになったら、全力で回避する。責任がないヒラの立場で、好きなことをやっていたい——客観的に見ると、ただの無責任男です。僕は今58歳ですが、一橋大学の定年は63歳。こうして逃げまくってわがままを通していくのも無理があるんじゃないか——そんな思いに至りました。

僕の4速へのギアチェンジは、一橋大学をいったん辞めるということです。めでたく今年3月末で退職しまして、黒い巨塔作戦は完了しました。

僕は大学と研究者一人ひとりの関係を、芸者置屋と芸者のようなものととらえています。おかげさまで一橋大学は僕に自由にやらせてくれるいい置屋でした。だからずっと勤めていたわけですが、ある時期から経営のポストに就かなくてはいけないという気配が強くなり、ほかの置屋に逃げようかなと思ったことがありました。

あるとき、「某大学は経営管理と研究教育の分業体制が確立していて、研究者は経営に関わらなくていいらしい」という情報を得ました。「これは……」と思い、その大学に勤める知人に「俺、採用してもらえるかな」と聞いたところ「お前は要らない。そもそもうちの大学に経営学者は要らない」。にべもなく断られました。ほかにもいくつかの大学からお話をいただいたのですが、世の中そんなにうまい話はない。引き続き、ずるずる一橋大学の中で経営ポストから逃げ続けていました。

管理や組織運営の仕事をしたくない。これは僕自身の得手不得手の問題です。一方で、研究の方でも、求められる役割を果たしていないなという感覚がここ数年強くなっていました。

研究者の世界では、学術的な論文以外は一切、業績として認められません。30代後半で3速にギアを入れてから、僕はそういう仕事をまったくやっていない。一橋ビジネススクールは、ＡＡＣＳＢという国際的なビジネススクールの認証機関から認証を受けていますし、国際的な基準の下、研究成果に対してわりと厳しいレビューをずっと受けています。こっちには僕は全然貢献できていない。

最大の問題は、僕自身にその気がまったくないということです。アカデミックなフォーマットでは仕事をしたくない。僕の研究は本というプロダクトを主軸としています。論文単位で書きたくない。研究職というポジションに期待されているものと、僕がやっていることは明らかにズレている。この辺でフルタイムの教授職をいったん辞めた方がいいんじゃないか――そういう結論に至りました。

で、どうするか。ここからが黒い巨塔作戦の中身です。学術的なフォーマットの論文を書かず、大学の運営管理もしない。自分の考えを人様に提供するという仕事ですから、ビジネススクールでの講義は僕にとって重要な要素。講義は細々とでも続けたい。

大学には寄付講座という制度があります。どなたかに寄付をいただいて、寄付講座を設置する。僕が教えてきた競争戦略という科目を寄付講座にしてもらう。で、その寄付講座だけを教える。芸者のメタファーで言うと、「水揚げ」してもらうようなものです。フルタイムの教授という勤務形態をやめて、寄付講座の特任教授というポストに新たに就く。正社員から契約社員に移るようなものです。

一橋大学は国立大学法人なので、それまでの僕は公務員に準じたメンバーシップ型雇用で仕事をしていました。それをジョブ型雇用に変えてもらう。特任教授としての僕の仕事は、寄付講座をやるだけ。で、その寄付金の一部を給料としていただくという仕組みです。大学の予算からは報酬をいただかないし、教授会などの大学運営の仕事からは解放されて、でかいツラしてヒラの一兵卒として前線業務を続けられる。大学としては僕に人件費を払わなくていい。それでも僕の講義というサービスを学生に提供し続けられる。おまけに僕が持っていた教授ポストも空く。若手の戦力を採用できる。みんながハッピーになるという作戦です。

ということで、「黒い巨塔作戦本部」を自分の研究室に立ち上げ、看板を設置しました。何かを掲げるときに、形から入るのが大スキなんです。「黒い巨塔作戦本部長」という名刺も作ろうかと思ったのですが、さすがにそれはやめておきました。で、僕の競争戦略という講義科目に寄付してくれるスポンサーを探す営業活動を開始しました。幸運にも営業開始初日に、気前がイイ会社が寄付講座を設置してくださることになりました。

こうして、僕は32年間にわたった国立大学法人における仕事生活を終えまして、２０２３年4月から寄付講座だけを教える特任教授になりました。いわば指名打者みたいな仕事で、打席数の上限も決められている。契約は単年度なので毎年更改していくんですが、5年くらい続けたいという希望をスポンサーにお伝えしてあります。

これまでも寄付講座を受け持つ特任教授はいましたが、知識創造理論の野中郁次郎先生をはじめ、ほとんどがビッグネームでした。そういう人には、定年退官したあとも大学としては引き続き教鞭を執ってほしい。企業に寄付講座を設置していただき、特任教授に就いてもらうというパターンです。

僕の場合、定年前の退職です。一橋大学の研究職の正式な定年は63歳ですが、最近は定年延長が普通なので、実質的には65歳が定年です。僕は今58歳ですから、定年まで7~8年残して辞めるのはただの自己都合退職。寄付講座を教えるだけの特任教授になり、給料はざっくり半減しました。僕の娘はまだ20代ですが、彼女の給料よりも低い。この際、それはどうでもイイ。大学の経営管理から解放されてスッキリしました。

大学生のころに井原高忠さんという人が書いた本『元祖テレビ屋大奮戦!』を読んで、非常に強いインパクトを受けました。

この本が発行された１９８３年、僕は大学生でした。特にやりたいこともなく、将来についての構想や抱負も全然ない。ひたすら布団の中で好きな本を読む学生生活でした。

就職するつもりは皆無だったんですが、同級生はみんな就職活動をしている。いつも大人は若者に、「好きなことをやれ」と言います。じゃあ、自分の好きなことって何だろう――当時は寝転がって本を読むとか、歌ったり踊ったりすることが僕にとっての「好きなこと」でしたが、どう考えても仕事とは折り合いがつきそうにない。「どうしたものか……」と思っていました。

ある日、友達が東京銀行のＯＢ訪問に行くと言うので、僕も1回くらい就職活動なるものを体験しておこうかなと思い、ついていきました。出てきた先輩社員は20代後半。今にして思えば若者ですが、学生からするとすごく年上に見える。その人が、「君の夢は何だ？」と聞くんです。僕は「まず先輩の夢から聞こうじゃないですか」――すごく嫌な顔をされました。

「夢なんかないよ」――そう思っていたころ、『元祖テレビ屋大奮戦！』に出合ったんです。井原高忠さんはテレビの黎明期を牽引したプロデューサーです。学生時代はカントリーバンドを組んで、進駐軍の基地で演奏したりして、人気者でした。その傍らで、ジャーナリストとしての就職を漠然と目指していた。そこに突然、テレビという新しいメディアが登場します。井原さんはすぐにジャーナリストという路線を変更し、日本テレビに就職しました。その理由が、「新聞社よりも歌舞音曲が多そうだから」。それを読んで、すごく気楽でイイなと。好きなことを好きなようにやって、それを仕事にしている人がいる。職業選択なんてそんなもんなんだ――僕は非常に勇気を得まして、再び布団に潜り込んで本を読み続けました。

その後、紆余曲折を経て大学で研究職に就きます。それが今の仕事なんですが、お話ししたように大学も組織なので、教授になると管理や運営の仕事をしなくてはいけなくなる。これがもう嫌で仕方ない。どうしようかなと思っていたときに、昔読んだ『元祖テレビ屋大奮戦！』をふと思い出したんです。

テレビ番組制作の現場で活躍した井原さんは、制作局長という役職に就任します。ところが間もなく、50歳で日本テレビを辞めてしまいます。自他の能力や向き不向きをとても客観的にとらえていた井原さんは、本の中でこうおっしゃっています――東大法学部を出た人は大蔵省に就職した方がいい。テレビ局に来ると役に立たない。なぜなら、馬鹿ばっかりだからだ。馬鹿だらけの中に利口が入ると、利口が馬鹿になる。プロデューサーは番組制作の現場が仕事のすべてだ。視聴率が上がる番組さえ現場で作っていれば、でかいツラをしていられる。だから現場では天皇と言われていたけど、制作局長になってしまうと参謀本部の一角にすぎない。現場では利口でも、本部だと馬鹿になってしまう。根っからの戦争屋だったパットン将軍は、戦地で作戦を考えるのは非常に上手い。でも、ペンタゴンでは駄目。だから自分も、さっさと辞めるにしくはなし——非常に明快です。

井原さんの本が、黒い巨塔作戦を思いついたきっかけです。僕は経営管理職の仕事が嫌なだけではなく、異様に無能。人を使うということができない。だから、フルタイムの教授から契約社員のような特任教授に移る。そうすると一兵卒として自分の好きな仕事に集中できる。『元祖テレビ屋大奮戦！』は僕のキャリアにおける意思決定に２度にわたって影響を与えてくれました。今は亡き井原さんに感謝しています。

初出一覧

第1章　書籍解説

- **「考える」を考え直す**（アダム・グラント『ＴＨＩＮＫ ＡＧＡＩＮ』三笠書房）
- **「投資家に使われる経営」から「投資家を使う経営」へ**（中神康議『投資される経営　売買される経営』日本経済新聞出版）
- **「長期」の本質**（中神康議『三位一体の経営』ダイヤモンド社）
- **プロダクトづくりの極意**（トニー・ファデル『ＢＵＩＬＤ』早川書房）
- **誠意ある給料**（デイヴィッド・バックマスター『給料：あなたの価値はまだ上がる』新潮社）
- **これが競争戦略だ！**（白井健太郎『クックマートの競争戦略』ダイヤモンド社）
- **究極のリーダー**（ベンジャミン・フランクリン『フランクリン自伝』サンマーク出版）
- **国語、算数、高峰秀子**（斎藤明美『高峰秀子の流儀』ちくま文庫）
- **桁違いのＶＵＣＡを生き抜いた企業家群像劇**（城山三郎『創意に生きる』文春文庫）
- **「当たり前の経営」の神髄**（ドン・ピン『ファーウェイ　強さの秘密』日本実業出版社）
- **モノづくりこそコトづくり**（川内イオ『ウルトラニッチ　小さな発見から始まるモノづくりのヒント』ｆｒｅｅ出版）

第2章　様々な書評

- **「起業家」というより「冒険家」**　ウォルター・アイザックソン『イーロン・マスク』（『週刊文春』11月9日号、２０２３）
- **「全員善人」の泥沼劇**　小保方晴子『あの日』、須田桃子『捏造の科学者　ＳＴＡＰ細胞事件』（文春文庫）、小保方晴子『小保方晴子日記』（「リレー読書日記」『週刊現代』6月22・29日号、２０１９）
- **直観の輪郭**　内田和成『右脳思考』、松永光弘『「アタマのやわらかさ」の原理。』、小林秀雄『直観を磨くもの』（「リレー読書日記」『週刊現代』8月3日号、２０１９）
- **著者との対話**　内田和成『右脳思考』（東洋経済オンライン、２０１９年7月25日、8月1日）
- **「高峰精神」を今に伝える**　谷川俊太郎『散文』、高峰秀子『わたしの渡世日記』、斎藤明美『高峰秀子の捨てられない荷物』（「リレー読書日記」『週刊現代』9月14／21日号、２０１９）
- **表現者・生活者・殺人者**　末井昭『結婚』、池波正太郎『日曜日の万年筆』、トニー・パーカー『殺人者たちの午後』（「リレー読書日記」『週刊現代』10月18日号、２０１９）
- **これがリーダーだ！**　中竹竜二『鈍足だったら、速く走るな』、加藤仁『宿澤広朗　運を支配した男』、宿澤広朗『ＴＥＳＴ ＭＡＴＣＨ』（「リレー読書日記」『週刊現代』12月14日号、２０１９）
- **自分本位の人**　トマス・レナード『ｓｅｌｆｉｓｈ』、岡本太郎『今日の芸術』、岡本太郎『日本の伝統』（「リレー読書日記」『週刊現代』1月25日号、２０２０）
- **嫌われてこそのリーダー**　鹿島茂『本当は偉大だった嫌われ者リーダー論』、原口虎雄『幕末の薩摩』、オリバー・ストーン『オリバー・ストーン・オン・プーチン』（「リレー読書日記」『週刊現代』3月7日号、２０２０）
- **さまざまな養女**　斎藤明美『高峰秀子の流儀』、岡本敏子『岡本太郎に乾杯』、小田貴月『高倉健、その愛。』（「リレー読書日記」『週刊現代』4月18日号、２０２０）
- **仕事の本質**　中山兼治『馬券偽造師』、酒井あゆみ『セックスエリート』、和田英『富岡日記』（「リレー読書日記」『週刊現代』5月16日号、２０２０）
- **プロの仕事に頭が下がる**　読売新聞水戸支局取材班『死刑のための殺

人』、長谷川博一『殺人者はいかに誕生したか』、瀬戸晴海『マトリ』（「リレー読書日記」『週刊現代』6月16日号、２０２０）

- **暗い・重い・救いがない――清張地獄の愉悦**　みうらじゅん『清張地獄八景』、松本清張『或る「小倉日記」伝』、松本清張『人間水域』（「リレー読書日記」『週刊現代』8月6日号、２０２０）
- **スローメディアの愉しみ**　カル・ニューポート『デジタル・ミニマリスト』、シェーン・バウアー『アメリカン・プリズン』、ゲイ・タリーズ『有名と無名』（「リレー読書日記」『週刊現代』9月5日号、２０２０）
- **並び立つ巨人**　小林信彦『植木等と藤山寛美』、小松政夫『昭和と師弟愛』、佐藤利明『植木等ショー！』（「リレー読書日記」『週刊現代』10月17日号、２０２０）
- **のめり込む人々**　笹山敬輔『興行師列伝』、アダム・レボー『バーナード・マドフ事件』、小松貴『昆虫学者はやめられない』（「リレー読書日記」『週刊現代』11月28日号、２０２０）
- **失敗に学ぶ**　畑村洋太郎『回復力』、新渡戸稲造『逆境を越えてゆく者へ』、塙宣之『言い訳』（「リレー読書日記」『週刊現代』1月9／16日号、２０２１）
- **大当たりの3冊**　常井健一『無敗の男』、東浩紀『ゲンロン戦記』、斎藤明美『高峰秀子との二十年』（「リレー読書日記」『週刊現代』2月20日号、２０２１）
- **著者との対談**　東浩紀『ゲンロン戦記』（プレジデントオンライン、2月23日、２０２１）
- **プロの言葉の力**　落合博満『采配』『戦士の休息』、為末大『ウイニング・アローン』（「リレー読書日記」『週刊現代』4月3日号、２０２１）
- **2・26の多面読書**　高橋正衛『二・二六事件』、磯部浅一『獄中手記』、澤地久枝『妻たちの二・二六事件』（「リレー読書日記」『週刊現代』5月15日号、２０２１）
- **頭と体**　二宮敦人『世にも美しき数学者たちの日常』、ジェシー・フィンク『AC／DC評伝』、小野一光『全告白　後妻業の女』（「リレー読書日記」『週刊現代』6月26日号、２０２１）
- **現在・過去・未来**　山口周『ビジネスの未来』、伊藤昌哉『哲学のない政治家が、国を亡ぼす。』、古川緑波『苦笑風呂』（「リレー読書日記」『週刊現代』7月31日号、２０２１）
- **著者との対談**　山口周『ビジネスの未来』（Executive Foresight Online、２０２３年5月）
- **金融裏街道**　高橋篤史『凋落』、比嘉満広『兜町の風雲児』、児玉博『堕ちたバンカー』（「リレー読書日記」『週刊現代』9月11／18日号、２０２１）
- **ギアが一速に入るとき**　東海林さだお『ショージ君の青春記』、テリー伊藤『オレとテレビと片腕少女』、菊池寛『半自叙伝・無名作家の日記』（「リレー読書日記」『週刊現代』10月16日号、２０２１）
- **芸術家の不幸**　佐藤秀明『三島由紀夫　悲劇への欲動』、三島由紀夫『文化防衛論』、三島由紀夫『告白　三島由紀夫未公開インタビュー』（「リレー読書日記」『週刊現代』11月27日号、２０２１）
- **ポピュリズムの怪物**　伊藤昌哉『自民党戦国史（上・下）』、石井妙子『女帝　小池百合子』、石井妙子『おそめ』（「リレー読書日記」『週刊現代』1月8日号、２０２２）
- **清張再読**　松本清張『松本清張傑作短編コレクション』（宮部みゆき編集）、松本清張『或る「小倉日記」伝』（傑作短編集1）、松本清張『駅路』（傑作短編集6）（「リレー読書日記」『週刊現代』2月19／26日号、２０２２）
- **この人を見よ！**　テリー伊藤『老後論』、テリー伊藤『バカの正体』、本橋信宏『出禁の男　テリー伊藤伝』（「リレー読書日記」『週刊現代』4月2／9日号、２０２２）
- **3つの日記**　西村賢太『一私小説書きの日乗』シリーズ、山本一生『恋と伯爵と大正デモクラシー　有馬頼寧日記1919』、ゲイ・タリーズ『覗くモーテル観察日記』（「リレー読書日記」『週刊現代』4月30日号、２０２２）
- **異形のリーダー**　山之内幸夫『悲しきヒットマン』、溝口敦『喰うか喰われるか　私の山口組体験』、溝口敦『山口組三国志　織田絆誠という男』（「リレー読書日記」『週刊現代』6月11／18日号、２０２２）
- **人生、たまたま**　松尾スズキ『大人失格』、松尾スズキ『人生の謎につ

いて」、松尾スズキ『東京の夫婦』（「リレー読書日記」『週刊現代』7月23/30日号、２０２２）

- **指導者の資質**　落合博満『勝負の方程式』、佐藤千登勢『フランクリン・ローズヴェルト』、小川格『日本の近代建築ベスト50』（「リレー読書日記」『週刊現代』9月3/10日号、２０２２）
- **玄人の神髄**　小林信彦・萩本欽一『ふたりの笑タイム』、高平哲郎『喜劇役者の時代』、三木のり平『のり平のパーッといきましょう』（「リレー読書日記」『週刊現代』10月15/22日号、２０２２）
- **ハードロックのモンスター**　ポール・スタンレー『ポール・スタンレー自伝』、ロブ・ハルフォード『ロブ・ハルフォード回想録』、ジェシー・フィンク『ＡＣ／ＤＣ評伝　モンスターバンドを築いた兄弟たち』（「リレー読書日記」『週刊現代』11月19/26日号、２０２２）
- **天才の実像**　高瀬正仁『岡潔　数学の詩人』、大下英治『ショーケン　天才と狂気』、メイソン・カリー『天才たちの日課』（「リレー読書日記」『週刊現代』1月7日号、２０２３）
- **罪と罰**　村野薫『日本の大量殺人総覧』、堀川恵子『永山則夫　封印された鑑定記録』、堀川恵子『死刑の基準　「永山裁判」が遺したもの』（「リレー読書日記」『週刊現代』2月11日号、２０２３）
- **アスリートのロジックに学ぶ**　落合博満『コーチング　言葉と信念の魔術』、鳥谷敬『明日、野球やめます』、為末大『生き抜くチカラ』（「リレー読書日記」『週刊現代』3月25日号、２０２３）
- **イノベーターの光と影**　戸部田誠『芸能界誕生』、軍司貞則『ナベプロ帝国の興亡』、井原高忠『元祖テレビ屋大奮戦！』（「リレー読書日記」『週刊現代』6月17日号、２０２３）

第３章　さらに様々な書評

- **利己と利他の合一**　北康利『思い邪なし』、みうらじゅん『「ない仕事」の作り方』、みうらじゅん『マイ仏教』（『日経ビジネス』8月12日号、２０１９）
- **好きこそものの上手なれ**　ピョートル・グジバチ『ＰＬＡＹ ＷＯＲＫ』、リーナス・トーバルズ『それがぼくには楽しかったから』、高野秀行・清水克行『世界の辺境とハードボイルド室町時代』（『日経ビジネス』10月7日号、２０１９）
- **言語化能力総動員**　平野啓一郎『「カッコいい」とは何か』、九鬼周造『「いき」の構造』、辻静雄『料理に「究極」なし』（『日経ビジネス』12月2日号、２０１９）
- **健さんでデトックス**　野地秩嘉『高倉健ラストインタヴューズ』、谷充代『「高倉健」という生き方』、森功『高倉健　七つの顔を隠し続けた男』（『日経ビジネス』2月3日号、２０２０）
- **骨太のビジネス書3冊**　藤原和博『１００万人に1人の存在になる方法』、佐藤可士和『佐藤可士和の打ち合わせ』、上阪徹『サイバーエージェント　突き抜けたリーダーが育つしくみ』（『日経ビジネス』3月23日号、２０２０）
- **緊張と弛緩**　山本直子『週末は、Ｎｉｋｓｅｎ。』、金原龍一『31年ぶりにムショを出た』、宮下志朗『モンテーニュ　人生を旅するための7章』（『日経ビジネス』5月25日号、２０２０）
- **これが私の生きる道**　高峰秀子・斎藤明美『高峰秀子　おしゃれの流儀』、世界文化社編『これが私の生きる道！』、鮎川誠『シーナの夢』（『日経ビジネス』8月3日号、２０２０）
- **過去から見えてくるもの**　杉浦泰『20社のＶ字回復でわかる「危機の乗り越え方」図鑑』、三浦展『東京高級住宅地探訪』、八代亜紀『素顔』（『日経ビジネス』10月5日号、２０２０）
- **目利きによる3冊**　今枝昌宏『デジタル戦略の教科書』、松田雄馬『人工知能に未来を託せますか?』、中川淳一郎『恥ずかしい人たち』（『日経ビジネス』12月14日号、２０２０）
- **著者との対話**　松田雄馬『人工知能に未来を託せますか?』（ビジネス＋ＩＴ、3月10日、２０２１）
- **背筋が伸びる仕事論**　落合博満『決断＝実行』（『日経ビジネス』4月5日号、２０２１）
- **経営学者の群像劇**　小川進『世界標準研究を発信した日本人経営学者た

ち』(『日経ビジネス』6月21日号、２０２１)

・**多様性の厳しさ**　清水克行『室町は今日もハードボイルド』(『日経ビジネス』8月2日号、２０２１)

・**逆説的人間洞察の書**　石神賢介『57歳で婚活したらすごかった』(『日経ビジネス』9月6日号、２０２１)

・**暴走するリアリズム**　石神賢介『婚活したらすごかった』(『楠木建の頭の中』)

・**天才の素顔**　近田春夫『筒美京平　大ヒットメーカーの秘密』(『日経ビジネス』12月13日号、２０２１)

・**名経営者に共通するもの**　名和高司『稲盛と永守』(『日経ビジネス』1月17日号、２０２２)

・**独立自尊の戦略ストーリー**　新谷学『獲る・守る・稼ぐ』(『日経ビジネス』2月14日号、２０２２)

・**問題発見のスタイル**　松永光弘『ささるアイディア。』(『日経ビジネス』3月21日号、２０２２)

・**服飾文化の記憶**　日本服飾文化振興財団編『ジャパン　ファッションクロニクル　インサイトガイド　１９４５－２０２１』(『日経ビジネス』4月25日号、２０２２)

・**「古き良き時代」は存在しない**　ヨハン・ノルベリ『ＯＰＥＮ』(『日経ビジネス』5月30日号、２０２２)

・**イノベーションは行動変容にあり**　内田和成編著『イノベーションの競争戦略』(『日経ビジネス』7月11日号、２０２２)

・**暴力的才能を乗りこなす**　反田恭平『終止符のない人生』(『日経ビジネス』8月29日号、２０２２)

・**スローに生きる**　福田萌子『「なりたい自分」になるシンプルなルール』(『日経ビジネス』10月3日号、２０２２)

・**大きな問いに大きく答える**　オデッド・ガロー『格差の起源——なぜ人類は繁栄し、不平等が生まれたのか』(『日経ビジネス』11月14日号、２０２２)

・**世俗に生きる人のための禅語**　金嶽宗信『励ます禅語』(『日経ビジネス』2月13日号、２０２３)

・**「志経営」の原理原則**　鈴木祐介『なんのために経営するのか』(『日経ビジネス』3月13日号、２０２３)

・**お金を通して人間を語る**　大江英樹『お金の賢い減らし方』(『日経ビジネス』4月10日号、２０２３)

・**分断の根源的理由に迫る**　金成隆一『ルポ　トランプ王国』『ルポ　トランプ王国2』(『日経ビジネス』5月15日号、２０２３)

・**比較への執着**　ペーテル・エールディ『ランキング』(日本経済新聞、2月27日付、２０２１)

・**それでも社会は進歩する**　伊藤正直『戦後文学のみた〈高度成長〉』(日本経済新聞、11月21日付、２０２０)

・**「クラス」があった時代に生きた快男児**　与那原恵『赤星鉄馬　消えた富豪』(日本経済新聞、12月21日付、２０１９)

・**「野生過少」の終身雇用**　清水洋『野生化するイノベーション』(新潮社フォーサイト、10月15日、２０１９)

・**イヤよイヤよもスキのうち**　エティエンヌ・ド・ラ・ボエシ『自発的隷従論』、エーリッヒ・フロム『自由からの逃走』(『季刊ひょうご経済』、1月号、２０２１)

・**ＷＨＥＮ とＨＯＷ**　ダニエル・ピンク『Ｗｈｅｎ　完璧なタイミングを科学する』、メイソン・カリー『天才たちの日課』(『季刊ひょうご経済』、7月号、２０２１)

・**巧妙な光明**　濱口秀司『ＳＨＩＦＴ：イノベーションの作法』(ダイヤモンドオンライン、9月5日、２０１９)

・**原理原則の人**　高峰秀子『私のごひいき』、高峰秀子・斎藤明美『高峰秀子　おしゃれの流儀』(『季刊ひょうご経済』7月号、２０２０)

・**怪物同士の激突**　大木毅『独ソ戦』、サイモン・セバーグ『スターリン　赤い皇帝と廷臣たち』(『季刊ひょうご経済』1月号、２０２２)

・**手と心への逆シフト**　デイヴィッド・グッドハート『頭手心　偏った能力主義への挑戦と必要不可欠な仕事の未来』(日本経済新聞、4月2日付、２０２２)

・**破滅への加速**　西村賢太の10作(『本の雑誌』6月号、２０２２)

・**障害者に依存する**　松田文登・松田崇弥『異彩を、放て。』(『波』〈新潮

社〉、11月号、２０２２）

・**手ごたえのある仕事**　清武英利『どんがら　トヨタエンジニアの反骨』（『週刊文春』４月20日号、２０２３）

・**捨てられなかった本①**　ほぼ日刊イトイ新聞『岩田さん』（Executive Foresight Online、２０２３年４月）

・**捨てられなかった本②**　石井光太郎『会社という迷宮』（Executive Foresight Online、２０２３年４月）

・**捨てられなかった本③**　深澤直人『ふつう』（Executive Foresight Online、２０２３年４月）

・**２度目のディープインパクト**　井原高忠『元祖テレビ屋大奮戦!』（Executive Foresight Online、６月、２０２３）

【著者紹介】

楠木 建（くすのき・けん）
一橋ビジネススクール特任教授

専攻は競争戦略。一橋大学大学院商学研究科修士課程修了。一橋大学商学部専任講師、同助教授、ボッコーニ大学経営大学院（イタリア・ミラノ）客員教授、一橋大学大学院国際企業戦略研究科助教授、同ビジネススクール教授を経て2023年から現職。1964年東京都目黒区生まれ。
著書に『絶対悲観主義』（2022年，講談社+α新書）、『逆・タイムマシン経営論』（2020年，日経BP，共著）、『「仕事ができる」とはどういうことか？』（2019年，宝島社，共著）、『室内生活　スローで過剰な読書論』（2019年，晶文社）、『すべては「好き嫌い」から始まる　仕事を自由にする思考法』（2019年，文藝春秋）、『経営センスの論理』（2013年，新潮新書）、『ストーリーとしての競争戦略　優れた戦略の条件』（2010年，東洋経済新報社）ほか多数。

経営読書記録 表

2023年12月14日　1版1刷
2023年12月28日　　2刷

著　者　　楠木建

発行者　　國分正哉
発　行　　株式会社日経BP
日本経済新聞出版
発　売　　株式会社日経BPマーケティング
〒105-8308　東京都港区虎ノ門4-3-12
装　幀　　野網デザイン事務所
DTP　　朝日メディアインターナショナル
印刷・製本　シナノ印刷

ISBN978-4-296-11906-6　Printed in Japan